Christine Zimmermann

Familie als Konfliktfeld im amerikanischen Kulturkampf

Theorie und Praxis der Diskursforschung

herausgegeben von
Reiner Keller

Seit Mitte der 1990er Jahre hat sich im deutschsprachigen Raum quer durch die verschiedenen sozial- und geisteswissenschaftlichen Disziplinen eine lebendige Szene der diskurstheoretisch begründeten empirischen Diskurs- und Dispositivforschung entwickelt. Nicht nur Qualifikationsarbeiten etwa im Rahmen von Graduiertenkollegs, sondern auch Forschungsprojekte, Methodenwerkstätten und Tagungen oder die von der Deutschen Gesellschaft für Soziologie unlängst vergebenen Nachwuchs-Preise für empirische Diskursstudien dokumentieren die zunehmende Bedeutung des Diskursbegriffs für die Analyse gesellschaftlicher Wissensverhältnisse und Wissenspolitiken. Vor diesem Hintergrund zielt die interdisziplinär angelegte Reihe durch die Veröffentlichung von Studien und Diskussionsbeiträgen auf eine weitere Profilschärfung der Diskursforschung sowie auf die Vorstellung entsprechender Arbeiten für ein breiteres wissenschaftliches Publikum. Die einzelnen Bände werden sich mit theoretischen und methodologischen Grundlagen, methodischen Umsetzungen und empirischen Ergebnissen der Diskurs- und Dispositivforschung sowie mit deren Verhältnis zu anderen Theorieprogrammen und Vorgehensweisen beschäftigen. Vorgesehen ist die Publikation von Forschungsarbeiten aus unterschiedlichen Fachdisziplinen sowie von Sammel- und Tagungsbänden.

Christine Zimmermann

Familie als Konfliktfeld im amerikanischen Kulturkampf

Eine Diskursanalyse

VS VERLAG FÜR SOZIALWISSENSCHAFTEN

Bibliografische Information der Deutschen Nationalbibliothek
Die Deutsche Nationalbibliothek verzeichnet diese Publikation in der
Deutschen Nationalbibliografie; detaillierte bibliografische Daten sind im Internet über
<http://dnb.d-nb.de> abrufbar.

Die Arbeit wurde im Jahr 2008 von der Philosophischen Fakultät III – Geschichte, Gesellschaft
und Geographie – der Universität Regensburg als Dissertation angenommen.

1. Auflage 2010

Alle Rechte vorbehalten
© VS Verlag für Sozialwissenschaften | GWV Fachverlage GmbH, Wiesbaden 2010

Lektorat: Katrin Emmerich / Tanja Köhler

VS Verlag für Sozialwissenschaften ist Teil der Fachverlagsgruppe
Springer Science+Business Media.
www.vs-verlag.de

Umschlaggestaltung: KünkelLopka Medienentwicklung, Heidelberg
Druck und buchbinderische Verarbeitung: Rosch-Buch, Scheßlitz
Gedruckt auf säurefreiem und chlorfrei gebleichtem Papier
Printed in Germany

ISBN 978-3-531-16980-4

Inhalt

Tabellen- und Abbildungsverzeichnis

Vorwort

Das Ideengerüst für diese Arbeit ist während eines mehrmonatigen Forschungs-aufenthaltes an der Western Carolina University (Cullowhee, North Carolina, USA) im Frühjahr 2004 entstanden. Der Diskussion über die Legalisierung der gleichgeschlechtlichen Ehe in Massachusetts nach der Entscheidung des Massa-chusetts Supreme Judicial Court Ende November 2003 war angesichts der Prä-senz in Zeitung, Radio und Fernsehen, aber auch im alltäglichen Gespräch nicht zu entkommen und machte letztendlich Lust, sich diese „Sache" genauer anzu-schauen. Die soziologische Konkretisierung dieser „Sache" ist in die vorliegen-de Arbeit gemündet und das Resultat richtungweisender Gespräche und Diskus-sionen mit Professor Dr. Dr. Robert Hettlage (Universität Regensburg), der diese Dissertation als Doktorvater betreut hat und dem ich hierfür meinen be-sonderen Dank aussprechen möchte.

Professor Dr. Dieter Goetze (Universität Regensburg) hat diese Arbeit als Zweitgutachter betreut. Auch ihm gilt mein Dank für seine Unterstützung.

Aufmunternde Worte haben sich gerade in schwierigen Phasen der Ause-inandersetzung mit dem Projekt Dissertation als Nährboden der Motivation erwiesen. Hierfür ist meine Familie, vor allem aber Sven Hartwig verantwort-lich. Ihm, aber auch Eva Anderson-Park, Sang-Min Park, Barbara Birkhan und Fernand Kreff danke ich für ihr Hinterfragen, kritische Hinweise und wertvolle Anmerkungen.

Mein Dank richtet sich auch an Professor Anthony Hickey, Professor Nyaga Mwaniki und Dr. Lois Petrovich-Mwaniki von der Western Carolina University, die mir den Forschungsaufenthalt in den USA ermöglicht haben. Ohne die damit verbundene Initialzündung wäre diese Arbeit nicht entstanden.

Wiesbaden/Regensburg, im April 2008
Christine Zimmermann

Einleitung

Will man den Stand sowohl der wissenschaftlichen als auch der nicht-wissenschaftlichen Diskussion über das Thema Familie in den USA kurz und knapp skizzieren, dann reicht es zunächst aus, einen Blick in die Überschriften einiger Beiträge des Buches mit dem passenden Titel „Family in America: Opposing Viewpoints" (Wagner/Swisher 1992) zu werfen:

- „The Family Is in Decline"
- „The Family Is in Transition"
- „The Traditional Family Is Obsolete"
- „The Definition of Family is Expanding"
- „The Definition of Family Should Remain Limited"
- „Homosexual Partners Are Changing the Family"
- „Homosexual Partners Are Undermining the Family".

Man kann diese Überschriften – ebenso wie die Diskussion in den USA über dieses Thema – leicht in zwei polarisierende Kategorien fassen: Die eine Kategorie orientiert sich an der Warnung vor Zerfall und Untergang der traditionellen Familie, während die andere die Familie nicht als statisches und zerbrechliches, sondern als wandelbares Konstrukt begreift. Die Entscheidung des Massachusetts Supreme Judicial Court vom 18. November 2003 im Fall Goodridge et al. vs. Department of Public Health (798 N.E. 2d. 941 [Mass. 2003]) zur Gleichstellung der gleichgeschlechtlichen mit der traditionellen (heterosexuellen) Ehe und die sich daran anschließende öffentliche Diskussion, um die es in der vorliegenden Arbeit geht, lässt sich problemlos unter jeder der genannten Überschriften weiter ausführen. Mit der Zuordnung unter ein Buchkapitel ist es jedoch nicht getan. Zu groß war die Entrüstung bei vielen Amerikanern, die auf die Entscheidung des Gerichts folgte und die Gemüter öffentlichkeitswirksam bewegte, denn: In den USA gilt sittliches, an moralischen Wertvorstellungen orientiertes, traditionelles, d. h. auch auf einer heterosexuellen Ehe basierendes Familienleben als Garant für Erfolg und Wohlstand. Unzählige Organisationen bieten in Seminaren und umfangreicher Literatur Anleitungen und Begründungen, damit ein solches Familienleben gelingt. Die in Colorado Springs im US-Bundesstaat Colorado ansässige und von James Dobson Ende der 1970er Jahre gegründete Organisation Focus on the Family gehört zu den wohl bekanntesten Einrichtungen dieser Art.

In den 1960er und 1970er Jahren waren es die Anti-Babypille und die höchstrichterliche Entscheidung zur Abtreibung im Fall Roe vs. Wade (410 U.S. 113 [1973]), die traditionalistischen Vorstellungen zufolge die Zerstörung der Familie schon vor ihrer Entstehung einläuteten, da Schwangerschaften aufgrund der Möglichkeit zur Abtreibung nicht zwangsläufig in die Ehe münden mussten. Mit der zunehmenden Berufstätigkeit von Müttern in der zweiten Hälfte des 20. Jahrhunderts hat zudem das klassische Rollenverständnis vom Mann als Familienernährer und der Frau als Hausfrau und Mutter zunehmend an Bedeutung verloren, auch wenn von einer tatsächlichen Gleichstellung der Geschlechter keine Rede sein kann, denn gerade der Doppelbelastung durch Familie und Haushalt, der so genannten „second shift" (Hochschild 1989), konnten und können die Frauen nicht immer – wenn überhaupt – entkommen. Und als Anfang der 1990er Jahre das Drehbuch der bekannten US-Fernsehserie „Murphy Brown" für den zentralen Charakter der Serie, eine alleinstehende Anwältin, die Geburt eines unehelichen Kindes vorsah, war der politische Aufschrei groß. Dan Quayle, zu dieser Zeit amerikanischer Vizepräsident, sah gerade in dieser Folge der Fernsehserie nicht nur moralischen Verfall und die Zerstörung traditioneller Familienstrukturen gespiegelt, sondern indirekt auch eine Ursache für die Unruhen von Los Angeles, die an der Freisprechung weißer Polizisten nach der Misshandlung des Afroamerikaners Rodney King entbrannten.[1]

Die „Ordnung der Familie" in den USA scheint für viele gefährdet, die vielfältigen Bedrohungen der Institution sind schnell ausgemacht. Die Annahme eines „normalen" Zustandes, basierend auf einem traditionellen Rollenverständnis und damit verbundenen Erwartungen und Funktionen, trägt nicht mehr. Dabei geht es seit der Massachusetts-Entscheidung nun um die Infragestellung der heterosexuellen Ehe, die zudem unter dem Begriff Ehe und nicht eheähnliche Gemeinschaft oder „civil union" firmiert. Die heterosexuelle Ehe lässt sich als Folge dieser Entscheidung nicht mehr als ausschließlicher, unantastbarer Kern und somit kleinster gemeinsamer Nenner der Familie begreifen. Der Anfang vom Ende dieser Institution ist damit für die Verfechter eines traditionellen Ehe- und Familienbildes (endgültig) eingeläutet.

In der Tat haben sich in den USA nicht nur die Heiratsgewohnheiten in den letzten Jahrzehnten verändert, wie sich in den Worten Barbara Dafoe Whiteheads zusammenfassen lässt: „More Americans today are living together, marrying at older ages or not at all, and rearing children in cohabiting or solo parent households" (Whitehead 2007: 4). Lag das durchschnittliche Heiratsalter bei

---

1   Zu den Unruhen von Los Angeles im Jahr 1992 vgl. auch Baldassare (1994).

Frauen und Männern – jeweils bezogen auf die erste Eheschließung – in den 1970er Jahren bei 20,8 bzw. 23,2 Jahren, liegt es den Angaben des U.S. Census Bureau zufolge im Jahr 2003 bei 25,3 bzw. 27,1 Jahren (vgl. Fields 2003a: 12), was nicht zuletzt auch auf die Veränderungen in Bildung und Ausbildung – insbesondere von Frauen – zurückzuführen ist.[2] Veränderungen lassen sich auch bei dem Teil der amerikanischen Bevölkerung ausmachen, der (noch) nicht verheiratet ist. Aus den Angaben des U.S. Census Bureau zu „America's Families and Living Arrangements" für das Jahr 2003 geht hervor, dass der Anteil nichtverheirateter Frauen von 22 % im Jahr 1970 auf 25 % im Jahr 2003, bei Männern von 28 % im Jahr 1970 auf 32 % im Jahr 2003 (gemessen an der Bevölkerung ab 15 Jahren und älter) gestiegen ist (vgl. ebd.: 12). Die Ehe erweist sich auch nicht mehr als universale Konstellation, um ein Kind zu bekommen – eine Entwicklung, die Andrew Cherlin (2004) als Zeichen ihrer De-Institutionalisierung sieht.[3] So ist die Zahl der Einelternfamilien – in absoluten Zahlen betrachtet – von rund 3,5 Millionen im Jahr 1970 auf 12 Millionen im Jahr 2003 gestiegen. Ein weiteres Merkmal ihrer (vermeintlichen) De-Institutionalisierung sieht Cherlin aber auch darin, dass immer mehr Paare in den USA in eheähnlichen Gemeinschaften (Kohabitation) zusammenleben.[4]

Folgt man den Ausführungen des U.S. Census Bureau weiter, wurden im Jahr 2003 in den USA 4,6 Millionen Haushalte mit unverheirateten Partnern („unmarried-partner households") gezählt (vgl. Fields 2003a: 16).[5] Im Bericht

---

2   Das U.S. Census Bureau ist dem Department of Commerce (Handelsministerium) der Vereinigten Staaten angegliedert und führt periodisch Volkszählungen durch.

3   Wobei sich mit Goode anmerken lässt: „Es gibt außereheliche Geburten, weil es Ehen gibt. Wenn es in der Gesellschaft keine Ehen gäbe, könnte es natürlich auch keine außerehelichen Geburten geben" (Goode 1960: 41).

4   In „The State of our Unions 2005: The Social Health of Marriage in America" wird diese Form des Zusammenlebens definiert als „the status of couples who are sexual partners, not married to each other, and sharing a household" (The National Marriage Project 2005: 20). Dieser Bericht wird im Rahmen des an der Rutgers University in New Jersey angesiedelten „National Marriage Project" erstellt.

5   Das U.S. Census Bureau stellt seit den 1970er Jahren die Anzahl der Haushalte mit „eheähnlichen Gemeinschaften" über die sog. „indirect measure"-Methode fest. Diese Haushalte werden definiert als „People of the Opposite Sex Sharing Living Quarters' (POSSLQ) who are presumed to be living as unmarried partners" (Fields 2003b: 4). „POSSLQ (...) is defined by the presence of only two people 15 years and over in the household who are opposite sex, not related, not married. There can be any number of people under age 15 in the household" (ebd.). Problematisch an dieser Definition ist, wie Casper und Cohen (2000: 237) darlegen, dass eine signifikante Anzahl an „simple roommate situations" oder auch Wohngemeinschaften berücksichtigt werden, in denen Menschen nicht als Paar in einer wilden Ehe oder eheähnlichen Gemeinschaft zusammenleben. Für den „Current Population Survey" wird seit 1995 die so genannte „direct measurement"-Methode herangezogen, um eine aussagekräftige Zahl zu erhalten: „This category allows respondents to identify an individual in the household as the 'unmarried partner' of the householder" (Fields 2003a: 12). In dieser Definition wird eine

zur „State of our Unions 2005" wird geschätzt, dass rund ein Viertel der unverheirateten Frauen in Amerika im Alter zwischen 25 und 39 Jahren in einer solchen Form des Haushalts leben (vgl. The National Marriage Project 2005: 20).

Mit Blick auf Untersuchungen der letzten Jahre zum Thema Kohabitation verweist Pamela Smock (2000) auf drei häufig genannte Forschungsergebnisse: 1. In den letzten zwei Jahrzehnten ist das Zusammenleben in eheähnlichen Gemeinschaften drastisch angestiegen. Bei Ehen, die zwischen 1965 und 1974 geschlossenen wurden, ist sie nur bei 10 % der verheirateten Paare vorausgegangen. Bei Ehen, die zwischen 1990 und 1994 geschlossen wurden, geht die Kohabitation bereits bei 50 % der verheirateten Paare voraus. 2. Die eheähnliche bzw. nichteheliche Lebensgemeinschaft ist eher eine zeitlich befristete Angelegenheit und endet nach wenigen Jahren entweder in einer Trennung oder der Heirat. 3. Die eheähnliche bzw. nichteheliche Lebensgemeinschaft muss nicht unbedingt kinderlos bleiben. Dabei können Kinder aus einer früheren Ehe des Partners stammen, was nach Smock für rund die Hälfte der in einer eheähnlichen Gemeinschaft lebenden Partner gilt. Sie weist darüber hinaus darauf hin, dass ein großer Anteil der Geburten, die als außerehelich gelten, unter den Bedingungen einer eheähnlichen Gemeinschaft stattfinden. Ein Hinweis darauf findet sich auch – bezogen auf den Zeitraum zwischen 1970 und 1984 – im „Report to Congress on Out-of-Wedlock Childbearing": „A substantial proportion of out-of-wedlock births – over one quarter of those between 1970 and 1984 – occur to cohabiting couples" (National Center for Health Statistics 1995: 4).[6]

Diese beispielhaft genannten Entwicklungen werden gerade von Vertretern konservativ einzustufender Organisationen wie Barbara Dafoe Whitehead, David Popenoe oder James Dobson als bedeutende Schwächung der Familie hin zu ihrer Zerstörung angesehen. Aus dieser Perspektive formuliert besteht die Schwächung der traditionellen Familie darin, dass sie eben *nicht* mehr die einzig dominante und akzeptable Form des Zusammenlebens für Paare und ihre Kinder darstellt. Aus der Sicht der Verfechter eines traditionellen Familienbildes stehen die Parameter und auch die Zerstörung der Familie als Tatsache fest. Dieser

---

direkte Beziehung zum „householder", d. h. „one of the people who own or rent the residence" (ebd.: 2), hergestellt. Doch auch hier kritisieren Casper und Cohen, dass unverheiratete Paare, von denen keiner als „householder" fungiert, nicht berücksichtigt werden (vgl. Casper/Cohen 2000: 238). Zur weiteren Auseinandersetzung mit dieser Problematik, die an dieser Stelle nicht weiter ausgeführt werden soll, vgl. Casper/Cohen (2000) oder auch Smock (2000). Die im weiteren Verlauf zu dieser Thematik genannten Zahlen entsprechen den Ausführungen der Veröffentlichungen des U.S. Census Bureau.

6   Weitere Ausführungen dazu wie auch eine zusammenfassende Darstellung zentraler Forschungsfragen und -ergebnisse zu eheähnlichen Gemeinschaften in den USA stellt Smock (2000) vor.

Sichtweise soll in der vorliegenden Arbeit jedoch nicht gefolgt und auch soll sie nicht in irgendeiner Weise durch empirisches Arbeiten überprüft werden. Mit einem solchen Forschungsziel säße man in der (interessengeleiteten) Falle der Auseinandersetzung über „richtige" oder „falsche" (moralische) Wertvorstellungen und würde den Weg der empirischen Deskription verlassen. Es geht im Folgenden vielmehr um die Auseinandersetzung mit der Diskussion, die in den USA im Anschluss an die Massachusetts-Entscheidung zur Legalisierung der gleichgeschlechtlichen Ehe geführt wurde. Nicht Ehe oder Familie an sich oder der Wandel derselben werden untersucht. Die Feststellung, dass die Institutionen sich gewandelt haben, lässt sich eher als Nebenprodukt der Arbeit aufgrund der gewählten Herangehensweise an die Thematik verstehen. Es geht darum, *wie* über Ehe und Familie *gesprochen* wird, wie im Rahmen der Diskussion über die gleichgeschlechtliche Ehe die traditionelle Ehe verteidigt und die gleichgeschlechtliche Ehe legitimiert werden. Im Mittelpunkt des Forschungsinteresses stehen daher sprachvermittelte, subjektgebundene Handlungszusammenhänge, die nicht nur einer tatsächlichen Realität der Gesellschaft entspringen, sondern auch bezogen sind auf einen bestimmten Gegenstand und eine dazugehörige Geschichte.

Zur Umsetzung dieses Vorhabens bietet sich die wissenssoziologische Diskursanalyse an, weil sie die Prozesse in den Mittelpunkt rückt, durch die Wirklichkeit produziert wird. Diskurse werden dabei verstanden als „meist (mehr oder weniger) öffentliche, geplante und organisierte Diskussionsprozesse (…), die sich auf je spezifische Themen von allgemeinem gesellschaftlichen Belang beziehen" (Keller u. a. 2001a: 7). Es geht also um die *sprachvermittelte* Wahrnehmung bzw. Konstruktion von Wirklichkeit (vgl. ebd.). Die Diskursanalyse fungiert dabei als ein exploratives sozialwissenschaftliches Forschungsprogramm (vgl. ebd.), das in Anlehnung an die entsprechenden Forschungsfragen im Folgenden auf- und ausgebaut wird. In der vorliegenden Arbeit geschieht dies über acht Kapitel.

Die Diskussion über die gleichgeschlechtliche Ehe bildet den Anker dieses Forschungsvorhabens, und trotzdem ist bereits in den ersten Zeilen der Einleitung von Familie die Rede. Wie kann das sein? Der Grund dafür ist in der „amerikanischen" Perspektive zu sehen, in der die Institution Ehe sozusagen per definitionem der Familie zugeordnet wird. In *Kapitel 1* erfolgt eine Annäherung an diese Familienthematik in Form einer begrifflichen Bestandsaufnahme. Über die Definition und das Verständnis von Ehe und Familie wird auf die Funktionen von Familie eingegangen. Die Frage nach der Definition von Ehe und Familie führt zu einer Einbettung des Themas in einen soziohistorischen Kontext. Vor dem Hintergrund eines traditionellen, um nicht zu sagen: nostalgischen Familienbildes der „white middle class family", das seinen Ursprung in der

amerikanischen Nachkriegszeit der 1950er Jahre hat, wird ein idealistisches
Familienbild vorgestellt, das sich an klar abgrenzbaren Kriterien der geschlechtsspezifischen Zusammensetzung der Familie sowie Rechten und Pflichten der dazugehörigen Akteure orientiert. Eine solche „Familienrealität" blendet
jedoch nicht nur die Wurzellosigkeit des familialen Vorstadtlebens dieser Zeit
aus, sondern trägt auch dem Pluralismus, der die amerikanische Gesellschaft
kennzeichnet, in keiner Weise Rechnung. Der Verweis auf Kategorien wie
Klassen- oder ethnische Zugehörigkeit macht bereits ohne weitere sozialstrukturelle Verflechtungen deutlich, dass von „der" amerikanischen Familie keine
Rede sein kann. Zu dieser Erkenntnis gelangte man auf politischer Ebene im
Jahr 1980 auf der „White House Conference on Families" mit dem semantischen Wechsel von „der Familie" hin zu „den Familien". Pluralismus und Anerkennung unterschiedlicher Familientypen dürfen jedoch nicht als Infragestellung
der (aus der „traditionellen" Sicht betrachtet) heterosexuellen Ehe als Basis von
Familie verstanden werden.

Dieses idealistische amerikanische Familienbild wird durch die pluralistische Familienrealität, aber auch durch diese Familienrealität begleitende und als
solche verstandene Krisenerscheinungen gestört, die im *2. Kapitel* skizziert
werden. Kalter Krieg und McCarthyismus prägten die Stimmung dieser Zeit; der
Oberste Gerichtshof der Vereinigten Staaten traf aus religiös-konservativer
Sicht unpopuläre (liberale) Entscheidungen und verbannte das Schulgebet ebenso wie die tägliche Bibellektüre aus den Klassenzimmern. Gleichzeitig wurde
die eheliche Privatsphäre der Amerikaner durch die Aufhebung des Verbots zur
Nutzung von Verhütungsmitteln unter verheirateten Paaren gestärkt und die
Abtreibung verfassungsmäßig legitimiert – eine Entscheidung, die auch im
Amerika der Gegenwart nicht unumstritten ist. Entwicklungen wie diese leiste-
ten einer Pluralität der Lebensdeutungen Vorschub, die sich beispielsweise im
Feminismus und der „gay liberation" niederschlugen und im Ergebnis in den
1970er Jahren zu einer religiös-fundamentalistischen Gegenreaktion auf politi-
scher Ebene führten. In dieser Zeit wurde der vermeintliche Niedergang der
Familie vor allem als Folge Alleinerziehender, Teenagerschwangerschaften,
Abtreibungen und Scheidungen gesehen.

Mit der Legalisierung der gleichgeschlechtlichen Ehe in Massachusetts Ende November 2003 ist das Zerfallsszenario für Verfechter der traditionellen Ehe
und Familie nun erweitert worden. Die Institutionen sind zum Konfliktherd
aktueller Diskussionen geworden, dessen Eckpfeiler sich in Begriffe wie „Bürgerrechte", „soziale Funktion", „Religion" oder auch „Tradition" fassen lassen.
Laschs Hinweis darauf, dass die „Kinder der vierziger und fünfziger Jahre (…)
die Rebellen und Versager der sechziger und siebziger Jahre (wurden)" (Lasch

1981: 170), macht dabei die Verwobenheit von Familie und Gesamtgesellschaft im Schatten der skizzierten Entwicklungen und Krisen besonders deutlich.

In *Kapitel 3* erfolgt skizzenhaft eine Auseinandersetzung mit unterschiedlichen soziologischen Betrachtungsweisen zum Wandel und „Zerfall" der Familie. Bereits seit Ende des 19. Jahrhunderts wird der Wandel der Familie vor allem als Folge von Industrialisierung und Urbanisierung problematisiert und diskutiert. Gleichzeitig beherrscht die Frage nach den Möglichkeiten staatlicher Intervention die amerikanische Familiensoziologie. In der reformorientierten Chicago School of Sociology bilden vor allem im ersten Drittel des 20. Jahrhunderts soziologische Erkenntnisse die Basis für staatliches Einwirken, beispielsweise durch den Einsatz von Sozialarbeitern, während Wissenschaftler wie Lasch (1981) gegen Ende des 20. Jahrhunderts davon ausgehen, dass gerade dieses Einwirken die Ursache des Funktionsverlustes der Familie darstellt. Der Wandel der Familie von der Großfamilie zur isolierten Kernfamilie, Veränderungen und Verlust familialer Funktionen, vor allem aber die Auseinandersetzung mit der Familie in Abhängigkeit von unterschiedlichen sozialstrukturellen Faktoren hin zur Thematisierung von Frauen auf dem Arbeitsmarkt und den damit verbundenen Auswirkungen auf das Familien- und Eheleben weisen auf eine Verschiebung familiensoziologischer Perspektiven gegen Ende des 20. Jahrhunderts hin. Kapitel 1 bis 3 lassen sich als Hinführung zum eigentlichen Thema und gleichzeitig als weitgefassten Kontext des Diskurses begreifen, ohne den ein Verständnis der Diskussion über die gleichgeschlechtliche Ehe nur eingeschränkt möglich wäre.

Der theoretische Rahmen, in den das empirische Vorhaben eingebettet ist, wird in *Kapitel 4* vorgestellt. Dabei geht es weniger um eine Herleitung der wissenssoziologischen Diskursanalyse als vielmehr um die Betrachtung theoretischer Bausteine, die das Grundgerüst für die vorliegende Arbeit bilden. Zwar ist es Michel Foucault, dessen Arbeiten den grundlegenden Bezugspunkt zum Diskursbegriff bilden, doch die vernachlässigte Auseinandersetzung mit Foucault macht bereits deutlich, dass sein theoretischer Beitrag zugunsten einer stärkeren Auseinandersetzung mit der Wissenssoziologie Peter L. Bergers und Thomas Luckmanns in den Hintergrund rückt. Berger und Luckmann verstehen ihre Abhandlung zur gesellschaftlichen Konstruktion von Wirklichkeit als „eine Analyse jenes Wissens, welches das Verhalten in der Alltagswelt reguliert" (Berger/Luckmann 1997: 21). Doch nicht Alltagswissen, sondern das Wissen um (und über) Familie und Ehe und ihre „Problematisierung" stehen im Mittelpunkt dieser wissenssoziologischen Diskursanalyse. An die Grenzen der Übertragbarkeit der Wissenssoziologie Bergers und Luckmanns auf die vorliegende Arbeit gestoßen, werden mit William A. Gamsons kulturalistischer Perspektive sowie Malcolm Spectors und John I. Kitsuses Abhandlung zur sprachlichen

Konstruktion sozialer Probleme Anschlussmöglichkeiten für die eigene Arbeit aufgezeigt. Der Begriff „Konstruktion" macht deutlich, dass soziale Probleme nicht unter dem Deckmantel der Objektivität betrachtet werden (können). Für die Fragestellung, wie ein Sachverhalt oder ein Ereignis die Färbung eines Problems, insbesondere aber die eines sozialen Problems annehmen kann, soll über die Berücksichtigung der Wertkonfliktperspektive sensibilisiert werden, in der interessengeleitete (und konfliktgeladene) Wirklichkeitsbestimmungen in den Vordergrund treten. Dieser theoretische Baustein ist für die vorliegende Arbeit deshalb von Interesse, weil er – wenn auch nur in begrenztem Umfang hier berücksichtigt – auf Prozesse verweist, die mit der Genese sozialer Probleme einhergehen.

Die Wissenssoziologie Bergers und Luckmanns, der ein besonderes Gewicht im vorliegenden Forschungsvorhaben verliehen wird, steckt nicht nur den theoretischen Rahmen dieser Diskursanalyse ab. Sie soll auch dazu dienen, bestimmte Argumentationsstränge aus den Daten in Begriffe zu fassen. Das Verfolgen dieses Ziels beruht auf der arbeitshypothetisch unterstellten Annahme, dass sowohl Gegner als auch Befürworter der gleichgeschlechtlichen Ehe eine spezifische Sicht der Dinge zur geschlechtlichen Konstellation der Ehe vertreten und diese argumentativ untermauern. In diesem Zusammenhang wird auf die Begriffe „Legitimation" als Art und Weise der „„Erklärung' und Rechtfertigung" der institutionalen Welt (vgl. Berger/Luckmann 1997: 66) und „Objektivation" als Basis und Stufe im Prozess der Herstellung von intersubjektiver Wirklichkeit zurückgegriffen und auf die Argumente der Akteure des Diskurses übertragen. Die Argumente der Gegner der gleichgeschlechtlichen Ehe werden in den Begriff „Re-Legitimation" im Sinne einer Bestätigung der (vermeintlichen) „Richtigkeit" einer bestehenden Institution gefasst. Bei den Argumenten der Befürworter der gleichgeschlechtlichen Ehe wird davon ausgegangen, dass von einer Institution aus der wissenssoziologischen Perspektive Bergers und Luckmanns noch keine Rede sein kann. Aus diesem Grund wird in Anlehnung an den Begriff der Objektivation von „Neu-Objektivierung" gesprochen.

Sprachvermittelte, subjektgebundene Handlungszusammenhänge stehen im Zentrum der Aufmerksamkeit. Doch gesprochen wird viel: an verschiedenen Orten, auf verschiedenen Bühnen, zu verschiedenen Zeiten und in verschiedenen akteursspezifischen Konstellationen. In einem Forschungsvorhaben, das die Auseinandersetzung mit sprachvermittelten Handlungszusammenhängen über einen bestimmten Gegenstand zum Thema hat, kann die Zielsetzung nicht sein, einen Diskurs vollständig zu rekonstruieren. Vielmehr muss selektiv vorgegangen werden, wie in *Kapitel 5* erläutert wird. Machbarkeit und Reichweite werden dabei zu grundlegenden Kriterien, wenn es um die Art der Datenerhebung und die Auswahl des Datenmaterials geht, aber auch hinsichtlich des Einsatzes von Grundannahmen, die jedoch keine zu überprüfenden Hypothesen darstellen. Dem Prinzip der Offenheit hinsichtlich der Auswahl der Daten und der Methoden zur Datengewinnung wird vor diesem Hintergrund in eingeschränktem Maße Rechnung getragen. Als Daten werden sprachvermittelte Handlungszusammenhänge, verschriftlicht in Form von sog. „transcripts", aus TV-Interviews amerikanischer Fernsehsender herangezogen. Über definierte historische Eckpfeiler erfolgt eine zeitliche Abgrenzung zur Auswahl des Datenmaterials.

Über die Klärung der Frage, wie der Weg durch das zu untersuchende Datenmaterial beschritten wird, werden in *Kapitel 6* zunächst zwei Dimensionen des Diskurses behandelt, die sich im Prozess der Datenauswertung als grundlegende Argumentationskomplexe herauskristallisiert haben und in die Begriffe der *rational-konstitutionellen* (vgl. Kapitel 6.2) und der *traditionellen Legitimationsebene* (vgl. Kapitel 6.3) gefasst werden. Aus diesen beiden Legitimationsebenen lassen sich Argumente ablesen, die das Für und Wider der Legitimität oder Illegitimität der gleichgeschlechtlichen Ehe widerspiegeln. Sie verweisen zudem auf ein bestimmtes, aus Sicht der Akteure als handlungsleitend verstandenes, kulturelles Selbstverständnis. Dessen Bezugspunkte sind auf der einen Seite die amerikanische Verfassung, auf der anderen Seite Historizität und (biologisch bestimmte) Natürlichkeit.

Die Trennung der Legitimationsebenen ist jedoch analytischer Art, denn im Verlauf der Arbeit zeigt sich, dass von einer idealtypischen Ausgestaltung und Identifikation dieser Dimensionen des Diskurses keine Rede sein kann, wie in den Ausführungen zur „doppelten Nutzung der Argumente" in der Zwischenbilanz (Kapitel 6.4) gezeigt wird. Wie sich die Frage nach einer gesellschaftlichen Konstruktion von Wirklichkeit im Sinne von Berger und Luckmann und orientiert an den identifizierten Legitimationsebenen auf die vorliegende Arbeit übertragen lässt, wird im daran anschließenden Kapitel (6.5) gezeigt. Die Datenanalyse hat jedoch noch weitere Diskursdimensionen hervorgebracht. Eine davon ist die Herstellung von Normalität (Kapitel 6.6), die zwar losgelöst von den Legitimationsebenen betrachtet, aber dennoch eher der rational-konstitutionellen Legitimationsebene zugeordnet werden kann. Hier geht es um die Legitimation von Handlungen sowie die Übereinstimmung von Handeln und die Identifikation einer Person mit typisch amerikanischen Werten.

Beide Legitimationsebenen lassen eine Verbindung zum Verständnis des amerikanischen Individualismus zu, das in *Kapitel 7* dargelegt wird. Diese erfolgt über die Einordnung des amerikanischen Individualismus in den Begriff „exceptionalism", der Betrachtung von Individualismus als Familialismus und der Zurückweisung gesellschaftlicher Entwicklungen, die in eine Liberalisierung der Gesellschaft münden (könnten). Individualismus wird darüber hinaus in Abgrenzung zur staatlichen Interventionspolitik der 60er und 70er Jahre des

20. Jahrhunderts betrachtet, die ihren Höhepunkt in der „Great Society" der Ära Johnson fand. Gerade hierin sahen Kritiker ein Untergraben von Eigenleistung und Eigenverantwortung, den zentralen Kennzeichen des amerikanischen Individualismus, gegeben. Auf der Basis der Datenanalyse schließt sich die Frage an, wie sich die Grenzen des amerikanischen Individualismus definieren und welche Konfliktlinien sich möglicherweise identifizieren lassen. Während anhand der Legitimationsebenen zunächst noch analytisch zwischen „Tradition" und „Konstitution" unterschieden wird, zeigt sich, dass nicht nur der Konstitution ebenfalls ein traditioneller Charakter zugeschrieben werden kann, sondern auch dem Diskurs *an sich*, der – verstanden als *Kulturkampf* – in der amerikanischen Tradition einen zentralen Platz einnimmt und in unterschiedlichen Ausprägungen und Begriffskonstellationen seinen Platz findet: als Gegensatz zwischen Konservatismus und Liberalismus, Orthodoxie und Progressivismus, aber auch in der Kommunitarismusdebatte.

Blickt man über den Tellerrand des Diskurses über die gleichgeschlechtliche Ehe als Teil und Fortsetzung eines letztendlich in der amerikanischen Tradition verankerten Kulturkampfes hinaus, dann wird deutlich, dass das Verhältnis zweier häufig als gegensätzlich verstandener Pole in den Mittelpunkt rückt: Tradition und Moderne. In *Kapitel 8* wird auf dieses Verhältnis über drei (keineswegs der Vollständigkeit der Diskussion entsprechende) Fragestellungen eingegangen:

1.   Wie viel(e) Tradition(en) *hat* eine Gesellschaft?
2.   Wie viel(e) Tradition(en) *braucht* eine Gesellschaft?
3.   Wie viel Tradition *ermöglicht* eine (moderne) Gesellschaft?

Diese Fragestellungen zeigen, dass „Modernen" – und das macht in besonderer Weise das amerikanische Beispiel deutlich – sich durch eigene Vergangenheiten auszeichnen, ohne die sozialer Wandel als Bindeglied von Vergangenheit und Gegenwart nicht verstehbar ist. Für die Vereinigten Staaten verweisen die Fragestellungen darauf, dass gerade Protest und Wandel die Eckpfeiler der Permanenz der amerikanischen Kultur darstellen und damit Tradition *sind*.

Die Fragestellungen zeigen aber noch etwas anderes: Nicht nur das Forschungsprogramm der Diskursanalyse mit dem für diese Arbeit gewählten wissenssoziologischen Fokus zeichnet sich durch (theoretische) Pluralität aus, sondern auch die Ergebnisse der Datenanalyse, die letztlich bestimmen, welches soziologische Feld eröffnet und welchen soziologischen Perspektiven und Theorien Raum gegeben werden kann. Gleichzeitig und zwangsläufig verschwimmen die Grenzen der soziologischen Teilgebiete ebenso wie die der Disziplinen. Mit anderen Worten: Man wird überrascht, wenn man den Weg der „Erhellung" des Gegenstandsbereiches wählt.

In den letzten Jahren hat sich die Diskursanalyse als Forschungsprogramm qualitativen Arbeitens in der Soziologie etabliert, ohne jedoch einen „Königsweg" vorstellen zu können (vgl. Jäger 1999). Dieser wäre angesichts des auf einem theoretischen Pluralismus basierenden „Baukastensystems" auch nur schwerlich gangbar. Vielmehr ermöglicht der Inhalt des Baukastens die Zusammenstellung eines an den Forschungsfragen des jeweiligen Unterfangens orientierten theoretischen Rahmens, der eben nicht nur wissenssoziologischer, sondern auch linguistischer, historischer oder rahmenanalytischer Art sein kann, um nur einige Forschungswege zu nennen. Verschiedene Untersuchungen, beispielsweise zur Diskussion des Hirntods (Schneider 1999) oder über Müll als „gesellschaftliche Konstruktion des Wertvollen" (Keller 1998), zeigen auf unterschiedliche Art und Weise, wie durch eine diskursanalytische Auswertung von Textmaterial latente Deutungsstrukturen oder Dimensionen eines Diskurses offengelegt werden können. Auf eine weitere Vorstellung diskurstheoretischer Arbeiten soll an dieser Stelle verzichtet werden, vielmehr sei auf die Handbücher zur sozialwissenschaftlichen Diskursanalyse verwiesen (Keller u. a. 2001b, 2004). Die Arbeiten Reiner Kellers, insbesondere seine „Grundlegung eines Forschungsprogramms" (2005), dessen Basis die Zusammenführung diskursanalytischer mit wissenssoziologischen Perspektiven bildet, sind wegweisend für die wissenssoziologische Diskursanalyse.

Weniger an der Vernetzung der theoretischen Bausteine als vielmehr an der praktischen Umsetzung orientiert, wird die vorliegende Diskursanalyse als Beitrag zu einer praxisorientierten Wissenssoziologie verstanden. Während gerade der (amerikanische) Familienkontext in der soziologischen Forschung unterschiedliche Themen- und Theoriefelder besetzt (vgl. dazu auch Kapitel 3) und auch das Thema gleichgeschlechtliche Ehe insbesondere nach der Massachusetts-Entscheidung eine soziologische und politikwissenschaftliche Aufarbeitung erfährt (vgl. Rimmerman/Wilcox: 2007), betritt man mit der diskursanalytischen Perspektive und Auseinandersetzung Neuland. Einzig Jürgen Gerhards und Dieter Rucht stellen eine diskursanalytische Arbeit zu öffentlichen Debatten über Abtreibung in Deutschland und den USA vor, in der das Konzept der Rahmenanalyse aufgegriffen wird (vgl. Gerhards/Rucht 2000).

Das Ziel der vorliegenden Arbeit ist ein Dreifaches: *Erstens* geht es darum, in Anlehnung an die Techniken der Grounded Theory den Diskurs über die gleichgeschlechtliche Ehe in den USA aufzubrechen und seine Dimensionen freizulegen, ohne jedoch am Ende in eine Theorie zu münden. Durch die Orientierung an der Vorgehensweise der Grounded Theory, wie Anselm Strauss und Juliet Corbin (1996) sie vorstellen, soll der gewählte Gegenstandsbereich vielmehr „erhellt" werden. *Zweitens* soll vor dem Hintergrund und in Anwendung der Wissenssoziologie Peter L. Bergers und Thomas Luckmanns überprüft werden, ob und wie sich grundlegende Komponenten und Stufen ihrer gesellschaftlichen Konstruktion von Wirklichkeit in den Daten identifizieren und als gesellschaftliche Konstruktion von Institution begreifen lassen. *Drittens* soll untersucht werden, ob weitere (latente) Dimensionen des Diskurses identifiziert werden können, die auf den ersten Blick nicht sichtbar sind. Dieser Offenheit in der Fragestellung entspricht auch der skizzierte Aufbau der Arbeit, der sich an der Formulierung der Fragestellung aus der Perspektive der Grounded Theory orientiert. In den Anfangskapiteln wird daher auch keine Theorie vorgestellt, die im weiteren Verlauf der Arbeit falsifiziert oder verifiziert werden soll, sondern der Untersuchungsgegenstand. Die wissenssoziologische Basis dient dabei nicht nur einer theoretischen Verortung der Diskursanalyse. Als institutionentheoretischer Ansatz soll sie – in Erweiterung des an Berger und Luckmann orientierten Fokus der Konstruktion von Wissen in der Alltagswelt – dazu dienen, auf der Grundlage der Bedeutung von Sprache die diskursive Konstruktion (als Prozess der Institutionalisierung, aber auch des Wandels) und den Erhalt des Status quo der Institution Ehe zu betrachten.

Ein weiteres Ziel dieser Arbeit darf ebenfalls nicht außer Acht gelassen werden: So müssen einschränkende Grenzen der Bearbeitung dort gezogen werden, wo sie den Rahmen der Machbarkeit sprengen. Zwar kann vieles thematisiert, aber nicht alles umfassend behandelt werden. Die Blickrichtung der Arbeit ist orientiert an der Institution Ehe und ihrer „richtigen" oder „falschen" geschlechtsspezifischen Konstellation im Rahmen der Familienthematik. Darauf wird an dieser Stelle deshalb hingewiesen, weil viele Wege von unterschiedlichen Schauplätzen, beispielsweise der Auseinandersetzung mit der historischen Perspektive, dem theoretischen Rahmen der wissenssoziologischen Diskursanalyse oder der Auseinandersetzung mit den Ergebnissen der Datenanalyse, weg- bzw. hinführen zu Themenkomplexen, die sich zwar als Anschlussmöglichkeiten verstehen lassen, aber auch als das Entdecken von Themen für weitere Forschungsfragen, die zu klären es sich jedoch in anderen Arbeiten lohnt.

Diese Vorgehensweise hat auch zur Folge, dass ein familiensoziologisches Thema wie dieses durch die vorgenommene wissenstheoretische Verortung, verbunden mit einem gerichteten Erkenntnisinteresse und dem Faktor der Offenheit in der Analyse der Daten, über die klassischen Fragen nach dem Wandel von Ehe und Familie, funktionalistischen oder differenzierungstheoretischen Sichtweisen oder auch der Beziehung der Institutionen zu anderen Teilbereichen der Gesellschaft hinausgeht und die zunächst engere Begrenzung des eigentlichen Forschungsgegenstandes hinter sich lässt, um vor allem über die Diskussion des amerikanischen Kulturkampfes und die Bedeutung gesellschaftlichen

Wandels für die Persistenz der amerikanischen Gesellschaft eine kultursoziologische Richtung einzuschlagen.

1 „Familie in Amerika"

> „Discussions of the origins of
> marriage are clearly on the border
> between myth and theory" (Adams/
> Steinmetz 1993: 76).

In seiner „State of the Union Address" vom 20. Januar 2004 diagnostizierte der
Präsident der Vereinigten Staaten von Amerika, George W. Bush, ein Problem:
die als solche verstandene „Neudefinition" von Ehe. Hintergrund der Problematisierung war die Entscheidung mehrerer US-Bundesstaaten, eine eheähnliche
Gemeinschaft für gleichgeschlechtliche Paare einzuführen. Dazu stellte der
amerikanische Präsident fest:

> „A strong America must (...) value the institution of marriage. I believe we should
> respect individuals as we take a principled stand for one of the most fundamental,
> enduring institutions of our civilization. Congress has already taken stand on this is-
> sue by passing the Defense of Marriage Act, signed in 1996 by President Clinton.
> That statute protects marriage under federal law as a union of a man and a woman,
> and declares that one state may not redefine marriage for other states. Activist
> judges, however, have begun redefining marriage by court order, without the regard
> for the will of the people and their elected representatives. On an issue of such great
> consequence, the people's voice must be heard. If judges insist on forcing their ar-
> bitrary will upon the people, the only alternative left to the people would be the
> constitutional process. Our nation must defend the sanctity of marriage. (...) The
> same moral tradition that defines marriage also teaches that each individual has
> dignity and value in God's sight."[7]

Doch nicht nur die gleichgeschlechtliche Ehe als „Abweichung" vom traditionellen Ehe- und Familienbild wird in den USA besonders auf politischer Ebene
problematisiert. Während sich der vorläufige Höhepunkt der in der politischen
und medialen Öffentlichkeit geführten Diskussion über die gleichgeschlechtliche Ehe auf den Sommer des Jahres 2004 datieren lässt, erwies sich das Thema

---

7   http://www.whitehouse.gov/news/releases/2004/01/print/20040120-7.html (Datum des Zu-
    griffs: 11. August 2004).

Alleinerziehende im Frühsommer 1992 als besonders fruchtbar.[8] Auslöser waren Äußerungen des damaligen US-Vizepräsidenten James Danforth („Dan") Quayle vor dem Commonwealth Club of California. In seiner Rede machte er – wie in der Einleitung bereits angedeutet – den von ihm diagnostizierten Verfall moralischer Werte und familialer Strukturen für die Unruhen in Los Angeles im April 1992 verantwortlich. Dabei nahm er explizit Bezug auf die zu dieser Zeit in den USA populäre TV-Serie „Murphy Brown", um zu verdeutlichen, wie die seiner Ansicht nach so genannte „Populärkultur" zur gesellschaftlichen Wertearmut beiträgt:

> „It doesn't help matters when primetime TV has Murphy Brown, a character who supposedly epitomizes today's intelligent, highly paid professional women, mocking the importance of fathers by bearing a child alone and calling it just another lifestyle choice. I know it's not fashionable to talk about moral values, but we need to do it! (…) We cannot be embarrassed out of our belief that two parents married to each other are better, in most cases, for children than one."[9]

Quayles Aussage folgte eine öffentliche Schlacht über Familienwerte, den moralischen Verfall der Gesellschaft und die Frage, wie die Folge einer bekannten Fernsehserie einen so enormen Einfluss auf öffentliche und politische Diskussionen haben kann.[10]

Die Schlagzeile „Meltdown of Nuclear Family Threatens Society" des Magazins „Human Events" aus dem Jahr 2001 lässt sich ebenfalls zur Verdeutlichung konservativer Zerfallsrhetorik heranziehen. Hier ist es jedoch kein fiktionaler Charakter, der dem Autor Don Feder den Beweis für den Zusammenbruch der Familie liefert, sondern Margaret LaMontagne, Chief Domestic Policy Advisor unter US-Präsident George W. Bush. Auf die Frage, wie Präsident Bush wohl auf die steigende Zahl unehelicher Kinder und die Tatsache, dass 43 % der amerikanischen Kinder zumindest einen Teil ihrer Kindheit in Einelternfamilien verbringen, reagieren würde, antwortete LaMontagne im amerikanischen Sender C-Span: „I guess I would respond to say, you know, 'So what?'" (zitiert nach Feder 2001: 9). LaMontagne ist allein erziehende Mutter, was Feder nicht unkommentiert lässt: „Someone with LaMontagne's mentality advising the President on social issues makes as much sense as putting the head of Earth First in charge of his energy program" (ebd.).

---

8   Hierbei handelt es sich weniger um verwitwete Alleinerziehende als vielmehr um nicht verheiratete, allein erziehende Mütter.

9   http://www.commonwealthclub.org/archive/20thcentury/92-05quayle-speech.html (Datum des Zugriffs: 25. Juli 2005).

10   Vgl. zum Thema „Murphy Brown" auch Hartman (1992) und Morgan/Leggett (1999).

„The family has become a problem" (Berger/Berger 1984: 3). Mit dieser knappen Feststellung eröffnen Brigitte und Peter L. Berger ihre Abhandlung zum Thema Familie und führen weiter aus, dass gerade mit Blick auf den Terminus „Problem" zweierlei berücksichtigt werden müsse: 1. dass das „Etwas", welches sich als Problem darstellt, sich vom Rest der Erfahrungen als solches abhebt, aber auch, dass dieses Etwas als *nicht richtig* verstanden wird. Anders formuliert: Was als „falsch" oder „nicht normal" gilt, kann zum Problem werden.[11] Man schenkt beispielsweise der Atmung solange keine Aufmerksamkeit, wie sich keine Atembeschwerden zeigen. Dieses Beispiel übertragen sie auf Institutionen:

> „Human institutions are not the same as bodily or natural phenomena, but their problematization in the minds of individuals follows roughly the same logic – that is, an institution becomes the object of attention and concern because some difficulty arises in its role in the flow of social life" (ebd.: 4).

2. Ist erst einmal ein Problem identifiziert, muss etwas dagegen unternommen werden. Das gilt insbesondere dann, wenn eine Institution zum Problem erklärt wird. Dieser Aspekt ist besonders dann von Interesse, wenn bestimmte Akteure finanziell von der Lösung der Probleme profitieren:

> „Let it be suggested (…) that there are people who make a living from allegedly solving certain problems – and who have therefore a vested interest in propagating the notion that these problems are very serious, very urgent, and (most important) insoluble without their expert assistance" (ebd.: 9).

Gerade vor dem Hintergrund der Annahme, dass Gesellschaft eine *Konstruktion* ist, zeigt sich hier für Peter L. und Brigitte Berger auch die Lösung des Problems: *Re-Konstruktion*.

---

11 Zustände, auf die der Mensch prinzipiell keinen Einfluss hat, werden jedoch nicht in die Kategorie „soziale Probleme" aufgenommen: „humans will die and that cannot be changed. Death is not a social problem", so Donileen Loseke (2003: 6). Aber: „We could change *when* people die (disagreements about using medical technology to extend life or assisted suicide to end life)" (ebd., Hervorh. im Orig., d. V.).

1.1 Zur Definition von Ehe und Familie

> „The Family is a multisided reality. From one point of view, there is nothing more ordinary. Mom and Dad, brother and sister, sitting in front of the TV, doing the dishes, taking out the garbage. What could be more mundane, more routine? The family in that sense hardly seems worth paying attention to in a college course. It is merely what happens when you stay at home, away from where things are going on" (Collins/Coltrane 1995: 4).

Wurden soziologische Auseinandersetzungen mit dem Thema Ehe im deutschsprachigen Raum unter dem Decknamen der Familiensoziologie geführt, erfolgt seit den letzten Jahren eine klare Trennung zwischen Ehe und Familie (vgl. Nave-Herz 2006: 9). Die Ehe wird als individueller Bund zwischen zwei selbstständigen Personen, nämlich Mann und Frau, betrachtet (vgl. Hettlage 1998: 20), als eine nach gesetzlichen Bestimmungen eingegangene Dauerbeziehung zwischen zwei Menschen unterschiedlichen Geschlechts (Claessens/Claessens 1992: 55). Der Blick in ein (amerikanisches) Anthropologielehrbuch offenbart eine Definition von Ehe, um die nicht erst seit dem Jahr 2004 auf Verfassungsebene in den USA gerungen wird. Für den vorliegenden Kontext interessant sind die Worte „usually" und „socially", denn im Sinne Bergers und Bergers wird deutlich: Die Wirklichkeit der Ehe ist ein soziales Konstrukt. Dem Charakteristikum der kulturellen Relativität wird mit dem Wort „usually" durchaus Rechnung getragen:

> „Marriage merely means a socially approved sexual and economic union, usually between a man and a woman. (...) It is a socially approved sexual union in that a married couple does not have to hide the sexual nature of their relationship" (Ember/Ember/Peregrine 2002: 343).

Die Ehe wird aber auch über die Legitimität der Sexualbeziehung definiert. Was in diesem Sinne die Ehe vom bloßen Geschlechtsverkehr unterscheidet, sind die damit verbundenen Verpflichtungen (vgl. Wilson 1994: 352). Der legitime Charakter verweist auf den Aspekt des sexuellen „Besitzes" als „erotische Rechte über den menschlichen Körper" (Collins/Coltrane 1995: 34) und bezieht sich zunächst auf das Recht zum Geschlechtsverkehr. Der Begriff des sexuellen Eigentums, der eine soziale Beziehung charakterisiert, wurde von Kingsley

Davis (1936) geprägt.[12] Für die Ehe heißt das: 1. Die Ehepartner haben das Recht auf Geschlechtsverkehr. 2. Anderen Personen wird das Recht auf Geschlechtsverkehr mit einem der beiden Verheirateten verwehrt. 3. Erfolgt eine Verletzung dieser Regeln, kann die geschädigte Partei rechtliche Schritte einleiten (vgl. Collins/Coltrane 1995 34 f.). Dass Geschlechtsverkehr in Form sexuellen Besitzes als Schlüssel zur Ehe verstanden wird, zeigt sich auch daran, dass beispielsweise Ehebruch, also die Verletzung der sozialen Beziehung im Sinne Davis', in nicht wenigen Gesellschaften geahndet wird.

Das Konzept des sexuellen Besitzes formuliert aber auch den Ausschluss eines bestimmten Personenkreises vom Geschlechtsverkehr. So verbietet das Inzesttabu Geschlechtsverkehr zwischen und Heirat von engen Verwandten, wobei der Begriff „eng" kulturell divergieren kann (vgl. ebd.: 40; Hettlage 1998: 21). Als universell gilt das Verbot von Geschlechtsverkehr zwischen Mutter und Sohn, Vater und Tochter sowie Bruder und Schwester, obwohl unter bestimmten Umständen, beispielsweise zur Erhaltung einer Dynastie, von diesem Verbot abgewichen wurde, wenn sich außerhalb der Verwandtschaft ersten Grades kein passender Partner fand (Wilson 1994: 45).[13] Für Goode (1967: 53) besteht der funktionale Charakter des Inzesttabus darin, dass Nachkommen dazu gezwungen werden, ihren Partner außerhalb der Familie zu finden. Das führt dazu, dass Bindungen zwischen unterschiedlichen Familien entstehen und die Kohäsion in der Gesellschaft wächst. Der *ökonomische Aspekt* erweitert das Konzept des Eigentums und bezieht die Verteilung des Vermögens der Ehepartner sowie die Arbeitsteilung im Haushalt, aber auch Transaktionen vor oder nach der Heirat mit ein. Der Brautpreis ist ein typisches Beispiel dafür: Der Mann oder die Familie des Mannes überreicht der Familie der Frau ein Geldgeschenk oder bestimmte Güter (z. B. Vieh, Nahrungsmittel). Damit wird dem Mann das Recht zugestanden, die Frau zu heiraten. In bestimmten Kulturen sind Männer sogar verpflichtet, für die Familie der Frau zu arbeiten, beispielsweise bei den Eskimos in Nordalaska (vgl. Ember/Ember/Peregrine 2002: 348). In einer Familie spielen zudem die Erbrechte der Kinder eine wichtige Rolle (vgl. Collins/Coltrane 1995: 49 f.; Hettlage 1998: 20 f.). Ob die Ehe nun unter das Etikett der Familie gefasst wird, wie das in der amerikanischen Diskussion der

---

12   In manchen US-Bundesstaaten wird dem Ehemann sogar das Recht auf Geschlechtsverkehr mit seiner Frau zugesprochen. Das kann zur Folge haben, dass in diesen Staaten Vergewaltigung in der Ehe nicht strafbar ist (vgl. Collins/Coltrane 1995: 39).

13   Unterschiedliche Ansätze und Begründungen zum Inzesttabu liefern u. a. Lévi-Strauss (1969), Talmon (1964), Wolfe (1968). Vgl. zu diesem Thema auch die Übersicht bei Adams (1995: 33 ff.). Zu den Aspekten Legitimität, Illegitimität sowie zu rollenspezifischen Pflichten in diesem Kontext vgl. auch Goode (1967: 44 ff.). Das Thema Inzest fällt jedoch nicht nur unter die Kategorie der Partnerwahl, sondern auch unter die des Kindesmissbrauchs (vgl. Collins/Coltrane 1995: 485 ff.).

Fall ist, oder ob Ehe und Familie als getrennte Institutionen betrachtet werden, eines gilt kulturübergreifend: Die Gründung einer Ehe wird auf eine bestimmte Art und Weise öffentlich vollzogen und definiert, sei es durch gesetzliche Bestimmungen oder bestimmte kulturelle Handlungen und Riten.

Die Familie ist die einzige Form der sozialen Gruppe, die durch das Zusammenleben zweier Generationen in einer (Primär-)Gruppe – wie die Mutter-Kind-Dyade – gekennzeichnet ist (vgl. Hettlage 1998: 66). Während man in der deutschen Soziologie von zwei institutionellen Komplexen ausgeht, die vor allem auf rechtlicher Ebene unterschieden werden, nämlich Partnerschaft und Elternschaft (vgl. Kaufmann 1988: 394), gestaltet sich die amerikanische Definition von Familie anders. So definiert James M. Henslin in seinem Soziologielehrbuch Familie als „two or more people who consider themselves related by blood, marriage, or adoption" (Henslin 2003: 469). Und auch in der Definition zum „Current Population Survey" des U.S. Census Bureau heißt es:

> „A family is a group of two people or more (one of whom is the householder) related by birth, marriage, or adoption and residing together; all such people (including related subfamily members) are considered as members of one family."[14]

Eine entsprechende Vorstellung gilt auch für den Begriff „family household", dargelegt in der Veröffentlichung des U.S. Census Bureau über „America's Families and Living Arrangements: 2003":

> „A *family household* has at least two members related by birth, marriage, or adoption. Family households are maintained by married couples or by a man or woman living with other relatives – children may or may not be present" (Fields 2003a: 2, Hervorh. im Orig., d. V.).

Auch die Ehe wird in diesem Sinne als Familie betrachtet. Kinder sind für die Existenz einer Familie nach diesen Definitionen nicht explizit erforderlich. Eine solche Vorstellung von Familie spiegelt sich schon in einer frühen Definition des Soziologen und Gründungsvaters der amerikanischen Soziologie, William G. Sumner, aus dem Jahr 1909 wider:

> „Wedlock is a permanent relation between a man and a woman which is regulated and defined by *mores*. It brings the pair into procreation and nurture of children. Wedlock therefore forms a family, and a family seems to satisfy our idea of an institution" (Sumner 1909: 577, Hervorh. im Orig., d. V.).

---

14 http://www.census.gov/population/www/cps/cpsdef.html (Datum des Zugriffs: 19. Februar 2006).

Die Ehe gilt in diesem Sinne zwar als Grundbaustein der Familie, aber die Familie ist im soziologischen und auch anthropologischen Sinne nicht auf die Ehe angewiesen. Das wird deutlich, folgt man Sumners Ausführungen weiter: „The family institution existed probably before marriage. A woman with an infant in her arms is what we see as far back as our investigations lead us" (ebd.). In den Worten Wilsons existiert die Ehe „als Einrichtung, weil Menschen die Verantwortung für Kindererziehung und wirtschaftliche Verpflichtungen übernehmen müssen" (Wilson 1994: 251). Als Baustein der Familie gilt die Ehe als diejenige Institution, die zur Sicherung der Nachkommenschaft legitimiert ist (vgl. ebd.: 250).

Es lassen sich verschiedene Familienformen unterscheiden. Als Kernfamilie („nuclear family") gilt die Zweigenerationenfamilie, also die Eltern mit ihren unmündigen Kindern. Um das Zusammenleben der Kernfamilie mit weiteren Generationen oder Verwandtschaftsmitgliedern in einem Haushalt begrifflich zu fassen, wird von der Mehrgenerationenfamilie oder der erweiterten Familie („extended family") gesprochen, zu der in Agrargesellschaften auch das Gesinde zählte. Die erweiterte Familie und die Kernfamilie werden gerne herangezogen, um einen durch die Industrialisierung hervorgerufenen Wechsel vom einen zum anderen Typus zu charakterisieren. Diese Vorstellung hat Emile Durkheim im so genannten Kontraktionsgesetz formuliert, wonach sich die Entwicklung der Familie durch einen Prozess der Schrumpfung und des Funktionsverlustes auszeichnet, es gleichzeitig aber zu einer Veränderung der Familien*beziehung* kommt. Für die aus seinem Blickwinkel vergangenen zwei Jahrhunderte diagnostizierte Durkheim eine Entwicklung hin zur Kernfamilie, in der sich die Beziehungsgrundlage von materiellen Aspekten hin zu persönlichen Motiven verändert hat (vgl. Popenoe 1988: 18 f.). Wirtschaftliche und soziale Veränderungen führten demnach nicht nur zu einem Verlust von Verwandtschaftsmitgliedern im Haushalt, sondern auch zu einer Konzentration auf das seiner Ansicht nach zentrale und einzig permanente Element: die Gattenfamilie (vgl. König 1976: 333). Vor diesem Hintergrund betrachtete Durkheim die Familie als geschwächte Institution (vgl. Popenoe 1988: 20).[15]

Die Vorstellung des Wandels von der erweiterten Familie hin zur Kern- oder Gattenfamilie hat sich jedoch als nicht durchsetzungsfähig erwiesen, wie unter anderem die Studien des Historikers Peter Laslett (1977) belegen, der mit

---

15   Die besondere Funktion der Ehe sieht Durkheim in der Regelung des gesamten Gefühlslebens, die er mit einer moralischen Komponente verknüpfte: „dadurch, daß sie dem Mann die Verpflichtung auferlegt, sich nur an eine Frau zu binden, immer die gleiche, weist sie dem Liebesbedürfnis ein genau bestimmtes Objekt zu und verbietet den Blick über diesen Horizont hinaus. Von dieser Eindeutigkeit ist das moralische Gleichgewicht bestimmt, dessen sich der Ehegatte erfreut" (Durkheim 1973: 311).

seiner Frage nach der Verbreitung der Kernfamilie im vorindustriellen europäischen Nordwesten eine historische Debatte ausgelöst hat. Nach der Auswertung von Kirchenbüchern war er zu dem Ergebnis gekommen, dass in nicht mehr als einem Viertel der Haushalte mehrere Generationen einer Familie vereint waren und ihre Durchschnittsgröße vom 17. bis 19. Jahrhundert bei 4,75 Personen lag. Laslett schlussfolgerte, dass die Mehrgenerationenfamilie auch vor der Industrialisierung nicht die vorherrschende Familienform gewesen sein konnte (vgl. auch Popenoe 1988: 61; Hettlage 1998: 46; Coontz 1994: 26).[16] Die historische Familienforschung, allen voran Laslett als einer ihrer zentralen Vertreter, widerlegte somit die Grundidee des Zerfalls der erweiterten Familie und die Zerstörung von verwandtschaftlichen Netzwerken als Folge der Industrialisierung.

Wenn es darum geht, den Begriff „Familie" zu definieren, sieht man sich enormen Schwierigkeiten ausgeliefert, dieses soziale Beziehungsgefüge in eine kulturübergreifende und universal anwendbare begriffliche Form zu bringen. Hält man sich beispielsweise die bereits dargelegte Definition des U.S. Census Bureau vor Augen, lässt sich von Familie auch dann sprechen, wenn zwei Geschwister zusammenleben. An anderer Stelle wurde die prototypische Definition der Familie herangezogen, nämlich die Zweigenerationenfamilie, bestehend aus dem Elternpaar mit seinen unmündigen Kindern. Wenn die Kinder volljährig sind und zudem nicht mehr im gleichen Haushalt leben, kann dann überhaupt noch von einer Familie gesprochen werden? Es stellt sich auch die Frage der Anwendbarkeit dieser Definition, sollte beispielsweise ein Elternteil sterben. Zwei Generationen bestehen aber auch und gerade bei der Mutter-Kind-Dyade, wodurch die Familie definierbar wird als „a relatively small domestic group consisting of at least one adult and one person dependent on that adult" (Popenoe 1988: 5.). Die Definition erfolgt hier zum einen über einen gemeinsamen Haushalt, zum anderen über die Abhängigkeit des Kindes. Doch auch wenn eine Tante mit ihrer nicht volljährigen Nichte zusammenlebt, lässt sich diese Definition heranziehen. Allein diese Beispiele zeigen die Vielfalt und die Variationsmöglichkeiten der Definition von Familie auf. Diese lassen sich erhöhen, wenn man von der Frage der Definition von Familie zur Frage nach ihren Funktionen und damit zur Auseinandersetzung mit der Familie als Institution übergeht.

---

16   Eine Darlegung dieser spezifischen Familienform in England und Nordwesteuropa findet sich auch bei Hajnal (1965) und Stone (1982). Den Gedanken, dass die Kernfamilie ein Produkt der Moderne ist, weisen auch Peter L. und Brigitte Berger (1984) mit Blick auf die Arbeit von Le Roy Ladurie zurück. In seiner Studie über ein französisches Dorf im 14. Jahrhundert kam er zu dem Ergebnis, dass die dort lebenden Familien denen der modernen Kernfamilie entsprachen. Den Charakter der Exklusivität könne die Kernfamilie jedoch nicht beanspruchen, zeige sich ihre Ausdehnung eher für das westliche Europa, während die Mehrgenerationenfamilie im östlichen Europa vorzufinden sei.

1.2 Die Familie als Institution

Institutionen lassen sich im Sinne Arnold Gehlens als Kompensatoren für den Naturmangel des menschlichen Gemeinwesens verstehen. Diese Vorstellung kommt in der von ihm formulierten anthropologischen Grundkonstante zum Ausdruck, wonach der Mensch ein „instinktreduziertes" Wesen ist (vgl. Gehlen 1964: 125). Institutionen schaffen Handlungsbedingungen und Handlungsformen, die wie unwillkürlich wirkende Natur gelten sollen, aber dennoch vom Menschen gesetzt sind (vgl. Furth 1991: 244). Mit Peter L. Berger und Thomas Luckmann könnte man auch sagen: „Aus dem ‚Da wären wir wieder einmal' wird ein ‚So macht man das'" (Berger/Luckmann 1997: 63). Institutionen fungieren als Leitinstanzen in der Gesellschaft, indem sie in Form von komplexen Wissensbeständen (verbindliche) Regeln und (Wert-)Vorgaben zur Verfügung stellen, mit denen der Willkür Grenzen gesetzt werden. Sie werden als objektiv erachtet und in diesem Sinne auch als legitim anerkannt, obwohl sie das Resultat subjektiver Wirklichkeit sind. Sie stellen gesellschaftliche Beziehungen vor allem durch die Wiederkehr von Regelmäßigkeiten auf Dauer, ermöglichen ein Maß an voraussehbarer gesellschaftlicher Ordnung und die Ausbildung stabiler Handlungsentwürfe. Institutionen als gesellschaftliche Leitinstanzen liefern das Wissen darüber, wie etwas „geht" oder etwas „funktioniert" (vgl. Hettlage 1998: 23 f.).

Die Orientierungsfunktion dient durch die Schaffung eines definitiven Weltbezuges der inneren Stabilisierung und Bindung. Diese Funktion betrachtet Hettlage vor allem vor dem Hintergrund der Typisierung der gesellschaftlichen Welt als zusammenhängend gegebene und tradierte Wirklichkeit. Die Steigerungsfunktion steht im Zusammenhang mit dem Prozess der Zivilisierung. Institutionen entlasten den Menschen, damit er die Welt nicht täglich neu erfinden muss und somit eine gesteigerte Lebensführung möglich wird (vgl. ebd.: 26 ff.). Erscheinen die Zwänge der Institution als ärgerliche Tatsache der Gesellschaft, derer man sich nicht entziehen und deren Gestaltung nicht beeinflusst werden kann, spricht Hettlage vom Zumutungscharakter. In diesem Kontext ist auch die Frage nach der Veränderbarkeit von Institutionen eingebunden, denn ihre Eigenart liegt darin begründet, keine starren Gebilde zu sein, sondern einer permanenten Dynamik als Basis des Wandels zu unterliegen.[17]

---

17 Der dynamische Charakter von Institutionen wird indirekt auch in der Unterscheidung zwischen *harten* und *weichen* Institutionen deutlich, auf die Robert A. LeVine aus psychologischer Perspektive (1973: 86) hinweist: „those that form personality and those that are formed by it". Harte Institutionen (die er unter anderem in der sozialen Stratifikation oder auch der Wirtschaft sieht) üben LeVine zufolge einen Zwangscharakter auf das Individuum aus, dem es sich nicht entziehen kann. Zu den weichen Institutionen zählen unter anderem Fantasie, Religion, Kunst oder auch Folklore als kultureller Ausdruck individueller Motive. Wie idealty-

Eine weitere Funktion der Familie liegt in der Bereitstellung von Zunei-
gung, Gesellschaft und Betreuung der Familienmitglieder, insbesondere der
Alten und der Kinder, auch wenn gerade die Betreuung der Alten (als Eltern
oder Großeltern) zunehmend nicht mehr geleistet werden kann. Die Familie
befriedigt grundlegende Bedürfnisse wie Essen und Schlafen, sie schafft als Ort
der „ursprünglichen Solidarität" (vgl. Parsons 1971: 56) und Entspannung
(„Spannungsausgleichsfunktion", vgl. Nave-Herz 2006: 99), der Geborgenheit
sowie des grundlegenden Vertrauens einen Rückzugsbereich von einer „herzlo-
sen Arbeits- und außerfamilialen Welt", ganz im Sinne des Buchtitels von Lasch
(und letztlich stark idealisiert) als „Haven in a Heartless World" (vgl. Lasch
1977, 1981: 24; vgl. Hettlage 1998: 36). Lasch setzt in dieser Funktion die
Trennung zwischen Arbeit und Muße, öffentlicher und privater Welt voraus
(vgl. Lasch 1981: 24 f.). Ohne Versorgung mit materiellen Gütern kann eine
Familie mit Kindern nicht überleben. Die Wirtschaftsfunktion zählt – wie im
Kontext der Ehe angedeutet – ebenso zu den Grundfunktionen der Familie.[18]

Die herausragende Bedeutung der Familie als Institution liegt für Goode
jedoch darin begründet, dass sie die einzige soziale Institution ist, die in allen
Gesellschaften eine formale Entwicklung aufweist (vgl. Goode 1967: 16). Danach stellt die Familie einen Teil eines umfassenden Beziehungsgeflechts dar,
das die Grundlage von Gesellschaft bildet und das auch nur mit und durch Familien bestehen kann. Als zentrale Funktionen der Institution Familie gelten Reproduktion und Sozialisation. Als wichtigste Sozialisationsinstanz vermittelt die
Familie zwischen der Selbstdefinition des Individuums und seiner Mitglied-
schaft in der Gesellschaft. Sie passt das Individuum in die vorherrschenden
gesellschaftlichen Strukturen ein und versorgt es mit dem notwendigen Wissen
über Rechte und Pflichten im familiären wie im größeren gesellschaftlichen
Kontext. Das Kind durchläuft einen Prozess der „Sozialmachung" (Hettlage
1998: 34) und erlernt so die kulturellen Muster der Gesellschaft. In der Vermitt-
lungs- bzw. „Platzierungsfunktion" (vgl. Nave-Herz 2006: 91) wird die besondere Bedeutung der Familie gesehen, weil sie das Individuum mit der weiteren
Sozialstruktur „verklammert" (Goode 1967: 13). Die Familie fungiert als Ver-
mittler ethischer Normen, Denk- und Handlungsweisen, die dann schließlich zur
Gewohnheit werden (vgl. Lasch 1981: 21). Und auch Talcott Parsons hebt hervor: „In socialization it is above all the agency for establishing cathexes and

---

pisch diese Unterscheidung ist, zeigt sich an der Institution Familie, denn „(t)he family, for
example, does not fit easily on either side of the line; it is part of social structure and forma-
tive of personality but also an important arena for emotional expression. It has become con-
ventional to grant the family a special place in both classes of institutions" (ebd.).

18   Zur Bedeutung von Kindern als ökonomischer Faktor in der Gesellschaft vgl. Coleman
(1996).

identification, for integration into the series of *social* systems in which the child will function as an adult" (Parsons 1971: 61, Hervorh. im Orig., d. V.). Vor allem weist die Familie dem Individuum seine (geschlechtsspezifischen) Rollen zu. In dieser arbeitsteiligen Rollen- und Funktionszuordnung zeigt sich die äußere Stabilisierungsfunktion (vgl. Hettlage 1998: 26). Die Einpassung in Rollen erfolgt dabei über verwandtschaftliche Beziehungen. Für Stephanie Coontz macht jedoch gerade diese Zuweisung die Familie zu einem ideologischen Konzept, in dem nicht nur „Idealvorstellungen von der Verbindung zwischen biologischer und gesellschaftlicher Reproduktion" zum Ausdruck kommen, sondern auch die letztlich gesellschaftlich bestimmten, geschlechtsspezifischen Rechte und Pflichten, die als „natürlich" und „gerecht" vermittelt werden (vgl. Coontz 1994: 20).

1.3 Idealistische Vorstellungen über die (amerikanische) Familie

„The traditional family of the twentieth century consists of a working father, a mother that stays at home, and their children" (Wagner/Swisher 1992: 13).

> „Our traditional family model of the married heterosexual couple with children – based on a sexual division of labour where the husband as breadwinner provides economic support for his dependent wife and children, while the wife cares for both husband and children – remains central to all family ideology" (Segal 1983: 11).

Und Peter L. und Brigitte Berger fassen das traditionelle Familienbild wie folgt zusammen: „a married couple and their minor children, living together in their own home, forming an intimate and protective environment, providing nurture and care to the individuals concerned." Doch sie weisen auch darauf hin: „Any deviation from this powerful image tended to be perceived as abnormal and unfortunate, making for the counterimage of the 'broken family'"(Berger/Berger 1984: 60). Ob die genannten Verfasser von dem von ihnen skizzierten Bild der traditionellen Familie überzeugt sind oder ob sie nur die Vorstellungen darüber auf einen Nenner bringen, spielt an dieser Stelle keine Rolle. Eine Rolle spielt vielmehr, dass sich in den Definitionen durchaus übereinstimmende Eckpunkte des traditionellen Familienbildes in den USA widerspiegeln, die sich an bestimmten Kriterien festmachen lassen. Dazu gehören:

- das verheiratete Elternpaar verschiedenen Geschlechts und seine Kinder,
- die geschlechtsspezifische Arbeitsteilung: der Vater als Brotverdiener und Versorger, die Mutter als Hausfrau und Mutter, woraus sich

- spezifische Abhängigkeitsverhältnisse ableiten lassen, nämlich das der Frau von ihrem Mann und der unmündigen Kinder von ihren Eltern,
- die Familie als Ort des Rückzugs, der Emotionen, der Erziehung und auch der Pflege, die eine intensive Intimität zwischen dem Ehepaar ermöglicht sowie Mütter hervorbringt, deren ungeteilte Aufmerksamkeit ihren Kindern gilt (vgl. Coontz 2000: 9).

Darüber hinaus sind Familienwerte von Bedeutung, die sich zum Teil in den bereits genannten Merkmalen der traditionellen Familie wiederfinden. „Familialismus", das heißt „the belief in a strong sense of family identification and loyalty, mutual assistance among family members, and a concern for the perpetuation of the family unit" (Popenoe 1988: 282), wird an sich schon als herausragender (amerikanischer) Wert begriffen. Doch an oberster Stelle findet sich die (heterosexuelle) Zweielternfamilie („two-parent family") (vgl. z. B. Klein 1992: 33; Wilson 1993: 24). Nur sie ist in der Lage, Kinder zu vollwertigen Mitgliedern der Gesellschaft zu erziehen, wie Hayton (1992: 64) in Verteidigung der traditionellen Familie argumentiert. Und in den Äußerungen von Barbara Bush zeigt sich, dass amerikanische Familienwerte auch in der geschlechtsspezifischen Rollentrennung zwischen dem ehemaligen Präsidenten der USA, George Bush, und seiner Gattin gelebt wurden:

> „I carpooled, was a den mother and went to more Little League games than I can count. We went to church. We cheered at the Fourth of July fireworks and sang carols at Christmas. (...) For where will our country find leaders with integrity, courage, strength – all the family values – in ten, twenty or thirty years? The answer is that you are teaching them, loving them and raising them right now" (Bush 1992: 718).

Nach Wilson geht die Mehrheit der Amerikaner davon aus, es sei besser für die Familie, wenn ein Elternteil zu Hause bei den Kindern bleibt (vgl. Wilson 1993: 24).

Stephanie Coontz sieht in dieser vermeintlich natur- und gottgegebenen geschlechtsspezifischen Arbeitsteilung den Eckpfeiler eines traditionellen Familientypus, der die Familie schon fast in eine heilige Sphäre hüllt (vgl. Coontz 2000: 43). Ihre Begründung findet die geschlechtsspezifische Arbeitsteilung dabei in der biologischen Unterscheidung zwischen Mann und Frau: „Women are seen as biologically needing to be mothers and fulfilling themselves through motherhood" (Abbot/Wallace 1992: 10). Eine religiöse Konnotation erhält diese Vorstellung in den Worten des amerikanischen Predigers Jerry Falwell, der die Auffassung vertritt, dass die amerikanische Nation in Gefahr sei, wenn Mutterschaft als anspruchslos, langweilig und als Nicht-Erfüllung verstanden werde.

Er ist vielmehr der Ansicht, dass der Ruf der Frau als Ehefrau und Mutter die höchste Berufung in der Welt sei (vgl. Abbot/Wallace 1992: 11).[19] Und selbst in Parsons' und Bales' Beschreibung der amerikanischen Familie wird der Ehemann und Vater als Brotverdiener zum „‚instrumental leader' of the family as a system" (Parsons/Bales 1960: 13) erhoben. Natürlich sind sich auch Parsons und Bales darüber im Klaren, dass es in den 1950er Jahren berufstätige Frauen gibt. Doch müssten diese Frauen entweder alleinstehend, verwitwet oder geschieden sein und könnten dementsprechend dem Ehemann und Vater die Rolle des Geldverdieners nicht streitig machen. Ist eine verheiratete Mutter, deren Kinder noch in einem Abhängigkeitsverhältnis zu den Eltern stehen, berufstätig, dann ist es für Parsons und Bales

> „quite clear that in general the woman's job tends to be of a qualitatively different type and not of a status which seriously competes with that of her husband as the primary status-giver or income earner" (ebd.: 14).

1.4 Die „Entzauberung" der traditionellen Familie

Das Bild der traditionellen amerikanischen Familie entspringt dem „goldenen Zeitalter" (Coontz 2000: 9) der 1950er Jahre, in dem die Scheidungsraten und das Heiratsalter niedrig und die Geburtenraten hoch waren. Nicht nur, dass junge Erwachsene in dieser Zeit wesentlich früher heirateten als die vorhergehenden Generationen. Sie hatten auch mehr Kinder, die in kürzeren Abständen geboren wurden. Ende der 1950er Jahre waren in den USA 70 % aller Frauen in ihrem 24. Lebensjahr verheiratet – das durchschnittliche Heiratsalter lag bei 20 Jahren. Und auch Parsons und Bales stellten fest, dass „Americans recently have been marrying on an unprecedented scale" (Parsons/Bales 1960: 8). Die Geburtenrate in dieser Zeit des Babybooms stieg zwischen 1940 und 1957 um 50 % (vgl. Mintz/Kellog 1988: 178 f.). Trotz der Zunahme an Eheschließungen blieb die Zahl der Scheidungen stabil. In der amerikanischen Nachkriegszeit galt die Familie als essentieller Bestandteil eines glücklichen Lebens, und nur wenige Amerikaner konnten sich vorstellen, unverheiratet ihr Glück zu finden. Wer von dieser vermeintlichen Norm abwich, galt als unglücklich oder emotional gestört

---

19   Das Geschlechterbild ist gerade im religiös-fundamentalistischen Denken in einen heilsgeschichtlichen Rahmen eingebunden: „Die Frau wird nicht nur als von Natur aus für eine bestimmte soziale Rolle vorbestimmt angesehen, sondern die weibliche Sexualität wird darüber hinaus noch als Mittel satanischer Verführung im apokalyptischen Kampf zwischen göttlichen und teuflischen Mächten verstanden" (Riesebrodt 1997: 17). Zum Thema Familienwerte und der Bedeutung von Religiosität als wichtigem Bestandteil in US-amerikanischen Präsidentschaftswahlkämpfen vgl. Hammond/Shibley/Solow (1994).

(vgl. Mintz/Kellog 1988: 181). Dass die Familie den Mittelpunkt des Lebens bildete, spiegelte sich selbst in der Populärliteratur dieser Zeit wider (vgl. ebd.). So sehr dieses Familienbild verherrlicht wurde, so sehr entstammte es in den USA bekannten Fernsehserien wie „Ozzie and Harriet" oder „Leave it to Beaver".[20] Nicht umsonst bezeichnen Mintz und Kellog das goldene Zeitalter als „Great Exception" (vgl. ebd.: 178) und betrachtet Coontz die Familie der 1950er als „neue Erfindung" (2000: 28). Die 1950er Jahre waren durch Hoffnung im wirtschaftlichen Aufschwung der Nachkriegszeit geprägt (vgl. Mintz/Kellog 1988: 180). Aktiv „gelebt" wurde diese als solche empfundene Hoffnung in Amerikas Vorstädten, in denen sich ein Haus an das andere reihte, in Größe und Bauweise eineiigen Zwillingen gleichend – was zweifelsohne zum Erfolg dieser Wohnsiedlungen beitrug, denn durch die Einheitlichkeit der Häuser ließen sich die Produktionskosten niedrig halten und mit staatlicher Finanzierungshilfe an die Jungverheirateten bringen (vgl. ebd.: 183 f.). Es ist jedoch die staatliche Unterstützung, die den amerikanischen Wert der Eigenverantwortung gewissermaßen unterläuft. Statt Unabhängigkeit zeigt sich eine ausgeprägte Abhängigkeit der Bürger vom amerikanischen Staat, die sich in der Gewährung von Krediten ausdrückt: Fast die Hälfte der vorstädtischen Eigenheime wurde mit Hilfe staatlicher Finanzierung erworben. Staatliche Unterstützung fand sich auch auf Ausbildungsebene durch den „National Defense Education Act", auf dessen Basis Ausbildungsgelder an Veteranen gezahlt wurden (vgl. Coontz 2000: 77).

Der Blick auf die amerikanische Familie in den 1950er Jahren umfasst ein hohes Maß an Nostalgie, das die Realität dieser Zeit ausblendet. Die Realität sieht deshalb anders aus, weil die genannten Entwicklungen noch am ehesten auf die weiße Familie der amerikanischen Mittelklasse zutreffen, während der tatsächlichen Familienvielfalt keinerlei Rechnung getragen wird. Dazu kommt, dass die sie kennzeichnenden Werte und Strukturen niemals zur gleichen Zeit am gleichen Ort, vor allen Dingen nicht für alle jung verheirateten Amerikaner gleichermaßen vorherrschten. Trotz des wirtschaftlichen Aufschwungs lebten Mitte der 1950er Jahre rund 25 % der Amerikaner in Armut, und insbesondere ethnischen Minderheiten wurde der Weg zu finanzieller staatlicher Unterstützung erschwert. Die Nostalgie in Bezug auf die Familie und das Familienleben in den 1950er Jahren verschleiert darüber hinaus die Wurzellosigkeit des familialen Vorstadtlebens. Die Möglichkeit, mit Hilfe staatlicher Finanzierung in das eigene Heim zu ziehen, hatte auch eine Trennung von Verwandten und damit eine Lockerung des familialen Netzwerkes zur Folge. Isolation und Abschottung waren typisch für dieses Leben, begleitet, aber auch hervorgerufen von arbeits-

---

20   Zur Bedeutung solcher Fernsehserien vgl. auch Mintz/Kellog (1988: 190 ff.).

bedingter Mobilität (vgl. Mintz/Kellog 1988: 185). Unter diesen Rahmenbedingungen hatten insbesondere die Frauen zu leiden, deren Rolle auf die der dienenden, fürsorglichen Mutter und Ehefrau festgeschrieben war – eine Erwartung, die auch potenzielle Arbeitgeber bei der Einstellung neuer Mitarbeiter hegten. Schließlich war es die Frau, die als Garant für die Zufriedenheit des Ehemanns als Mitarbeiter angesehen wurde. Die Erwerbsarbeit verheirateter Frauen war ein Tabu und fiel der Ideologie der weiblichen Häuslichkeit zum Opfer. Entsprach eine Frau nicht diesen Erwartungen, galt sie als neurotisch (vgl. Berg 1998: 152). Die Idee, dass eine Frau völlig in der Erziehung ihrer Kinder aufgeht und zur gleichen Zeit eine leidenschaftliche sexuelle Beziehung zu ihrem Mann aufrechterhalten kann, ist für Coontz eine Erfindung dieser Zeit, die tausende von Frauen zu Beruhigungsmitteln, Alkohol und Therapeuten getrieben hat (Coontz 2000: 9). Frauen, die den Rollenerwartungen widersprachen oder sich ihnen verweigerten, wurden sogar mit Elektroschocks behandelt, um sie zur Annahme ihrer (biologisch) „vorgegebenen Rolle" zu zwingen (vgl. ebd.: 32).[21] Das heißt auch: Der sich nach Lipset im „American creed" widerspiegelnde Individualismus (vgl. Lipset 1996: 19) – und damit die Möglichkeit der freien Selbstbestimmung – ließ sich nur auf Kosten der Frau und *für* den Mann verwirklichen. Oder wie Young es formuliert: „Independence is a paragon virtue of liberal citizenship, but a mother's virtue entails dependence on a man" (Young 1995: 544).

1.5 Die pluralistische Familienrealität

Veronica Stolte Heiskanen kritisiert die „Feier der Mittelklasse-Familie in der amerikanischen Familiensoziologie" (Heiskanen 1971: 14). Auch in der amerikanischen Familienforschung sei man davon ausgegangen, dass weiße Familien der Mittelklasse die grundlegende amerikanische Familienkultur bestimmten (vgl. ebd.). Und auch Peter L. und Brigitte Berger bezeichnen das Familienbild der 1950er Jahre als „once again, a middle-class view" (1984: 15). Die Vielfalt der Familientypen, die sich schon aus der Heterogenität der amerikanischen Bevölkerung andeutet, blieb unberücksichtigt. Oder wie Coontz (2000: 30) es beschreibt: Das echte Leben war nicht so weiß wie auf den Fernsehbildschirmen, wo „even the Hispanic Gardener in 'Father Knows Best' went by the name of Frank Smith".

---

21   Zur Bedeutung von Familientherapien in den USA vgl. Kaslow (1987), aber auch Bellah u. a. (1987). Kritisch betrachten auch Berger und Berger (1984: 15) den Einsatz von Psychologen und Vertretern der „helfenden Berufe".

Die pluralistische amerikanische Familienrealität lässt sich aus sozialstruktureller Perspektive über verschiedene Kategorien bestimmen. Bert N. Adams
(1995) beispielsweise wendet eine vierfache, „klassenorientierte" Differenzierung an und unterscheidet zwischen „middle-class", „working-class", „lower-
class" und „upper-class families". Charakteristisch für den ersten Familientypus
ist die Bedeutung ökonomischer Werte, vor allem in Verbindung mit Erwerbsarbeit und berufsbedingter Mobilität. Die Beziehung zwischen den Ehepartnern
ruht auf einer „Basis des Glücks", der Kommunikation und der gegenseitigen
Gratifikation. Liebe, so Adams, ist ein fundamentaler Bestandteil des Familien-
lebens. Ein weiteres Merkmal der „middle-class family" zeigt sich danach auch
in der Sozialisation der Kinder, in der auf das behütete Aufwachsen durch Abschottung von der „problematischen Welt der Erwachsenen" Wert gelegt wird.
Kinder sollen nicht nur lernen, auf eigenen Füßen zu stehen, sondern auch Respekt gegenüber den Mitmenschen zeigen: „This middle-class configuration is
oriented toward success and respectability as defined by the official societal
values" (Adams 1995: 125). Die Erziehung der Kinder in der „working-class
family" orientiert sich am Lehren von Unterordnung und dem Befolgen von
Regeln, Ehrlichkeit, Respekt gegenüber Erwachsenen und den eigenen Grenzen.
In der ehelichen Beziehung überwiegt eine ausgeprägte rollenspezifische Arbeitsteilung und die Dominanz des Ehemanns als Patriarch der Familie (vgl.
ebd.: 126). Die „lower-class family" grenzt sich von dem vorhergehenden Typus durch den Mangel an Bildung ab, zudem durch „few skills to 'sell' in the
economic market, and a living standard at the poverty level" (ebd.: 127). Während unmittelbare Bedürfnisbefriedigung in der „middle-class family" zugunsten
höherer Ziele in der Zukunft verschoben wird, spielen solche Zukunftsorientie-
rungen in der „lower-class family" Adams zufolge eine geringe bis gar keine
Rolle. Die Kindererziehung ordnet er ein zwischen Liebe, Wertschätzung und
Strenge. Als vierte Kategorie nennt Adams die geringe Anzahl extrem reicher
„upper-class families". Ein wichtiges Merkmal der Kindererziehung ist hier die
Sorge, die Kinder mögen standesgemäß heiraten und die „richtigen Entscheidungen" treffen (vgl. ebd.: 128). Ein weiteres Augenmerk liegt auf der Ausbildung der Kinder an renommierten Bildungsstätten, damit sie später möglichst in
das familieneigene Unternehmen eintreten können. Adams bringt die Unterschiede der Familientypen wie folgt auf den Punkt: Von den vier Familienmo-
dellen der Gegenwart betont eines Persönlichkeit, Anständigkeit, Erfolg und
eine Quasi-Gleichstellung. Ein anderes Modell betont Rollenteilung, Ordnung,
Freiheit und ein soziales Netzwerk. Im dritten Modell geht es ums Überleben,
im vierten um Perpetuierung und soziale Dominanz.[22]

---

22 Dennis Gilbert und Joseph A. Kahl (1993) wenden in ihrem Modell eine sechsstufige Skala
    an. Sie unterscheiden zwischen „capitalist class", „upper middle class", „lower middle class",

Die Pluralität der amerikanischen Familienrealität ist vor allem auf die Bedeutung der Vereinigten Staaten als Einwanderungsland zurückzuführen. Um der Schwierigkeit der genauen Zuordnung zu den Begriffen „Rasse" und „Ethnie" zu entkommen, wie sie in der englischsprachigen Literatur häufig verwendet werden, lässt sich – wie bei Collins und Coltrane (1995: 207 ff.) oder Henslin (2003: 482 ff.) – die Linie der weiteren Differenzierung auch anhand folgender Zuordnungen betrachten: „African-American Families", „Latino (Hispanic) Families", „Asian-American Families" und „Native American Families".[23]

Folgt man der Argumentation von Collins und Coltrane, ist in der Auseinandersetzung mit afroamerikanischen Familien der Mythos der „Black Family", hinführend zu der Frage nach einem schwarzen Matriarchat, von besonderer Bedeutung. Dieser Mythos beruht auf der Vorstellung, die Struktur der afroamerikanischen Familie unterscheide sich fundamental von der Struktur der weißen Familie. Mit der afroamerikanischen Familie werden Vorstellungen über eheliche Gewalt, zerbrochene Familien, eine hohe Anzahl an Kindern und daraus resultierend ein Zyklus aus Armut, Unehelichkeit, Delinquenz, Arbeitslosigkeit sowie Abhängigkeit vom Staat verbunden (vgl. Collins/Coltrane 1995: 208). Genährt wurde diese Vorstellung durch den so genannten Moynihan-Report, der im Jahr 1965 von Daniel Patrick Moynihan u. a. im Zuge der Rassenunruhen dieser Zeit veröffentlicht wurde. Darin argumentieren die Verfasser, dass die Probleme der afroamerikanischen Bevölkerung auf die schwache Familienstruktur zurückzuführen seien. Sie sprechen in diesem Zusammenhang von einer „tangled pathology" (Moynihan/Barton/Broderick 1965: 47). Grund für dieses Phänomen ist ihrer Ansicht nach die historische Erfahrung der Sklaverei, in der die Trennung der Väter von ihren Kindern die afroamerikanische Familie in die Abhängigkeit der Mütter führte. Die Ursache der zerbrochenen Familie wird im Moynihan-Report daher in der Abwesenheit des Vaters gesehen:

„working class", „working poor" und „underclass". Der Hinweis auf die nur kurze Skizzierung der von Adams unterschiedenen Klassen macht deutlich, dass die sozialstrukturelle Betrachtung in wesentlich größerem Umfang (z. B. soziale Ungleichheit, Armut usw.) betrieben werden kann. Zum Zusammenhang zwischen Sozialisation und sozialer Klasse vgl. auch die älteren Arbeiten von Kohn (1959, 1963, 1986), Luster/Rhoades/Haas (1989) und Langman (1987). Einen Blick auf den zeitlichen Zusammenhang zwischen Heirat und Geburt des ersten Kindes bezogen auf die Klassenzugehörigkeit wirft Rubin (1976). Goode verwendet den Begriff der Schichtung und verweist auf die Komplexität der Wechselbeziehungen zwischen Familie und Schichtung (1967: 149 ff.).

23 An dieser Stelle sei angemerkt, dass die Charakterisierungen nicht den Anspruch auf Vollständigkeit erheben. Das gilt insbesondere für die Darstellung der historischen Komponenten, die hier nur ansatzweise berücksichtigt werden können. Umfassende Darstellungen dazu finden sich jedoch bei Mindel/Habenstein/Wright Jr. (1998), Taylor (1994a) oder auch Hawes/Nybakken (1991). Grundlegend ist in diesem Zusammenhang auch Wilkinson (1987).

„The Negro community has been forced into a matriarchal structure which, because it is so out of the line with the rest of American society, seriously retards the progress of the group as a whole, and imposes a crushing burden on the Negro male and, in consequence, on a great many Negro women as well" (ebd.: 29).

Die matriarchalische Haushaltsstruktur wird nicht nur als Problem an sich erachtet, sondern gilt aufgrund der Abwesenheit eines männlichen Erwachsenen auch als Nährboden sozialer Probleme (vgl. auch Adams 1995: 144).[24] Jedoch täuscht diese Linie der Argumentation darüber hinweg, dass auch in afroamerikanischen Familien das mit den Kindern zusammenlebende Elternpaar nicht unbekannt ist. Collins und Coltrane machen auf Studien aus den 1970er Jahren aufmerksam, in denen nachgewiesen wird, dass die meisten Sklaven in Familien mit beiden Elternteilen aufgewachsen sind (Collins/Coltrane 1995: 215). Grundsätzlich steht die Frage nach einem Matriarchat jedoch in einem engen Zusammenhang zur klassenspezifischen Einordnung von „African-American Families":

„What *is* true is that black women have more family power than their white counterparts. This is especially true in the lower class, where most families are headed by women, but it is also true in the intact families of the working class and the middle class" (ebd.: 212, Hervorh. im Orig., d. V.).

Gerade die Rassendiskriminierung auf dem Arbeitsmarkt hatte zur Folge, dass afroamerikanische Familien auf das Einkommen der Frau und zum Teil auch der Kinder angewiesen waren. Eine Rolle spielt auch ein anderes weibliches Selbstverständnis: Afroamerikanische Frauen sprechen sich demnach mehr Macht zu als weiße Frauen, und afroamerikanische Ehemänner gestehen ihren Frauen mehr Macht zu als weiße Ehemänner (vgl. ebd.: 213). In diesem Aspekt äußert sich eine Besonderheit nicht nur hinsichtlich der geschlechtsspezifischen Rollenverteilung, sondern auch mit Blick auf ein egalitäres Rollenverständnis, wie Patricia Collins (1990) betont. Während in den 1950er Jahren die weiße Frau als Hüterin des Haushalts dem Arbeitsmarkt eher fernblieb, waren afroamerikanische Frauen bereits in hoher Zahl in den Arbeitsmarkt eingebunden. Für Collins ist die matriarchalische Familie jedoch kein Resultat der Sklaverei, sondern ein modernes Phänomen, das einen institutionellen Rassismus widerspiegelt, in dessen Folge afroamerikanischen Männern der Zugang zum Arbeitsmarkt entweder verweigert wurde oder sie unter Niedrigstlöhnen zu leiden hatten (Collins 1990: 53).

---

24 Eine Vorstellung, die Collins und Coltrane als sexistisch kritisieren (1995: 209).

Doch auch wenn sich die Orientierung der afroamerikanischen Familie an einem weiblichen Familienoberhaupt nachweisen lässt, kann daraus nicht abgeleitet werden, dass diese Orientierung typisch oder pathologisch ist. Eine pathologische Sichtweise hat für Adams vielmehr zwei Gründe: die Verwirrung bei den Kategorien „Klasse" und „Rasse" sowie Wertorientierungen und Ideologien der vornehmlich weißen Wissenschaftler, die sich mit diesem Thema auseinandersetzen (vgl. Adams 1995: 145). Der Schwerpunkt in der Forschung über afroamerikanische Familien hat sich in den letzten Jahren jedoch deutlich verschoben. Diese Verschiebung zeichnet sich vor allem dadurch aus, dass afroamerikanische Familien in ihrem spezifischen Kontext betrachtet, die Rolle von Großmüttern und Verwandten bei der Erziehung der Kinder berücksichtigt und die Anwesenheit der Väter in den Familien – im Gegensatz zur in früheren Forschungen betonten Abwesenheit – analysiert werden (vgl. Parke 2004: 381). [25]

Bei den „Latino" oder „Hispanic Families" kann unterschieden werden zwischen „Mexican-Americans" („Chicanos"), die rund 60 % dieser Kategorie ausmachen, Puertoricanern mit einem Anteil von 12 % und Kubanern mit einem Anteil von rund 5 %. Der restliche Teil setzt sich aus Einwanderern unterschiedlicher Herkunftsländer Mittel- und Südamerikas zusammen (vgl. Collins/Coltrane 1995: 223). Die in den USA gängige Vorstellung, „Hispanic Families" hinsichtlich ihrer Wert- und Glaubensvorstellungen unter ein Dach fassen zu können, ist problematisch, denn die Vielfalt der Nationalitäten, die unter diesen Begriff fallen, spricht gegen die Annahme eines homogenen Familientypus (vgl. Chilman 1997: 389). Auch in einem kurzen Abriss wie diesem kann dieser Vielfalt nicht Rechnung getragen werden. Darum wird im Folgenden der Blick auf die „Mexican-American Families" gerichtet.

In der Literatur finden sich grundsätzlich zwei verschiedene Richtungen der Auseinandersetzung mit amerikanischen Familien mexikanischer Herkunft (vgl. Mirandé 1977: 747, 1979: 473). In der so genannten traditionellen Sichtweise wird ein Familientypus dargestellt, der sich durch eine patriarchalische, autoritäre Struktur auszeichnet und Passivität und Abhängigkeit hervorbringt. Neuere Forschungen hingegen zeigen die „Chicano-Families" in einem Licht der Wärme, der Versorgung und Unterstützung, das dem Individuum ein starkes Gefühl der Geborgenheit vermittelt (vgl. Mirandé 1977: 747). Ein Schlüsselkonzept der traditionellen Sichtweise ist das des Mannes als „Machismo": als männliche Überlegenheit gleichgesetzt mit einem kulturellen Charakterzug, der zur Erklärung der autoritären und patriarchalischen Familienstruktur herangezo-

---

25   Zur weiteren Auseinandersetzung mit „klassenspezifischen" Unterschieden in „African-American Families" vgl. Collins/Coltrane (1995) und Farley/Hermalin (1971). Zur Definition der afroamerikanischen Familie vgl. Nobles (1974, 1978), Scanzoni (1970), aber auch unter Berücksichtigung der historischen Perspektive Mintz/Kellog (1988).

gen wird und sich auszeichnet durch Mut und Tapferkeit, Großzügigkeit und
Grausamkeit (vgl. Collins/Coltrane 1995: 228). Die Vorstellung von Machismo
geht auch einher mit Gewalt (vgl. Adams 1995: 134). Mirandés Kritik an dieser
Sichtweise richtet sich nicht nur gegen den mit dem Machismo-Konzept verbundenen, herabsetzenden Blickwinkel, sondern auch gegen die Etikettierung
mexikanisch-amerikanischer Familien – wie beim Mythos der afroamerikanischen Familie – als pathologisch. Zudem fehle jedwede empirische Grundlage
für solche generalisierenden Zuschreibungen, die letztlich Vorurteile darstellten:
„Without the benefit of empirical data, writer after writer has described an
authoritarian and patriarchal family structure" (Mirandé 1979: 473). Diesen
vermeintlichen „Schlüssel" zum Verständnis der mexikanischen Familie habe
man einfach auf die Chicanos übertragen (ebd.: 475).

Die diese Sichtweise kritisierende Perspektive stellt stattdessen die Bedeutung der Familie als wichtige Einheit im Leben des Einzelnen heraus. Zwar wird
auch dem Konzept des Machismo Bedeutung zugesprochen, jedoch in der Konnotation des Familienstolzes und Respekts statt männlicher Dominanz (vgl.
Mirandé 1977: 750). Auch legt Mirandé nahe, dass „Mexian-American Families" egalitärer seien, als dies in der vorherrschenden Meinung vorstellbar sei.
Geht die Frau zudem einer Arbeit außerhalb des Haushalts nach, hat sie ein
wesentlich stärkeres Entscheidungspotenzial. Berufstätigkeit wird auf diese
Weise zum zentralen Faktor der Ausbildung egalitärer Strukturen in der Familie
(vgl. auch Adams 1995: 135). Das (lateinamerikanische) kulturelle Ideal verlan-
ge jedoch nach dem Mann als Familienoberhaupt und Patriarchen, weshalb eine
patriarchalische Fassade aufrechterhalten werde (vgl. Collins/Coltrane 1995:
229).[26] In der Familiengröße und dem Stellenwert der Verwandtschaft zeigt sich
für Parke (2004: 383) die Form eines „strukturellen" Familialismus: Zwar lässt
sich die Kernfamilie als Norm festhalten, doch ist diese in eine ausgedehnte
verwandtschaftliche Struktur eingebettet, die räumlich von der Familie getrennt,
aber geografisch dennoch nah ist – oder wie Adams es ausdrückt: „separate but
close, if possible" (Adams 1995: 134). Grundsätzlich nehmen Familie und
Freunde einen gleichrangigen Stellenwert insbesondere vor dem Hintergrund
der Anpassung an das Leben in den USA ein. Daher ist es nicht ungewöhnlich,
dass Immigranten und ihre Kinder nach der Auswanderung zunächst in einer
erweiterten Familie mit Verwandten und Nicht-Familienmitgliedern zusammenleben, Verwandte und Freunde oft „one and the same" sind (vgl. Mirandé 1977:
752). Dies widerspricht nach Parke jedoch nicht der Grundvorstellung über die

---

26   Zum Thema Hispanics/Chicanos vgl. auch Duran/Bernard (1973), Oboler/González (2005),
     Zapata/Jaramillo (1981) oder Williams (1990). Mit Geschlechterbeziehungen in diesem
     Kontext setzt sich Galanti (2003) auseinander.

Kernfamilie, denn wenn die Immigranten ihren eigenen Haushalt gründen, dann als Kernfamilie, jedoch mit Verwandten und Freunden in Reichweite.

Komplex und deshalb an dieser Stelle ebenfalls nur skizzenhaft darzustellen ist die in den USA am schnellsten wachsende Bevölkerungsgruppe der „Asian-Americans", zu denen Menschen aus 28 Nationen und ethnischen Gruppierungen aus Asien gezählt werden (vgl. Parke 2004: 382). Die Geschichte der Amerikaner asiatischer Abstammung reicht zurück bis in die Mitte des 19. Jahrhunderts, als Chinesen in den Westen der USA kamen, um in Minen oder bei Bahngesellschaften zu arbeiten. Gerade Japaner und Chinesen sahen sich Rassentrennung, Vorurteilen und Diskriminierung ausgesetzt, was zur Folge hatte, dass sie ihre eigenen Institutionen und Organisationen etablierten. Laut Collins und Coltrane (1995: 236) sowie Parke (2004: 382) gibt es nur wenige empirische Untersuchungen zu Strukturen und Prozessen in amerikanischen Familien asiatischer Herkunft. In der bestehenden Literatur findet sich daher durchweg die Argumentation des kulturellen Hintergrundes als Einflussfaktor auf die Familie und speziell die Sozialisation der Kinder. Als typische Merkmale werden die Zurückstellung individueller Bedürfnisse hinter die der Familie, Gehorsam, Loyalität, Selbstkontrolle und das Streben nach Leistung im Bereich der Bildung definiert (vgl. Collins/Coltrane 1995: 237; Parke 2004: 382). Letzteres ist ein Beispiel für den „Vorzeigecharakter", der asiatisch-amerikanischen Familien zugesprochen wird und der somit auch zu ihrer Stereotypisierung beiträgt. Dass der Stellenwert, der der Qualität der Ausbildung zugeschrieben wird, auf einer selektiven Migration im Sinne des höheren Ausbildungshintergrundes beruht, wird in diesem Zusammenhang oft ausgeblendet (vgl. Collins/Coltrane 1995: 238). Patriarchalische Familienstrukturen mit einem autoritären Vater werden auch hier als typisch identifiziert, wobei die Frau in ihrer Rolle als Mutter nicht nur Autonomie in der Kindererziehung ausübt, sondern ebenfalls über entsprechende Autorität verfügt.[27]

Ließen sich bisher noch Verallgemeinerungen anführen, ist dies in der Auseinandersetzung mit Familien der Ureinwohner Amerikas, den „Native American Families", nicht mehr möglich, auch wenn Collins und Coltrane eine erweiterte Familienstruktur, charakteristische Facetten der Sozialisation sowie einen ausgeprägten Respekt gegenüber Alten als typische Merkmale definieren. Auf Zahlen der Volkszählung aus dem Jahr 1990 verweisend nennen sie 500 verschiedene Stämme der amerikanischen Ureinwohner, darunter die acht großen der Cherokee, Navajo, Chippewa, Sioux, Choctaw, Apache, Iroquois und Pueblo, die rund 1,9 Millionen Mitglieder zählen, sowie 81.000 Eskimos. In der Familienforschung erweist sich gerade die verschiedenartige begriffliche Fas-

---

27   Weiterführend zu diesem Thema vgl. Ng (1998), Taylor (1994a), Mindel/Habenstein/Wright Jr. (1998).

sung von verwandtschaftlichen Beziehungen in Indianerstämmen als problematisch. So kann die Großmutter in der Definition der amerikanischen Ureinwohner im angelsächsischen Verständnis tatsächlich die Tante oder Großtante des Kindes sein (vgl. Collins/Coltrane 1995: 241).

Ein Familientypus, der die Vielfalt der amerikanischen Familie in anderer Hinsicht erweitert, ist die Einelternfamilie (vgl. dazu auch Kapitel 2.2.1 in dieser Arbeit). Laut U.S. Census Bureau belief sich die Anzahl der Einelternfamilien im Jahr 2003 auf rund 12 Millionen (vgl. Fields 2003a: 8), darunter 10 Millionen allein erziehende Mütter. Einelternfamilien sind entweder das Resultat der außerehelichen Geburt eines Kindes, einer Scheidung oder des Todes des Ehepartners. Im „Current Population Report" mit dem Titel „Children's Living Arrangements and Characteristics: March 2002" wird die „single parent-family" wie folgt definiert:

> „A 'single parent' is defined as a parent who is not currently living with a spouse. Single parents may be married and not living with their spouse; they may be divorced, widowed, or never married. (…) if a second parent is present but not married to the first, then the child is identified as living with one parent" (Fields 2003b: 3).

Dazu kommen noch „blended families" – auch als Patchworkfamilie bekannt –, in der jeweils geschiedene Partner mit Kindern zu einer neuen Familie zusammenfinden (vgl. auch Henslin 2003: 486).

Bereits während der „White House Conference on Children" im Jahre 1970 wurde vorgeschlagen, das Konzept pluralistischer Familien- und Lebensformen bei der Formulierung von Gesetzen und Programmen zur Unterstützung von Kindern und Familien zu berücksichtigen (vgl. Sussman 1975: 564). Doch erst mit der „White House Conference on Families" im Jahr 1980 erlangte die Frage nach der Definition von Familie endgültig eine politische Dimension – und das eher unerwartet, denn die Selbstverständlichkeit, die mit „der Familie" verbunden war, hatte nicht gerade nach einer Definition dessen verlangt, was eigentlich jeder kannte (vgl. Berger/Berger 1984: 59). Die Konferenz wurde bereits 1977 von US-Präsident Jimmy Carter angeregt, um die Stärke der „amerikanischen Familie" zu determinieren, aber auch, um Probleme im Familienkontext zu identifizieren (vgl. Alexander 1981: 643). Doch gerade auf lokaler, regionaler und überregionaler Ebene erwiesen sich die Diskussionen zur Vorbereitung der Konferenz als politisch brisant, denn konservative Vertreter lehnten die von ihnen als staatliche Einmischung in das Familienleben angesehene „family life education" ab. Trotzdem ist für Berger und Berger ein zentrales Ergebnis der Konferenz sichtbar: nämlich der semantische Wechsel weg von „der Familie" hin zu „den Familien" (vgl. Berger/Berger 1984: 59), denn damit wurde erstmals offiziell der Vielfalt der Familientypen und damit der Familienrealität auf politischer Ebene Rechnung getragen. Das Ergebnis der Konferenz machte deutlich, dass das Prinzip des „melting pot", in dem die verschiedenen Kulturen und kulturellen Traditionen zu einer einzigen verschmelzen, hinfällig war.

2 Die Institution in der (gesellschaftlichen) Krise (?)

> „If the 1950s families were so
> wonderful, why didn't their children
> seek to emulate them?" (Popenoe
> 1992: 23).

Das idealisierte amerikanische Familienbild wird nicht nur durch die pluralistische Realität der Gesellschaft gestört. Dieses Familienbild ist auch eingebettet in und beeinflusst durch Entwicklungen, die in den USA vor allem ab den 1960er Jahren als krisenhafte Störungen des gesellschaftlichen Lebens verstanden wurden und als deren Ausgangspunkt insbesondere die Liberalisierung auf politischer Ebene galt und noch immer gilt. Dabei spielten höchstrichterliche Entscheidungen in der Diskussion über den Zerfall der Familie eine zentrale Rolle, da diese – in den Augen ihrer Gegner – den Weg für sexuelle Freizügigkeit bereiteten. Das gesellschaftspolitische Klima dieser Zeit lässt sich vor diesem Hintergrund als Unruhezustand begreifen, der schließlich auch an der Infragestellung tradierter Rollenverständnisse entbrannte.[28]

2.1 Das gesellschaftspolitische Klima in den USA

Auf die vermeintlich „goldenen" fünfziger Jahre der Nachkriegszeit, in der die traditionelle Familie als Erfolgsmodell galt (vgl. Lasch 1981: 179), folgten Entwicklungen und Umbruchphasen, die mit den gängigen religiösen und moralischen Wertvorstellungen dieser Zeit nicht vereinbar waren, das religiöse Selbstverständnis vieler Menschen auf den Kopf stellten und in so unterschiedlichen Entwicklungen wie dem Antikommunismus, der Frauenbewegung, aber auch in der sexuellen Revolution ihren Ausdruck fanden, in der die „adversary culture" die tradierte bürgerliche Gesellschaft samt ihren puritanisch geprägten Werten in Frage stellte.

---

28 Wenn man unterstellt, dass Rollen die Gesellschaftsordnung repräsentieren (vgl. Berger/Luckmann 1997: 79), dann lässt sich daraus ableiten, dass eine Gesellschaftsordnung auch dann brüchig wird, wenn der Verhaltenskomplex einer spezifischen Rolle nicht mehr dem Erwartbaren entspricht.

In den 1970er Jahren mündete dieser Unruhezustand in einer Gegenreaktion in eine religiöse Politisierung, deren Akteure neben dem Zerfall der Familie auch den Rückgang religiöser Lebensweisen anprangerten. Untermauert wurde die Zerfallsrhetorik mit Zahlen, die Scheidungen, Abtreibungen, Schwangerschaften bei Teenagern oder auch das Zusammenleben von Paaren in nichtehelichen Lebensgemeinschaften (an-)greifbar machten. Diese Zerfallsrhetorik hat sich bis in die Gegenwart gehalten, wie bei David Popenoe deutlich wird, der in seiner Analyse zur „State of our Unions" eine Schwächung der Ehe kritisiert:

> „There can be no doubt that the institution of marriage has continued to weaken in recent years. Whereas marriage was once the dominant and single acceptable form of living arrangement for couples and children, it is no longer"(Popenoe 2007: 6).

Die Legalisierung der gleichgeschlechtlichen Ehe im US-Bundesstaat Massachusetts Ende November 2003 hat nun also ein Konfliktfeld eröffnet, das die Zerfallsrhetorik der Kritiker weiter untermauert.

2.1.1 Krisenherde der fünfziger, sechziger und siebziger Jahre

Im Jahr 1954 wurde die „separate-but-equal"-Doktrin, mit der die Rassentrennung legitimiert wurde, durch die Entscheidung des Obersten Gerichtshofs der Vereinigten Staaten im Fall Brown vs. Board of Education of Topeka (347 U.S. 483 [1954]) aufgehoben. Die „separate-but-equal"-Doktrin war das Ergebnis einer Entscheidung des U.S. Supreme Court im Fall Plessy vs. Ferguson (163 U.S. 537 [1896]) aus dem Jahr 1896, mit der das Gericht ein Gesetz im US-Bundesstaat Louisiana bestätigte, das die Rassentrennung in Zügen für rechtmäßig erklärte. In der Brown-Entscheidung urteilten die Obersten Bundesrichter am 17. Mai 1954, dass „die Trennung afroamerikanischer Schulkinder von ihren weißen Altersgenossen in jenen ein Minderwertigkeitsgefühl erzeuge und sie damit gleicher Bildungschancen beraube" (Berg 1998: 156). Im Jahr 1955 kam es zur zweiten Entscheidung im Fall Brown: Die Integration an den Schulen sei mit aller gebotenen Eile durchzusetzen (Brown vs. Board of Education of Topeka [II], 349 U.S. 294 [1955]). Die Entscheidungen führten jedoch nicht zwangsläufig zu Veränderungen in der amerikanischen Gesellschaft: Die Südstaaten verfassten das so genannte Südstaatenmanifest und riefen zum Widerstand gegen die „verfassungswidrigen" Entscheidungen des Obersten Gerichtshofs zur Rassenintegration auf. Auch wurde die Rassentrennung mit Verweis auf die Bibel legitimiert, beispielsweise auf dem Campus der Bob Jones University. Für Jones galt:

„Die Bibel (...) weist eindeutig darauf hin, daß Gott die Menschen für Seine guten Zwecke getrennt hat. Gott hat Menschen unterschiedlich voneinander geschaffen und will, daß diese Unterschiede auch bleiben. Die gegenwärtige Agitation, die Rassen zusammenzubringen und die Unterschiede auszulöschen, ist eine Arbeit des Satans" (Bob Jones, zitiert nach Shell 1996: 37).

Der Busboykott von Montgomery, Alabama (1955/56) brachte die gewaltfreien Aktionen der Bürgerrechtsbewegung unter Martin Luther King hervor. Ausgelöst wurde der 381 Tage andauernde Boykott durch die Verhaftung der schwarzen Schneiderin Rosa Parks, die sich geweigert hatte, ihren Sitzplatz für einen Weißen zu räumen. Auf dem Höhepunkt des Widerstandes im Jahre 1957 setzte der amerikanische Präsident Dwight D. Eisenhower die Nationalgarde ein, um schwarzen Schulkindern den Besuch einer High School in Little Rock im US-Bundesstaat Arkansas zu ermöglichen.

Der Antikommunismus der 1950er Jahre wurde durch den Beginn des Kalten Krieges weiter angeheizt, Kommunismus zum Inbegriff aller tatsächlichen und eingebildeten Bedrohungen des „American way of life". Bedroht schien das amerikanische Leben auch durch weitere Entscheidungen des U.S. Supreme Court, die das Verhältnis von Religion und Staat ins Blickfeld rückten. So ging es beispielsweise im Fall Everson vs. Board of Education (330 U.S. 1 [1947]) um die Frage, ob Kinder, die religiöse Privatschulen besuchen, aber dennoch Busse der öffentlichen Schulen nutzen, eine Bevorzugung erfahren. Wurde Religionsfreiheit zunächst unter dem Dach des Schutzes vor der Durchsetzung einer bestimmten Religion verstanden, urteilte der U.S. Supreme Court in diesem Fall:

„Aus der Sicht der obersten Richter beinhaltete das First Amendment auch, daß überhaupt keine Religion besonders geschützt werden dürfe, daß also auch die Förderung einer Vielzahl von Konfessionen und Religionen nicht im Sinne der Verfassung sei, sondern die Verfassung weder eine Förderung noch eine Behinderung beabsichtige" (Pieh 1998: 116).

Die Richter entschieden im Sinne eines Gesetzes aus New Jersey, wonach alle Schüler aus allen Schulen (öffentlich oder privat, religiös oder nicht) Schulbusse nutzen durften (vgl. Stephenson u. a. 1988: 106). Im Fall Engel vs. Vitale (370 U.S. 421 [1962]) kamen die Richter zu dem Urteil, dass das vom Board of Regents im US-Bundesstaat New York angeordnete allmorgendliche Schulgebet gegen das Gesetz verstoße. Ein Jahr später wurde die tägliche Bibellektüre in den öffentlichen Schulen von Pennsylvania mit der Entscheidung School District of Abington Township vs. Schempp 1963 (374 U.S. 203 [1963]) verboten.[29] Schulkindern wurde mit der Entscheidung jedoch nicht untersagt, in der Schule zu beten. Vielmehr ging es um die Ablehnung einer staatlichen Unterstützung des Schulgebets. Gerichtsentscheidungen wie diese führten dazu, dass die Trennlinie zwischen Religion und Staat noch klarer gezogen wurde – trotz der ohnehin schon rechtlich vorgegebenen Trennung beider Sphären auf unterschiedlichen gesellschaftlichen Ebenen.[30]

Die Frauenbewegung trug in besonderer Weise zum Krisenbild der 1960er Jahre bei. Organisierte Feministinnen widersetzten sich den traditionellen gesellschaftlichen Vorstellungen über die geschlechtsspezifische Verteilung der Rollen. Im Juni 1966 gründete Betty Friedan, Autorin des Bestsellers „The Feminine Mystique", der als Grundlage der feministischen Bewegung diente, die National Organization for Women (NOW), die ein Ende der Diskriminierung in allen gesellschaftlichen Bereichen forderte.[31] Auch wenn die Frauenbewegung keine exklusive Erscheinung in den USA der 1960er Jahre ist und sich ihre Anfänge bereits Mitte des 19. Jahrhunderts in einer ersten Welle des Feminismus als organisierte Gegenbewegung zu Alkoholismus und Sklaverei ausmachen lassen (vgl. ebd.: 121), hat sich mit dem Feminismus dieser Zeit die Art und Weise verändert, wie Frauen ihr Leben wahrnehmen. Dazu gehört beispielsweise der Wunsch nach einem Universitätsabschluss, einer beruflichen Karriere und auch einer späteren Heirat. Ebenfalls in diese Zeit fällt die „gay liberation". Der Tag der Razzia in der von Homosexuellen besuchten Kneipe „Stonewall Inn" in der Christopher Street gilt – laut Jagose jedoch zu Unrecht – als Ursprung der „Entstehung von lesbischer und schwuler Identität als politische Kraft" (Jagose 2001: 46).[32] Mit der Entscheidung des U.S. Supreme Court im Fall Griswold vs. Connecticut (381 U.S. 479 [1965]) wurde das Verbot zur

---

29 Die genannten Grundsatzentscheidungen des U.S. Supreme Court wurden unter Vorsitz des Richters Earl Warren getroffen. Obwohl Warren bereits 1953 an den Supreme Court berufen wurde, der im Fall Brown vs. Board of Education, Topeka, Kansas (Aufhebung der „separate-but-equal"-Doktrin) für Aufsehen sorgte, wird mit dem so genannten „Warren Court" vor allem der U.S. Supreme Court der Jahre 1963 bis 1969 in Verbindung gebracht. In dieser Zeit wurden besonders viele Bürgerrechtsfragen entschieden. Zum Vermächtnis des „Warren Court" vgl. Abraham (2005) oder auch Powe (2000).

30 So heißt es beispielsweise in Artikel 6 der amerikanischen Verfassung: „no religious Test shall ever be required as a Qualification to any Office or public Trust under the United States" (Stephenson 1988: 643). Der erste Verfassungszusatz ermöglicht Meinungsfreiheit, verbietet eine offizielle Staatskirche und garantiert freie Religionsausübung: „Congress shall make no law respecting an establishment of religion, or prohibiting the free exercise thereof; or abridging the freedom of speech, or of the press; or the right of the people peaceably to assemble, and to petition the Government for a redress of grievances" (ebd.: 1988: 644).

31 Zu den „Wellen der Frauenbewegung" vgl. Steffen (2006: 29 ff.) und Collins/Coltrane (1995: 121 ff.).

32 Dieses Ereignis ist eingebettet in die spezifische Protestkultur der 1960er Jahre und gewinnt so im Rahmen der gegenkulturellen Bewegungen seine Bedeutung (vgl. Jagose 2001: 49).

Nutzung von Verhütungsmitteln unter verheirateten Paaren aufgehoben und diesen damit ein Recht auf eheliche Privatheit eingeräumt – eine Entscheidung, die auch heute noch von Kritikern als Wunsch des Gerichts betrachtet wird, „aufgeklärte Ansichten" zum Thema Sexualität zu verbreiten (vgl. George/Tubbs 2005: 40). Erweitert wurde das Recht Unverheirateter zur Nutzung von Verhütungsmitteln mit der Entscheidung Eisenstadt vs. Baird (405 U.S. 438 [1972]). Anfang der 1970er Jahre erreichten diese Entwicklungen im Fall Roe vs. Wade (410 U.S. 113 [1973]) ihren vorläufigen Höhepunkt: Der U.S. Supreme Court erklärte das Recht auf Abtreibung im ersten Schwangerschaftstrimester zu einem verfassungsmäßig geschützten Grundsatz der amerikanischen Frauen und sprach damit ein generelles Recht auf Privatheit aus (vgl. George/Tubbs 2005: 39). Bis zu dieser Entscheidung war die Regelung der Abtreibungsfrage den Einzelstaaten vorbehalten gewesen. Konservative religiöse Vertreter sahen in dieser Form der sexuellen Freiheit eine Entwicklung hin zu einem „von Gott abgefallenen ‚Humanismus'" (Shell 1996: 39), denn: Mit der verfassungsmäßigen Legitimierung der Abtreibung und der Pille als Verhütungsmittel wurde die sexuelle Befriedigung außerhalb der Ehe erleichtert. Den revolutionären Charakter der 1960er Jahre sehen Collins und Coltrane jedoch vor allem in einer Veränderung darin, *wie* über Sex gesprochen wird (Collins/Coltrane 1995: 293).

Genährt wurde die gesellschaftliche Krisenstimmung durch den Krieg in Vietnam. Die Nation reagierte unzufrieden auf weitere Entsendungen amerikanischer Truppen ins Kriegsgebiet durch Präsident Lyndon B. Johnson im Jahr 1965. Die Studentenproteste verdeutlichten die Kluft der Generationen in ihrer jeweiligen Denkweise:

> „Their protests were given a special moral urgency by the war in Vietnam. Convinced that their government was pursuing a misguided, even malevolent, policy, students sought to end the war. They burned their draft cards, fled to Sweden and Canada, and marched in the streets of nearly every American city. Americans who supported the war could not understand the defiance of the students, and the students could not understand the unquestioning obedience of many of their elders" (Ammerman 1991: 38 f.).

Gleichzeitig befürchteten christliche Fundamentalisten, dass mit einem Rückzug aus Vietnam die weltliche Vorherrschaft der Amerikaner gefährdet sei, denn in ihren Augen eignete sich die militärische und auch wirtschaftliche Stärke der USA hervorragend dazu, die Welt zu missionieren. Nicht zu vergessen sind die Attentate auf John F. Kennedy und den Bürgerrechtler Martin Luther King, die in eine Ära der Verunsicherung führten und das Weltbild vieler Amerikaner erschütterten (vgl. Marty/Appleby 1996: 84).

2.1.2 Zur religiösen Politisierung der Krise(n)

Die gesellschaftlichen Entwicklungen der 1960er und 1970er Jahre führten durch eine Koalition der „superchurches" (Ammerman 1991: 43) als Gegenbewegung zur Gegenbewegung zu einem religiös-fundamentalistischen Vorstoß auf politischer Ebene, der sich im Jahr 1979 in der Gründung der Moral Majority als Dachorganisation der politischen Aktivitäten unter dem Baptisten-Prediger Jerry Falwell an der Spitze manifestierte. Die Moral Majority lenkte durch die Mobilisierung von Wählern und „pressure group"-Taktiken Aufmerksamkeit auf die Entwicklungen in der amerikanischen Gesellschaft. Mit Spendengeldern wurden ein breites Spektrum an politischen Aktivitäten gefördert, Rundbriefe verschickt, Seminare veranstaltet, Wähler registriert und parlamentarische Lobbygruppen gebildet. Über gezielte Kampagnen wurde versucht, die Öffentlichkeit für Themen wie Abtreibung, Homosexualität, Evolutionslehre und „säkularen Humanismus" (letztendlich ein Propagandawort für alles, was aus der Perspektive der Vertreter der Moral Majority *nicht* zur moralischen Unterstützung des Christentums beitrug und somit als verwerflich galt) zu sensibilisieren, um Wählerstimmen zu gewinnen und die konservative Republican Party zu unterstützten. Der Ablehnung feministischen Gedankenguts galt eine besondere Aufmerksamkeit, denn durch dieses – so die Vorstellung – werde die Familie als von Gott gegebene, heilige Institution unterminiert und attackiert (vgl. Riesebrodt 1997: 18). Die Moral Majority strebte eine Wiederbelebung protestantischer Lebensweisen an. Politische Breitenwirkung erzielte die Koalition als „pragmatische Allianz" (Hunter 1991: 47), in der alte Konfliktlinien den neuen Gemeinsamkeiten im Kampf gegen den moralischen Verfall der Gesellschaft gewichen waren.

2.1.3 Die Pluralität der (religiösen) Lebensdeutungen

In der Summe führten diese gesellschaftlichen Entwicklungen dazu, dass tradierte Lebensweisen verworfen und durch andere (neue, alternative) ersetzt wurden. Damit einhergegangen ist eine „soziale Entkonventionalisierung" (Reckwitz 2000: 43): eine Entwicklung, die sich nicht nur in den Ausprägungen der Industrialisierung auf der Ebene des technischen Fortschritts äußert, sondern die auch zur Folge hat, dass bestimmte gesellschaftliche Konventionen, die festlegen, wie das Zusammenleben stattzufinden hat, an Gültigkeit verlieren. Besonders deutlich kündigte sich der Verlust gesellschaftlicher Konventionen und der Vorherrschaft des Protestantismus in den USA bereits in der Wende vom 19. zum 20. Jahrhundert an.

Die Industrialisierung hatte um die Jahrhundertwende in den USA zu einer starken regionalen Differenzierung geführt, die sich vor allem in einer sich ausweitenden Kluft zwischen Stadt und Land ausdrückte. Einwanderungsströme führten zu Verstädterungsprozessen, in deren Folge die ländliche und kleinstädtische Bevölkerung in den Hintergrund gedrängt wurde. Steigende Kriminalität, Prostitution, die Vielfalt der Ethnien und Kulturen, Sprachen und Handlungsweisen, aber auch die steigende Anzahl an Katholiken in der Bevölkerung wurden als Herausforderung für die bisher vorherrschende protestantische Lebensweise empfunden. Neue wissenschaftliche Erkenntnisse und die Evolutionstheorie Darwins wälzten den biblischen Schöpfungsbericht um. Familien, Kirchen und öffentliche Schulen traten als vermeintliche Garanten der christlichen Erziehung zunehmend in den Hintergrund. Aus dem kulturellen „Muss" der Vermittlung religiöser Werte und Praktiken durch die Familie als Ort der religiösen Sinnvermittlung wurde unter den Bedingungen der Moderne eine Option (vgl. Zinnecker 1998: 347). Der Verlust des christlichen Glaubens äußerte sich vor allem in dem Verlust des biblischen Literalismus als Anleitung zu einem frommen Leben. Ein Grund für diesen Wandel ist in der Abflachung traditioneller Werte zu sehen, zu denen auch eine differenzierte Kernfamilie mit je spezifischer Funktionsverteilung gehörte. Dieses Abflachen zeigt sich ab Mitte des 20. Jahrhunderts – wie angedeutet – an der Rebellion gegenüber einem aus der Perspektive der Betroffenen veralteten Frauenbild, in dem die eigene Identität nicht mehr als Schicksal verstanden wird. Auf innerkirchlicher Ebene entwickelten sich zwei Strömungen, um diesen gesellschaftlichen Veränderungen entgegenzutreten: Liberale Protestanten versuchten, sich der neuen Situation anzupassen und nahmen eine Neuinterpretation der christlichen Botschaft vor. Konservative Protestanten lehnten jeden Kompromiss mit der „modernen Welt" ab. Für sie galt weiterhin das Christentum als organisierendes Prinzip der Gesellschaft (vgl. Palaver 1988).

Für Peter L. Berger weisen die Wahlmöglichkeiten in der modernen Gesellschaft nicht nur einen äußeren, sondern auch einen inneren Charakter auf. Berger nennt in diesem Zusammenhang moralische, ideologische, aber gerade auch religiöse Wahlmöglichkeiten. Seiner Auffassung nach

„hat die Modernität die Religion in eine ganz spezifische Krise gestürzt, in eine Krise, die zwar ohne Frage durch Säkularität gekennzeichnet, die aber weit wichtiger durch Pluralismus charakterisiert ist (...). (D)ie Autorität aller religiösen Traditionen (wird) in der pluralistischen Situation gemeinhin unterminiert" (Berger 1992: 9).

Die Selbstverständlichkeit von Religion wird in Frage gestellt und verliert zugunsten alternativer, aber auch untereinander konkurrierender Sinnsysteme an

Bedeutung, wie Berger in seinem Buch „Der Zwang zur Häresie" beschreibt. Dabei gerät die Existenz des Einzelnen zunehmend in Abhängigkeit von bestimmten äußeren Bedingungen wie Technologie, ökonomischen oder politischen Verhältnissen (vgl. ebd.: 18). Ein modernes Bewusstsein, das den Menschen „von innen heraus" beeinflusst, ist für diese Entwicklungen kennzeichnend. Modernität pluralisiert somit auch und gerade Plausibilitätsstrukturen. Das hat für Berger zur Folge, dass der Mensch zur Reflexion gezwungen wird. Dabei kommt es zu einer zweischneidigen Entwicklung, die seiner Ansicht nach ein charakteristisches Merkmal von Modernität darstellt: Die Außenwelt des Einzelnen wird immer fragwürdiger, die Innenwelt komplexer.

Der Übergang vom Schicksal zur Wahl wird dabei in ambivalenter Weise erfahren. Auf der einen Seite entspricht dieser Übergang einer Art Befreiung aus vorgegebenen und traditionellen Lebensweisen, auf der anderen Seite sind mit der Modernität auch Angst und Entfremdung verbunden:

> „Modernität vervielfacht die Wahlmöglichkeit und reduziert gleichzeitig den Umfang dessen, was als Schicksal oder Bestimmung erfahren wird. Auf die Religion bezogen, wie natürlich auch auf andere Bereiche menschlichen Lebens und Denkens, bedeutet dies, daß der moderne Mensch nicht nur mit der Gelegenheit, sondern vielmehr mit der Notwendigkeit konfrontiert ist, hinsichtlich seiner Glaubensvorstellungen eine Wahl zu treffen. Dieses Faktum konstituiert den häretischen Imperativ in der gegenwärtigen Situation. So ist die Häresie, einstmals das Gewerbe randständiger und exzentrischer Menschentypen, eine weitaus allgemeinere Condition geworden; Häresie ist in der Tat universell geworden" (ebd.: 43 f.).

Zwar ergeben sich neue Freiheiten und Wahlmöglichkeiten hinsichtlich der Gestaltung des eigenen Lebens – und dazu gehört auch das Herausbrechen aus klassen- und schichtspezifischen Lebensweisen (vgl. Reckwitz 2000: 44) –, der Mensch tauscht diese Befreiung jedoch gegen ein Herauslösen aus dem festen Gefüge der Gemeinschaft und der Solidarität seines kollektiven Daseins ein. Überträgt man Bergers Vorstellungen auf den Kontext der Familie, dann wird deutlich, dass sich diese Befreiung auch in einer Vielfalt der Familienformen äußert, die bei Kritikern das Gefühl der Entfremdung hervorruft. Die USA – und hier „mehr als anderswo" – haben „eine stete Expansion des Spielraums akzeptierter Alternativen zu traditionellen Verhaltensmustern erlebt", so Berger (1992: 29), der auch die Sexualität in die Arena individueller Wahlmöglichkeiten einordnet. Bei der Familie scheint jedoch die Vielfalt an Grenzen zu stoßen, wenn diese über den kleinsten gemeinsamen Nenner, die heterosexuelle Ehe, definiert werden.

2.2 Ebenen und Kennzahlen des „Niedergangs" der Familie

„Is there a crisis in the American Family?" fragen Skolnick und Currie (1979: 233). Eine direkte Antwort liefern sie nicht, doch verweisen sie auf die bereits skizzierten Entwicklungen der vergangenen Jahrzehnte in den USA, die aus konservativer Perspektive für einen negativen Wandel der Institution Familie hin zum Zerfall verantwortlich gemacht werden, allen voran steigende Scheidungs- und zurückgehende Geburtenraten, als deren Ausgangspunkt die sexuelle Revolution angesehen wird.[33] Aber auch die zunehmende Erwerbsarbeit von Frauen, außerehelich geborene Kinder, die steigende Zahl nichtehelicher Lebensgemeinschaften sowie Abtreibungen werden als Ursache für einen Zerfall der Familie in den USA identifiziert (vgl. Cherlin 2004: 849; Giele 2003: 57; Popenoe 1988: 287; Skolnick/Skolnick 2003: 233). Dabei spielen geringe Unterschiede zwischen eheähnlichen Lebensgemeinschaften und Ehen, wie Collins und Coltrane sie schildern, keine Rolle (vgl. Collins/Coltrane 1995: 568): Zwar finden sich Komponenten des sexuellen Besitzes ebenso wie die der ökonomischen Beziehung, jedoch ist es leichter, die Beziehung zu lösen, weil die rechtlichen Schritte zur Scheidung wegfallen.[34]

2.2.1 Zweieltern- vs. Einelternfamilien

Die steigende Zahl an Einelternfamilien gilt in der konservativen Rhetorik als zentrales Zerfallsmoment der Familie. Popenoe beziffert ihren Anteil in den USA auf 21,5 % für das Jahr 1980 und 26,3 % für das Jahr 1985 (vgl. Popenoe 1988: 287).[35] Diese Veränderungen werden im Bericht des U.S. Census Bureau über „America's Families and Living Arrangements: 2003" jedoch weniger als Zerfall, sondern vielmehr als Wandel der Familie betrachtet. Im Jahr 2003 wurden rund 38,4 Millionen Familienhaushalte mit Kindern gezählt (im Vergleich zu 30 Millionen im Jahr 1970, vgl. Fields 2003a: 7). Die Zahl der Zweieltern-

---

33 Wobei Sapir (1930: 148) bereits im ersten Drittel des 20. Jahrhunderts fragt: „Finally, who can regret that woman has become a real person – that she is no longer merely the imprisoned symbol of an institution? The fact that there are as many kinds of mothers and as many kinds of wives as there are kinds of women is a little disconcerning, but it should no longer shock us."

34 Collins und Coltrane, die sich gegen eine Verfallsrhetorik aussprechen (vgl. Collins/Coltrane 1995: 141), stellen zur nichtehelichen Lebensgemeinschaft fest: „And if we expand the notion of 'marriage' to include both legal marriage and cohabitation, we can see that there has been little decline in the institution of marriage" (ebd.: 569).

35 Popenoe differenziert jedoch nicht nach Scheidung, Verwitwung, der Abwesenheit des Ehepartners oder außerehelichen Geburten.

familien liegt mit rund 26 Millionen bei ca. 68 %. Die Zahl der Einelternfamilien beträgt rund 12,4 Millionen – was auf die Gesamtzahl der Familien mit Kindern gerechnet einem Anteil von 32 % entspricht. Die Zahl allein erziehender Mütter ist von ca. 3 Millionen im Jahr 1970 auf rund 10 Millionen im Jahr 2003 angestiegen. Das U.S. Census Bureau nimmt eine weitere Differenzierung der Einelternfamilien vor (vgl. Fields 2003a). Danach lässt sich die absolute Zahl allein erziehender Mütter – ohne Berücksichtigung weiterer sozialstruktureller Kategorien – für das Jahr 2003 auf 10,14 Millionen und die der allein erziehenden Väter auf 2,26 Millionen beziffern. Folgt man den in der Statistik angegebenen Zahlen, waren 43,5 % der allein erziehenden Mütter niemals verheiratet, 34,5 % sind geschieden, bei 17,8 % ist der Ehemann abwesend, 4,1 % sind verwitwet. Die entsprechende Aufschlüsselung der Angaben zu allein erziehenden Vätern für diesen Zeitraum ergibt, dass 42,3 % geschieden sind, rund 38 % niemals verheiratet waren, bei 15,2 % der Ehepartner im Haushalt nicht anwesend ist und rund 4,7 % verwitwet sind (vgl. ebd.: 9). Der prozentuale Anteil allein erziehender afroamerikanischer Mütter, die nicht verheiratet sind, liegt bei rund 62 %, die der „non-hispanic white single mothers" bei rund 31 %.

2.2.2 Teenagerschwangerschaften und Abtreibung

In den USA geht die Diskussion über uneheliche Kinder einher mit der Diskussion über Schwangerschaften bei Teenagern, auch wenn die Geburtenrate bei jungen Frauen im Alter zwischen 15 und 19 Jahren seit Ende der 1950er Jahre gesunken ist.[36] Ausnahmen von dieser Tendenz bilden das Babyboom-Jahr 1957 mit einer durchschnittlichen Rate von 96,3 Geburten pro 1.000 Frauen im Alter zwischen 15 und 19 Jahren sowie das Jahr 1970 als „one-year upward tick" (vgl. Ventura/Mathews/Hamilton 2001: 2). Eine weitere Ausnahme, die sich über einen Zeitraum von mehreren Jahren erstreckt, setzt Mitte der 1980er Jahre ein. In dieser Zeit steigt die Geburtenrate von 50,2 im Jahr 1986 auf 62,1 pro 1.000 Frauen im Jahr 1991 an. In den folgenden Jahren lässt sich jedoch wieder ein Rückgang verzeichnen. Im Jahr 2000 lag die Rate schließlich bei durchschnittlich 48,7 Geburten pro 1.000 Frauen im Alter zwischen 15 und 19 Jahren und

---

36   Obwohl „pregnancy" in der Übersetzung Schwangerschaft bedeutet, wird im Folgenden auf die Zahl der tatsächlichen Geburten eingegangen, weil erst dann das Thema allein erziehender Mütter zu einem solchen wird. Zur Aufschlüsselung der Statistiken über Schwangerschaften und Geburten bei Teenagern in den USA vgl. auch Ventura, Mathews und Hamilton (2001). In der konservativen Rhetorik werden Schwangerschaften bei Teenagern mit den Auswirkungen der sexuellen Revolution, nicht aber mit mangelnder Aufklärung in Verbindung gebracht. Zum Thema Teenagerschwangerschaften als soziales Problem vgl. auch Bonell (2004).

erreichte damit den niedrigsten Wert (in dieser Altersgruppe) in den USA überhaupt – ein Rückgang um 37 % im Vergleich zum Jahr 1970 (vgl. ebd.: 1). Im
Jahr 2004 hat sich die Geburtenrate mit 41,2 Geburten pro 1.000 Frauen in der
angegebenen Altersgruppe nochmals verringert. In absoluten Zahlen ausge-
drückt: Im Jahr 2000 sind bei jungen Frauen in der angegebenen Altersspanne
470.506 Geburten gezählt worden (eingerechnet sind hier 8.561 Geburten bei
Mädchen unter 15 Jahren). 1990 lag die Zahl der Geburten bei 533.483.

Blickt man in die nähere Vergangenheit, dann zeigt sich, dass im Jahr 2004
rund 1,5 Millionen Kinder in den USA außerehelich zur Welt kamen (vgl. Hamilton u. a. 2005: 3). Die Mehrzahl der Frauen, die in diesem Jahr ein Kind
außerehelich zur Welt brachten, war älter als 20 Jahre. Weniger als ein Viertel
(23,7 %) der außerehelich geborenen Kinder haben Mütter im Teenageralter
(vgl. ebd.). 35,7 % aller geborenen Kinder im Jahr 2004 haben Mütter, die nicht
verheiratet sind. Der prozentuale Anteil unverheirateter Teenager liegt bei
82,6 % (im Vergleich zu 78,7 % im Jahr 2000 und 81,6 % im Jahr 2003). Mit
anderen Worten: Über vier Fünftel der Geburten bei Teenagern im Jahr 2004
waren außerehelich (vgl. ebd.; Ventura/Mathews/Hamilton 2001: 3). So lässt
sich zwar insgesamt ein Rückgang der Geburtenrate bei Teenagern verzeichnen,
angestiegen ist jedoch der prozentuale Anteil der Geburten bei Teenagern, die
nicht verheiratet sind.

Die Geburtenthematik ist eng verknüpft mit der Abtreibungsfrage. Das gilt
insbesondere und noch immer vor dem Hintergrund der Entscheidung des U.S.
Supreme Court im Fall Roe vs. Wade, auch wenn „(t)he Supreme Court did not
'invent' legal abortion, much less abortion itself, when it handed down its histo-
ric *Roe v. Wade* decision in 1973", wie Rachel Benson Gold vom Guttmacher
Institute feststellt (Gold 2003: 8, Hervorh. im Orig., d. V.). Abtreibung war in
den Gründungsjahren der USA legal. Mitte des 18. Jahrhunderts wich der legale
dem illegalen Status, bis Mitte der 1960er Jahre insgesamt 17 US-Bundesstaaten
die Abtreibung ausschließlich unter bestimmten Voraussetzungen (beispielsweise zum Schutz von Gesundheit und Leben der Frau) wieder legalisierten (vgl.
ebd.). Der zentrale Grund für eine Abtreibung (war und ist) die ungewollte
Schwangerschaft. Schichtspezifisch war vor der Roe-Entscheidung jedoch die
Art und Weise der Abtreibung. Frauen mit finanziellen Mitteln hatten (wenn
auch nur begrenzte) Möglichkeiten, eine legale Abtreibung vornehmen zu lassen. Weniger wohlhabende Frauen, meist unverhältnismäßig jung und Angehö-
rige von Minderheiten, waren auf illegale und zumeist gefährliche Abtreibungs-
verfahren angewiesen (vgl. ebd.). Das Alan Guttmacher Institute schätzt die
Zahl der illegalen Abtreibungen in den 1950er und 1960er Jahren auf 200.000
bis 1,2 Millionen pro Jahr, wobei als Indikator für die Verbreitung illegaler
Abtreibungen vor allem auf die Zahl der Todesfälle von Frauen zurückgegriffen

wird (vgl. ebd.). Laut Gold starben in den 1930er Jahren rund 2.700 Frauen an den Folgen einer Abtreibung. Erst zwei Jahrzehnte später ging die Zahl der Todesfälle durch eine verbesserte medizinische Versorgung der Frauen zurück. Eine solche Verbesserung setzte aber auch mit der Legalisierung der Abtreibung ein.

Die Roe-Entscheidung führte zu einem Anstieg der Schwangerschaftsabbrüche von 20 % im Jahr 1970 auf 56 % im Jahr 1998 (vgl. ebd.). Aus den „Facts in Brief" des Alan Guttmacher Institute geht hervor, dass

- in den Jahren 1973 bis 2002 rund 42 Millionen legale Abtreibungen durchgeführt wurden,
- 52 % der Amerikanerinnen, die eine Abtreibung durchführen ließen, jünger als 25 Jahre waren,
- die Wahrscheinlichkeit einer Abtreibung bei afroamerikanischen Frauen drei Mal höher lag als weißen Frauen,
- 19 % der Schwangerschaften bei Teenagern in einer Abtreibung endeten und
- zwei Drittel aller Frauen, die eine Abtreibung vornehmen ließen, unverheiratet waren (vgl. The Alan Guttmacher Institute 2005: o. S.).

Im März 2006 wurde in South Dakota der „Women's Health and Human Life Protection Act" in Kraft gesetzt, der die Roe-Entscheidung für kurze Zeit auf die Probe stellte. Diesem Gesetz zufolge durften Abtreibungen nur noch durchgeführt werden, wenn durch die Schwangerschaft die Gesundheit der Frau in Gefahr war. Vergewaltigung und Inzucht stellten keine Ausnahme dar. Bereits im November des gleichen Jahres wurde dieses Gesetz durch ein Wählerreferendum außer Kraft gesetzt.[37]

2.2.3 Scheidungen

Als Erklärung für den Anstieg der Scheidungsraten in den USA ab den 1970er Jahren wird häufig auf veränderte rechtliche Grundlagen (vgl. Kreider 2005: 4), aber auch auf die gestiegene finanzielle Unabhängigkeit von Frauen aufgrund ihrer Teilnahme an der Erwerbsarbeit verwiesen (vgl. Ruggles 1997). Die Verabschiedung des „Family Law Act" in Kalifornien im Jahr 1969 führte zu einer „Divorce Revolution" – so auch der Titel des Buches von Leonore J. Weitzman

---

37 Zum Thema Abtreibungsgesetze vgl. auch The Alan Guttmacher Institute (2006).

(1985).[38] Das Gesetz, das am 1. Januar 1970 als erstes seiner Art in den USA in Kraft trat, löste das bisher übliche Schuldprinzip – unter anderem basierend auf Ehebruch, extremer Grausamkeit oder bewusster Vernachlässigung – als Begründung für eine Scheidung ab. Ersetzt wurde es durch die Feststellung von „irreconcilable differences leading to the irremediable breakdown of the marriage" (vgl. Dixon/Weitzman 1980: 297). Damit wurden auch die obligatorischen Beweise, mit denen beispielsweise ein Ehebruch untermauert werden musste, hinfällig. Zwischen 1970 und 1975 stieg die Scheidungsrate von 14,9 auf 20,3 Scheidungen pro 1.000 verheirateter Frauen (ab dem 15. Lebensjahr) an. Den Scheitelpunkt erreichte die Scheidungswelle im Jahr 1980 mit 22,6 Scheidungen pro 1.000 verheirateter Frauen. Seitdem ist ein Rückwärtstrend auf höherem Niveau zu verzeichnen, oder wie es in „The State of our Unions 2007: The Social Health of Marriage in America" des National Marriage Project heißt: „leveling off at a high level" (The National Marriage Project 2007: 19). Für das Jahr 2005 wird die Scheidungsrate mit 16,4 pro 1.000 Frauen beziffert (vgl. ebd.). Diese Entwicklung wird mit einer zunehmenden Stabilität der Ehe gleichgesetzt und auf zwei Gründe zurückgeführt: ein höheres Heiratsalter sowie eine bessere Ausbildung der Heiratenden (vgl. ebd.).[39] Folgt man den Angaben des National Marriage Project, dann liegt die Wahrscheinlichkeit einer Trennung oder Scheidung von Paaren, die in den letzten Jahren geheiratet haben, bei 40 bis 50 % (vgl. The National Marriage Project 2005: 19).[40]

Ob ein direkter Zusammenhang zwischen „no fault"-Scheidung und steigenden Scheidungsraten wirklich nachzuweisen ist, wird unterschiedlich bewertet. Die beiden in der Literatur häufig genannten Gründe für eine steigende Scheidungsrate – veränderte Scheidungsgesetze und Frauenerwerbsarbeit – sind Gegenstand kritischer Auseinandersetzungen. Offen bleibt die Frage, ob nicht vielmehr wirtschaftliche und kulturelle Veränderungen als Hauptursache für steigende Scheidungesraten verantwortlich sind, in deren Folge die Gesetzgebung sich gewandelt hat, oder ob – wie William A. Galston argumentiert – der

---

38 Bereits 1966 hatte der US-Bundesstaat New York seine Scheidungsgesetzgebung liberalisiert. Nach einer zweijährigen Trennung konnte eine Scheidung mit beiderseitigem Einverständnis vollzogen werden (vgl. Gordon 1998: 1438). Im Gegensatz dazu genügte es in Kalifornien, wenn nur eine Partei die Scheidung einreichte. Eine Übersicht über die Entwicklung der „no-fault"-Scheidung in den USA liefert Weitzman im zweiten Kapitel ihres Buches „The Divorce Revolution" (Weitzman 1985).

39 Zur kritischen Diskussion der Gründe für den Rückgang der Scheidungen vgl. z. B. Goldstein (1999).

40 Damit wird der Erfolg einer Ehe jedoch nicht mit durchschnittlich 50 % bewertet. Dem Bericht nach sinkt das Risiko einer Scheidung in den ersten zehn Jahren einer Ehe unter Berücksichtigung folgender Umstände: ein Jahreseinkommen von über US $ 50.000, die Geburt eines Kindes sieben Monate oder später nach der Heirat, ein höheres Heiratsalter, eine eigene intakte Familie, Religiosität, höhere Bildung.

Wandel der Gesetzgebung als „unabhängiger Faktor" den Wandel auf wirtschaftlicher und kultureller Ebene intensiviert hat (vgl. Galston 1996: 19).[41]
Ruggles (1997) beispielsweise betrachtet den Zusammenhang zwischen Veränderungen auf dem Arbeitsmarkt (durch eine zunehmende Beteiligung der Frau-
en) und steigenden Scheidungsraten, weist aber letztlich diese Erklärung als
exklusiv zurück und sieht darin nur einen Teilaspekt erfasst. Wright und Stetson
kommen in ihrer Studie aus dem Jahr 1978 zu dem Ergebnis, dass die Reform
der Scheidungsgesetzgebung in den meisten US-Bundesstaaten nur geringe
Auswirkungen auf die steigende Scheidungsrate hatte (vgl. Wright/Stetson
1978: 580). Jedoch sorgte im Jahr 1995 die Studie von Nakonezny, Shull und
Rodgers für Aufsehen, präsentieren sie doch eine diesen Ergebnissen entgegen-
gesetzte Sichtweise: „(I)t is clear that no-fault divorce law did positively influence the divorce rate in 44 of the 50 states" (Nakonezny/Shull/Rodgers 1995:
486).

Hohe Scheidungsraten werden vor allem dann kritisch betrachtet, wenn
Kinder von der Trennung der Eltern betroffen sind. Allan Carlson, Präsident des
Rockford Institute und Direktor des Center of the Family in America, bringt es
in einem Beitrag in der Zeitschrift „Society" von 1996 folgendermaßen auf den
Punkt:

> „In short, a culture of divorce spawns its own social pathologies and creates its own
> costs. (...) all forms of children rearing outside of marriage are a problem. Changes
> in marriage and divorce laws, specifically the 'no fault' wave, formed part of this
> social deconstruction" (Carlson 1996: 41).[42]

Vor diesem Hintergrund fragte der Kommunitarist William A. Galston in der im
amerikanischen Fernsehsender PBS am 11. April 1996 ausgestrahlten Sendung
„Think Tank With Ben Wattenberg", ob Scheidungen zu einfach seien („Is
Divorce Too Easy?").[43] Und in einem Beitrag in „The Public Interest" im Sommer des gleichen Jahres fordert er, dass die gegenwärtig praktizierte „no-fault"-
Scheidung geändert werden müsse. Seiner Meinung nach sollten die Einzelstaaten bei Elternpaaren mit minderjährigen Kindern die einseitige „no-fault"-

---

41 Vgl. hierzu auch Glenn (1997).
42 Das Rockford Institute wurde 1976 gegründet und präsentiert sich als „authentic voice of the
    American Heartland" (http://www.chroniclesmagazine.org/www/TRI/index.html [Datum des
    Zugriffs: 19. Februar 2006]). Die Mitglieder des Instituts sehen ihre Aufgabe in der Verteidi-
    gung der „fundamentalen Institutionen der Zivilisation": „In the broadest sense, we strive to
    contribute to the renewal of Christendom in this time and place through: *The defense of the
    family; The promotion of liberty; The decentralization of political and economic life; The
    celebration of the literary and artistic inheritance of our civilization; The adherence to Truth,
    revealed through Scripture and tradition*" (vgl. ebd., Hervorh. im Orig., d. V.).
43 Vgl. http://www.pbs.org/thinktank/show_303.html (Datum des Zugriffs: 12. März 2006).

Scheidung abschaffen und zur Verschuldungsscheidung zurückkehren (vgl. Galston 1996: 22). Damit verbunden äußert er die Forderung nach rechtlicher Rückendeckung für solche Paare, die eigene Rahmenbedingungen für eine stabile Ehe aufstellen wollen, beispielsweise in Form einer vorehelichen Vereinbarung (vgl. ebd.). Der 1997 in Louisiana verabschiedete „Covenant Marriage Act" lässt sich als eine solche Rahmenbedingung begreifen. Zwar können Paare noch immer die so genannte „contract marriage" eingehen, die nach einer sechsmonatigen Trennung der Ehepartner geschieden werden kann. Die Partner verpflichten sich jedoch, bereits bei ersten auftretenden Problemen in der Ehe eine Beratung wahrzunehmen. Sollte tatsächlich eine Scheidung angestrebt werden, ist diese erst nach einer Trennungszeit von zwei Jahren oder „proof of fault" möglich (vgl. Gordon 1998: 1435). Die „no fault"-Scheidung wird mit der „covenant marriage" gewissermaßen ausgehebelt – unter der Voraussetzung, dass beide Partner ihr Einverständnis erteilen. Die Idee hinter dieser rechtlich verankerten Verpflichtung ist der Schutz von Ehe und Familie. Auf diese Weise sollen Eltern gezwungen werden, den Pflichten gegenüber ihren Kindern nachzukommen. Im Jahr 1998 folgte der US-Bundesstaat Arizona mit der Verabschiedung des „Arizona Covenant Marriage Law" dem Louisiana-Vorbild.[44]

In verschiedener Hinsicht wird mit der Liberalisierung der Scheidungsgesetze und der Erleichterung der Abtreibung in der Literatur ein Konflikt zwischen gemeinschaftlichen Werten und Individualismus diagnostiziert. Galston beispielsweise kritisiert, dass „Wissenschaftler und Aktivisten" sich einer erneuten Reform der Scheidungsgesetze widersetzen, weil sie um die individuelle Freiheit fürchten: „self-development thwarted; couples trapped in loveless relationships; women exposed to even higher levels of abuse" (Galston 1996: 20).

Für Seymour Martin Lipset tritt jedoch gerade im Scheidungskontext der sich im Individualismus äußernde amerikanische Exzeptionalismus hervor: „The lead of the United States in divorce rates, which goes back to the nineteenth century, presumably reflects in art the strength of individualism" (Lipset 1996: 50).[45] Und Tamney, Johnson und Burton kommen zu dem Schluss, dass auch die Verteidigung der legalen Abtreibung im amerikanischen Individualismus wurzelt. Der sich daran anschließende Gedanke der Autoren beleuchtet einen weiteren Aspekt im Konflikt zwischen dem, was durchaus in die Vorstellung eines „expressiven Individualismus" münden kann, und gemeinschaftlichen Werten: „Most important is the libertarian desire to limit the role of government,

---

44 Nur 1,6 % der Ehen, die im ersten Jahr nach Einführung dieser Option in Louisiana geschlossen wurden, waren „covenant marriages" (vgl. Rosier/Feld 2000: 386).

45 Wobei der Begriff des Individualismus in diesem Zusammenhang weder positiv noch negativ, sondern vielmehr in vergleichender Perspektive zur Anwendung kommt.

which has led to efforts to expand the zone of privacy" (Tamney/Johnson/Burton 1992: 33).

2.3 Gleichgeschlechtliche Ehe als Konfliktherd der Gegenwart

Aus einer nostalgischen Perspektive betrachtet war „die amerikanische Familie" in den 1950er Jahren eingebettet in ein goldenes Zeitalter, während in den 1960er Jahren die sexuelle Revolution ihren Lauf nahm. Alternative Lebensformen gewannen an Bedeutung, die Frauenbewegung trat im „feminist movement" in Erscheinung und durch die Nutzung von Verhütungsmitteln wurde die sexuelle Freizügigkeit erleichtert. Lassen sich die in den vorhergehenden Kapiteln skizzierten Entwicklungen dieser Zeit noch als kulturelle Revolution betrachten, so wurden in den 1970er Jahren Anstrengungen unternommen, diese Revolution zu institutionalisieren. Gleiches gilt für die „Konterrevolution", die wiederum ihre Institutionalisierung vor allem in religiös-politischen Bewegungen erfahren hat (vgl. Berger/Berger 1984: 18). Hohe Scheidungsraten, die Möglichkeit der Abtreibung sowie eine steigende Anzahl an Frauen auf dem Arbeitsmarkt prägten sowohl ein verändertes (Familien-)Bild als auch die öffentliche Diskussion. Die Gründung der „National Gay and Lesbian Task Force" im Jahr 1973 verschaffte Homosexuellen Gehör auf nationaler Ebene. Mit der „White House Conference on Families" wurde die Familie zu Beginn der 1980er Jahre in der politischen Öffentlichkeit diskutiert und entwickelte sich zum prominenten Thema im Präsidentschaftswahlkampf des gleichen Jahres – bei Demokraten, vor allem aber bei den Republikanern, die mit Ronald Reagan durch die Unterstützung religiöser Organisationen einen konservativen politischen Wechsel herbeiführten.

Schlägt man nun die Brücke von den gesellschaftlichen Entwicklungen jener Zeit bis in die Gegenwart, lässt sich gerade im Zusammenhang mit der Legalisierung der gleichgeschlechtlichen Ehe ein Spannungsverhältnis ausmachen, das dem Herausbrechen des Individualismus aus den Grenzen der (familialen) Gemeinschaft entspricht. Dabei spiegelt der Konflikt über die Frage einer rechtlichen Anerkennung gleichgeschlechtlicher Partnerschaften als gleichgeschlechtliche Ehen einen vorläufigen Höhepunkt im amerikanischen Familiendiskurs der Gegenwart wider.

2.3.1 Zur Bedeutung der Bürgerrechte

Während noch in den 1950er Jahren Homosexualität als Unvermögen galt, überhaupt eine Ehe einzugehen (vgl. Mintz/Kellog 1988: 181), lässt sich für Berger und Berger bereits in den 1980er Jahren eine Veränderung der Perspektive aufzeigen:

> „No longer were deviations from the norm seen as the problem, but the norm itself – that is, the normative American family – was perceived and denounced as the real problem. In other words, the problem was not maladjusted individuals or social groups but, rather, the 'sick society', of which the 'sick family' was an integral part" (Berger/Berger 1984: 16).

Mit der Entscheidung im Fall Goodridge et al. vs. Department of Public Health (798 N.E. 2d. 941 [Mass. 2003]) vom 18. November 2003 urteilte das Oberste Gericht von Massachusetts in der Frage,

> „whether, consistent with the Massachusetts Constitution, the Commonwealth may deny the protections, benefits, and obligations conferred by civil marriage to two individuals of the same sex who wish to marry".

Das Gericht kam zu dem Ergebnis: „We conclude that it may not".[46] Zunächst erwog die Legislative von Massachusetts die Etablierung einer so genannten „civil union", doch das Gericht machte in einer weiteren Erklärung zur November-Entscheidung am 4. Februar 2004 deutlich, dass die Einrichtung von „civil unions" nicht der Verfassung entspricht (vgl. Mehren 2004: A. 1). Es müsse der Begriff Ehe gelten.

Die Entscheidung im Fall Goodridge wurde zunächst im Frühjahr 2006 eingeschränkt, nachdem der Gouverneur von Massachusetts ein Gesetz aus dem Jahr 1913 in Kraft setzte, wonach Paaren die Eheschließung verwehrt wird, wenn diese in ihrem Heimatbundesstaat keine rechtliche Anerkennung findet. Das Gesetz sollte ursprünglich für den Fall der „Rassenmischung" Anwendung finden. Die Bestätigung des Gesetzes hatte zur Folge, dass so genannte „marriage licenses" nicht an gleichgeschlechtliche Paare ausgehändigt wurden, die nicht aus Massachusetts stammten. In der Zeitung „Los Angeles Times" bezeichnete Gouverneur Mitt Romney diese Entscheidung als „an important victory for those of us who wanted to preserve traditional marriage and to make sure that the mistake of Massachusetts doesn't become the mistake of the entire

---

46   http://www.masslaw.com/signup/opinion.cfm?page=ma/opin/sup/1017603.htm (Datum des Zugriffs: 14. März 2006).

country" (Mehren 2006: A. 4). Jedoch wurden die „1913 laws" im Juli 2008 außer Kraft gesetzt und Eheschließungen auch solchen gleichgeschlechtlichen Paaren ermöglicht, die nicht in Massachusetts ansässig waren.

Auf gerichtlicher Ebene stellt sich die Frage nach den Rechten gleichgeschlechtlicher Paare sowie homosexueller Männer und Frauen in besonderem Maße als Frage der Bürgerrechte, vor allem aber als Frage nach dem Recht auf Privatheit, das sich mit Ball verstehen lässt als

> „one's ability to engage in activities without being observed by noninvolved others: *publicity* is the observability of these activities by others not directly involved; and *deviance* occurs when one engages in activities which are recognized as infractions of collectively held rules or norms to which are attached varied punitive sanctions as social control mechanism" (Ball 1975: 260, Hervorh. im Orig., d. V.).

Als „The Bad Decision That Started It All" (George/Tubbs 2005: 39) gilt die Entscheidung des U.S. Supreme Court im Fall Griswold und die Legalisierung der Nutzung von Verhütungsmitteln als Form ehelicher Privatheit, die von Kritikern auch als gerichtlicher Missbrauch des Rechts auf Privatheit bezeichnet wird (vgl. ebd.: 39). Erweitert wurde das Recht auf Nutzung von Verhütungsmitteln für nichtverheiratete Paare mit der Entscheidung Eisenstadt vs. Baird sowie mit einer „Generalisierung der Privatheit" durch Roe vs. Wade.[47] Im Jahr 1986 wurde das Recht auf Privatheit jedoch mit der Begründung, dass dieses nicht für homosexuelle Männer und Frauen gelte, verweigert. Der Homosexuelle Michael Hardwick war im August 1982 in seinem Haus verhaftet worden, weil er gegen das Sodomie-Gesetz des US-Bundesstaates Georgia verstoßen hatte. Die Polizei ertappte ihn in flagranti, als sie ihn wegen eines anderen Delikts in seinem Haus aufsuchte. Obwohl die Anklage gegen ihn fallen gelassen wurde, klagte Hardwick gegen die Gesetzgebung von Georgia mit der Begrün-

---

[47] Die Einschränkung der Generalisierung wird jedoch nur selten zum Thema gemacht. Bereits 1992 stand im Fall Planned Parenthood of Southeastern Pennsylvania vs. Casey (505 U.S. 833 [1992]) die Verfassungsmäßigkeit verschiedener Regularien des „Pennsylvania Abortion Control Act" von 1982 zur Debatte. In einer knappen Entscheidung der Richter wurde Roe im Kern zwar bestätigt, doch gleichzeitig den Bundesstaaten ermöglicht, die Hürden für eine Abtreibung zu erhöhen. Die Brisanz dieses Falles ist auch im Zusammenhang mit der konservativen Besetzung des U.S. Supreme Court zu sehen, zumal – wie Whitman (2002: 1982) – schreibt: „When *Casey* was decided, the Court, for the first time, had a clear majority of Justices who had either written an opinion challenging *Roe* or had been appointed by a President committed to reversing the decision" (Hervorh. im Orig., d. V.). Nicht umsonst spielen die Zusammensetzung des Obersten Gerichts der USA und die jeweils aktuelle Präsidentschaft eine besondere Rolle, auch – oder vor allem – deshalb, weil die Richter auf Lebenszeit nominiert sind. So wurden in der Reagan- und Bush-Ära ebenso wie unter George W. Bush konservative Richter an den Supreme Court berufen.

dung, dass diese sein Recht auf Privatheit verletze. In Bowers vs. Hardwick (478 U.S. 186 [1986]) entschieden die Obersten Richter, dass Sodomie kein in der Verfassung verankertes Recht und damit keine „zone of privacy" (Schaff 2004: 135) darstellt.[48] Chief Justice Warren Earl Burger, für den es kein fundamentales Recht zur Ausübung homosexueller Praktiken gab, verwies in seiner Einzelbegründung des Urteils auf ethische und moralische Aspekte und sah die Verurteilung homosexueller Praktiken in jüdisch-christlichen Standards verankert.[49] Nun zu behaupten, dass homosexueller Geschlechtsverkehr ein fundamentales Recht darstelle, würde tausende Jahre moralischer Lehre verwerfen und ein Verbrechen gegen die Natur darstellen, so sein Argument.[50] Im „presumed belief of a majority of the electorate in Georgia that homosexual sodomy is immoral and unacceptable"[51] sahen die Richter zudem eine Rechtfertigung für die Existenz der bestehenden Rechte.

Ein anderes Urteil wurde im Fall Lawrence et al. vs. Texas (539 U.S. 558 [2003]) gesprochen, mit dem die Bowers-Entscheidung nach rund 17 Jahren aufgehoben wurde. Eine Rolle spielte dabei die unterschiedliche Gesetzgebung in den US-Bundesstaaten Texas und Georgia: In Texas bezog sich das Sodomie-Gesetz ausschließlich auf homosexuelle, in Georgia jedoch auf homosexuelle und heterosexuelle Paare. Vor diesem Hintergrund setzte sich das Gericht mit drei Fragen auseinander: 1. Stellt die mit der Bowers-Entscheidung ausgesprochene Verurteilung der Kläger auf der Basis der Kriminalisierung von homosexueller, nicht aber heterosexueller Intimität in Texas einen Verstoß gegen die „Equal Protection Clause" dar, die den gleichen Schutz durch die Gesetze garantiert? 2. Verstößt die Verurteilung zweier Erwachsener, die in den eigenen vier Wänden einvernehmlich sexuelle Intimitäten austauschen, gegen das grundlegende Interesse von Freiheit und Privatheit, das durch die „Due Process Clause" garantiert wird? 3. Soll die Entscheidung Bowers vs. Hardwick aufgehoben werden? Die Entscheidung Bowers vs. Hardwick wurde tatsächlich aufgehoben. Richter Anthony Kennedy begründete das Urteil des Gerichts mit der Bedeu-

---

48 Während im deutschen Sprachgebrauch der Begriff Sodomie auf sexuelle Handlungen von Menschen mit Tieren verweist, bezieht er sich im englischen Sprachgebrauch auf Analverkehr.

49 http://caselaw.lp.findlaw.com/scripts/getcase.pl?court=US&vol=478&invol=186 (Datum des Zugriffs: 19. März 2006).

50 Vgl. http://caselaw.lp.findlaw.com/scripts/getcase.pl?court=US&vol=478&invol=186 (Datum des Zugriffs: 19. März 2006). Vgl. dazu auch Machacek/Fulco (2004: 769).

51 http://caselaw.lp.findlaw.com/scripts/getcase.pl?court=US&vol=478&invol=186 (Datum des Zugriffs: 19. März 2006). Eine Begründung, die Tocquevilles Verständnis der amerikanischen Gesellschaft in Erinnerung ruft, wonach „(d)ie moralische Herrschaft (...) ferner auf dem Grundsatz (fußt), die Interessen der größeren Zahl hätten denen der kleineren vorzugehen" (Tocqueville 1994: 141).

tung des Schutzes von Freiheit und Privatheit in Verbindung mit der „Due Process Clause":

> „The petitioners are entitled to respect for their private lives. The State cannot demean their existence or control their destiny by making their private sexual conduct a crime. Their right to liberty under the Due Process Clause gives them the full right to engage in their conduct without intervention of the government."[52]

In der von Kennedy vorgetragenen Begründung wird in Abgrenzung zur Bowers-Entscheidung aber auch deutlich, dass eine moralische Komponente als Basis richterlicher Entscheidung keine Berücksichtigung findet. Er verweist in diesem Zusammenhang auch auf die *abweichende* Meinung im Fall Bowers, die Richter John Paul Stevens seinerzeit eingenommen hatte:

> „Our prior cases make two propositions abundantly clear. First, the fact that the governing majority in a State has traditionally viewed a particular practice as immoral is not a sufficient reason for upholding a law prohibiting the practice; neither history nor tradition could save a law prohibiting miscegenation from constitutional attack. Second, individual decisions by married persons, concerning the intimacies of their physical relationship, even when not intended to produce offspring, are a form of 'liberty' protected by the Due Process Clause of the Fourteenth Amendment. Moreover, this protection extends to intimate choices by unmarried as well as married persons."[53]

Dass eine regierende Mehrheit in einem Staat bestimmte Handlungen traditionell als unmoralisch ansieht, wird als hinreichender Grund zur Beibehaltung eines Gesetzes, das solche Praktiken verbietet, zurückgewiesen. So hätten weder Geschichte noch Tradition ein Gesetz retten können, das die „Rassenmischung" untersagt. Eine Rechtfertigung über die Geschichte westlicher Zivilisationen sowie moralische und ethische Standards, die der jüdisch-christlichen Religion entspringen, wird abgelehnt und die Debatte über die Rechte von Homosexuellen somit in ein neues rechtliches Terrain verlegt (vgl. Machacek/Fulco 2004: 776). Richterin Sandra Day O'Connor, deren Stimme zur Mehrheitsentscheidung im Fall Bowers im Jahr 1986 beigetragen hatte, schloss sich der Verwerfung von Bowers auf der Basis von „Due Process", Freiheit und Privatheit jedoch nicht an. In ihrer Argumentation bezog sie sich vielmehr auf die „Equal Protection Clause":

---

52   http://caselaw.lp.findlaw.com/scripts/getcase.pl?court=US&vol=000&invol=02-102#opinion1
     (Datum des Zugriffs: 19. März 2006).
53   http://caselaw.lp.findlaw.com/scripts/getcase.pl?court=US&vol=000&invol=02-102#opinion1
     (Datum des Zugriffs: 19. März 2006).

„This case raises a different issue than *Bowers:* whether, under the Equal Protection Clause, moral disapproval is a legitimate state interest to justify by itself a statute that bans homosexual sodomy, but not heterosexual sodomy. It is not. Moral disapproval of this group, like a bare desire to harm the group, is an interest that is insufficient to satisfy rational basis review under the Equal Protection Clause. (...) A law branding one class of persons as criminal solely based on the State's moral disapproval of that class and the conduct associated with that class runs contrary to the values of the Constitution and the Equal Protection Clause, under any standard of review. I therefore concur in the Court's judgement that Texas' sodomy law banning 'deviate sexual intercourse' between consenting adults of the same sex, but not between consenting adults of different sexes, is unconstitutional" (Hervorh. im Orig., d. V.).[54]

Sie stimmte jedoch in der Frage, ob eine Mehrheit auf moralischer Basis Entscheidungen in staatlichem Interesse treffen darf, dem Urteil zu (vgl. auch Duncan 2004: 557). Als Folge wurden alle Sodomie-Gesetze, die sich ausschließlich auf Homosexuelle bezogen, in den US-Bundesstaaten Kansas, Oklahoma und Missouri für nichtig erklärt, aber auch solche Gesetze, in denen Sodomie sowohl zwischen Homosexuellen als auch zwischen Heterosexuellen kriminalisiert wurde (Alabama, Florida, Idaho, Louisiana, Mississippi, North Carolina, South Carolina, Utah, Virginia) (vgl. Cohen 2003: 5).

Weniger um Privatheit als vielmehr um „equal protection" ging es bereits im Jahr 1996 in der Entscheidung des U.S. Supreme Court im Fall Romer vs. Evans (517 U.S. 620 [1996]). In einem Referendum hatten die Bürger von Colorado für die Annahme eines Zusatzes zur Verfassung des Bundesstaates gestimmt, der Homosexuelle von Antidiskriminierungsgesetzen ausschloss und die entsprechenden Gesetze der Städte Aspen, Boulder sowie der Stadt und dem Denver County für nichtig erklärte. Der U.S. Supreme Court verwarf den Zusatz jedoch ebenfalls mit Verweis auf die Verletzung der „Equal Protection Clause".[55]

In den USA finden rechtliche Auseinandersetzungen zur Etablierung einer gleichgeschlechtlichen Ehe auch einen historischen Bezug zu einer Entscheidung des U.S. Supreme Court, die eigentlich nichts mit dem Thema zu tun hat. In Loving vs. Virginia (388 U.S. 1 [1967]) setzte sich der Oberste Gerichtshof der Vereinigten Staaten mit der Frage der Rechtmäßigkeit bzw. Unrechtmäßigkeit einer Ehe zwischen einem weißen Mann und einer afroamerikanischen Frau und damit verbunden einer potenziellen „Rassenmischung" („miscegenation")

---

54 http://caselaw.lp.findlaw.com/scripts/getcase.pl?court=US&vol=000&invol=02-102#opinion1 (Datum des Zugriffs: 19. März 2006).
55 Vgl. http://www.law.cornell.edu/supct/html/94-1039.ZS.html (Datum des Zugriffs: 22. März 2006).

auseinander. Im Juni des Jahres 1958 hatten Mildred Jeter (Afroamerikanerin) und Richard Loving in Washington, D.C. geheiratet. Das Paar stammte ursprünglich aus Virginia, wo jedoch die Mischehe strafbar war. Als es nach der Heirat nach Virginia zurückkehrte, wurden Mildred und Richard Loving angeklagt. Die Verurteilung erfolgte im Januar 1959, nachdem sich das Paar schuldig bekannte. Beide wurden zu einem Jahr Gefängnis verurteilt. Sollten sie jedoch Virginia verlassen und für die nächsten 25 Jahre nicht zurückkehren, würde die Strafe ausgesetzt werden. Die Lovings zogen nach Washington, D.C. Ihre Klage gegen die Gesetzgebung von Virginia landete im Frühjahr 1967 vor dem U.S. Supreme Court. In seiner Urteilsbegründung stellte Chief Justice Earl Warren fest, dass die auf „rassischen Klassifikationen" beruhende Einschränkung der Freiheit zu heiraten gegen die grundlegende Bedeutung der „Equal Protection Clause" verstoße. Solche Gesetze beraubten die Lovings ihrer Freiheit auch ohne ein ordentliches Gerichtsverfahren, weil sie die „Due Process Clause" des 14. Verfassungszusatzes verletzten:

> „The freedom to marry has long been recognized as one of the vital personal rights essential to the orderly pursuit of happiness by free men. Marriage is one of the 'basic civil rights of man', fundamental to our very existence and survival. (...) The Fourteenth Amendment requires that the freedom of choice to marry not be restricted by invidious racial discriminations. Under our Constitution, the freedom to marry, or not marry, a person of another race resides with the individual and cannot be infringed by the State."[56]

Insgesamt fielen in den 1970er Jahren vier Gerichtsentscheidungen, in denen auf bundesstaatlicher Ebene der Vorstoß hin zu einer Ehe gleichgeschlechtlicher Paare zurückgewiesen wurde. In allen Begründungen findet sich der Hinweis auf so genannte „dictionary definitions" und „allgemein anerkannte" Bedeutungen von Ehe, insbesondere aber die Schlussfolgerung, dass die Zeugung von Nachkommen die wichtigste Aufgabe der Ehepartner darstelle und gleichgeschlechtliche Paare dazu nicht in der Lage seien (vgl. Bluestone 2005: 194 f.). Erst in den 1990er Jahren erlangte die Frage nach einer gleichgeschlechtlichen Ehe sowohl auf Verfassungsebene als auch in der amerikanischen Öffentlichkeit wieder Aktualität, als der Supreme Court von Hawaii 1993 im Fall Baehr vs.

---

56 http://caselaw.lp.findlaw.com/scripts/getcase.pl?court=us&vol=388&invol=1 (Datum des Zugriffs: 22. März 2006). Das fundamentale Recht auf Ehe wurde in weiteren Entscheidungen des U.S. Supreme Court bestätigt, so in Zablocki vs. Redhail (434 U.S. 374 [1978]) und Turner vs. Safley (482 U.S. 78 [1987]). Kalifornien war der erste US-Bundesstaat, der im Jahr 1948 mit der Entscheidung des California Supreme Court zu Perez vs. Sharp die „interracial marriage" anerkannte (32 Cal. 2d 711, 198 P.2d 17 [1948]).

Lewin (852 P.2d 44 [Haw. 1993])[57] urteilte, dass das Verbot der gleichgeschlechtlichen Ehe das in der Verfassung von Hawaii garantierte Recht auf „equal protection" verletze und daher als sexuelle Diskriminierung zu betrachten sei (vgl. Kramer 1997: 1965). Der Fall wurde an eine niedrigere Instanz zurückverwiesen, um der Legislative von Hawaii die Möglichkeit des Nachweises zu geben, dass für ein solches Verbot ein zwingender Grund vorliege (vgl. Bluestone 2005: 202 f.; Cherlin 2004: 850; Sullivan 1996: 15). Der Nachweis konnte jedoch nicht erbracht werden, und aus diesem Grund verwarf der Richter des Berufungsgerichtes im Jahr 1996 die entsprechende Gesetzgebung (vgl. Kramer 1997: 1965). Jedoch stimmten die Bürger von Hawaii im Jahr 1998 für einen Verfassungszusatz, welcher der Legislative des Bundesstaates das Recht auf Einschränkung der Ehe auf heterosexuelle Paare ermöglichte. 1999 kam Baehr erneut vor den Hawaii Supreme Court und dort auch zum Abschluss. Das Urteil des Berufungsgerichts wurde aufgehoben. Im gleichen Jahr setzte sich der Supreme Court von Vermont ebenfalls mit einem Fall auseinander, der in diesen Kontext unter einem anderen Blickwinkel passt. Das Oberste Gericht urteilte im Fall Baker vs. Vermont (744 A.2d. 864 [Vt. 1999]) zugunsten einer rechtlichen Gleichstellung gleichgeschlechtlicher Paare mit Blick auf die „Common Benefits Clause of the Vermont Constitution". Vermont führte daraufhin die „civil union" ein, die mit allen Rechten und Pflichten, dem Anspruch auf Leistungen und dem Schutz durch den Staat Vermont ausgestattet wurde, wie sie auch für die Ehe zwischen Mann und Frau gelten (vgl. Bluestone 2005: 205).

Doch wie unterscheiden sich „civil union" und „marriage" voneinander? Der Unterschied besteht vor allem in einer „Loslösung" von der „Full Faith and Credit Clause", die besagt: „Full Faith and Credit shall be given in each State to the public Acts, Records, and judicial Proceedings of every other State."[58] Das bedeutet in vereinfachter Form unter anderem, dass eine die Einzelstaaten übergreifende Anerkennung der „civil union" nicht zwingend ist, während die Ehe eines heterosexuellen Paares nicht in Frage gestellt wird. Die „civil union" kann auf einen legalen Status nur in dem Einzelstaat zurückgreifen, in dem sie etabliert wurde. Auch wenn eine ausführliche Beleuchtung aus juristischer Perspektive in dieser Arbeit nicht geleistet werden kann – im (amerikanischen) Rechtsstudium fällt dieser Aspekt unter den Schwerpunkt „conflict of laws" – so wird doch deutlich, welche Dimensionen das Thema aufweist. Das gilt gerade im Hinblick auf die skizzierten Urteile unter Berücksichtigung einzelner, durch die Verfassung garantierter Rechte. Noch komplexer wird die Lage, wenn man die Folgen der Rechtsprechung in Bund und Einzelstaaten berücksichtigt. Beson-

---

57 Später Baehr vs. Miike.
58 http://caselaw.lp.findlaw.com/data/constitution/articles.html (Datum des Zugriffs: 22. März 2006).

ders deutlich wird das am im Jahr 1996 vom Kongress verabschiedeten und vom damaligen Präsidenten Bill Clinton unterzeichneten „Federal Defense of Marriage Act" (DOMA). Das Gesetz ermöglicht den Einzelstaaten, die rechtliche Anerkennung einer in einem anderen Einzelstaat geschlossenen gleichgeschlechtlichen Ehe zu verweigern. Gleichzeitig wird die Ehe als Bund zwischen Mann und Frau definiert (vgl. Schaff 2004: 139). Hier lässt sich der Konflikt, basierend auf der „Full Faith and Credit Clause", zwar erahnen, jedoch soll er an dieser Stelle keiner weiteren Analyse unterzogen werden.[59] Einigkeit besteht in der Literatur über die dahinterstehende Problematik auf Verfassungsebene.

Festhalten lässt sich, dass der Kontext gleichgeschlechtliche Ehe und „civil union" mehrere Schauplätze aufweist, denn mittlerweile geht es nicht mehr nur um die „richtige" Geschlechterkonstellation in der Ehe. Das dahinter verborgene moralische Konfliktpotenzial wird auf Verfassungsebene durch ein politisches Konfliktpotenzial ergänzt. In diesem Zusammenhang tritt die Frage in den Vordergrund, inwieweit neun Bundesrichter einen Einfluss auf die Gesetzgebung der Einzelstaaten haben (dürfen). Schließlich ist es der Oberste Gerichtshof der USA, der sich auch mit Konflikten auseinandersetzt, die zwischen Einzelstaat und Bund bestehen (vgl. Stephenson u. a. 1988: 76). Abgeschwächt – wenn nicht sogar gänzlich ausgeräumt – werden könnte diese Problematik mit einem Verfassungszusatz, durch den die Frage nach „Full Faith and Credit" und einer Anerkennung von rechtlichen Entscheidungen zwischen den Einzelstaaten irrelevant würde.

Eine Vorlage für einen solchen Verfassungszusatz, in dem die Ehe explizit auf einer heterosexuellen Partnerschaft basierend definiert wird, wurde erstmals im Mai 2002 unter dem Namen „Federal Marriage Amendment" (FMA) im Repräsentantenhaus vorgestellt. Verfasst wurde sie im Juli 2001 von einer „racially and religiously diverse coalition" (Gupta 2001: A. 18), zu der unter anderem die in Virginia ansässige Organisation Alliance for Marriage sowie mehrere konservative Abgeordnete zählten, deren Vorstellungen zufolge die Ehe folgendermaßen definiert werden sollte:

> „Marriage in the United States shall consist only of the union of a man and a woman. Neither this constitution or the constitution of any state, nor state or federal law, shall be construed to require that marital status or the legal incidents thereof be conferred upon unmarried couples or groups."[60]

---

59   Zur fachlichen Diskussion der angeschnittenen Problematik sei vielmehr auf die Artikel von Kramer (1997) und Sack (2005) verwiesen. Zum „Defense of Marriage Act" als Form von „exceptionalism" vgl. Adam (2003).

60   http://www.allianceformarriage.org/site/PageServer?pagename=mac_coalition_statement (Datum des Zugriffs: 30. März 2006).

Eine überarbeitete Version des zweiten Satzes wurde im März 2004 in einer Pressekonferenz in Washington, D.C. von der republikanischen Abgeordneten Marilyn Musgrave vorgestellt: „Neither this Constitution, nor the constitution of any State, shall be construed to require that marriage or the legal incidents thereof be conferred upon any union other than the union of a man and a woman" (Cooperman 2004: A. 04). In dieser Form wird die „civil union" den Einzelstaaten überlassen, jedoch nicht mit der Ehe gleichgestellt, da sowohl der Begriff als auch die Bedeutung von „marriage" weiterhin ausschließlich für heterosexuelle Ehepartner gelten sollten (vgl. Duncan 2004: 562). Musgrave, Senator Wayne Allard, ebenfalls Republikaner aus Colorado, sowie Matt Daniels, Präsident der Alliance for Marriage, werden in einem Artikel der „Washington Post" mit der Aussage zitiert, dass sich die Absicht des Verfassungszusatzes nicht geändert habe: nämlich gleichgeschlechtliche Ehen zu verbieten und „aktivistische" Richter davon abzuhalten, Einzelstaaten die Einführung von „civil unions" aufzuerlegen. Der Verweis auf die „activist judges" zeigt, dass es um mehr geht als nur um eine Frage der Gesetzgebung: Man will verhindern, dass in einem juristischen Verfahren die Verfassung einer richterlichen Interpretation unterliegt (vgl. ebd.: 562 f.).[61] Die von der gleichgeschlechtlichen Ehe als solche erfahrene „Bedrohung" stellt aus dieser Perspektive dann eine Bedrohung durch die Gerichte dar:

> „The real question is not whether the federal constitution deals with marriage, but whether the current and historical federal constitutional understanding of marriage can change over time and be subject of the shifting value preferences of judges" (ebd.: 563).

Der angestrebte Zusatz zur amerikanischen Verfassung scheiterte jedoch Ende September 2004 im Repräsentantenhaus an der Hürde der Zweidrittelmehrheit. Zuvor konnten die Befürworter des Verfassungszusatzes auch im Senat keine Mehrheit erreichen.

2.3.2 Eine Frage von Funktion, Religion und Tradition

Die Errungenschaften gerichtlicher Entscheidungen werden aus einer konservativen gesellschaftlichen Haltung heraus als in amerikanischen Law Schools

---

61 In den Worten Duncans: „This sentence would have prevented the Vermont Supreme Court from ordering the legislature to grant all the benefits of marriage to same-sex couples, but would not prevent the Vermont Legislature from enacting civil unions law on its own" (Duncan 2004: 563).

gepriesener „lifestyle liberalism" kritisiert und als „dubious" bezeichnet (vgl. George/Tubbs 2005: 39). Darin wird auch der Grund dafür gesehen, warum Griswold nicht angefochten wird. Während die Befürworter der gleichgeschlechtlichen Ehe diese als Sieg im Kampf *für* eine individuelle Suche nach Glück in einer „feindlich gesinnten Welt" betrachten (vgl. Shell 2004: 4), geht es den Gegnern vor allem um die Herausstellung einer Abweichung von sexuellen Normen. Die Legitimität der gleichgeschlechtlichen Ehe wird aber auch über das Argument „Kinder" zurückgewiesen. Die Gegner der gleichgeschlechtlichen Ehe rücken damit Funktionen von Ehe ins Zentrum der Aufmerksamkeit, nämlich Reproduktion und Sozialisation. Die Fähigkeit zur Erfüllung dieser Funktionen wird gleichgeschlechtlichen Paaren ebenso abgesprochen wie die Vermittlung von Moral und gesellschaftlichen Werten (vgl. Hayton 1992: 65 f.). Und so argumentiert Hayton: Zwar könnten Homosexuelle ihren Lebensstil nicht reproduzieren, weil sie keine Kinder hätten, doch Heterosexuelle davon überzeugen, homosexuell zu werden. Aus seiner Sicht weisen gleichgeschlechtliche Paare auch keine stabile Beziehung auf und können Kindern nicht das soziale Umfeld bieten, das ihren Bedürfnissen entspricht. Sind Kinder dennoch Teil einer gleichgeschlechtlichen Beziehung, erfahren sie keine moralische Erziehung. In diesem Zusammenhang argumentiert er weiter, dass es keinen wissenschaftlichen Nachweis dafür gebe, dass Homosexualität einen positiven Nutzen für eine Gesellschaft oder eine Kultur habe. Zudem zweifelt er daran, dass das (von ihm unterstellte) promiskuitive homosexuelle Verhalten durch die Einführung der Ehe eingedämmt werde. Die „negativen Einflüsse" eines gleichgeschlechtlichen Elternpaares auf dessen Kinder vergleicht er mit denen, die Scheidungskinder erfahren. Zwar gebe es kaum konkrete Forschungsergebnisse über die Auswirkungen einer solchen „Instabilität", jedoch umfassende Forschungen über die Auswirkungen von Scheidungen auf Kinder (vgl. ebd.: 68). Einen ähnlichen Vergleich zieht er heran, wenn es um die Kinder Alleinerziehender geht. Empirische Forschungen zur Abwesenheit von Müttern können seiner Ansicht nach auch auf Adoptionen durch homosexuelle Paare übertragen werden (vgl. ebd.: 69). Die Ablehnung gleichgeschlechtlicher Ehen fußt jedoch auch auf der Erwartung, dass sich als Folge auch Polygamie und Inzest etablieren könnten (vgl. Staver 2004: 56, aber auch Blevins 2005: 63).

Die Ablehnung der gleichgeschlechtlichen Ehe wird zudem religiös begründet, wie auf den Internetseiten diverser Organisationen nachzulesen ist: „We support the God-ordained institution of the family, which is a union of a man and woman, with or without children – and is based upon marriage, blood, or adoption"[62] (Traditional Values Coalition) oder „We believe that the institu-

---

62   http://www.traditionalvalues.org/defined.php (Datum des Zugriffs: 02. April 2006).

tion of marriage was intended by God to be a permanent, lifelong relationship between a man and a woman, regardless of trials, sickness, financial reversal or emotional stresses that may ensue"[63] (Focus on the Family). Auch der Faktor Gewohnheit wird zur Ablehnung der gleichgeschlechtlichen Ehe herangezogen, denn die Ehe wurde „schon immer" nur zwischen Mann und Frau geschlossen, während die gleichgeschlechtliche Ehe der traditionellen Vorstellung von Familienwerten widerspricht, wie Brewer und Wilcox (2005: 600) mit Verweis auf Umfragen der Zeitschrift „Newsweek" aus dem Jahr 1996 sowie des Pew Center for the People and the Press festhalten.

Medienwirksamkeit und damit die öffentliche Aufmerksamkeit erlangte das Thema der gleichgeschlechtlichen Ehe nicht nur mit der Entscheidung des Obersten Gerichtshofs von Massachusetts im November 2003, sondern vor allem mit jener des Gerichts im Februar 2004, dass die Etablierung von „civil unions", wie sie von Vertretern der Legislative vorgeschlagen worden war, nicht ausreicht. Nur wenige Tage später, am 12. Februar 2004, ordnete der Bürgermeister von San Francisco mit Verweis auf die „Equal Protection Clause" die Ausstellung von „marriage licenses" in der Stadt und im Bezirk an. Innerhalb eines knappen Monats heirateten rund 4.000 gleichgeschlechtliche Paare. Sechs Monate später erklärte der Oberste Gerichtshof von Kalifornien die gleichgeschlechtlichen Ehen in diesem Bundesstaat für nichtig, im Mai 2008 wurde sie wieder eingeführt. Im November 2008 wurde die Öffnung der Ehe für gleichgeschlechtliche Paare durch einen Volksentscheid erneut zurückgewiesen. Doch auch gegen diesen Volksentscheid liegen bereits Klagen vor.

---

63 http://www.family.org/welcome/aboutfof/a0000078.cfm (Datum des Zugriffs: 02. April 2006).

3 Soziologische Perspektiven des Wandels und Zerfalls der Familie: Ein Abriss

Der als solcher diagnostizierte Zerfall der (amerikanischen) Familie ist ein prominentes Thema sowohl in der öffentlichen Diskussion in den Vereinigten Staaten als auch in den Sozialwissenschaften. Auf beiden Seiten, insbesondere aber in den Sozialwissenschaften, lassen sich diese Debatten nicht auf einen gemeinsamen Nenner bringen. Das zeigt sich bereits daran, dass zu unterschiedlichen Zeiten unterschiedliche Diagnosen gestellt oder frühere Auffassungen revidiert wurden. Das Kontraktionsgesetz von Emile Durkheim ist beispielhaft für eine solche Korrektur. Bei Marx und Engels beispielsweise waren Überlegungen zum Wandel der Familie in einen kapitalismuskritischen Kontext eingebettet, denn die kapitalistische Form der Warenproduktion führte ihrer Ansicht nach auch zum Zerfall der Arbeiterfamilien durch die Ausbeutung von Frauen und Kindern als billige Arbeitskräfte in den Fabriken. Herbert Spencer sah in Ehe und Familie eine evolutionäre Entwicklung weg von zugeschriebenen Pflichten hin zu einer freiwilligen Beziehung, während Georg Simmel – ähnlich wie Durkheim – einen Funktionsverlust der Familie diagnostizierte und auf die Veränderung der Familiengröße und die Perspektive eines damit verbundenen Wandels von der erweiterten hin zur nuklearen Form der Familie vertrat (vgl. Popenoe 1988: 15 ff.). Gerade in den USA fielen die Vorstellungen Durkheims auf fruchtbaren Boden. Sie reiften aber weniger in der Vorstellung einer Anpassung der Familie an die neuen gesellschaftlichen Voraussetzungen als vielmehr in der Überzeugung, die Familie in ihrer „ursprünglichen" Form schützen zu müssen. Der sozialreformerische Charakter der frühen Chicago School ist kennzeichnend für ein solches Verständnis.

Familiensoziologische Perspektiven in abgesteckte Jahreszahlen zu pressen bedeutet nicht, dass die eine Perspektive von einer anderen abgelöst wird. Man kann vielmehr feststellen, dass in bestimmten Zeiten bestimmte Sichtweisen populärer waren bzw. sind als andere, wie in der folgenden kurzen Betrachtung der familiensoziologischen Forschung in den USA von der Jahrhundertwende bis in die 1990er Jahre deutlich wird.

3.1 Amerikanische Familienforschung: Von der Jahrhundertwende bis in die fünfziger Jahre

Anfang des 20. Jahrhunderts befand sich die amerikanische Gesellschaft in einer Umbruchphase, in der vorherrschende Werte und Ordnungen in Frage gestellt wurden. Aus diesem Gesellschaftszustand heraus entstand die amerikanische Soziologie – ähnlich wie in Europa, nur zeitversetzt – als Krisenwissenschaft. An den Universitäten bildeten insbesondere die Auswirkungen der Verstädterung auf die Gesellschaft den Hintergrund, vor dem die neue Disziplin an Bedeutung gewann. Begleitet vom Social Science Movement, einer Bewegung Intellektueller, die sich über Jahrzehnte hinweg und unter Einbindung wissenschaftlicher Fragestellungen für bessere Lebensbedingungen in den Städten einsetzte, entwickelte sich die Soziologie an den amerikanischen Universitäten als eigenständige Disziplin. Sozialreformorientiert standen die Überwindung sozialer Probleme und die Verbesserung der Lebensverhältnisse durch gezielte Eingriffe auf der Agenda. Die Einbindung dieses Grundgedankens in die Soziologie gelang auf der Grundlage des Pragmatismus, der eine besondere Rezeption in der Chicago School fand und den Albion W. Small, Gründer des Department of Sociology an der University of Chicago, wie folgt formulierte:

„1. Es ist die Aufgabe der Soziologie, wissenschaftliche Gesetze über das menschliche Verhalten aufzustellen, die den unveränderlichen Naturgesetzen in der physikalischen und organischen Welt entsprechen. 2. Sozialer Wandel ist gleichzusetzen mit ‚sozialer Evolution' und als Fortschritt aufzufassen, der zu einer besseren Gesellschaftsordnung führt. 3. Diese Aufwärtsentwicklung kann durch ständiger Besserung dienende Eingriffe im Sinne des Meliorismus, durch Kenntnis der soziologischen Gesetze, beschleunigt werden. 4. Das soziale Verhalten und die Gesellschaft beruhen auf dem individuellen Verhalten und sind aus diesem abzuleiten" (vgl. Hinkle/Hinkle 1960: 36 f.).[64]

Die frühen Vertreter der Chicago School betrachteten die Familie im Kontext der durch Industrialisierung und Urbanisierung hervorgerufenen veränderten Lebensbedingungen und sozialen Probleme, in deren Folge sie eine zunehmende Isolierung und Wurzellosigkeit der Kernfamilie diagnostizierten. Jedoch standen nicht die Familie, sondern vielmehr die Ursachen und Prozesse, auf die der Wandel der Familie zurückgeführt wurde, im Mittelpunkt der Forschung (vgl.

---

64   Zur Geschichte der amerikanischen Soziologie und der Chicago School im Besonderen sowie den Einflüssen des Pragmatismus vgl. u. a. Faris (1967), Hinkle/Hinkle (1960), Lewis/Smith (1980), Plummer (1997). In einem 1923 veröffentlichten Artikel versucht Ernest W. Burgess einer zu dieser Zeit gängigen Vorstellung entgegenzutreten, Sozialarbeit sei angewandte Soziologie (1923: 366, aber auch Karpf 1928: 511).

auch Berger/Berger 1984: 9). Eine der bedeutendsten Arbeiten dieser Zeit und für die amerikanische Familiensoziologie aus historischer Perspektive grundlegend ist die Studie „The Polish Peasant in Europe and America" (1927) von William I. Thomas und Thomas Znaniecki. Ähnlich wie bei Durkheims Ausführungen über den anomischen Selbstmord spielen in ihrer Studie Mangel und Abwesenheit gesellschaftlicher Normen eine Rolle, die sie als soziale Desorganisation durch konfligierende Wertesysteme am Beispiel polnischer Einwanderer in Chicago Anfang des 20. Jahrhunderts beschreiben. Die den Einwanderern bekannten Regeln und Normen sind in der Neuen Welt nicht mehr gültig. In der Folge entsteht soziale Desorganisation durch fehlende Abstimmung zwischen verschiedenen Wertesystemen und der vorherrschenden Sozialstruktur (vgl. Groenemeyer 1999: 33). Auf Familienebene zeigt sich soziale Desorganisation in veränderten, individualistisch orientierten Werthaltungen, oder wie Popenoe formuliert: „'we' attitudes were threatened by 'I' attitudes" (Popenoe 1988: 22).

Die Vorstellung einer „fragile family" (Thomas/Wilcox 1987: 84) ist für die Sichtweise dieser Zeit charakteristisch. So vertrat auch Ernest W. Burgess die Ansicht, dass die Ursache für den Zerfall der Großfamilie in der Großstadt zu suchen sei, jedoch rückte er einen anderen Aspekt in den Mittelpunkt seiner Untersuchungen über die Familie: den Prozesscharakter. Burgess prägte die Vorstellung von der Familie als Einheit der Individuen in Interaktionen, „wonach (…) in allen Gesellschaften die ‚Realität der Familie in der Interaktion ihrer Mitglieder besteht und nicht in ihrer rechtlichen Form und den Auflagen von Rechten und Pflichten'" (Lasch 1981: 52). Der Faktor Urbanität wurde auch von Edward Franklin Frazier (1969) aufgegriffen, der in seiner 1939 veröffentlichten Studie „The Negro Family in the United States" die Auswirkung der Großstadt auf das Leben der Afroamerikaner analysierte. In die wissenschaftlichen Arbeiten über Zerfall und Wandel der Familie reihen sich die Überlegungen des Anthropologen Edward Sapir ein, der auf die Frage „What is the Family still Good for?" jedoch mit der Zurückweisung der Vorstellung des Verschwindens der Familie antwortete:

> „To conclude, we are not confronted with the threatened dissolution of the family; we are simply promised a clearing away of institutional clogs of all sorts which do not correspond to modern mentality and of indulgence in sentiments which we are beginning to see are harmful" (Sapir 1930: 150 f.).

Sapir hebt die Zweckmäßigkeit der Familie hervor, die er in vier grundlegenden Funktionen begründet sieht: Erstens erfährt die sexuelle Beziehung in der Familie einen besonderen emotionalen Wert. Zweitens dient sie der Erziehung der Kinder und bietet hierfür die entsprechende Atmosphäre, bereitet somit drittens das Individuum auf seine Teilnahme am gesellschaftlichen Leben, viertens aber

auch auf eine zufriedenstellende und letztlich erfolgreiche Partnerwahl vor
(vgl. ebd.: 151).[65]

Als wegweisend für die Auseinandersetzung mit dem Funktionsverlust der
Familie gelten die Arbeiten von William F. Ogburn. Industrialisierung und Verstädterung sind auch für ihn die zentralen Ursachen für Veränderungen, die er
als Funktionsverlust der Familie auf fünf Ebenen diagnostiziert: Danach hat sich
erstens die ökonomische Funktion durch die Entwicklung von Fabriken verringert. Zweitens fällt die Erziehungsfunktion in großem Maße in das Aufgabenge-
biet der Schulen, während drittens die religiöse Funktion Kirchen und Synago-
gen überlassen wird. Viertens wird die Erholungsfunktion auf Theater und Sta-
dien übertragen – oder wie Ogburn es nennt: die Erholung ist kommerzialisiert
(vgl. Ogburn 1969: 248) – und die Funktion der medizinischen Versorgung liegt
fünftens bei Ärzten und in Krankenhäusern (vgl. auch Adams 1995: 113). Ogburn identifiziert zudem fünf (miteinander verwobene) Ursachen für die genannten Veränderungen: die Größe der Gemeinschaft, den ökonomischen Faktor, die
Rolle der Technik, soziale Kontrolle sowie kulturelle Phasenverschiebungen
(vgl. Ogburn 1969: 238 ff.). Je kleiner die Gemeinschaft, so Ogburn, desto um-
fassender die Funktionen, die die Familie übernimmt:

> „Es geht hier vor allem um die Feststellung, daß die Familie in solchen kleinen
> Gemeinschaften eine Mehrzweckorganisation ist, die viele Funktionen hat und
> nicht allein auf Zeugung und Kinderaufzucht beschränkt ist" (ebd.: 239).

In einer größeren Gemeinschaft, wie sie für Ogburn beispielsweise die Großstadt darstellt, würden viele Funktionen der Familie auf spezialisierte Institutionen übertragen. Die Familie hat für ihn eine ökonomische Funktion in Gemeinschaften und Gesellschaften, wobei aus seiner Sicht jedoch zu fragen ist, in
welchem Umfang sie die Produktion von Gütern und Dienstleistungen übernehmen kann (vgl. ebd.: 240). Gerade in der technischen Entwicklung sieht er
unterschiedliche Auswirkungen auf Funktion und Form der Familie manifestiert. Technische Entwicklungen hätten ökonomische Funktionen wie z. B. die
Produktion von Gütern aus der Familie herausgelöst, aber auch zur Veränderung
der Größe der Gemeinschaft beigetragen, beispielsweise durch die Kultivierung
von Pflanzen, die zur Versorgung einer größeren Anzahl von Menschen geführt
habe (vgl. ebd.: 243). Den Aspekt der sozialen Kontrolle bringt Ogburn vor
allem mit der Kontrolle von Eigentum, Sexualität und Produktion zur Stabilisierung der Familie in Verbindung (vgl. ebd.: 245). Mit dem Begriff der kulturellen
Phasenverschiebung geht er auf die Komplexität von Institutionen ein, deren

---

65 Der Wandel familialer Funktionen findet auch bei William G. Sumner in seinem 1909 ver-
    öffentlichen Aufsatz „Family and Social Change" Berücksichtigung.

Einzelkomponenten sich nicht alle zur gleichen Zeit und mit der gleichen Geschwindigkeit ändern:

> „Oft ändern sich die ökonomischen und technischen Funktionen der Familie zuerst, während Vorstellungen und Ideologien erst später nachfolgen, so daß sie sich zeitweilig nicht in Harmonie mit der Realität befinden" (ebd.: 246).

Trotz des Funktionsverlustes sieht er die „lebenskräftigsten Funktionen, die der Familie verblieben sind, (…) auf dem Gebiet des Gefühlslebens und der Erziehung" (ebd.: 249). Aus diesen Entwicklungen die Schlussfolgerung zu ziehen, die Familie sei zu nichts mehr nütze, sieht Adams mit Blick auf die häufige Missinterpretation von Ogburns These des Funktionsverlustes aber als falsch an:

> „The actual process, however, has been one in which activities that were performed in a simple or rudimentary fashion within the family (e.g., medical treatment) have expanded to the point where the home can no longer encompass them. The process has in fact been one of *expansion* and *removal* more than loss" (Adams 1995: 114, Hervorh. im Orig., d. V.).

3.2 Perspektiven der Nachkriegszeit

In den 1950er Jahren dominierten strukturfunktionalistische Theorien die amerikanische Familiensoziologie, allen voran die von Talcott Parsons. Zusammen mit Robert F. Bales stellt er die isolierte Kernfamilie als den für die zeitgenössische amerikanische Gesellschaft „normalen" Familientypus vor. Die Isolation manifestiert sich dabei in dem Umstand, dass die aus dem Elternpaar und seinen noch immer abhängigen Kindern bestehende Kernfamilie in einem eigenen Haus(halt) lebt, der nicht mit weiteren Familienmitgliedern der einzelnen Ehepartner geteilt wird. Einen solchen Haushalt, der von dem Einkommen des Vaters bzw. Ehemanns lebt, ist für sie im „Normalfall" wirtschaftlich unabhängig (vgl. Parsons/Bales 1960: 10).

Die Trennung der Haushalte machte Parsons bereits 1943 zum Thema und prägte in diesem Zusammenhang den Begriff der isolierten Kernfamilie: „In the first place, the importance of the isolated conjugal family is brought out by the fact that it is a normal 'household' unit" (Parsons 1943: 27). Zweifelsohne spiegelt sich in der auf getrennte Haushalte bezogenen Darstellung der isolierten Kernfamilie nicht nur das traditionelle amerikanische Familienbild, sondern auch in gewissem Maße die gelebte (und propagierte) Familienrealität der 1950er Jahre wider: nämlich das eigene Heim in den wachsenden Vorstädten, der Ehemann und Vater als Geldverdiener, und bei Parsons – wenn auch nicht direkt angesprochen, aber dennoch angedeutet – die Frau als Versorgerin der Kinder, von Haus und Mann. Die isolierte (amerikanische) Kernfamilie ist für Parsons und Bales das Ergebnis eines grundlegenden Wandlungsprozesses (vgl. Parsons/Bales 1960: 3). Sie stimmen zwar grundsätzlich mit der These des Funktionsverlustes überein, sehen aber keine Grundlage für das Ende der Familie gegeben. Vielmehr ordnen sie den Wandel der Familie einem Differenzierungsprozess zu, in dessen Verlauf die Kernfamilie bestimmte Funktionen an andere gesellschaftliche Strukturen verliert, was dazu führt, dass sie als Institution spezialisierter wird:

> „This represents a decline of *certain* features which traditionally have been associated with families; but whether it represents a 'decline of the family' in a more general sense is another matter; we think not" (ebd.: 9, Hervorh. im Orig., d. V.).

Indem die Ehe nicht mehr als essentiell für die wirtschaftliche Produktion angesehen wird, entwickelt sie sich vielmehr zum Schauplatz hochkomplexer und emotional fordernder Interaktionen zwischen den Ehepartnern (vgl. Berger/Berger 1984: 13).

Die These von der isolierten Kernfamilie, die vor allem die Unabhängigkeit der verheirateten Kinder von den alternden Eltern in den Blickpunkt rückt, wird in den 1960er Jahren durch Studien von Sussman und Burchinal (z. B. 1962a, 1962b) zur Kontinuität verwandtschaftlicher Beziehungen widerlegt. In ihrer Arbeit „Kin Family Network" (1962a) verweisen sie darauf, dass die meisten Amerikaner „reject the notion that receiving aid from their kin is a good thing. The proper ideological stance is that the individual and his family should fend for themselves" (Sussman/Burchinal 1962a: 231). Reiht man nun Parsons' These von der isolierten Kernfamilie in diese Vorstellung von „self-reliance" ein, unterstützt (oder: diagnostiziert) er mit seiner Vorstellung der (finanziellen) Trennung von Kernfamilie und Verwandtschaft letzlich eine zentrale Komponente des amerikanischen Wertesystems. Das tatsächliche Missverhältnis zwischen Idealvorstellung und Realität fassen Sussman und Burchinal in den Begriff des „academic cultural lag":

> „(T)he lag between apparently antiquated family theory and empirical reality. The theory stresses the social isolation and social mobility of the nuclear family while (…) empirical studies reveal an existing and functioning extended kin family system closely integrated within a network of relationships and mutual assistance along bilateral kinship lines and encompassing several generations" (Sussman/Burchinal 1962a: 231).

In „Parental Aid to Married Children" (1962b) bestätigen sie das Ergebnis, dass finanzielle Unterstützung verheirateter Kinder durch ihre Eltern die Kernfamilie an das verwandtschaftliche Familiennetzwerk entlang der Generationenlinie bindet (vgl. ebd.: 331). Damit widersprechen sie prinzipiell der Vorstellung Parsons' von der wirtschaftlichen Unabhängigkeit der verheirateten Kinder von ihren Eltern (vgl. dazu Parsons 1943: 27). Unterstützen die Eltern noch zu Beginn der Ehe ihre verheirateten Kinder, ändert sich das Verhältnis dieser Unterstützung dann, wenn die Eltern alt werden: „A frequent pattern of aid is to turn to the needs of aging and often ailing parents after children have been aided in beginning their marriages and careers", so Sussmans und Burchinals Schlussfolgerung (1962b: 331 f.).[66]

Mit William J. Goodes Arbeit „World Revolution and Family Patterns" erfährt die evolutionsorientierte Sichtweise Mitte der 1960er Jahre erneut Aufwind. Goode leitet aus dem globalen Aufstieg der gattenzentrierten Familie eine Schwächung der traditionellen Familie ab (vgl. Goode 2003: 19 f.), wobei die Richtung dieses Wandels für ihn länderspezifisch geprägt ist (vgl. ebd.: 20). Damit strebt er ein so genanntes Konvergenzmodell an, um die Vielfalt des auf globaler Ebene stattfindenden Wandels der Familie darzustellen. Für Mitterauer und Ortmayr stellt dieses Modell in den 1960er Jahren ein „attraktives Erklärungsmodell" dar, weil die Kernfamilie in der Tat als vorherrschendes Familienmodell zu identifizieren war (vgl. Mitterauer/Ortmayr 1997: 10).

In den Folgejahren zeigt sich jedoch ein Perspektivenwechsel, da nicht mehr explizit der Wandel der Familie als Folge von Urbanisierung und Industrialisierung thematisiert wird, sondern demografisch orientierte Arbeiten in den Mittelpunkt rücken, die sich mit Struktur und Haushalt von Familien, beispielsweise hinsichtlich ihrer Größe und Zusammensetzung, aber auch mit Ereignissen wie Eheschließung oder Scheidung, befassen.[67] Frauen auf dem Arbeitsmarkt bilden einen weiteren Forschungsschwerpunkt (vgl. ebd.: 5). Kompakte Familienmodelle wie die von Parsons oder Goode verlieren sich in dieser Forschungsperiode in Differenzierungsansätzen.[68]

---

66 Sussman und Burchinal beschränken sich in ihrer Untersuchung angesichts der Frage der Messbarkeit auf die finanzielle Komponente (Geld, Geschenke), sind sich aber der Bedeutung der emotionalen Unterstützung bewusst (vgl. Sussman/Burchinal 1962b: 320).
67 Vgl. hierzu auch Teachman/Polonko/Scanzoni (1987).
68 Bereits an anderer Stelle ist auf Studien von Melvin Kohn hingewiesen worden, dessen Arbeiten über den Zusammenhang von Klasse und elterlichen Werten einen zentralen Beitrag zur sozialstrukturellen Auseinandersetzung mit der Familie leisten. In den Worten Sgrittas zeigt sich hierin der Versuch, die „Dialektik" der Beziehungen zwischen Familie und sozialem System aufzuzeigen und zu erfassen (vgl. Sgritta 1988: 336).

3.3 Familiensoziologie im Wandel: Von den Siebzigern bis in die neunziger Jahre

Die Vorstellung von der fragilen Familie rückt Ende der 1970er Jahre in der familiensoziologischen Forschung erneut ins Blickfeld. Beispielhaft für diese Sichtweise ist in der amerikanischen Soziologie Christopher Laschs „Haven in a Heartless World" (1977), worin er die Vorstellung vom Funktionsverlust neu generiert.[69] Als Auslöser für diesen Funktionsverlust sieht Lasch die Einmischung des Staates in das Familienleben. Sozialpolitische Eingriffe haben seiner Ansicht nach zu verheerenden Folgen geführt, da der Staat den ursprünglichen Handlungsspielraum der Familie unter seine Kontrolle gebracht hat (vgl. Lasch 1981: 15).

Eine solche Entwicklung sieht Lasch in drei Schritten gegeben: Im Zeitalter der Industriellen Revolution wurde die Produktion aus den Haushalten herausgelöst und unter Aufsicht von Kapitalisten in Fabriken konzentriert. In einem zweiten Schritt hat sich die Bourgeoisie das Wissen der Arbeiter angeeignet, um es unter der Leitung eines Managers zu vereinen. Im dritten und letzten Schritt sieht er diese Kontrolle durch die Überwachung der Kindererziehung durch „Ärzte, Psychiater, Lehrer, Erziehungsberater, Fürsorger des Jugendamtes und andere Spezialisten" auf das Privatleben der Arbeiter ausgeweitet (vgl. ebd.). Kritik übt er in diesem Zusammenhang an den Sozialwissenschaften, denen es nicht gelungen sei, diese Entwicklung als eine andere Form der Klassenherrschaft zu erkennen (vgl. ebd.: 17). Stattdessen werde die Sozialisierung der Reproduktion eingereiht in einen Kanon des Zerfalls der Großfamilie, des Transfers von Funktionen oder der strukturellen und funktionellen Differenzierung. Kritisch betrachtet Lasch auch die These von der isolierten Kernfamilie. Die im Sinne eines nationalen Wertes verstandene Abgrenzung von äußeren Einflüssen – d. h. die Familie als Ort des Rückzugs – bezeichnet er als Schwindel, denn: „in Wirklichkeit dringt die moderne Welt von überall her in die Familie ein und zerstört ihre Privatsphäre" (ebd.: 18). In Form einer „nährenden Mutter" (ebd.: 38) habe die Gesellschaft viele Funktionen der Familie übernommen. Auch wenn Lasch der Familie ein „langes Leben" bescheinigt, da sie noch immer wesentliche Bedürfnisse befriedigt, greift er mit seiner Kritik die

---

69   Die Vorstellung vom Funktionsverlust wird jedoch nicht durchgängig geteilt. Als Gegenbeispiel soll auf die Arbeit „Middletown Families" von Caplow u. a. (1983) verwiesen werden, die in einer Neuauflage der Studie von Robert und Helen Lynd aus den 1920er und 30er Jahren über eine Kleinstadt im mittleren Westen der USA zu dem (vielfach kritisierten) Ergebnis kommen, dass die These vom Funktionsverlust ein Mythos sei (vgl. auch Popenoe 1988: 33).

Interdependenz zwischen Soziologie und Sozialarbeit und die dahinter stehende Vorstellung, einen Beitrag zur Verbesserung der Gesellschaft zu leisten, an.

Berger und Berger (1984: 15) setzen sich weniger mit dem Zerfall als vielmehr mit der Bedeutung der Familie im Allgemeinen auseinander. Ihre „Verteidigung der Familie" aus dem Jahr 1983, veröffentlicht unter dem Titel „The War over the Family", ist ein Plädoyer für die *bürgerliche* Familie, die sich ihrer Ansicht nach sowohl in der Vergangenheit als auch in der Gegenwart durch eine grundlegende Legitimität auszeichnet. Berger und Berger vertreten die Auffassung, dass die Familie die zentrale und aus historischer Perspektive auch die einzig stabile Institution ist, in der und durch die demokratische Werte vermittelt werden und sie damit die Grundlage einer politischen Demokratie bildet (vgl. ebd.: 176). Danach können weder Schule noch Kirche die Aufgabe der Vermittlung moralischer Werte übernehmen. Dass Berger und Berger gerade für die bürgerliche Familie plädieren, begründen sie mit den grundlegenden Werten, die – trotz des die amerikanische Gesellschaft kennzeichnenden Pluralismus – ihrer Ansicht nach von den Mitgliedern geteilt werden und das Ethos der bürgerlichen Familie ausmachen: Verlässlichkeit, Ehrlichkeit, Fleiß, Respekt, die Sorge um andere und der Wille, Verantwortung zu übernehmen (vgl. ebd.: 184). Was die Verteidigung der bürgerlichen Familie von den bisher vorgestellten Ansätzen unterscheidet, ist die klare Darlegung einer Position, denn Berger und Berger äußern explizite (Wert-)Vorstellungen (die aber auch den konservativen politischen Kräften ihrer Zeit zuspielen). Das hat jedoch Kritik hervorgerufen:

> „The authors were probably sitting around the hearth one night (the *family* hearth), and suddenly they realized: 'Hey, these far-out folks are winning elections. Why don't we give them some intellectual underpinnings'" (O'Reilly 1983: 51, Hervorh. im Orig., d. V.).

Wurde ein konventionelles, eher idealisiertes traditionelles Familienbild in älteren soziologischen Theorien als gegebene Tatsache hingenommen (vgl. Collins/Coltrane 1995: 15), so kündigte sich Ende der 1970er Jahre eine Perspektivenerweiterung familiensoziologischer Fragestellungen an. In „Sex Roles, Women's Work, and Marital Conflict" (1978) setzt sich John H. Scanzoni mit der rapide steigenden Zahl von Frauen im Erwerbsleben und den daraus folgenden Auswirkungen auf das Familien- und Eheleben auseinander. Das Ziel seiner Arbeit sah er darin, den Wandel, die Bedeutung und die Konsequenzen von Frauenerwerbsarbeit sowie Veränderungen in der Art und Weise, wie Frauen mit ihren Ehepartnern verhandeln bzw. Konflikte austragen, zu erforschen (vgl. Scanzoni 1978: 3). Danach sind Frauen mit einem „modernen" Rollenverständnis eher dazu in der Lage, ihre individuellen Bedürfnisse gegenüber anderen – vor allem gegenüber dem Ehemann – durchzusetzen, ihre neue „Macht" als

legitim zu erachten und sich abzugrenzen von solchen Frauen, die sich mit einem traditionellen Rollenbild identifizieren und sich den Bedürfnissen von
Mann und Kindern unterordnen. Scanzoni unterstellt, dass das Verständnis von
(Erwerbs-)Arbeit als *Option*, die wahrgenommen wird, wenn es die Umstände
erfordern, im Kontext eines traditionellen, geschlechtsspezifischen Rollenverständnisses zu sehen ist. Einen roten Faden seiner Arbeit bildet die Vorstellung,
dass Frauen, die eine „moderne" Einstellung gegenüber geschlechtsspezifischen
Rollen in der Gesellschaft haben, Berufstätigkeit nicht mehr als Option, sondern
als *Recht* begreifen. Option definiert er dabei als

> „permissible behavior; but the behavior is limited or constrained by certain contin-
> gencies such as the interests of husband and children. *Right* is defined as behavior
> that is more or less inherent in a particular role. Constraints are never absent but
> they are relatively minimal" (ebd.: 24, Hervorh. im Orig., d. V.).

Diese Differenzierung ist für Scanzoni deshalb so bedeutsam, weil damit auch
Auswirkungen auf den Ehepartner und die Familie verbunden sind. Zwar ver-
bessere sich der Lebensstandard der Familie, jedoch komme es in der Familie
auch zu einer veränderten Erwartungshaltung gegenüber dem Partner, wenn es
beispielsweise um die Hausarbeit geht, auch wenn Scanzoni nur einen gradu-
ellen Wandel in der Teilnahme des Mannes an dieser diagnostiziert. Gleichzeitig
sieht er aber verstärkt die Übernahme typischer „Männeraufgaben" (z. B. Repa-
raturen) durch die Frauen:

> „wives who already face the greatest time demands outside the home, and yet con-
> tinue to retain prime responsibility for 'women's' household work, are also the ones
> most likely to add still further time pressures by getting more involved in tradition-
> ally male repair duties" (ebd.: 81).

In Arlie Russel Hochschilds „The Second Shift: Working Parents and the Revolution at Home" (1989) findet sich eine tiefergehende Auseinandersetzung mit
den Auswirkungen der Berufstätigkeit beider Elternteile auf die Familie. Im
Mittelpunkt steht die (rhetorische) Frage, wer nach getaner (Erwerbs-)Arbeit die
„zweite Schicht" der Hausarbeit übernimmt, denn: „According to popular wis-
dom, housework is so trivial that it is not worthy of serious discussion" (Coltra-
ne/Adams 2003: 115).[70] Aus konflikttheoretischer Perspektive lässt sich die
Frage, wer nach der (bezahlten) Erwerbsarbeit noch die Hausarbeit übernimmt,
auch als Kampf um ein begrenztes Zeitbudget beschreiben, wenn es beispiels-

---

70   In der deutschen Diskussion findet der Begriff der „doppelten Vergesellschaftung" Anwen-
      dung (vgl. Becker-Schmidt 1987, 2004).

weise darum geht, Hobbys oder Ähnlichem nachzugehen. Für Hochschild stellen sich vor diesem Hintergrund folgende Fragen: Welche Auswirkungen hat dieses Fehlen an Zeit für die Frau und auf die Ehe in einem Zeitalter der Scheidungen? Wie wird in einer Beziehung mit solchen Ungleichheiten umgegangen? Vor allem aber: Warum existiert noch immer das typisch traditionelle Rollenverständnis und damit verbundene Erwartungen, die sich in diesem Fall in der Übernahme der Hausarbeit durch die Frau nach einem Arbeitstag äußern? Die Antwort findet Hochschild in so genannten Gender-Strategien: Sowohl Männer als auch Frauen stützen sich noch immer auf Vorstellungen über Männlichkeit und Weiblichkeit, die während ihrer Kindheit geformt wurden und in der Gefühlswelt angesiedelt sind (vgl. Hochschild 1989: 15). Zu diesen Gender-Strategien zählt sie solche Erfahrungen, in der die geschlechtsspezifische Arbeitsteilung der Eltern er- bzw. gelebt wurde, Erfahrungen junger Heranwachsender, die zur Ausbildung des Selbst beitragen, Erfahrungen aus der Arbeitswelt, die dieses Selbstkonzept bestätigen oder verwerfen, das Eheleben, das nach einer Einigung über das Schicksal des Zusammenlebens mit dem Partner verlangt, aber auch traditionelle gesellschaftliche Rollenvorstellungen, die sich noch immer in den Medien widerspiegeln.[71] Gerade in der gesellschaftlichen Erwartungshaltung sieht sie die „stalled revolution" (ebd.: 19) verankert. Auch wenn für Hochschild die Revolution in gewisser Weise stecken geblieben ist, trifft die Auseinandersetzung mit berufstätigen Müttern und den Folgen für das Familienleben vor allem in der (politischen) Öffentlichkeit den Nerv der Zeit. Denn es sind gerade die Veränderung der Frauenrolle und das damit verbundene veränderte Selbstverständnis, die von Kritikern dieser Entwicklung zur Erklärung des Zerfalls der Familie und den Rückgang an Familienwerten herangezogen werden. Die Frage nach der Aufteilung der Hausarbeit beinhaltet aber auch die Perspektive der Macht in einer Beziehung: „Identifying who avoids doing these household tasks is often an excellent indicator of who has the highest status in the couple or the family", so Coltrane und Adams (2003: 117), die betonen, dass der männliche Beitrag im Haushalt nur geringfügig gestiegen ist und Frauen noch immer doppelt so viel Zeit mit Hausarbeit verbringen wie ihr Partner.

Dass hinter gesellschaftlichen Erwartungshaltungen formelle und informelle gesellschaftliche Kontrollmechanismen stehen, die einen Zwang auf das vermeintlich richtige Rollenverhalten von Männern und Frauen am Arbeitsplatz, in Politik und Familie ausüben, daran besteht auch für Cynthia Fuchs-Epstein kein Zweifel, und das ist auch eine ihrer zentralen Aussagen in „Deceptive Distinctions: Sex, Gender, and the Social Order" aus dem Jahr 1988. Die Unterschiede

---

71 Wie das in der praktischen Umsetzung aussieht, zeigt Goffman plakativ in seiner Darstellung über die Geschlechter in der Werbung (1981).

zwischen Mann und Frau sind für sie das Resultat von Sozialisation und sozialer Kontrolle und somit kulturell und strukturell bedingt. So zeigt sie auf, wie der Glaube an geschlechtsspezifische Unterschiede zur Grundlage der Förderung und Fixierung sozialer Ungleichheiten wird.

4 Zur gesellschaftlichen (Re-)Konstruktion familialer Wirklichkeit: Theoretische Verortung

Nach der Massachusetts-Entscheidung im November 2003 setzte eine Auseinandersetzung über die Frage nach der Definition von Ehe ein, die vor allem in der medialen Öffentlichkeit ausgetragen wurde. In Anlehnung an die Wissenssoziologie von Peter L. Berger und Thomas Luckmann könnte man sagen, dass die Institution Familie mit ihrer „eigenen" Wirklichkeit, wie sie in den USA vornehmlich in Form eines traditionellen Familienbildes antizipiert wurde (und durchaus noch immer wird), den Menschen durch die richterliche Anordnung nicht mehr als äußeres, als zwingendes Faktum gegenübersteht (vgl. Berger/Luckmann 1997: 62) und daher neu („wieder einmal im als solchen verstandenen ursprünglichen Sinne" oder auch „neu im Sinne einer Institution, die sich gewandelt hat") legitimiert bzw. erst einmal objektiviert werden soll und muss. Die Institution Familie, darin eingebunden die Ehe, bereits seit Jahren auf rhetorischer Ebene dem Untergang geweiht, wird neu verhandelt, und zwar von Befürwortern *und* Gegnern der gleichgeschlechtlichen Ehe – ein Prozess, in dem nicht Alltagswissen auf übersituative Dauer gestellt werden soll, sondern das Wissen über eine Institution, die als grundlegender Baustein der Gesellschaft gilt. Im Folgenden wird der soziologische Weg dieser Rekonstruktion vorgestellt. Es geht um die Klärung der Frage, wie diese Rekonstruktion und die damit verbundenen „sprachlichen Ereignisse" theoretisch eingebettet und praktisch handhabbar gemacht werden können. Dazu werden zwei Argumentationsschritte herangezogen: Die theoretische Einordnung im ersten Teil dieses Kapitels dient zur Klärung der Grundlagen der wissenssoziologischen Diskursanalyse und der in dieser Arbeit vorgenommenen Schwerpunktsetzung. Im zweiten Teil wird die Brücke zur amerikanischen Debatte geschlagen, um schließlich forschungsleitende Fragestellungen zu formulieren. Die Darlegung der praktischen Umsetzung erfolgt in Kapitel 5.

4.1 Theoretische Bausteine des Forschungsprogramms

Wissen und darauf aufbauend eine wissenssoziologische Rahmung bilden den theoretischen Schwerpunkt dieser Arbeit. Nicht im Mittelpunkt steht dabei die Frage nach der sozialen Bedingtheit von Wissen, d. h. der Beziehung zwischen sozialem Sein und Bewusstsein durch die Zuordnung von Weltanschauungen, Denkformen und Wertvorstellungen zu sozialstrukturellen Kategorien, also dem zentralen Anliegen der deutschen Wissenssoziologie, wie sie gerade von Mannheim als Wegbereiter eines kulturtheoretisch orientierten Wissensbegriffs, der sich von der philosophischen Orientierung an der Wahrheit im Wissen löst (vgl. Reckwitz 2000: 155), aber auch von Scheler begründet wurde (vgl. Dewe 1991: 495). Im Mittelpunkt steht vielmehr die Wissenssoziologie Peter L. Bergers und Thomas Luckmanns und die *kommunikative* Konstruktion von Wirklichkeit, in der die Bedeutung von Sprachhandlungen für die Wissensproduktion in den Vordergrund rückt. Indem Berger und Luckmann sich in ihrer Arbeit über die gesellschaftliche Konstruktion von Wirklichkeit vorzugsweise mit der alltäglichen Wirklichkeitswelt beschäftigen, setzen sie sich von den klassischen Vertretern der Wissenssoziologie deutlich ab. Damit entgeht ihnen jedoch, so Reiner Keller, die „enorme Bedeutung der institutionellen Wissensbestände für die Gesamtkonstitution der gesellschaftlichen *Wirklichkeitsverhältnisse*" (Keller 2005: 179, Hervorh. im Orig., d. V.), da sie beispielsweise die Bedeutung von Ideen, die vor allem in der heutigen Zeit der Massenmedien eine Sonderstellung einnehmen, unberücksichtigt lassen. Doch gerade durch die Medien werden Ideen und „Weltmodelle" von (vermeintlichen) Experten dem Allerweltswissen untergemengt und üben auf diese Weise Einfluss auf die gesellschaftliche Wirklichkeitskonstruktion aus (vgl. ebd.).

Hinter der Loslösung von Vorstellungen über die Seinsverbundenheit des Wissens verbirgt sich auch eine Hinwendung zur Frage nach der Organisation von Wirklichkeit. Dieser Fokus geht einher mit einem Perspektivenwechsel in den Sozialwissenschaften und der Philosophie: nämlich weg von „mechanistischen Beschreibungen des Verhaltens" hin zur Berücksichtigung ideeller Dimensionen als Sinngrundlage des Handelns und der Kommunikation (vgl. Reckwitz 2000: 15 f.). In der Wissenssoziologie äußert sich dieser Perspektivenwechsel als Fokus auf die kommunikative Konstruktion von Wirklichkeit, was für Keller zur „*Konkretisierung der Wissenssoziologie als empirisches Forschungsprogramm*" (Keller 2005: 92, Hervorh. im Orig., d. V.) führt. Er schlägt vor, den Begriff der kommunikativen Konstruktion durch den der diskursiven Konstruktion zu ersetzen, um eine Präzisierung der Wissensforschung zu erreichen. „Diskursiv" bezieht sich dabei auf spezifische Strukturierungen von Kommunikationsbeziehungen unter Beibehaltung des Sprach- und Zeichengebrauchs für die Wissensprozesse. Unter „Diskurs" versteht Keller „meist (mehr oder weniger) öffentliche, geplante und organisierte Diskussionsprozesse (...), die sich auf je spezifische Themen von allgemeinem gesellschaftlichen Belang beziehen" (Keller u. a. 2001a: 7). Dabei geht es um die sprachvermittelte, subjektgebundene Konstruktion von Wirklichkeit, verbunden mit der Frage nach dem Verhältnis zwischen Wissensordnungen und Handeln (vgl. Reckwitz 2000: 162). Keller entwickelt ein Forschungsprogramm, das er „Wissenssoziologische Diskursanalyse" nennt und mit dem gesellschaftliche Prozesse der Konstruktion, Objektivation, Legitimation und Kommunikation von Wissens- und Handlungsordnungen untersucht werden können. Sein Forschungsprogramm fußt auf der Zusammenführung von drei theoretischen Ansätzen: der Wissenssoziologie Peter L. Bergers und Thomas Luckmanns, so genannten „kulturalistischen" Ansätzen der Diskursanalyse sowie Annahmen der Foucault'schen Diskurstheorie.[72] Im Folgenden werden diejenigen Komponenten dieser Ansätze herausgefiltert, die für das vorliegende Forschungsvorhaben als relevant erachtet werden. Der theoretische Rahmen wird durch die Betrachtung sozialer Probleme als Wertkonflikte und die Perspektive der Konstruktion sozialer Probleme bei Malcolm Spector und John I. Kitsuse erweitert. Er zeichnet sich somit durch Pluralismus im Sinne einer theoretischen Triangulation aus, durch die unterschiedliche Sichtweisen an den Forschungsgegenstand herangetragen werden (vgl. Flick 2005: 330 f.). Dieser Pluralismus besagt aber auch, dass die hier Anwendung findende theoretische Herangehensweise nicht die einzig denkbare ist. Ein so vorgenommener, forschungstechnisch interessengeleiteter, aber nur selektiv abzuarbeitender Bezug hat auch zur Folge, dass andere Aspekte, die charakteristisch für jede Theorierichtung sind, vernachlässigt werden müssen.

4.1.1 Wirklichkeit als gesellschaftliches Konstrukt: Peter L. Berger und Thomas Luckmann

Wie gesellschaftliches Wissen der Alltagswelt durch den Prozess der Institutionalisierung auf übersituative Dauer gestellt wird, beschreiben Peter L. Berger und Thomas Luckmann in ihrer Wissenssoziologie unter dem Namen „Die Gesellschaftliche Konstruktion der Wirklichkeit" vor dem Hintergrund der Frage, wie subjektiv gemeinter Sinn zu objektiver Faktizität wird (vgl. Berger/Luckmann 1997: 20).[73] Von der klassischen Wissenssoziologie hebt sich

---

72 Zur theoretischen Herleitung der wissenssoziologischen Diskursanalyse vgl. Keller (2005).
73 Im Folgenden wird ein stärkerer Fokus auf die Aspekte Institutionalisierung und Legitimation gelegt, weil diese für den weiteren Verlauf der Arbeit als zentral erachtet werden.

ihre Arbeit dahingehend ab, dass sie sich nicht mit Ideologien oder Weltanschauungen auseinandersetzen, sondern damit, was in der Gesellschaft als Wissen gilt (vgl. ebd.: 16). Ihre Hauptaufgabe sehen Berger und Luckmann darin, „die Grundlagen des Wissens in der Alltagswelt (herauszufinden), das heißt, die Objektivationen subjektiv sinnvoller Vorgänge, aus denen die *inter*subjektive Welt entsteht" (ebd.: 22, Hervorh. im Orig., d. V.). Dahinter verbirgt sich die Vorstellung, dass die Wirklichkeit der Alltagswelt mit anderen prinzipiell geteilt und als eine objektive Wirklichkeitsordnung erfahren wird. Das Medium zur Vermittlung dieser objektiven Wirklichkeit ist die Sprache. Durch sie können Sinn, Erfahrungen und Bedeutungen vermittelt werden, ohne auf die Unmittelbarkeit des Handelnden angewiesen zu sein. Grundlegend für das Verständnis der gesellschaftlichen Wirklichkeit als Konstrukt sind die Weltoffenheit des Menschen sowie die Bildbarkeit seines Instinktapparates als anthropologische Konstanten. Die „objektiv" vorgegebene Gesellschaftsordnung weist die biologische Weltoffenheit des Menschen in ihre Schranken und wandelt sie um in eine relative Weltgeschlossenheit.

Die Habitualisierung menschlichen Tuns als Gewöhnung ist die Basis der Institutionalisierung von Wissen (vgl. ebd.: 56), wobei von Institutionalisierung erst dann gesprochen werden kann, wenn habitualisierte Handlungen reziprok typisiert werden. Deutlich tritt hier die bereits bei Schütz und Luckmann formulierte Generalthese der wechselseitigen Perspektiven in den Vordergrund, denn reziproke Typisierung bedeutet nichts anderes als „daß die von mir als gegeben hingenommene Lebenswelt auch von dir als gegeben hingenommen ist" (Schütz/Luckmann 1979: 89) und somit zur natürlichen Einstellung wird. Habitualisierung steht dabei nicht nur für die Verfestigung von Handlungen, die dem Handelnden zukünftig als Modell dienen, sondern vor allem für den damit verbundenen Entlastungscharakter. Abgeschlossen ist der Prozess der Institutionalisierung mit der Weiterreichung der institutionalen Welt an die nächste Generation. Historizität markiert vor diesem Hintergrund die Grundlage für objektive Faktizität; die Institution wird als objektiv, verbunden mit einem gewissen Zwangs- und Kontrollcharakter, wahrgenommen. Mit der Weiterreichung der institutionalen Welt an die nächste Generation setzt aber auch die Notwendigkeit des Erklärens und Rechtfertigens, d. h. die Legitimation von Institutionen ein. Sprache erweist sich hier als das Hauptinstrument zur Ausstattung institutionaler Ordnungen mit Logik, die nicht nur Teil des gesellschaftlich zugänglichen Wissensvorrates ist, sondern auch als Gewissheit hingenommen wird. Doch lauert gerade in dieser (vermeintlichen) Objektivität die Gefahr der Behauptungen über die „angebliche ‚Logik' von Institutionen", so Berger und Luckmann (1997: 68), denn: „Die Logik steckt nicht in den Institutionen und

ihrer äußeren Funktionalität, sondern in der Art, in der über sie reflektiert wird"
(ebd.: 68 f.).

Rollen, die ebenso wie Institutionen der Habitualisierung und Objektivierung unterliegen, sind essentieller Bestandteil der Institutionalisierung. Durch
sie werden „Institutionen der individuellen Erfahrung" einverleibt (ebd.: 78). Sie
machen Institutionen nicht nur erfahrbar, sondern konstituieren diese auch. Der
Grad der Arbeitsteilung und damit der Differenzierung einer Gesellschaft, verbunden mit ihrem wirtschaftlichen Überschuss, sind für Berger und Luckmann
die zentralen Faktoren zur Bestimmung der Grenzen der Institutionalisierung.
Dabei ist rollenspezifisches Wissen, das zur Aufteilung und unterschiedlichen
Verteilung des Wissens in der Gesellschaft führt, ein entscheidender Faktor.
Das, aber auch Kategorien wie Geschlecht oder Alter können zur Entstehung
von so genannten Subsinnwelten führen, die ebenfalls gesellschaftlich gestützt
werden müssen und auch den Prozessen der Institutionalisierung und Objektivierung unterliegen. Gerade hier verbirgt sich ein Konfliktpotenzial, denn betrachtet man diese Aspekte vor dem Hintergrund der institutionalen Ordnung,
stellen sich zwei Fragen: zum einen die nach dem Verständnis von Institution
vor dem Hintergrund der Ausbildung von Subsinnwelten, zum anderen die nach
dem Verhältnis von Institutionen zueinander. Beide Aspekte führen auf die
Fährte des integrierenden Faktors, der zum Zusammenhalt einer Gesellschaft
beiträgt, denn „(d)ie Vielfalt der Perspektiven erschwert es natürlich, die gesamte Gesellschaft unter ein Dach, das heißt unter ein integrierendes Symbolsystem
zu bringen" (vgl. ebd.: 91). Verschärft wird dieses „Problem", wenn die Veränderung von Institutionen und Subsinnwelten – ähnlich wie beim „cultural lag" –
nicht parallel verläuft. Der Aspekt der Integration führt schließlich zur Frage
nach dem Grad der Verdinglichung von Institutionen als „außermenschliche
Faktizität" mit ontologischem Status (ebd.: 94) und rückt gleichzeitig die Veränderbarkeit von Institutionen ins Zentrum. In diesem Zusammenhang ist die
Legitimation – verstanden als Prozess des Erklärens und Rechtfertigens, als
sekundäre Objektivation der Bedeutung des Sinnes einer Institution (vgl. ebd.:
98 f.) – zu sehen, die bei der Weitergabe der institutionalen Welt an eine neue
Generation ins Spiel kommt.

Legitimation kann für Berger und Luckmann auf vier idealtypisch differenzierten Ebenen stattfinden: erstens in Form von einfachen Versicherungen,
zweitens über theoretische Postulate wie Legenden, drittens in Form von expli-
ziten Legitimationstheorien und viertens durch den Verweis auf symbolische
Sinnwelten, beispielsweise Wirklichkeiten, die sich – abgesehen von „theoretischer Erfahrung" – der Erfahrung der Alltagswelt entziehen und die an sich

nicht erfahren werden können.[74] Diese vierte grenzt sich von den anderen Ebenen dadurch ab, dass

> „*alle* Ausschnitte der institutionalen Ordnung in ein umfassendes Bezugssystem integriert (werden), das eine Welt im eigentlichen Sinn begründet, weil *jede* menschliche Erfahrung nun nurmehr als etwas gedacht werden kann, das *innerhalb* ihrer stattfindet" (ebd.: 103, Hervorh. im Orig., d. V.).

Beispielsweise ordnen sie auf individueller Ebene subjektive Erfahrungen des Menschen, legitimieren aber auch bestimmte Grenzerfahrungen wie den Tod (vgl. ebd.: 109). Das Verlangen nach Legitimation macht deutlich, dass auch symbolische Sinnwelten gesellschaftliche Konstrukte sind, die ebenso wie Institutionen zum Problem werden können. Auch hier besteht das Problem der Weitergabe an die nächste Generation. Und ebenso wie es Träger von Subsinnwelten gibt, gibt es Träger symbolischer Sinnwelten, die sich „auf eine abweichende Version ihrer Auslegung einlassen" (ebd.: 114), wenn alternative Sinnwelten miteinander konkurrieren. Dieser Zusammenstoß ist es auch, der Berger und Luckmann zu der Frage führt, „an welcher der konkurrierenden Wirklichkeitsbestimmungen die Gesellschaft ‚hängenbleiben' wird" (ebd.: 117). Mythologien spielen in einem solchen Fall auf theoretischer Ebene ebenso eine Rolle wie die Theologie, während auf der praktischen Ebene Therapie und Nihilierung zum Einsatz kommen können. Auf individuelle Fälle angewendet geht es unter Zuhilfenahme theoretischer Konzeptionen als Grundlage praktischer Therapien darum, das Abwandern in andere Sinnwelten zu verhindern. Nihilierung, die auf Individuen wie Gruppen anwendbar ist, ist dabei auf theoretische Konzeptionen angewiesen, um alles, was außerhalb der zu legitimierenden Sinnwelt steht, zumindest theoretisch zu zerstören. Das kann durch Leugnung oder aber Überlagerung und Einverleibung der fremden Wirklichkeitsbestimmung durch die eigene, „offizielle" (vgl. ebd.: 124) geschehen.

Bisher wurde nur indirekt auf gesellschaftliche Akteure hingewiesen, auch wenn an unterschiedlichen Stellen immer wieder von der *gesellschaftlichen* Konstruktion die Rede war. Das eine ist jedoch nicht ohne das andere denkbar, aber aus analytischen Gründen von Berger und Luckmann voneinander getrennt worden. Die stärkere Fokussierung auf Akteure bezeichnen sie als weg „vom abstrakten ‚Was?' hin zum soziologisch konkreten ‚Wer?'" (ebd.: 125) in der Frage nach soziologisch greifbaren Wirklichkeitskonstruktionen. Und so sind

---

74   In diesem Sinne grenzt der Prozess der Legitimation an das, was Vilfredo Pareto als Derivation im Zusammenhang mit der Rationalisierung von (nicht-logischen) Handlungen bezeichnet. Hier geht es darum, auf Gefühlen oder Affekten beruhende Handlungen logisch zu begründen (vgl. Knoblauch 2005: 60 f.).

Konflikte rivalisierender Wirklichkeitsbestimmungen auch mit Konflikten zwischen Experten als hauptamtlichen Legitimatoren und Praktikern verbunden. Auf ein in der Wertkonfliktperspektive (vgl. Kapitel 4.1.3) bekanntes Problem stößt man, wenn konkurrierende Wirklichkeitsbestimmungen interessengeleitet sind, denn: „Ob die Experten und ihre Gönner dann als Einzelne und im einzelnen die Theorien subjektiv ‚ehrlich' meinen, ist für das soziologische Verständnis solcher Prozesse nur von sekundärer Bedeutung" (ebd.: 129).[75] Gerade dieser Fokus, vor allem aber die Auseinandersetzung mit kollektiven Akteuren, weist auf die Komplexität der (auch) konflikthaft erfolgenden gesellschaftlichen Konstruktion von Wirklichkeit über die von Berger und Luckmann betrachtete Alltagswirklichkeit hinaus hin.

Auf den Aspekt der Weitergabe an die nächste Generation wurde bereits aufmerksam gemacht, jedoch entweder aus der Perspektive des Hineingeborenseins in die gesellschaftliche Wirklichkeit oder aber aus einer konflikthaften Perspektive. Die unterschiedliche Wissensverteilung wurde ebenso angeschnitten wie die Entstehung von Subsinnwelten, während der Prozess der Weitergabe durch Sozialisation und Internalisierung zunächst vernachlässigt wurde. Dennoch spiegeln sich in den vorausgehenden Ausführungen bereits Phasen von Sozialisation wider. Der Verweis auf „signifikante Andere", die dem Menschen die Welt, in die er hineingeboren wird, im Rahmen der Primärsozialisation nahebringen, zeigt die enge Anbindung Bergers und Luckmanns an die Sozialisationstheorie von George H. Mead (1974). Die Spanne der Einführung des Menschen in seine „Teilhaberschaft an der gesellschaftlichen Dialektik" bezeichnen sie als Internalisierung (vgl. Berger/Luckmann 1997: 139). Die signifikanten Anderen und an erster Stelle die Eltern stellen dabei eine (vorerst) unausweichliche Auferlegung dar, deren Einstellungen der Mensch zunächst fraglos übernimmt. Den „Luxus des Zweifels", durch den so genannte Subwelten entstehen, ordnen sie der Phase der sekundären Sozialisation zu (vgl. ebd.: 146 ff.). Der Grad der Entstehung dieser Subwelten und das damit verbundene Wissen ist – ähnlich der Entstehung symbolischer Sinnwelten – abhängig vom Grad der gesellschaftlichen Arbeitsteilung. Erneut wird die Bedeutung der Sprache im Gesamtrahmen der gesellschaftlichen Konstruktion, aber auch auf der Ebene der Sozialisation deutlich, denn sie ist für Berger und Luckmann das wichtigste Instrument der Sozialisation, fungiert sie doch in Form der „Unterhaltung" als wichtigstes Vehikel der Wirklichkeitserhaltung:

---

75 Es ist nicht nur von sekundärer Bedeutung. Es kann auch so gut wie gar nicht nachgewiesen werden, ob religiöse oder moralische Motive im Spiel sind. Würde subjektiver Sinn nur für eine kurze Zeit zu objektiver Faktizität mit all seinen entlastenden Funktionen, könnte von gesellschaftlicher Stabilität keine Rede sein.

„Das Alltagsleben des Menschen ist wie das Rattern einer Konversationsmaschine, die ihm unentwegt seine subjektive Wirklichkeit garantiert, modifiziert und rekonstruiert. Unterhaltung bedeutet natürlich in erster Linie, daß Menschen miteinander sprechen",

und im Gespräch vollzieht sich „Wirklichkeitsbestimmung (...) vor dem Hintergrund einer Welt, die schweigend für gewiß gehalten wird" (ebd.: 163). Die Konversationsmaschine bestätigt nicht nur Wirklichkeit, sie erneuert sie auch. In ihrer extremsten Form beschreiben Berger und Luckmann die Erneuerung der subjektiven Wirklichkeit anhand der Transformation, als deren „Urbild" sie die religiöse Konversion betrachten (vgl. ebd.: 169). Der Austausch der einen Welt gegen eine andere kann im Rahmen einer der Primärsozialisation ähnelnden Resozialisation stattfinden (vgl. ebd.: 167 f.). Wieder kommen Legitimationen zum Einsatz – diesmal jedoch zur Legitimierung der Transformationsphasen.

In der wissenssoziologischen Diskursanalyse geht es nun um eine bestimmte Form der Konstruktion gesellschaftlicher Wirklichkeit, wie Keller in seiner Definition des Begriffs Diskurs deutlich macht:

„Als ‚Diskurse' werden spezifische, thematisch-institutionelle Bündelungen der Wissensproduktion, Verknüpfungen von Deutungen und (nicht nur kommunikativen) Handlungen unter analytischen Gesichtspunkten aus dem gesellschaftlichen Wissensvorrat ‚herausgeschnitten' und als Zusammenhang von Wissensproduktion, Objektivationsbestrebungen und deren gesellschaftliche Wirkungen – eben der gesamte Bereich institutionalisierter Wissensproduktion und Wissenskonkurrenz – zum Forschungsgegenstand" (Keller 2001: 126).

Die wissenssoziologische Diskursanalyse bietet damit eine Möglichkeit der Zusammenführung bzw. Erweiterung bestimmter Sichtweisen der Wissensproduktion – ein Ansatz, der für Keller dazu beiträgt, „den Gegensatz zwischen Wissensanalysen, die auf die Emergenz kollektiver Wissensordnungen fokussieren, und solchen, in denen die Definitionskämpfe gesellschaftlicher Akteure betont werden, zu überwinden" (Keller 2005: 10 f.).

4.1.2 Wirklichkeitskonstruktion über die Alltagswelt hinaus: Gamsons kulturalistische Perspektive

Die Grenzen der Wissenssoziologie von Berger und Luckmann liegen in ihrer Verankerung der Konstruktion von Wissen ausschließlich in der Alltagswelt. Deshalb greift Keller auf Arbeiten der „kulturalistischen Diskursforschung" zurück (vgl. Keller 2001: 121 f., 2004: 34 f., 2005: 71 ff.). Seine Orientierung an Arbeiten von William A. Gamson u. a. lässt sich auch auf die vorliegende Arbeit übertragen. Gamson u. a. geht es im Zusammenhang mit der Konstruktion von Problemen um Definitionskonflikte, die in der öffentlichen Auseinandersetzung zwischen kollektiven Akteuren stattfinden. Gemeinsam mit Modigliani betrachtet Gamson Massenmedien wie Fernsehen und Printmedien als öffentliche Arenen, in denen auch und gerade soziale Bewegungen einen Raum zur Verfügung haben, ihre Sicht der „Realität" sozialer Probleme – konkurrierend zu anderen sozialen Bewegungen – darzustellen. In ihrer Untersuchung über die Nuklearenergie verknüpfen sie den in den Medien geführten Diskurs mit der öffentlichen Meinung. Demnach reflektieren Medien nicht nur die öffentliche Meinung, sondern tragen auch zur Bildung derselben bei und können als Orte konfligierender Wirklichkeitskonstruktionen fungieren. Der Mediendiskurs über das Thema Kernenergie etwa wird in verschiedenen Arenen ausgetragen, die Gamson und Modigliani (1989) in ihrer Arbeit rekonstruieren. Sie verstehen diese nicht als separate Diskurse, sondern als „interagierendes" Diskursgeflecht. In Abgrenzung zu Berger und Luckmann findet hier schon eine Einengung auf ausgewählte Themen (wenn auch im Kontext sozialer Probleme) statt.

In „Media Images and the Social Construction of Reality" (1992) fokussieren Gamson u.a. stärker auf den medialen Konstruktionsprozess und berücksichtigen Faktoren, die – im wahrsten Sinne des Wortes – hinter der Bühne für die Umwandlung von Ereignissen in Bilder und Nachrichten verantwortlich sind. Anhand des Beispiels über boykottierte Produkte in den USA zeigen sie, dass sich die Zugehörigkeit eines Fernsehsenders zu einem großen amerikanischen Konzern als problematisch erweist, wenn kritisch über diesen Konzern berichtet werden soll.[76]

Welche Rolle konfligierende Wert- und Moralvorstellungen in der Konstruktion sozialer Probleme einnehmen, zeigt sich in der Wertkonfliktperspektive.

---

76 So wurde der Herausgeber der „National Boykott News" gebeten, für die Sendung „NBC's Today Show" über Kundenboykotte zu berichten. Das am stärksten boykottierte Unternehmen war seinen Angaben zufolge General Electric, Eigentümer von NBC. In der Sendung fand diese Einschätzung dann jedoch keine Berücksichtigung. Dieses Beispiel spiegelt gewisse Prinzipien der amerikanischen Fernsehlandschaft wider, wie Kleinsteuber (2000: 315) deutlich macht: „Fernsehen ist in den USA erst einmal ein Geschäft". Das heißt, die Programme werden von Privatunternehmen produziert, wobei das „große Geld" durch den Verkauf von Werbezeit gemacht wird. Attraktive Programme führen zu hohen Einschaltquoten und hohen Preisen für Werbespots. Das bedeutet im Umkehrschluss, dass bei der Gestaltung der Programme auf Geldgeber und Werbewirtschaft Rücksicht genommen werden muss (vgl. ebd.).

4.1.3 „Social problems are what people think they are": Soziale Probleme als Wertkonflikt

Nicht alles wird jedoch zum sozialen Problem, wie bereits Herbert Blumer feststellt: „There are all kinds of deviance that do not gain recognition as social problems; we are never told how or when deviance becomes a social problem" (Blumer 1971: 300). In seinem 1971 in der Zeitschrift „Social Problems" veröffentlichten Beitrag „Social Problems as Collective Behavior" plädiert er für eine radikale Umorientierung der soziologischen Theorie: nämlich weg von der Vorstellung, dass soziale Probleme als objektiv gegeben hingenommen und erst dann zum Thema der Soziologie werden, hin zu der Frage, wie soziale Probleme in einem kollektiven Definitionsprozess entstehen. Den gängigen soziologischen Theorien auf diesem Gebiet wirft er vor, nicht in der Lage zu sein, soziale Probleme überhaupt identifizieren zu können. Soziologie setze sich erst dann mit sozialen Problemen auseinander, so die Kritik Blumers, wenn diese im Zentrum öffentlicher Auseinandersetzungen stünden. Für ihn steht fest, dass soziale Probleme unter dem Gesichtspunkt der gesellschaftlichen Anerkennung untersucht werden sollten. Blumer geht davon aus, dass die gesellschaftliche Definition eines Zustandes, nicht der Zustand an sich, die Kategorie „soziales Problem" konstituiert: „The societal definition gives the social problem its nature, lays out how it is to be approached, and shapes what is done about it" (ebd.: 300).

Was Blumer im Jahr 1971 kritisierte, stellte sich bereits rund ein halbes Jahrhundert zuvor als soziologische Herausforderung an traditionelle Auseinandersetzungen mit der Thematik dar. So zweifelte Clarence M. Case mit seiner Frage „What Is a Social Problem?" ebenfalls an der Vorstellung der Objektivität sozialer Probleme:

> „A social problem means any social situation which attracts the attention of a considerable number of competent observers within a society, and appeals to them as calling for readjustment or remedy by social, i.e., collective action of some kind or other" (Case 1924: 268).

Sein Hauptargument liegt in der Herausstellung der subjektiven Komponente bei der Bestimmung sozialer Probleme, die er als „partly a state of the social mind" (ebd.: 269) bezeichnet – ebenso wie Willard Waller, der die Bedeutung von Werturteilen bei der Identifikation sozialer Probleme vorstellt: „Value judgements define certain conditions of human life and certain kinds of behavior as social problems; there can be no social problem without a value judgement" (Waller 1936: 922). Erst durch Werturteile wird seiner Ansicht nach ein Zustand, Ereignis oder Phänomen als soziales Problem definiert, daher seien diese als Ursache sozialer Probleme zu betrachten (vgl. ebd.: 925).

Die Diskussion sozialer Probleme in einem Wertekontext greifen in den 1940er Jahren Richard C. Fuller und Richard R. Myers auf. Sie kritisieren das „Unvermögen" der Soziologie, sich vom vorherrschenden Verständnis sozialer Probleme als „givens" (Fuller/Myers 1941a: 25) zu lösen. Soziale Probleme unterliegen auch ihrer Ansicht nach einem Definitionsprozess:

> „A social problem is a condition which is defined by a considerable number of persons as a deviation from some social norm which they cherish. (…) *Social Problems are what people think they are*" (Fuller/Myers 1941b: 320, Hervorh. im Orig., d. V.).

Über diese Definition treten zwei Begriffe in den Vordergrund: Objektivität und Subjektivität. Als objektiv wird ein bestimmter Sachverhalt erachtet, subjektiven Charakters ist dagegen die Definition der Beteiligten, dass dieser Sachverhalt die eigenen Interessen gefährdet und etwas dagegen unternommen werden muss (vgl. Fuller/Myers 1941a: 25). Ein objektiver „Zustand" ist, so Fuller und Myers, notwendig und muss ihrer Ansicht nach sogar verifizierbar sein (vgl. ebd. 1941b: 320), ist aber nicht zwingend Ursache des sozialen Problems. Vielmehr müssen die Beteiligten davon überzeugt sein, dass ihre *Wertvorstellungen* bedroht sind (vgl. ebd.).[77] Wertvorstellungen nehmen dann eine doppelte Funktion ein: Einerseits fungieren sie als „Ursache" sozialer Probleme, andererseits verhindern und blockieren sie auch Lösungen derselben.

Auf der Grundlage eines Werteschemas schlagen sie eine dreifache Klassifikation sozialer Probleme vor. Auf der ersten Ebene sprechen sie vom „*physical* problem" (Fuller/Myers 1941a: 27, Hervorh. im Orig., d. V.). Zwar herrscht bei dieser Art des Problems Übereinstimmung darüber, dass das persönliche Wohl bedroht ist, jedoch können keine das Problem verursachenden Werturteile ausgemacht werden. Das ist der Fall bei Naturkatastrophen wie Erdbeben, Dürreperioden usw. Werturteile können jedoch eine Rolle spielen, wenn es beispielsweise nach einem Erdbeben zu Unstimmigkeiten darüber kommt, wie der Wiederaufbau gestaltet werden soll. Auf der zweiten Ebene der Kategorisierung, dem „*ameliorative* problem", tritt der Wertaspekt hinzu. Hier besteht zwar Einstimmigkeit unter den Beteiligten über die *Existenz* des sozialen Problems, aber Unstimmigkeit darüber, wie das Problem beseitigt oder gelöst werden soll. Fuller und Myers sprechen hier von „echten" sozialen Problemen, da sie nicht nur auf Werturteilen beruhen, sondern diese auch die Lösung der Probleme verhin-

---

77 In diesem Zusammenhang heben sie den von ihnen zwar nicht als solchen bezeichneten, doch inhaltlich gemeinten (kulturellen) Relativismus hervor: „Although the objective condition may be the same in two different localities, it may be a social problem in only one of the areas, e.g., discrimination against Negroes in the south as contrasted with discrimination in the north" (Fuller/Myers 1941b: 320).

dern können. Besteht keine einhellige Meinung darüber, ob eine bestimmte Situation, ein Ereignis oder ein Zustand überhaupt als soziales Problem deklariert werden kann, sprechen sie von einem „*moral* problem" (ebd.: 30). Hier tritt ein Interessenkonflikt hinzu, der den Definitionsprozess begleitet, denn: Diejenigen, die ein soziales Problem nicht als solches betrachten, sehen auch keinen Anlass zu seiner Beseitigung oder Lösung. Der Unterschied zwischen der zweiten und der dritten Ebene liegt für Fuller und Myers somit vor allem im Wertekontext, d.h. in der Frage nach den „richtigen" oder „falschen" (moralischen) Wertvorstellungen. Hier sind es auch die Interessengruppen, die in den Vordergrund treten und entweder den als moralisches Problem deklarierten Zustand bekämpfen oder ihn befürworten. Das heißt: „social problems arise and are sustained because people do not share the same common values and objectives" (Fuller/Myers 1941b: 321). Die Klassifikation ist jedoch nicht idealtypisch. Fuller und Myers stellen vielmehr den dynamischen Charakter heraus, der sich insbesondere im Wandel von Wertvorstellungen äußern kann.

Diesem analytischen Rahmen der Definition sozialer Probleme stellen sie das Konzept der „natural history" (ebd.) voran. Soziale Probleme sind demnach in einen Prozess eingebettet, der aus drei zeitlich aufeinander folgenden Stufen besteht: Bewusstsein/Kenntnis („awareness"), Festlegung von Verfahren („policy determination") und Beseitigung des Missstandes („reform"). In der ersten Stufe, der „awareness", liegt ihrer Ansicht nach der Ursprung sozialer Probleme. Eine bestimmte Anzahl von Menschen in einem bestimmten sozialen Raum – Zahlen werden außen vor gelassen – vertritt dabei die Auffassung, dass ihre Werte von einem bestimmten, akut werdenden Zustand bedroht sind.[78] Zur Problemidentifikation gehört, dass die betroffenen Personen diesen vermeintlichen Angriff auf ihre Werte kommunizieren. Aus dem Gefühl der Bedrohung wird in dieser Phase jedoch noch keine öffentliche Debatte abgeleitet: „Instead, there is unsynchronized random behavior, with protest expressed in general terms" (ebd.). Mit der „policy determination" setzt eine öffentliche Debatte über die Lösungssuche ein; die vielschichtigen Proteste und Beschwerden aus der ersten Stufe werden kanalisiert und organisiert. Unterschiedliche Interessengruppen und ihre zum Teil voneinander abweichenden Wertvorstellungen und Lösungsvorschläge konstituieren das Konfliktpotenzial auf dieser Ebene. In der institutionalisierten Phase des sozialen Problems treten schließlich die Behörden in Erscheinung, um die „Missstände" zu beseitigen. Diese letzte Stufe der Naturgeschichte bezeichnen sie als „reform": „The emphasis is no longer on the idea that 'something ought to be done' or that 'this or that should be done' but on the fact that 'this and that are being done'" (ebd.: 326).

---

78 Das Urteil Außenstehender über die „Existenz" oder „Nichtexistenz" eines sozialen Problems spielt für Fuller und Myers keine Rolle.

Auch Blumer (1971) geht von einem Karrieremodell sozialer Probleme aus und unterscheidet fünf Stufen des Definitionsprozesses: 1. Entstehung sozialer Probleme: Soziale Probleme sind das Ergebnis eines Definitionsprozesses, in dem ein Ereignis oder Zustand als soziales Problem identifiziert wird. Im Gegensatz zu Fuller und Myers geht Blumer über das reine „Erkennen" eines sozialen Problems hinaus, kritisiert aber, dass Ideologien und traditioneller Glaube nicht ausreichten, um ein Ereignis oder Zustand als soziales Problem zu „erkennen", aber auch kaum Studien existieren, die die relevanten Aspekte in diesem Zusammenhang berücksichtigen:

> „the role of agitation in getting recognition for a social problem; the role of violence in gaining such a recognition; the play of interest groups (…) the role of political figures in fomenting concern with certain problems and putting the damper on concern with other conditions; (…) the role of the mass media in selecting social problems; (…) the influence of adventitious happenings that shock public sensitivities" (Blumer 1971: 302).

2. Legitimation sozialer Probleme: Um zu einem „echten" sozialen Problem zu werden, bedarf es einer Öffentlichmachung, damit die weiteren Stufen des Karrieremodells zur Anwendung kommen. Erst wenn ein soziales Problem als solches legitimiert ist, kann es in die Arenen öffentlicher Diskussion eintreten (Presse, Kirchen, Schulen, Organisationen, Behörden usw.). Da viele soziale Probleme, die von bestimmten Akteuren als solche erachtet werden, keine öffentliche Aufmerksamkeit erlangen, unterliegen diese einem Selektionsprozess, den Blumer aber nicht weiter ausführt. 3. Mobilisierung von Handlung: Hat ein soziales Problem die Hürde öffentlicher Anerkennung genommen, wird es zum Objekt vielfältiger, unter Umständen konfligierender Diskussionen der Interessengruppen: „It seems scarcely necessary to point out that the fate of the social problem depends greatly on what happens in this process of mobilization" (ebd.: 304). 4. Festlegung eines offiziellen Handlungsplanes: In dieser Stufe hat sich die Gesellschaft nach vorausgehenden Diskussionen (Stufe 3) auf bestimmte Maßnahmen als Reaktion auf das soziale Problem verständigt. 5. Umsetzung des offiziellen Plans: Auch die Umsetzung des Plans unterliegt wieder Modifikationen, so Blumer, denn die unterschiedlichen Interessengruppen beanspruchen auch in dieser Stufe die Berücksichtigung ihrer Argumente.

Wenn Objektivität die Voraussetzung für die Definition ist, dann stellt sich zwangsläufig die Frage, ob alles in den Stand eines sozialen Problems erhoben werden kann. Diesen Kritikpunkt an Fuller und Myers greift Howard S. Becker (1966: 5) auf und zeigt die dahinter stehende Doppeldeutigkeit, denn: Kann ein „Zustand", der nicht existiert, beispielsweise eine Illusion, als soziales Problem definiert werden? „If any set of objective conditions, even nonexistent ones, can be defined as a social problem, it is clear that the conditions themselves do not either produce the problem or constitute a necessary component of it" (vgl. ebd.: 6). Dennoch kann auch er nicht ohne verifizierbare Ereignisse oder Zustände auskommen: „We include them because the definitions of most social problems refer to an area of social life that objectively and verifiably exists" (ebd.). Die meisten Definitionen beziehen sich, so Becker, auf eine faktische Grundlage oder zumindest eine, die real genug ist, um über sie zu diskutieren. Auch Becker macht auf das Definitionspotenzial unterschiedlicher Interessengruppen und die daraus resultierenden unterschiedlichen Ansichten, wie ein Problem zu lösen ist, aufmerksam.

John P. Hewitt und Peter M. Hall (1973) gehen in ihrer Auseinanderset-zung mit sozialen Problemen noch einen Schritt weiter. Sie rücken so genannte Quasi-Theorien in den Mittelpunkt, die zur Realitätskonstruktion in problemati-schen Situationen dienen sollen. Quasi-Theorien definieren sie als so genannte Ad-hoc-Erklärungen „brought to problematic situations to give them order and hope" (Hewitt/Hall 1973: 367 f.). Eine Situation ist problematisch „to the extend that it comes to be viewed as involving social disorder for which an explanation is available or will be available" (ebd.: 369). Die Erklärungen und Lösungen, die durch die Anwendung dieser Quasi-Theorien angeboten werden, sollen problematischen Situationen eine Bedeutung verleihen. Dabei erfolgt die Defini-tion der problematischen Situation im Gespräch. In der Anwendung von Quasi-Theorien geht es Hewitt und Hall also darum, wie Akteure diskursiv eine prob-lematische Situation definieren. Dies beinhaltet jedoch auch eine Art Wieder-gutmachung, eine Wiederherstellung von Ordnung als ein für die Anwendung von Quasi-Theorien essentieller Aspekt. Ihr Ansatz ist deshalb von Bedeutung, weil Hewitt und Hall in keiner Weise der Frage nachgehen, ob die Definition einer problematischen Situation in irgendeiner Weise gerechtfertigt ist.

Die Grenzen der Wertkonfliktperspektive zeigen sich in erster Linie bei den Akteuren, die ein soziales Problem definieren. Bei Case ist von einer „con-siderable number of competent observers" die Rede, bei Fuller und Myers von einer „considerable number of persons", die für den Definitionsprozess ent-scheidend sind. Was dahinter steckt und wer genau die Akteure sind, wird nicht weiter erläutert. Man erfährt lediglich, dass es sich um diejenigen Akteure han-delt, die sich im gleichen Raum-Zeit-Gefüge wie das vermeintliche soziale Problem befinden. Als problematisch erweist sich vor allem die Bedingung der Objektivität. Hier kritisieren Malcolm Spector und John I. Kitsuse (2001), dass Fuller und Myers den Definitionsprozess zwar in ihre Ausführungen aufneh-men, aber nicht genügend darlegen. Das Klammern an der Objektivität unter-höhle den Fokus auf den Definitionsprozess, und zwar unabhängig vom Inhalt der Definition. Spector und Kitsuse sprechen selbst von einer semantischen

Haarspalterei, nämlich dem Einwand gegen den Begriff „awareness" bei Fuller und Myers, doch „it is not clear whether the term 'awareness' (rather than 'belief' or 'conviction') was meant to imply that the condition is in fact such a threat" (Spector/Kitsuse 2001: 45). Sich *bewusst* zu sein, dass ein Ereignis oder ein Zustand eine Bedrohung darstellt, beinhaltet die Annahme, dass eine Bedrohung *tatsächlich* vorliegt. Beruht die Definition auf reinem Glauben, dass etwas ein soziales Problem darstellt, dann wird der Nachweis der Objektivität hinfällig. Eine solche Ungenauigkeit hat für Spector und Kitsuse aber inhaltliche und methodische Konsequenzen, denn es ist eine Sache, wie Akteure eine Situation definieren und dann entscheiden, ob diese Situation eine Bedrohung darstellt, und eine andere, auf welche Art und Weise Akteuren eine Situation, die eine tatsächliche Bedrohung darstellt, bewusst wird. In der Klassifikation sozialer Probleme in „physical problems", „ameliorative problems" und „moral problems" sehen sie eine weitere Abkehr vom Definitionsprozess. Die Typologie, so die Kritik, charakterisiere Zustände oder Ereignisse, aber nicht den Definitionsprozess (vgl. ebd.: 48): „If social problems are definitions, then a typology of social problems should refer to kinds of definitions and explain their meanings or content" (ebd.: 46).[79]

4.1.4 Sprache und die Konstruktion sozialer Probleme: Spector und Kitsuse

Der Ansatz von Malcolm Spector und John I. Kitsuse, die mit ihrer „Konstruktion sozialer Probleme" (2001) ebenfalls ein Augenmerk auf die Bedeutung von Sprache im gesellschaftlichen Konstruktionsprozess lenken, erweitert den theoretischen Rahmen des vorliegenden Forschungsvorhabens.

Spector und Kitsuse verstehen soziale Probleme als „claims making activities", d. h. Aktivitäten, die soziale Probleme zu etablieren suchen. Soziale Probleme werden dabei nicht als Resultat gesellschaftlicher Definitionsprozesse, sondern als Interaktionsprozesse aufgefasst, in denen Werte eine besondere Rolle spielen. In Anlehnung an Charles W. Mills' Verständnis von Motiven (1940) definieren sie diese als „explanations people give in support of their claims, complaints, or demands" (Spector/Kitsuse 2001: 92).[80] Werte bezeichnen sie als „those statements that express *the grounds or the basis* of the com-

---

79   Gänzlich außen vor bleibt bei Fuller und Myers die Frage, wie es überhaupt zur Bildung der öffentlichen Meinung über ein soziales Problem kommt. Entsprechend bleiben auch sozialstrukturelle Grundlagen der öffentlichen Meinung unberücksichtigt. Ungeklärt bleibt auch, warum bestimmte Akteure in der Lage sind, ihre „private" Definition von sozialen Problemen zu einer „öffentlichen" Angelegenheit zu machen (vgl. Groenemeyer 1999: 44).

80   „Motives are imputed or avowed as answers to questions interrupting acts or programs. Motives are words" (Mills 1940: 905).

plaint" (ebd.: 93, Hervorh. im Orig., d. V.). Jedoch werden Werte nicht als Ursache sozialer Probleme, sondern als wesentlicher Bestandteil der beobachtbaren Aktivitäten, d. h. der (sprachlichen) Handlungen der beteiligten Akteure, verstanden. Spector und Kitsuse unterstellen in Abhängigkeit der Adressaten eine strategische Auswahl von Werten und folgen mit ihren Überlegungen dem „linguistischen Pfad" Alvin Gouldners (1974) und dessen Ausführungen zur Moralität. Gouldner grenzt Moralität von moralischer Sprache ab, weil, so seine Begründung, diese keinen Zugang für Untersuchungen bietet, außer in ihrer sprachlichen Manifestation. Die Bedeutung moralischer Sprache macht er an einem Beispiel deutlich, in dem Ego daran interessiert ist, etwas von Alter zu bekommen. Gouldner unterstellt, dass Ego mit Blick auf die Einstellung von Alter Folgendes interessiert: „erstens, ob Alter *bereit* ist, sich Egos Wünschen entsprechend zu verhalten und zweitens, ob er dazu *fähig* ist" (Gouldner 1974: 326, Hervorh. im Orig., d. V.). Vereinfachend nimmt Gouldner an, dass Ego die Erwartungen gegenüber Alter zweiteilt, woraus sich folgende Standpunkte entwickeln können: Alter ist 1. weder bereit noch fähig, 2. gleichermaßen willens und fähig, 3. bereit, aber unfähig, 4. fähig, aber nicht bereit. Moralische Sprache kommt dann zum Tragen, wenn Ego davon ausgeht, dass Alter „unwillig, aber fähig ist". Gouldners Ansicht nach

„entstehen speziell in dieser Situation Sprache und Empfindungen der Moral, von ‚Müssen' und ‚Sollen', hier kommen sie zu vollster Entfaltung und werden am häufigsten angewandt. Moral und moralische Forderungen gehören zu den wichtigsten Mitteln, mit deren Hilfe Ego Alter dazu bringen kann, das zu tun, was er will. Wir verstehen Moral als Produkt solcher Situationen, in denen Mangel an oder Unberechenbarkeit von erwünschten Handlungen oder Objekten besteht und dies von Ego so aufgefaßt wird, als hinge es eher mit Alters *Unwillen*, sie zu vermitteln, zusammen als mit seinem Mangel an Geschicklichkeit oder Kompetenz bzw. an Mitteln und materiellen Möglichkeiten. (…) Das heißt, die Beurteilung ‚Gut-Sein' hängt von der Beurteilung ‚Bereitschaft' ab und ist eng damit verknüpft. (…) Ego, der es mit jemandem zu tun hat, der fähig, aber nicht bereit ist, so zu handeln, wie er es will, und in Bezug auf den seine eigene Macht und Fähigkeit, Belohnungen zu versprechen oder Strafen anzudrohen, immer in gewisser Hinsicht beschränkt sind, muß deshalb einen Weg, Alters Motive zu ändern, finden, der nicht von den Belohnungen oder den Strafmöglichkeiten, die ihm zur Verfügung stehen, abhängig ist. Dieser Weg muß also die Form eines ‚Appells' annehmen, der einerseits nicht nur von situationsbedingter Gültigkeit ist und andererseits in keinem Zusammenhang mit versprochenen Belohnungen oder angedrohten Bestrafungen steht. Genau das ist das Wesen der Sprache der Moral. Sie ist nicht situationsbedingt, da sie sich *immer* auf die Handlungsweise innerhalb einer *Klasse* von Situationen und für eine bestimmte Kategorie von Personen bezieht. Eine moralische Vorschrift bezieht sich immer darauf, was in einem bestimmten *Typ* von Situationen von einem bestimmten *Typ* von Personen gemacht werden muß. (...) Die gesellschaftliche Funktion der Sprache der Moral liegt also darin, daß sie Handlungen *induziert*, ohne daß Macht oder Zwang demonstriert und Belohnungen angeboten werden" (ebd.: 328 ff., Hervorh. im Orig., d. V.).

Gouldner vertritt damit eine funktionalistische Perspektive; in den Worten von Spector und Kitsuse ist Moral dann „a *way of talking*" (Spector/Kitsuse 2001: 95, Hervorh. im Orig., d. V.). Wichtig an dieser Sichtweise ist der Umstand, dass Ego aus seinen moralischen Forderungen keinerlei persönliche Vorteile zieht. Für den forschenden Soziologen schlussfolgern sie daher: „Values and interests explain conduct to participants, not to the sociologist of social problems" (ebd.). Die Betrachtung sozialer Probleme im Kontext eines Wertkonflikts beinhaltet für den empirisch forschenden Soziologen also ein grundsätzliches Problem: Ob in der Auseinandersetzung mit Akteuren, die ihre Wertvorstellungen zum Ausdruck bringen, der Bezug zu Werten vor dem Hintergrund einer anzustrebenden moralischen Perfektion oder aber aus machtpolitischen Gründen geschieht, lässt sich im Regelfall – und auch in der vorliegenden Arbeit – nicht nachweisen. Subjektive Bewusstseinsleistungen der Akteure bleiben dem Forscher verschlossen.

4.1.5 Zum Diskursbegriff

„Diskurs" ist nicht erst seit Michel Foucault ein Begriff wissenschaftlicher Diskussionen. Er hat in unterschiedlichen wissenschaftlichen Disziplinen wie den Sprach- und Geschichtswissenschaften oder der Philosophie Anwendung gefunden und ist dadurch in eine Vielzahl theoretischer Ansätze gemündet, wie Keller in seiner Auseinandersetzung mit der Geschichte des Diskursbegriffs darlegt (vgl. Keller 2005: 97 ff.). Das grundlegende Verbindungsglied der Konzepte von Michel Foucault zur Wissenssoziologie sieht er im „Interesse an Formen und Folgen gesellschaftlicher (kollektiver) Wissenskonstruktion" (Keller 2001: 122) sowie in dem Versuch der systematischen Verbindung von Wissen und Handlungsweisen (vgl. ebd.: 123).[81] So interessiert Foucault sich beispielsweise

---

81   Foucaults Diskursbegriff bzw. der Foucault'sche Kontext findet in der vorliegenden Arbeit im Sinne eines Werkzeugkastens Anwendung. Der Grund für diese Vorgehensweise liegt in der Schwierigkeit begründet, angesichts wechselnder konzeptueller Veränderungen und Verschiebungen in seinen Arbeiten eine einheitliche Interpretationsgrundlage auszumachen (vgl. zu diesen Schwierigkeiten auch Reckwitz 2000: 264; Honneth 2003: 15; Geisenhanslüke 2001: 61 f.): „while it was clear that Foucault had something to say, it was equally clear that he made it as difficult as possible to find out what it was" (Kennedy 1979: 269). Aus der Perspektive der empirischen Sozialforschung besteht zudem Unklarheit darüber, wie genau sich

für unterschiedliche, anonyme, in erster Linie umfassende und durch historische Umbrüche voneinander getrennte Wissensordnungen (Episteme), die er in „Die Ordnung der Dinge" (1974) beschreibt. In einer empirischen Rekonstruktion setzt er sich – in Abgrenzung zu den „edlen Wissenschaften, strengen Wissenschaften, notwendigen Wissenschaften" (Foucault 1974: 9) wie z. B. der Physik – mit der Transformation der empirischen Wissenschaften zu Leben, Arbeit, Sprache vom 16. bis in das 20. Jahrhundert auseinander. Dabei geht es Foucault vor allem um die historischen Bedingungen der Möglichkeit der Humanwissenschaften als Ergebnis einer spezifischen Konstellation von Biologie, Ökonomie und Sprachwissenschaft am Ende des 18. Jahrhunderts und um den Nachweis, dass genau diese Bedingungen ihrem Wissenschaftsanspruch entgegenstehen (vgl. Kneer 1996: 203) Denn: In den Humanwissenschaften wie Psychologie, Soziologie oder den verschiedenen Kulturwissenschaften fallen der Gegenstand der Wissenschaft, der Mensch, und seine Voraussetzung zusammen. Beide bleiben überdies nicht stabil, sondern formieren sich durch ihre Historizität, wie sie für die modernen Episteme insgesamt prägend ist, gegenseitig. Dies führt einerseits im Fach selbst zu Widersprüchen und impliziert andererseits das Potenzial einer Anthropologisierung auch der Ergebnisse der anderen Wissenschaften, also etwa deren ständige Bedrohung durch eine Psychologisierung.

In der deskriptiven Methode der Archäologie führt Foucault ein begriffliches Regelwerk ein, mittels dessen er Diskurse, „eine Menge von Aussagen, die einem gleichen Formationssystem zugehören" (Foucault 1981: 156), genauer zu fassen sucht. Was sich genau hinter der Methode verbirgt, wird deutlich, wenn man Foucaults strenge Abgrenzung der Archäologie zur Ideengeschichte aufgreift. Aus der Perspektive der Archäologie werden Diskurse in ihrem eigenen Volumen als „Monument", und nicht als „Dokument", betrachtet; die Methode ist nicht interpretativ auf die intentionale oder verborgene, unbewusste Bedeutung gerichtet, sondern deskriptiv. Sie versucht nicht, zu synthetisieren, zu vereinheitlichen, etwa auf einen Zeitgeist, auf ein historisches Subjekt hin, sondern „Diskurse in ihrer Spezifität zu definieren" (ebd.: 198). Es darum, zu zeigen, „worin das Spiel der Regeln, die sie in Bewegung setzen, irreduzibel auf jedes andere ist" (ebd. 198). Mit der Fokussierung auf die Regelhaftigkeit von Diskursen soll erklärt werden, wie Wissen – eben durch die Existenz dieser Regeln – sozial erzeugt wird. Es geht ihm beim Diskurs und seiner Formation um die Wissensebene der sozialen Praxis, worunter er solche Komponenten der Wissensproduktion fasst, die aus „Institutionen, Verfahren der Wissenssammlung und -verarbeitung, autoritativen Sprechern bzw. Autoren, Regelungen der Versprachlichung, Verschriftlichung, Medialisierung (bestehen)" (Link/Link-

---

aus dem Werk Foucaults Methoden der Diskursforschung ableiten lassen und inwieweit diese anwendbar sind (vgl. Klemm/Glasze 2005).

Heer 1990: 90). Dabei geht Foucault davon aus, dass sich die Gesellschaft durch eine Vielzahl von Diskursen zu diversen Themen auszeichnet, und definiert Diskurse als „Praktiken (…), die systematisch die Gegenstände bilden, von denen sie sprechen" (Foucault 1981: 74). Eine Gleichsetzung des Diskurses mit Sprache erfolgt jedoch nicht, auch wenn er aus Aussagen besteht. Man kann vielmehr sagen, dass sich der Diskurs in und durch Sprache materialisiert. Die Analyse auf der Ebene der Sprache fragt nach einem System von Regeln für bestimmte Aussagen, während die Diskursanalyse fragt, „wie es kommt, daß eine bestimmte Aussage erschienen ist und keine andere an ihrer Stelle" (ebd.: 42).

Schlägt man an dieser Stelle eine Brücke zu Erving Goffmans Rahmenbegriff (Goffman 1980) und bricht das Konzept der Wissensordnungen herunter auf die Frage nach einem Rahmen als Ordnungsprinzip zur Wissensstrukturierung, der die Wissensordnung über die „richtige" Familie und die „richtige" Ehe zum Thema hat, dann zeigt sich mit Blick auf die Diskussion über die gleichgeschlechtliche Ehe in den USA, dass von einer einheitlichen Wissensordnung keine Rede sein kann. Nicht nur, dass sich die Wissensordnungen aus historischer Perspektive verändert haben. Auch weist die Begründung, warum spezifisches Wissen so ist, wie es ist, zunächst keinen klar definierbaren Urheber auf und kann daher als anonyme Wissensstruktur begriffen werden (was auch für den Ursprung der Argumentation auf den unterschiedlichen Ebenen der Legitimation bei Berger und Luckmann gilt). Mit der Infragestellung von Wissensstrukturen, die sich in der Auseinandersetzung über die Legitimität der gleichgeschlechtlichen Ehe widerspiegelt, werden diese ihrer „ursprünglichen" Anonymität jedoch entkleidet, denn ihre Re-Konstruktion bzw. Neu-Objektivierung ist nun an Akteure gebunden. Aus der Anonymität der Ordnungsstrukturen des Wissens wird im Sinne Bergers und Luckmanns ein gesellschaftliches, subjektgeprägtes Konstrukt.

Der Begriff der diskursiven Praktik spielt in diesem Kontext deshalb eine Rolle, weil damit die Regeln, die einen Diskurs bestimmen, thematisiert werden. Als Regelwerk kommen sie in zweifacher Weise zur Anwendung: zum einen im Hinblick darauf, was *hinter* der Bühne stattfindet, damit *auf* der Bühne etwas gesagt werden darf; zum anderen beziehen sich die Praktiken auf die Aussagen der Akteure selbst, d. h. auf Strategien, die zur Anwendung kommen (Symbole, Metaphern), nicht zu vergessen die Frage, welche Form von Sprache gesprochen wird (Fachsprache, Alltagssprache). Foucault'sche Komponenten lassen sich durchaus in die vorliegende Arbeit integrieren, stehen aber auch Grenzen gegenüber, die beispielsweise in der Abweichung durch die unterstellte Subjektbezogenheit, letztendlich aber in der theoretischen Schwerpunktbildung zugunsten der Wissenssoziologie von Berger und Luckmann liegen.

4.2 Gleichgeschlechtliche Ehe und wissenssoziologische Diskursanalyse: Zu Diskursverständnis und Fragestellung

Die vorgestellten Theorierichtungen und Arbeiten lassen sich als Puzzleteile der hier Anwendung findenden wissenssoziologischen Diskursanalyse verstehen, die durch den Verweis auf Spectors und Kitsuses Ausführungen zur Konstruktion sozialer Probleme ergänzt und erweitert wird. In unterschiedlicher Intensität steht in den genannten theoretischen Bausteinen die Funktion und Bedeutung von Sprache im Mittelpunkt. Zu klären bleibt, wie sich die Puzzleteile zu einem Gerüst zusammensetzen lassen und wie der (wissenssoziologische) Schwerpunkt für die vorliegende Arbeit gesetzt wird.

4.2.1 Rekapitulation: Was ist passiert?

Lässt man die Darstellungen der ersten Kapitel Revue passieren, muss man zusammenfassend nochmals die Frage stellen, was eigentlich geschehen ist. Die Entwicklungen in den USA bis hin zur Entscheidung in Massachusetts lassen sich mit einem Rahmenbruch vergleichen.[82] Die unerschütterliche Ordnung der Ehe, vermeintlich schon immer verstanden und gelebt als Einheit zwischen Mann und Frau, hat durch die Legalisierung der gleichgeschlechtlichen Ehe auf der Grundlage der Massachusetts-Entscheidung Ende November 2003 einen Riss erhalten – und zwar für diejenigen, für die die Option der gleichgeschlechtlichen Ehe (und auch die damit verbundenen Rollenverteilungen) *nicht* in das Vorstellungssystem von Normalität und Natürlichkeit passt.

Die gesellschaftlich als solche verstandene (vermeintliche) Normalität – man könnte auch sagen: ein auf „eingelebter Gewohnheit" basierendes Verständnis von Familie und Ehe, das im Sinne Max Webers schon fast als Grundlage eines traditionalen Handelns zu verstehen ist und auch, wie gezeigt wurde, das richterliche Denken *vor* Massachusetts bestimmt hat – ist nicht mehr gültig. Die Ordnungs- und Plausibilitätsstrukturen, die bestimmen, was als Wissen über Familie und insbesondere über die „richtige" und „normale" Geschlechterkonstellation der Ehe dient, haben ihre Funktion als eine für alle Gesellschaftsmitglieder gültige Bezugskomponente verloren. Das (Routine-)Wissen über die Familie wird jetzt nicht mehr fraglos hingenommen, sondern in einer Diskussion mit Verfassungsrang auf einer übergeordneten Ebene – und hier von Experten

---

82 Goffman nutzt den Begriff des Rahmens als Kategorie/Prinzip zur Beschreibung, wie der Mensch sich im Alltag zurechtfinden kann. Auf die vorliegende Thematik bezogen könnte man das „ursprüngliche" Familienwissen in Goffmans Begriff des primären sozialen Rahmens (1980: 31 ff.) fassen, der bisher als scheinbar nicht hinterfragte Kategorie Gültigkeit hatte.

und Spezialisten und solchen, die meinen, Experten und Spezialisten zu sein –
verhandelt und verwaltet (vgl. auch Berger/Luckmann 1997: 86).

In Anwendung einer Terminologie von Alfred Schütz und Thomas Luckmann aus den „Strukturen der Lebenswelt" (1979) könnte man auch sagen, dass
dieses neue Wissen als neue Form der Erfahrung sich nicht in die bisherigen
Deutungsmuster der Gesellschaftsmitglieder einordnen lässt. Prinzipiell wird
damit natürlich – sozusagen als Arbeitshypothese – unterstellt, dass das Wissen
über die Institutionen Ehe und Familie von allen Mitgliedern der amerikanischen Gesellschaft zu jeder Zeit geteilt wurde. Dass die Vorstellungen über und
die Erwartungen an Familie und Ehe nicht nur vor dem Hintergrund der Wissensverteilung in der arbeitsteiligen Gesellschaft (Berger/Luckmann), sondern
gerade auch unter Berücksichtigung sozialstruktureller Kategorien divergieren,
steht jedoch außer Frage.

Aus der vermeintlichen Routine ist ein „Problem" erwachsen, das sich
durch unterschiedliche (konfligierende) Wertvorstellungen auszeichnet. Mit
Blumer könnte man an dieser Stelle auch argumentieren, dass man es im Kontext der Öffentlichmachung und der Öffentlichkeit mit einem „legitimen" sozialen Problem zu tun hat. Was bisher (aus eher idealtypischer Perspektive) als
unhinterfragt und nicht explizit versprachlicht als „so und nicht anders" hingenommen wurde, wird jetzt in konkrete Begriffe gefasst, die jedoch nicht mehr
der Form „impliziter Sinnmuster" (Reckwitz 2000: 140) entsprechen. Die mit
der rechtlichen Gleichstellung der gleichgeschlechtlichen mit der traditionellen
Ehe verbundene Wissensstruktur geht über die Frage der Definition von Ehe
und der (Neu-)Konstellation der (amerikanischen) Familie hinaus, denn sie
berührt auch die Frage nach den Grenzen des amerikanischen Individualismus –
Grenzen, die insbesondere aufgrund der Intervention durch Gerichte an der
einen oder anderen Stelle geöffnet wurden.[83] Aus der modernisierungstheoreti-
schen Perspektive Peter L. Bergers, Brigitte Bergers und Hansfried Kellners
trifft man auf das Problem,

> „wo genau man die Grenze ziehen soll – die Grenze nämlich, jenseits derer Kom-
> promisse (in der Praxis wie in der Ideologie) nicht mehr die Tradition bewahren,
> sondern dazu beitragen, sie von innen heraus zu beseitigen" (Berger/Berger/Kellner
> 1987: 145)

Mit dem Bruch der Wissensstrukturen zu Familie und Ehe ist also auch ein
Bruch der Wissensstruktur „Individualismus" verbunden. Beide müssen neu
ausgehandelt werden.

---

83 Wobei außer Frage steht, dass Gerichte diese Grenzen nicht nur öffnen, sondern auch schlie-
    ßen können.

4.2.2 Berger/Luckmann I: Re-Legitimation und Neu-Objektivierung

„Wissenssoziologie darf ihr Interesse nicht nur auf die empirische Vielfalt von ‚Wissen' in den menschlichen Gesellschaften richten, sondern sie muß auch untersuchen, auf Grund welcher Vorgänge ein bestimmter Vorrat von ‚Wissen' gesellschaftlich etablierte ‚Wirklichkeit' werden konnte" (Berger/Luckmann 1997: 3).

Folgt man dieser Aufforderung von Berger und Luckmann, dann wird deutlich, wo die Anknüpfungspunkte in der vorliegenden Arbeit zu finden sind. Es geht um den Blick auf eine Ebene des Konstruktionsprozesses gesellschaftlicher Wirklichkeit – oder anders formuliert um die Frage, wo ein Prozess der Objektivierung und Institutionalisierung unterbrochen und wie darüber gesprochen wird. Im vorliegenden Fall zeigt sich eine in der Öffentlichkeit platzierte Infragestellung des Wissens über die Institutionen Familie und Ehe. Das „Dach aus Legitimationen" (ebd.: 66), das sich in der bis dahin definierbaren Vergangenheit (vermeintlich) schützend über die Institution(en) ausgebreitet hat, ist gerade deshalb durchlässig geworden, weil die Wirklichkeitsauffassung einer Subsinnwelt durch eine auf einzelstaatlicher Ebene höchstrichterliche Entscheidung nun „offiziell" mit einer traditionellen Wirklichkeitsauffassung konkurriert, die zudem die idealisierten Vorstellungen über diese Institution repräsentiert. Im weiteren Verlauf der Arbeit wird in diesem Zusammenhang von *Re-Legitimation* und *Neu-Objektivierung* die Rede sein.

Die Wahl dieser Begriffe hat unterschiedliche Gründe. Zum einen beziehen sich die Begriffszusätze „Re-" und „Neu-" auf die beiden Legitimationsebenen, die vor dem Hintergrund der Argumente der Protagonisten arbeitshypothetisch unterstellt werden („für" bzw. „gegen" die gleichgeschlechtliche Ehe), auch wenn die Versuche beider Seiten, „ihre" Wirklichkeit zu erhalten und über die Grenzen ihrer Subsinnwelten hinweg zu etablieren, grundsätzlich unter den allgemeinen Begriff der Legitimation zusammengefasst werden können. Für die Verfechter der traditionellen Ehe wird der Begriff Re-Legitimation gewählt. „Legitimation" bedeutet, dass es sich hier um eine bestimmte Stufe im Prozess der Institutionalisierung bzw. um eine Stufe im Erhaltungs- und Modifikationsprozess handelt. Das setzt voraus, dass die Institution bereits existiert. Das ist sowohl bei der Ehe als auch bei der Familie, die in der Diskussion durchaus im gleichen Atemzug genannt werden, der Fall. „Re-" bedeutet, dass die Legitimation dazu dient, die bisherige, altbekannte, traditionelle Sicht der Dinge zu untermauern. Dagegen weist der Begriff „Objektivierung" darauf hin, dass es noch um eine Stufe im Institutionalisierungsprozess geht. Hier wird somit zunächst unterstellt, dass die Institution der gleichgeschlechtlichen Ehe noch nicht existiert und als „neue" Institution erst den Gang durch die Berger/Luckmann'schen „Stufen" antreten muss.[84]

Des Weiteren soll mit der Anlehnung an den Begriff der Objektivation ein Fokus auf die sprachliche Ebene als Stufe im Prozess der Verdinglichung gelegt werden, zumal über die Sprache neue Konstruktionen des Wissens zugelassen werden können. Mit beiden Begriffszusätzen wird auch der Konfliktcharakter hervorgehoben, der sich in dem Zusammenprall der unterschiedlichen Vorstellungen widerspiegelt. Diese Sichtweise impliziert auch, dass Wissen keine statische Komponente ist und ständig „neu erfunden" und verhandelt wird bzw. werden muss. So schafft Wissen den Weg zu objektivierter Wirklichkeit – oder eben auch nicht. Die Bedeutung der Wissenssoziologie von Berger und Luckmann wird auch über Rollen als Repräsentanten von Institutionen deutlich, denn letztlich geht es nicht nur um die Frage nach den Erwartungen an bestimmte Rollen(-träger), sondern auch um die Frage der richtigen Rollenbesetzung. Deutlich wird dies nicht zuletzt in den veränderten Ansprüchen an die Familie, aber auch in der potenziellen Etablierung alternativer Familienmodelle, beispielsweise des Modells Alleinerziehender oder eben gleichgeschlechtlicher Ehen.

4.2.3 Zum Diskursverständnis der Arbeit

Die Manifestation von Wirklichkeit durch Sprache wird in zweifacher Weise sichtbar: einerseits als Wirklichkeit, auf die die Sprache Bezug nimmt und damit auf den *Kontext* (bzw. Kontextausschnitte) des Gesamtdiskurses verweist, andererseits als die Wirklichkeit, von der unterstellt wird, dass sie in dem betrachteten Diskursausschnitt (re-)konstruiert werden soll. Auf einer grundlegenden Ebene wird Diskurs als Sprachhandlung verstanden, die sich um eine bestimmte „Sache" dreht und die damit inhaltlich definier- und abgrenzbar ist. Das bedeutet, dass der Inhalt sich manifestiert, um zur „Sache" zu werden. Gerade die Reproduktion der aus den Massenmedien hervorgehenden Inhalte stößt jedoch an Grenzen, die beispielsweise durch den Nachrichtenwert des Ereignisses bestimmt sein können. Und ist der Diskurs in der medialen Welt nicht mehr präsent, muss das nicht sein Ende bedeuten. Ein Weiterleben ist auch in anderen Arenen denkbar. Jedoch kann der Diskurs, der in öffentlichen und privaten Arenen stattfinden kann, nicht in seiner Gesamtheit untersucht werden. Die Anzahl der damit verbundenen Sprechakte lässt sich nicht einmal in Zahlen ausdrücken.

---

84 Zumindest existiert die gleichgeschlechtliche Ehe als Institution im Sinne Bergers und Luckmanns noch nicht in den USA. Gerade hier wird die Gesellschaftsbezogenheit des Institutionalisierungsprozesses deutlich.

Wissen wird durch Prozesse der Kommunikation gewonnen, und es sind Kommunikationsprozesse, durch die Wissen angepasst, verändert oder auch bestärkt wird. Als Protokolle solcher Kommunikation werden in der vorliegenden Arbeit Texte herangezogen, in denen die Sprachhandlungen fixiert sind und die als Teil eines (umfassenderen) Gesamtdiskurses verstanden werden. Das Diskursverständnis dieser Arbeit lässt sich daher folgendermaßen zusammenfassen: Mit Blick auf die historischen Fakten, vor allem aber auf die zu untersuchenden Daten, wird unterstellt, dass in den USA ein dauerhaft latenter Familiendiskurs vorherrscht, der mit unterschiedlichen Themen wie die Abtreibungsfrage, das „Problem" der Alleinerziehenden, hohe Scheidungsraten oder gleichgeschlechtliche Ehen besetzt ist und sich in bestimmten gesellschaftlichen Phasen und bzw. oder durch spezifische Ereignisse manifestiert. *Diskurs wird in diesem Sinne verstanden als ein im permanenten Fluss befindlicher Prozess des Ver- und Aushandelns von Institutionen, der auch die Frage institutionellen Wandels berührt.*

In den ersten Kapiteln der vorliegenden Arbeit wurden neben familiensoziologischen Perspektiven historische Entwicklungen aufgegriffen. Sie bilden – wenn auch nicht vollständig rekonstruiert und rekonstruierbar – den Diskurskontext der Arbeit. Der Diskurskontext gilt als dasjenige Wissen, auf das zum einen im untersuchten Diskursausschnitt Bezug genommen wird (vgl. dazu auch Benke 2000) und das zum anderen als Grundlage und Entwicklungskomponente des Diskurses zu verstehen ist. Der in dieser Arbeit empirisch untersuchte Diskurs, verstanden als Diskursausschnitt, existiert an sich nicht in natürlicher Form, sondern wird durch das Forschungsprogramm der Diskursanalyse erst konstruiert. Er geht also einerseits der Analyse voraus, wird aber andererseits erst durch die Analyse handhabbar gemacht. Das künstliche Hervorheben des Diskursausschnitts ist ein Schritt in der (Re-)Konstruktion des Diskurses durch den Wissenschaftler. Die „konstruierenden Elemente" hinter der Bühne stellen eine andere Seite der Konstruktion dar, die im Verlauf der Arbeit nicht berücksichtigt wird.

Ein Diskurs lässt sich in unterschiedlichen Arenen betrachten. Dazu kann beispielsweise die Thematisierung und Auseinandersetzung in Kirchen zählen, und berücksichtigt man den Faktor der Gesetzgebung, der im Zusammenhang mit dem „Defense of Marriage Act" oder dem „Federal Marriage Amendment" angeschnitten wurde, ließe sich zweifelsohne auch ein Diskurs in der politischen Arena identifizieren und über die Diskussionen im Kongress konkretisieren. In der vorliegenden Arbeit wird der Diskurs daher von drei Seiten eingegrenzt: *themenspezifisch,* weil es um die Frage der gleichgeschlechtlichen Ehe geht, *akteursspezifisch,* weil es sich um Akteure handelt, die über entsprechende Ressourcen verfügen, um auf den Fernsehbildschirm zu gelangen, und schließlich *arenenspezifisch*, weil die Arena des Fernsehens als Austragungsort des Diskurses für die Datenanalyse ausgewählt wurde. Diese Eingrenzung, verbunden mit dem unterstellten Motiv der Öffentlichkeitswirkung, die die Akteure suchen, um ihre Sicht der Dinge möglichst breit zu streuen (eine Sichtweise, die hier als Hilfskonstruktion herangezogen wird, um die Bedeutung von Re-Legitimation bzw. Neu-Objektivierung des Wissens hervorzuheben), zielt letztlich auf einen ausgewählten Blickwinkel der Diskursrekonstruktion. Mit der Orientierung an den Ausführungen von Berger und Luckmann zur Legitimation wird zudem eine spezielle theoretische Schablone zur Analyse der Daten angewendet.

4.2.4 Hermeneutische Einbettung

Das vorliegende Forschungsvorhaben ist hermeneutisch bestimmt. Wissenschaftliches, methodisch kontrolliertes und reflektiertes Verstehen kommt in Abgrenzung zum alltäglichen Verstehen zur Anwendung (vgl. Soeffner/Hitzler 1994: 33; Soeffner 1991: 264; aber auch Schröer 1997: 112). Aus der Sicht der verstehenden Soziologie geht es um die Frage, „aufgrund welcher Sinnbezüge so gehandelt wurde, wie gehandelt wurde" (Schröer 1997: 112). Auf die vorliegende Thematik bezogen geht es um die Frage, aufgrund welcher Sinnbezüge eine Institution so und nicht anders verstanden und legitimiert wird.

Wissenschaftliche Rekonstruktionen lassen sich nicht einfach als ein Abbild von Konstrukten des alltäglichen Handelns begreifen. Wie Soeffner herausstellt, handelt es sich bei der hermeneutischen Methode um eine „primär rückwärtsgewandte Prophetie – die Rekonstruktion der gesellschaftlichen Konstruktion und der Konstruktionsbedingungen von Wirklichkeit" (Soeffner 1991: 264), die sich als Konstruktionen zweiter Ordnung darstellen. Das bedeutet, dass Rekonstruktionen sich auf in der Vergangenheit liegendes und damit nicht wiederholbares Handeln beziehen. Der Forscher hat zudem keinen Zugriff auf die Bewusstseinsleistungen des Handelnden (vgl. Schröer 1997: 112). Um dieses Handeln überhaupt interpretieren zu können, muss es in objektivierter Form, also in Form von Daten (beispielsweise Texten) vorliegen (vgl. ebd.). Diese Daten sind jedoch nicht mit ursprünglichen Handlungssituationen gleichzusetzen, sondern nur deren Protokolle (vgl. Soeffner 1991: 264; Soeffner/Hitzler 1994: 33). Als „hermeneutische Basis" lässt sich in den Worten Hitzlers und Honers festhalten, dass es in der vorliegenden Arbeit darum geht,

> „durch den oberflächlichen Informationsgehalt des Textes hindurchzustoßen zu tieferliegenden (d. h. eben: in gewisser Weise ‚latenten' bzw. ‚verborgenen') Sinn- und Bedeutungsschichten und dabei diesen Rekonstruktionsvorgang intersubjektiv

nachvollziehbar zu machen bzw. nachvollziehbar zu halten" (Hitzler/Honer 1997: 23).

Jedoch sollen in den vorliegenden Daten durch Rekonstruktionen zweiter Ordnung weniger subjektive Sinnsetzungs- und Bewusstseinsprozesse der Handelnden nachgezeichnet werden, denn diese bleiben dem Forscher verborgen.[85] Fokus des Interesses ist – auch in Anlehnung an Begrifflichkeiten der objektiven Hermeneutik Ulrich Oevermanns – das Entdecken latenter Sinnstrukturen, die dem Handelnden meist nicht bewusst sind und nicht hinterfragt werden.[86] Oevermann geht – strukturtheoretisch geprägt – von übersubjektiven Sinnstrukturen aus, die zur Anleitung von Handeln dienen. Er spricht von sozialen Deutungsmustern, die als „strukturierte Argumentationszusammenhänge" über isolierte Meinungen oder Einstellungen zu einem partikularen Handlungsobjekt hinausgehen und sich vor allem auf „objektive Handlungsprobleme" beziehen (vgl. Oevermann 1973: 3).[87]

In dieser Arbeit wird jedoch weniger unterstellt, dass diese Sinnstrukturen den Handelnden nicht bewusst sind, als vielmehr, dass sie besonders dann in den Vordergrund treten, wenn sie dazu dienen, ein (vermeintliches) Problem zu lösen. Gesellschaftliche Wirklichkeit wird verstanden als eine durch handelnde Subjekte konstruierte Wirklichkeit. Handlungen lassen sich nicht nur auf (Ordnungs-)Strukturen (oder in der Sprache Berger/Luckmanns: symbolische Sinnwelten) zurückführen, sie bedingen diese auch. Über die Frage nach der Re-Legitimation und Neu-Objektivierung von Wissen geht es daher auch um die Klärung, welche Ordnungsstrukturen sich überhaupt identifizieren lassen, aufgrund derer bestimmte Handlungen (oder eben Institutionen) Legitimation – oder eben keine – erfahren. Ursprung und Urheber dieser Strukturen sind gesellschaftlich bedingt, lassen sich aber nicht immer genau zurückverfolgen, bleiben häufig unhinterfragt und nicht explizit benannt. Erst wenn ein vermeintliches Problem auftaucht, das sich mit den gewohnten Ordnungsstrukturen nicht vereinbaren lässt und das möglicherweise auch in Konkurrenz zu anderen Ordnungsstrukturen steht, kommen konkrete Akteure ins Spiel. Ordnungsstrukturen

---

85   Bereits bei Spector und Kitsuse wurde der Hinweis aufgegriffen, dass Werte und Interessen (als „ehrliche Intention" der Akteure) dem Forscher verschlossen bleiben. Und auch Berger/Luckmann verweisen auf das, was bei Schütz als Postulat der verstehenden Soziologie gilt: Nur der Handelnde selbst kann den subjektiven Sinn der Handlung bestimmen, nicht aber der Beobachter. Schütz trifft hier die bekannte Unterscheidung zwischen subjektiv gemeintem Sinn und objektivem Sinnzusammenhang (vgl. Schütz 1974: 36 ff.).

86   Das erfordert in der Auseinandersetzung mit den Daten ein Loslösen von Voreingenommenheiten. Zum hermeneutischen Verständnis qualitativer Sozialforschung vgl. auch Uhle (2002).

87   Zur an dieser Stelle nicht weiter ausgearbeiteten Kritik an Oevermanns Begriff des Deutungsmusters, der sich unter anderem an einer vermeintlich zu engen Strukturgebundenheit orientiert, vgl. die Hinweise von Lüders und Meuser (1997).

werden greifbar und beim Namen genannt. Die Auseinandersetzung mit diesen Ordnungsstrukturen in „Problemsituationen" ist deshalb von besonderer Bedeutung, weil auch die Gültigkeit einer Wissensordnung, die Gültigkeit des „es war schon immer so", auf dem Prüfstand steht.

Der Fokus der Arbeit ist also einerseits handlungstheoretisch orientiert, denn es werden zwangsläufig Akteure in den Vordergrund gerückt, die sich – sozusagen ab dem Zeitpunkt der „Problematisierung" – auch der Re-Legitimation dieser auf bestimmte Institutionen bezogenen Ordnungsstrukturen widmen bzw. versuchen, subjektive Faktizität zu objektivieren, um neue Ordnungsstrukturen zu etablieren oder auch alte zu verändern. Auf der anderen Seite geht es – aus strukturtheoretischer Perspektive – jedoch gerade darum, „handlungsgenerierende Strukturen" (Schröer 1994a: 13) zu identifizieren, wobei gilt:

> „Es gibt verschiedene Ebenen der Legitimation symbolischer Sinnwelten, geradeso wie es verschiedene Ebenen der Legitimation von Institutionen gibt. (…) Jede symbolische Sinnwelt ist potentiell problematisch. Die Frage ist also, bis zu welchem *Grade* sie problematisch geworden ist" (Berger/Luckmann 1997: 113f, Hervorh. im Orig., d. V.).

Würde man das bisher skizzierte Forschungsinteresse zugunsten einer erweiterten Fragestellung verschieben, dann ließe sich also nicht nur nach der Legitimation von Institutionen über die Bezugnahme zu Ordnungsstrukturen fragen, sondern auch nach der Konstruktion bzw. Re-Konstruktion der Ordnungsstrukturen als symbolische Sinnwelten im Sinne Berger/Luckmanns.

5   Methodische Herangehensweise

Massenmedien sind ein wesentlicher Faktor zur Verbreitung, Intensivierung und Mobilisierung von Einstellungen und öffentlichen Meinungen. Presse, Hörfunk, Fernsehen oder das Internet dienen dem Individuum als Informations- und Bildungsquelle grundlegender gesellschaftlicher Ansichten und sind für die amerikanische Gesellschaft ein wichtiger Bestandteil der Alltagskultur (vgl. Kleinsteuber 1998: 375). Die Funktion der Medien in den USA ist vor allem vor dem Hintergrund des Rechts der Öffentlichkeit auf Informationen zu sehen. So sind Rede- und Pressefreiheit bereits im ersten Zusatz zur amerikanischen Verfassung niedergelegt. Gamson und Modigliani sprechen sogar von der „audience media" als Forum für öffentliche Diskurse, in denen permanent Meinungen zur Verfügung gestellt werden (vgl. Gamson/Modigliani 1989: 3) und welche diejenige Bühne repräsentieren, auf der um die gesellschaftliche Konstruktion von Wirklichkeit gerungen wird.

5.1   Das Fernsehen als Arena öffentlicher Diskurse

In der vorliegenden Arbeit wird das Fernsehen als Arena und Grundlage der Datenanalyse herausgegriffen. Von allen öffentlichen Medien spielt das Fernsehen eine, wenn nicht *die* herausragende Rolle.[88] So spricht Thomas Meyer von der „kulturellen Hegemonie" des Fernsehens und der Möglichkeit massenwirksamer symbolischer Inszenierungen (vgl. Meyer 1992: 107). In seinem Buch „Die Fernseh-Gesellschaft" beschreibt Joshua Meyrowitz (1987), wie sehr das Fernsehen den Ortssinn verändern kann, denn man muss nicht mehr am Ort des Geschehens sein, um Informationen über ein Ereignis oder den Ort an sich zu erlangen. Es reicht vielmehr aus, das Fernsehgerät einzuschalten. Heute haben über 99 % der Amerikaner mindestens ein Fernsehgerät in ihrem Haushalt.[89]

Einem Pressebericht der Nielsen Media Research zufolge lief im durchschnittlichen amerikanischen Haushalt der Fernsehsaison 2004-05 das Gerät

---

88   Öffentlichkeit lässt sich mit Hahn auch als Generator von Aufmerksamkeit im Sinne einer Bekanntmachung bezeichnen (vgl. Hahn 2003: 34).

89   Vgl. http://www.fcc.gov/Bureaus/Mass_Media/Factsheets/factvchip.html (Datum des Zugriffs: 06. April 2006).

täglich acht Stunden und elf Minuten, und der Durchschnittsamerikaner schaute pro Tag rund viereinhalb Stunden fern (vgl. Nielsen Media Research 2005). Wenn es also darum geht, die große Masse der Amerikaner zu erreichen, dann ist – so wird in dieser Arbeit forschungsleitend und gleichzeitig einschränkend im Hinblick auf die auszuwählenden Daten unterstellt – für Akteure jeglicher Art das Fernsehen *das* Medium der Wahl. Die gewählte Arena lässt die Unterscheidung von zwei Ebenen zu: die Ebene der Bilder, d. h. die der visuellen Informationen, und die Ebene der Sprache. Letztere ist es, auf die der Fokus der Arbeit gerichtet ist.[90]

5.1.1 Zeitliche und arenenspezifische Auswahl der Daten

Zwar ist die Familie nicht erst seit den gerichtlichen Auseinandersetzungen und Entscheidungen über die Gleichstellung der gleichgeschlechtlichen Ehe mit der traditionellen Ehe (in den Augen der Kritiker) dem Untergang geweiht, doch lassen sich zwei Faktoren bzw. Ereignisse identifizieren, die die öffentliche Auseinandersetzung in den Medien mit ihrem vorläufigen Höhepunkt im Sommer 2004 beeinflusst haben und die für die zeitliche Eingrenzung zur Auswahl des Datenmaterials sowie die Eingrenzung des Diskurses als relevant erachtet werden:

1. die Entwicklung auf der rechtlichen Bühne, nämlich die Entscheidung des Massachusetts Supreme Judicial Court zur Legalisierung der gleichgeschlechtlichen Ehe am 18. November 2003 und
2. das „Federal Marriage Amendment", das im September 2004 schließlich auch im Repräsentantenhaus scheiterte.

Deswegen wird für das weitere Vorgehen dem Vorschlag Lüders' und Meusers gefolgt, sich zur Auswahl exemplarischer Texte auf „Phasen kulturellen und gesellschaftlichen Umbruchs" zu konzentrieren (vgl. Lüders/Meuser 1997: 72). Die oben genannten Ereignisse fungieren dabei als zeitliche Eckpfeiler des zu untersuchenden Diskursausschnitts. Die Bedeutung des ersten Eckpfeilers lässt sich ersehen in einem Pressebericht des Pew Research Center vom 22. März

---

90 Die Bedeutung der Medien und die Macht der Bilder wird vor allem in der Politikwissenschaft unter der Überschrift der symbolischen Politik betrachtet. In den 1960er Jahren wurde beispielsweise Murray Edelman durch seine Auseinandersetzung mit der instrumentellen Funktion politischer Handlungen und der symbolischen Bedeutung von Politik bekannt (vgl. Edelmann 1976). Zur Inszenierung symbolischer Politik vgl. auch Meyer (1992) oder Sarcinelli (1987, 1989).

2006: Demnach ist die Zahl der Amerikaner, die eine Legalisierung der gleichgeschlechtlichen Ehe ablehnen, mit der Bekräftigung der Entscheidung des Massachusetts Supreme Judicial Court im Februar 2004 von 51 % auf 63 % gestiegen (The Pew Research Center 2006: 1).

Als Daten werden Abschriften von Nachrichtensendungen, sog. „transcripts", der landesweit ausstrahlenden Fernseh-Networks American Broadcasting Company (ABC), Columbia Broadcasting System (CBS), National Broadcasting Company (NBC) – auch bekannt unter dem Namen „The Big Three" – sowie des Kabelsenders Fox News Channel herangezogen. Die großen Drei sind die zentralen Networkgesellschaften im amerikanischen Fernsehsystem, die als Anbieter von Programmen fungieren. Das heißt: Sie liefern die von ihnen produzierten Sendungen nicht direkt auf die Bildschirme der Zuschauer, sondern versorgen lokale Fernsehstationen. Erst über die lokalen Stationen erreichen diese Sender – frei empfangbar – das amerikanische Fernsehpublikum (vgl. Kleinsteuber 2000: 316 ff.). Die meisten der kommerziellen Stationen sind einer Networkgesellschaft angegliedert („affiliated") (vgl. ebd.: 318).[91] Typisch für das amerikanische Nachrichtenformat ist die Ausstrahlung von Nachrichten in Form von Shows. Bekannte Beispiele hierfür sind „Today" von NBC, „Good Morning America" von ABC sowie „This Morning" von CBS, die unter die Kategorie „Morning Televison Programs" fallen. In diesen Sendungen erfolgt in speziell dafür vorgesehenen Zeitabschnitten die Einbindung der lokalen Nachrichten, des lokalen Wetters sowie lokale Werbung. Daneben werden – sozusagen im Rahmen der Hauptsendung – ausgewählte Nachrichten des Vortages gesendet, die häufig in einer weniger formalen Atmosphäre mit „celebrity interviews" und Diskussionen verbunden sind.[92] Neben dem frei empfangbaren Fernsehen hat sich in den 1980er Jahren das kostenpflichtige Kabelfernsehen etabliert. Kabelfernsehen gibt es in den USA bereits seit Anfang der 1950er Jahre. In dieser Zeit diente es dazu, abgelegene Orte des Landes mit Fernsehen zu versorgen. Durch den Einsatz von Satellitentechnik wurde jedoch ab den 1980er Jahren eine flächendeckende Verbreitung möglich.[93] Auf Nachrichtenebene haben sich der im Jahr 1980 gegründete Sender Cable News Network (CNN) und der 1996 in Betrieb genommene Fox News Channel etabliert. Das Pew Research Center kommt in seinem „Biennial News Consumption Survey"

---

91 Während noch 1996 der Eigner eines Networks mit seinen angeschlossenen Stationen maximal 35 % der amerikanischen Bevölkerung erreichen durfte, ist in einer Neuregelung durch die „Federal Communications Commission" (FCC) vom 02. Juni 2003 der Anteil auf 45 % angehoben worden (vgl. http://www.fcc.gov/ownership/ [Datum des Zugriffs: 23. April 2006]).

92 Vgl. http://www.museum.tv/archives/etv/M/htmlM/morningtelev/morningtelev.htm (Datum des Zugriffs: 28. April 2006).

93 Vgl. http://usa.usembassy.de/media-television.htm (Datum des Zugriffs: 29. April 2006).

aus dem Jahr 2004 zu dem Ergebnis, dass die Nachfrage der Amerikaner nach Fernsehnachrichten durch die „Big Three" beziehungsweise ihre „affiliations" (59 %), vor allem aber durch die Kabel-Nachrichtensender CNN und Fox News Channel (38 %) gestillt wird (vgl. The Pew Research Center 2004: 7). CNN nahm lange Zeit eine Vormachtstellung als Nachrichtensender auf dem Kabelmarkt ein, wurde jedoch hinsichtlich der Einschaltquoten ab dem Jahr 2002 von Fox News Channel abgelöst. Den Angaben von Pew zufolge schalten mittlerweile 25 % der Amerikaner regelmäßig zu Fox News Channel, um Nachrichten zu konsumieren, 22 % zu CNN (vgl. ebd.). Vor diesem Hintergrund, aber auch in dem Versuch, den für Forschende oftmals schwierigen Balanceakt zwischen Machbarkeit und Reichweite zu bewältigen, liegt der Fokus der Datenauswahl auf den vier Sendern ABC, CBS, NBC und Fox News Channel. Dass es sich bei den „Big Three" und Fox News Channel um unterschiedliche Fernsehformate handelt, soll hier keine Berücksichtigung finden. Der Ausschluss dieses Aspektes liegt darin begründet, dass es nicht um die Frage der Produktion von Nachrichten in Abhängigkeit von unterschiedlichen Fernsehsendern und -formaten geht.

5.1.2 Datenerhebung

Nach den Vorüberlegungen zum zeitlichen Rahmen und der zu untersuchenden Arena wurden als Stichworte zur Datensuche die Begriffe „gay marriage" und „same-sex marriage" bestimmt. Die Zusammenstellung des Textmaterials, d. h. der „transcripts", erfolgte unter Zuhilfenahme der elektronischen Datenbank LexisNexis Academic. LexisNexis Academic liefert unter anderem Volltextdokumente aus über 5.600 Publikationen der Sparten „News", „Business", „Legal" und „Medical". Die Auswahl ist auf diese Datenbank gefallen, weil sie den Zugang zu „Hard-to-find broadcast transcripts from the major television and radio networks" ermöglicht.[94] Gerade die Funktionen des „Guided News Search" wie Nachrichtenkategorie (z. B. „General News", „Today's News", aber auch die hier herangezogenen „News Transcripts"), Nachrichtenquelle (z. B. ABC News Transcripts, CBS News Transcripts usw.), Suchbegriffe und jahresbezogene zeitliche Eingrenzung (hier: von 2003 bis 2004) haben eine zeiteffiziente Suche und Zusammenstellung des Datenmaterials ermöglicht.

Gesammelt wurde zunächst alles, was sich in der Datenbank unter Berücksichtigung der ausgewählten Kategorien (Stichworte, Fernsehsender, Zeit) finden ließ. Die „transcripts" werden als natürliche Daten begriffen, weil ihr Her-

---

94   Vgl. http://www.lexisnexis.com/academic/universe/academic/features.asp (Datum des Zugriffs: 01. Mai 2006).

stellungsprozess nicht Teil der Forschungsarbeit war und sie unabhängig von forschungsleitenden Fragestellungen angefertigt wurden.[95] Die Daten fungieren zum einen als Informationsquelle über den Untersuchungsgegenstand – schließlich verweisen sie auf bestimmte Schlüsselereignisse wie die Massachusetts-Entscheidung. Zum anderen dienen sie der inhaltlichen Rekonstruktion des Diskurses. Nicht nur die Wahl der Arena und des zeitlichen Rahmens, sondern auch alle anderen bisher getroffenen Vorannahmen, die den Versuch der indifferenten Haltung im Forschungsprozess nicht schmälern sollten, dürfen nicht darüber hinwegtäuschen, dass sich erst in der Arbeit mit den Daten zeigt, was wirklich „relevant" ist.

5.2 Datenauswertung

Der Einstieg in die Daten war zunächst mit dem Ziel der Reduktion verbunden.[96] In einem ersten Schritt wurde das Datenmaterial – Sender für Sender, Stichwort für Stichwort – zunächst mit Blick auf die ausgewählten zeitlichen Eckpfeiler reduziert (vgl. Kapitel 5.1.1). Mit dem Zusammenfügen in zeitlich entsprechender Abfolge der zunächst nach Stichworten getrennten Daten erfolgte gleichzeitig das Aussortieren der aufgrund der Verwendung beider Suchbegriffe im Text doppelt vorliegenden Transkripte. An die erste inhaltliche Auseinandersetzung mit den Daten (Lesen) hat sich erneut ein Reduktionsprozess angeschlossen. So blieben bei der Auswertung unter anderem Kurzmeldungen unberücksichtigt, in denen zwar die Stichworte genannt wurden, dies jedoch nur im Sinne eines Verweises, beispielsweise in Form der Ankündigung einer Sendung am Abend. Unberücksichtigt blieben auch solche Transkripte, in denen keine ihre Sicht zur traditionellen oder gleichgeschlechtlichen Ehe darlegenden Akteure zu Wort kamen.

5.2.1 Forschungsleitende Fragen

Auch wenn die Daten bisher noch nicht „gesprochen" haben, lässt sich arbeitshypothetisch unterstellen, dass es den Gegnern der gleichgeschlechtlichen Ehe um eine Wiederherstellung eines Familienbildes geht, in dem die Ehe auf einer

---

95   Dieser Herstellungsprozess stellt eine Konstruktion zweiter Ordnung dar, so dass man bei dem angestrebten Interpretationsprozess sogar von einer Konstruktion dritter Ordnung sprechen kann.

96   Bereits die forschungsleitenden Fragestellungen beruhen auf einer Reduktion der Vielfalt möglicher Blickwinkel, die aus der Thematik resultieren.

heterosexuellen Partnerschaft beruht, während die Befürworter der gleichgeschlechtlichen Ehe an der Legitimität der Gleichstellung der gleichgeschlechtlichen Ehe mit der traditionellen Ehe festhalten. In diesem Prozess versuchen die
Akteure beider Seiten, ausgewähltes Wissen in gesellschaftliche Wirklichkeit zu
überführen, oder in den Worten Berger/Luckmanns: Aus subjektiver Wirklichkeit soll objektive Faktizität werden. Dabei stoßen zwei alternative symbolische
Sinnwelten aufeinander, durch die die (Macht-)Frage aufgeworfen wird, „an
welcher der konkurrierenden Wirklichkeitsbestimmungen die Gesellschaft
‚hängenbleiben' wird" (vgl. Berger/Luckmann 1997: 116 f.).

Die Austragung des Konflikts in den öffentlichen Medien erhöht für beide
Seiten die Chance, ein großes Publikum zu erreichen und ihre Auslegung von
Wirklichkeit zu propagieren. Statt einer kollektiven Wissensproduktion spiegelt
sich in dem Diskurs also eine Wissensproduktion für das Kollektiv wider, ver-
körpert durch konkrete Akteure als mögliche „Bestimmer" von Wirklichkeit
(vgl. ebd.: 124) – Akteure, die im Sinne Berger/Luckmanns als Legitimatoren
betrachtet werden können und im Falle der Befürworter der traditionellen Ehe
eine „‚sekundäre' Objektivation von Sinn anstreben" (ebd.: 98).

Vor diesem Hintergrund lassen sich erste forschungsleitende Fragen formulieren, die an die Daten herangetragen werden sollen, aber keineswegs abschließend sind:

1.   Welche spezifischen Annahmen über die Ehe werden von den Akteuren
     vorgestellt?
2.   Wie werden diese Vorstellungen untermauert (legitimiert)?
3.   Wie wird die gleichgeschlechtliche Ehe bzw. die Möglichkeit einer gleich-
     geschlechtlichen Ehe von den Protagonisten beurteilt?
4.   Werden Vorschläge gemacht, wie die jeweilige Sicht der Dinge durchzu-
     setzen ist?
5.   Wenn ja, welche Handlungsoptionen lassen sich identifizieren?

Es geht also darum, wie und mit welchen Mitteln eine Re-Legitimation oder
Neu-Objektivierung der Wissensformen über die geschlechtliche Konstellation
von Ehe erfolgt. Dahinter verbirgt sich auch die Überlegung, ob und wie der
Diskurs über die gleichgeschlechtliche Ehe die Frage der Durchsetzung oder
Eingrenzung von Individualismus durch staatliches Einwirken berührt, denn:
Unabhängigkeit gilt als Kernelement des amerikanischen Wertesystems, das
insbesondere in der Vorstellung der traditionellen Familie eine besondere Verankerung findet. Einerseits ermöglicht staatliche Intervention individualistisch
orientiertes Handeln (z. B. durch das Einräumen von Privatheit wie im Fall Roe
vs. Wade), andererseits kann der Staat diesen Individualismus auch einschrän-

ken, wenn dieser als Nicht-Konformität aus der Perspektive der „community values" abgelehnt wird. Das wäre mit dem „Federal Marriage Amendment" der Fall gewesen, wenn es als Verfassungszusatz ratifiziert worden wäre. Daher soll auch überprüft werden, ob sich ein Konflikt identifizieren lässt, der sich aus einem „individualistisch orientierten" Leben als „self-expression" in Abgrenzung zu „community values" ergibt.

5.2.2 Leitfaden zur inhaltlichen Rekonstruktion des Diskurses

Ausgangspunkt der inhaltlichen Rekonstruktion des Diskurses ist zunächst das, was man unter den Begriff der „Infrastruktur" des Diskurses fassen kann. Dazu gehören unter anderem die (Fernseh-)Arena, die Manifestation des Diskurses über ein bestimmtes gesellschaftliches Ereignis, aber auch das Publikum bzw. die Adressaten des Diskurses. Als Akteure wurden Gegner und Befürworter der gleichgeschlechtlichen Ehe in den USA identifiziert, ohne diese weiter zu spezifizieren. Unterstellt wird jedoch, dass diesen Akteuren – um Gehör zu finden – ein gewisser „Prominentenstatus" oder, um mit James D. Hunter zu sprechen, Elitestatus anhaften muss:

> „While ordinary people participate in the construction of their own private worlds, the development and articulation of the more elaborate systems of meaning, including the realm of public culture, falls almost always to the realm of elites. (...) *Public discourse*, then, *is largely a discourse of elites*" (Hunter 1991: 59, Hervorh. im Orig., d. V.).

Das, was Keller als „diskurskonstituierende Praktiken" bezeichnet, also „Muster legitimer Äußerungsformen und Handlungsweisen im Diskurs, die seine Realität konstituieren" (Keller 2001: 131), ist bisher nur indirekt angeschnitten worden. Darunter fallen beispielsweise Regeln darüber, wie etwas gesagt werden darf (z. B. Vortragsstil). Jedoch ist in Anlehnung an die Theatermetapher Goffmans zu berücksichtigen, dass *hinter* der Bühne ein umfassendes Regelwerk eingesetzt wird, damit ein Ereignis zur Nachricht wird und ein Akteur *auf* der Bühne zu Wort kommt.[97] Dass diese Akteure auch auf der Bühne an für Außenstehende nicht immer sichtbare Regeln der Kommunikation gebunden sind, weist darauf hin, dass bereits Vorgaben der Ressourcenverteilung im Sinne eines „Wer darf

---

97 Zu Theorien der Nachrichtenauswahl vgl. Kepplinger (1989). Zu Konstruktionsprozessen bei Recherche und Nachrichtenproduktion vgl. Haller (1994) und Schulz (1976). Zum Thema Massenmedien und (mediale) Wirklichkeit vgl. Kepplinger (1992), Kießling (1999), Merten (1994), Merten u. a. (1994) und Schulz (1989).

wo reden" und „Was darf wann wie gesagt werden" zur Anwendung kommen.[98]
Wichtig für das vorliegende Forschungsvorhaben ist jedoch, was *auf* der Bühne
gesagt wird. Die Regeln und Selektionsprozesse hinter der Bühne werden somit
nicht berücksichtigt. Diese Perspektive führt in der Folge zu Eingrenzungen. So
geht es beispielsweise auch nicht um den Nachweis, ob und in welcher Intensität
im Fernsehen geführte Diskussionen tatsächlich vor dem Bildschirm verfolgt
werden und welchen Einfluss sie auf die Zuschauer als Rezipienten haben.[99] Der
Leitfaden der inhaltlichen Rekonstruktion ist ein anderer. Dabei erweist sich die
Rekonstruktionsperspektive der Phänomenstruktur als besonders interessant,
weil insbesondere über die Positionierung der Akteure und ihrer Sichtweisen zur
gleichgeschlechtlichen Ehe die inhaltliche Strukturierung des Diskurses – als
schematische Verdichtung und Typisierung der Textinhalte – herausgearbeitet
werden kann.

Für dieses Vorhaben bietet sich die Grounded Theory an. Die Grounded
Theory hat sich in den letzen Jahren zu einem Standardverfahren der qualitativen Forschung entwickelt und ist „als Methode der Textauswertung (...) zu
einer eigenen Bedeutung gekommen" (Flick 2005: 70 f.). Das Aufbrechen der
Daten erfolgt in Anlehnung an die Kodiertechniken bei Anselm Strauss und
Juliet Corbin (1996). Bei diesem Verfahren handelt es sich um eine handlungs-
und interaktionsorientierte Methode der Theorieentwicklung (vgl.
Strauss/Corbin 1996: 83). Sie ist „auf ein Phänomen gerichtet, auf den Umgang
mit ihm und seine Bewältigung, die Ausführung oder Reaktion darauf, wobei
das Phänomen immer in einem Kontext oder einem spezifischen Satz von Bedingungen auftritt" (ebd.). Beim offenen Kodieren geht es zunächst darum,
Phänomene – z. B. einen Satz, ein Wort, einen Abschnitt, ein Ereignis – heraus-
zugreifen und zu benennen (konzeptualisieren). Konzepte werden in einem
nächsten Schritt verglichen, gruppiert und zu Kategorien verknüpft, denen ein
charakterisierender Begriff zugeordnet wird. Die gebildeten Kategorien formen
das Dach der ihnen zugeordneten Subkategorien. Gerade in dieser Phase der
Analyse sind Offenheit und emotionale Distanz des Forschers zu seinen Daten
geboten.

Mit dem Schritt des axialen Kodierens sollen vor allem die Beziehungen
von Kategorien und Subkategorien herausgearbeitet, aber auch Beziehungen

98 Fäkalsprache beispielsweise ist in Sendungen der drei großen amerikanischen Fernsehsender
    undenkbar – und sollte einem Gast dennoch ein unangebrachtes Wort entweichen, wird dieses
    durch die mittlerweile gängige, um einige Sekunden zeitverzögerte Ausstrahlung ausgeblen-
    det (oder mit einem Piepton überspielt).
99 Zum Wirkungsbegriff in der Kommunikationsforschung sowie Ansätzen der Wirkungsfor-
    schung vgl. beispielsweise Merten (1994). Die Frage, ob die Medien auch tatsächlich eine
    objektive Wirklichkeit reflektieren (können), ist nicht Gegenstand der vorliegenden Betrach-
    tung.

zwischen den einzelnen Kategorien hergestellt werden. Das Ordnen der Daten erfolgt in Anlehnung an das paradigmatische Modell der Grounded Theory als Verknüpfung und In-Beziehung-Setzen von ursächlichen Bedingungen, Phänomen, Kontext, intervenierenden Bedingungen, Handlungsstrategien und Konsequenzen (vgl. ebd.: 78). Für diese Vorgehensweise ist das permanente Stellen von Fragen bzw. Hinterfragen von Annahmen besonders wichtig, denn auch wenn man den Daten im Prozess des Forschens bereits mit bestimmten Fragestellungen begegnet, ist man gezwungen, neue im Verlauf der Arbeit zu formulieren. Auf diese Weise werden Vorannahmen überprüft, möglicherweise revidiert und/oder in einem Prozess der Zirkularität erweitert. Von besonderer Bedeutung ist der Versuch, mit Hilfe der Kodiertechniken Ebenen zu identifizieren, in die sich die Argumente der Akteure einbetten lassen, die die Legitimationsgrundlage ihres Handelns widerspiegeln und die sich im Sinne von Berger und Luckmann als Stützkonstruktionen zur Absicherung der jeweiligen Sinnwelt verstehen lassen.[100] Das theoretische Vorwissen und die Annahmen, die in die Formulierung erster Fragestellungen gemündet sind, sind jedoch keineswegs mit Hypothesen gleichzusetzen, die durch die Analyse der Daten verifiziert oder falsifiziert werden sollen, was Kleining in seiner „Regel 1 über das Subjekt, den Forscher", so formuliert: „Das Vorverständnis über die zu untersuchende Gegebenheit soll als vorläufig angesehen und mit neuen, nicht kongruenten Informationen überwunden werden".[101] Diese Regel scheint auf den ersten Blick nur schwer umsetzbar zu sein, denn gerade die eingeforderte Offenheit kollidiert zunächst mit den forschungsleitenden, wenn auch offen gehaltenen Fragestellungen. Doch diese nehmen das Ergebnis nicht vorweg, denn erst die Auseinandersetzung mit den Daten zeigt, worum es wirklich geht: Der explorative Ansatz hat also Vorrang.

5.2.3 Grenzen des Forschungsvorhabens

Wenn von „dem Diskurs" über die gleichgeschlechtliche Ehe die Rede ist, dann lassen sich unterschiedliche Perspektiven, Arenen, Akteure usw. dieses Diskurses aufzeigen, die zusammengefasst auf idealtypischer Ebene als Gesamtdiskurs

---

100 Diese Stützkonstruktionen als Grundlage menschlichen Handels sind bereits an anderer Stelle in Begriffe wie Plausibilitätsstrukturen, Deutungsmuster, Wissensordnungen, aber auch Rahmen gefasst worden. Die Begriffe zeigen, dass in der wissenssoziologisch geprägten Kulturtheorie ähnliche Konzepte vorliegen, die sich mit dem auseinandersetzen, was man als strukturierte Wissensordnungen bezeichnen kann (vgl. hierzu auch die Ausführungen von Reckwitz 2000: 147 ff.).

101 http://www1.uni-hamburg.de/abu//Archiv/QualitativeMethoden/Kleining/umriss.htm#fn9 (Datum des Zugriffs: 02. September 2006).

verstanden werden können. Alle Facetten eines solchen Gesamtdiskurses zu erfassen, kann jedoch nicht annähernd in den Bereich der Wünsch- und Machbarkeit eines solchen Forschungsvorhabens fallen. Im Zuge der Darlegung des hier Anwendung findenden Diskursverständnisses wurde darauf hingewiesen, dass der untersuchte Diskurs als ein im Forschungsprozess *konstruierter* Diskursausschnitt, definiert über die Kategorien Arena, Zeit, Akteure und Themenspezifität, zu verstehen ist. Das Forschungsvorhaben weist daher klare Ab- und Eingrenzungen auf. Das bedeutet: Nicht nur die Vorarbeiten, sondern vor allem die „Ergebnisse der wissenschaftlichen Bemühungen sind (…) in jedem Fall und unausweichlich *das Produkt von Entscheidungen und Konstruktionen, die innerhalb des Forschungsprozesses vollzogen werden*" (Terhart 1995: 375, Hervorh. im Orig., d. V.). Und das betrifft vor allem die Frage der Generalisierbarkeit der Analyseergebnisse.

Die Grenzen der vorliegenden Diskursanalyse fallen mit den Grenzen qualitativer Sozialforschung zusammen, die sich in erster Linie in der Problematik der Übertragbarkeit und Anwendung klassischer Gütekriterien der quantitativen Forschung zeigen (Objektivität, Reliabilität, Validität).[102] Gerade qualitative Sozialforschung kann dem Vorwurf der Beliebigkeit und damit der Infragestellung von Objektivität nur schwer entkommen, denn: „Zehn Qualitative produzieren bei der Analyse der gleichen Daten zehn unterschiedliche Deutungen" (Lüders/Reichertz 1986: 96). Schließlich ist die Subjektivität von Untersuchtem und Untersuchern ein Bestandteil des Forschungsprozesses: „Die Reflexionen des Forschers über seine Handlungen und Beobachtungen im Feld, seine Eindrücke, Irritationen, Einflüsse, Gefühle usw. werden zu Daten, die in die Interpretationen einfließen (…)" (Flick 2005: 19). Der in diesem Zusammenhang ebenfalls in Mitleidenschaft gezogene Aspekt der Reliabilität mündet auch in das Problem der Darstellbarkeit.

Die Datengrundlage der vorliegenden Arbeit sind Texte, die nicht mit überprüfbaren Formeln bearbeitet werden, sondern mit Interpretationen, Konzepten und Kategorien, die dem eigenen Gedankengut entspringen und damit prinzipiell eine „Erfindung" des Forschers darstellen (vgl. Strauss/Corbin 1996: 49). Die „Handlung des Interpretierens" lässt sich nur schwer sinnvoll in einem berichtenden Text wiedergeben (vgl. Lüders/Reichertz 1986: 97) und der damit verbundene Prozess der Forschung ist so gut wie nicht abbildbar. Nicht jeder Gedankengang, der zu einer bestimmten Vorgehensweise in dieser Arbeit geführt hat, kann nachgezeichnet werden.

Gütekriterien lassen sich dennoch anwenden. Da ist die Natürlichkeit der Daten zu nennen, deren Erzeugung unabhängig von wissenschaftlichen Frage-

---

102 Zu den Gütekriterien quantitativer Sozialforschung vgl. Bortz/Döring (2003) oder auch Lienert/Raatz (1998).

stellungen erfolgte – für Reichertz ein Kriterium der Zuverlässigkeit der Datenerhebung (vgl. Reichertz 2000: o. S.). Validität soll durch zwei Komponenten
untermauert werden: Geltungsbegründung und Glaubwürdigkeit. Im Rahmen
der Geltungsbegründung dient die methodische und theoretische Einbettung
sowie die praktische Umsetzung der Schlüssigkeit der Ergebnisse, deren
Wissenschaftlichkeit vor allem durch nachvollziehbare, einleuchtende Gründe
erreicht werden soll (vgl. auch Terhart 1995: 382). Die Geltungsbegründung der
vorliegenden Arbeit ist somit eingebettet in die Forschungsfrage und den Forschungsgegenstand. Kritik an der Beliebigkeit qualitativer Forschungsarbeit soll
durch die explizite und offensive Hervorhebung der subjektiven Perspektive
begegnet werden. Die Frage der Gütekriterien verlagert sich damit auf die Möglichkeiten der Darstellung und die Ermöglichung intersubjektiver Nachvollzieh-
barkeit, durch die die Reliabilität erhöht werden soll (vgl. Flick 2005: 322).[103]
Textbelege sollen dabei der Verankerung der Ergebnisse dienen, ohne in die
„selektive Plausibilisierung" (ebd.: 317 f.) als Form von Glaubwürdigkeit zu
führen. Letztendlich ist man an dieser Stelle jedoch auch abhängig von der psychologischen Verfassung derjenigen, die – wie Terhart es formuliert – „glauben
oder eben nicht" (Terhart 1995: 382).

---

103 Was auch durch die Archivierung der Daten gewährleistet wird.

6 Gleichgeschlechtliche Ehe als Diskurs: Amerikanischer Individualismus auf dem Prüfstand

Die forschungsleitenden Fragen dieser Arbeit sind am Legitimationsverständnis von Berger und Luckmann im Kontext des Prozesses der gesellschaftlichen Konstruktion von Wirklichkeit orientiert. Es geht um das, was in Kapitel 4.2.2 als Re-Legitimation und Neu-Objektivierung von Wissen und damit einer Institution, also als (vermeintlich) „richtige" Vorstellung von Ehe und Familie bezeichnet wurde. Folgt man in der analytischen Auseinandersetzung mit den Daten und der daran anschließenden Ergebnisdarstellung dem paradigmatischen Modell der Grounded Theory, kristallisieren sich zwei Phänomenstrukturen als grundlegende Argumentationskomplexe heraus, in die die „Legitimationen" der Befürworter und Gegner der gleichgeschlechtlichen Ehe eingebettet sind. Diese Argumentationskomplexe verweisen darüber hinaus auch auf Handlungsstrategien und -konsequenzen. In beiden wird mit einem Begriffs- und Argumentationsraster gearbeitet, das auf einem bestimmten Kulturverständnis der Akteure aufbaut und das als handlungsleitendes Orientierungssystem, als „Sinnrahmen" mit einem (quasi-)normativen Charakter verstanden werden kann.

Zwei Legitimationsebenen haben sich in der Feinanalyse der Daten identifizieren lassen: Die eine spiegelt ein kulturelles Selbstverständnis wider, das politisch, nicht zuletzt demokratisch und an den konstitutionellen Wurzeln der amerikanischen Gesellschaft orientiert ist. Die andere entspricht einem kulturellen Selbstverständnis, das in erster Linie auf Gewohnheit, Tradition und Religion beruht. Im Folgenden wird von der *rational-konstitutionellen Legitimationsebene* und der *traditionellen Legitimationsebene* die Rede sein. Die Wahl der Begriffe erfolgt in Anlehnung an Hartmut Wassers Ausführungen zu den Prinzipien der amerikanischen Verfassung. Wasser betrachtet beide Ebenen als einen in der amerikanischen Verfassung verankerten, politikrevolutionierenden Treibsatz der Moderne, d. h. als

> „Ersetzung des traditionellen durch das rational-konstitutionelle Legitimitätsprinzip. Nicht mehr Herkunft, Brauchtum, Sitte, nicht mehr durch Tradition geheiligte Herrschaftsbestellungs- und Machtausübungsmuster legitimieren den Politikprozeß;

rechtmäßige Herrschaft wird künftig anderer Grundlagen bedürfen" (Wasser 2000: 32.).

Dass sich diese Legitimationsebenen im Datenmaterial identifizieren lassen, zeigt jedoch, dass – wenn man über die Frage von Herrschaft und Machtaus-übung hinausgeht – von einer Ablösung der traditionellen durch eine rational-konstitutionelle Ebene auch für den politischen Entscheidungsprozess nicht unbedingt die Rede sein kann, denn selbst wenn das *Verfahren* einen rational-konstitutionellen Charakter aufweist, kann die *Entscheidungsgrundlage* des Verfahrens traditioneller Art sein. Das zeigt sich beim „Federal Marriage Amendment", dessen Befürworter eben solche Argumente der Legitimation heranziehen, die die Bedeutung von Tradition in den Mittelpunkt rücken.

Wenn auch auf den ersten Blick eine vermeintlich idealtypische Trennung der Legitimationsebenen erfolgt, wird im Verlauf der Arbeit deutlich, dass eine solche Vorgehensweise künstlicher Art ist. Schnell zeigt sich, dass Argumente „überlaufen" und Argumentationslinien von Vertretern beider Seiten auf glei-chen Bezugspunkten beruhen, auch wenn diese unterschiedlich interpretiert werden. Eingebettet in die Begrifflichkeit der Wissenssoziologie von Peter L. Berger und Thomas Luckmann wird deutlich, dass es vordergründig zwar um die Legitimation einer Institution, darüber hinaus aber auch um die Legitimation der Sinnwelt geht, in die das Verständnis der Institution eingebettet ist. Beide Legitimationsebenen lassen sich somit auch als symbolische Sinnwelten begrei-fen. Durch die Massachusetts-Entscheidung ist die symbolische Sinnwelt „tradi-tioneller Art" zum Problem geworden, weil das durch sie geprägte Verständnis der Institution Familie nicht mehr trägt. Die Frage, an welcher der konkurrie-renden Wirklichkeitsbestimmungen die Gesellschaft hängenbleiben wird, lässt sich – das kann an dieser Stelle bereits vorweggenommen werden – jedoch nicht beantworten.

Weniger in die Argumentation der Legitimationsebenen eingebettet aber dennoch im Tenor der Befürworter der gleichgeschlechtlichen Ehe angesiedelt, ist die als „Herstellung von Normalität" (Kapitel 6.6) bezeichnete Phänomen-struktur des Diskurses. Dabei geht es um eine Form von „persönlicher" Legiti-mation: Argumente, die indirekt aber auch zur Legitimation der gleichge-schlechtlichen Ehe herangezogen werden. Zentrale Komponenten des „Ameri-canism", vor allem aber die Bedeutung der individuellen Leistung stehen hier im Mittelpunkt. Über die Kategorie der Leistung und des gesellschaftlichen Engagements als „getting involved" (Bellah u. a. 1996: 167) zeigt sich, dass mit der Diskussion über die gleichgeschlechtliche Ehe auch die Anerkennung von Homosexualität eingefordert wird.

Die Analyse der Daten hat die in Kapitel 7 angesiedelte und als solche bezeichnete „Konfliktebene" des Diskurses als Dimension „Individualismus vs. ‚community values'" hervorgebracht. Zusammen mit der „Herstellung von Normalität" wird hier eine Sonderstellung beider Phänomenstrukturen deutlich, denn die konfliktbezogene Dimension lässt sich ebenfalls trotz inhaltlicher Anschlüsse an den Verfassungskontext nicht eindeutig einer der Legitimationsebenen zuordnen. Die Akteure beider Seiten zeigen vielmehr Ebenen auf, auf denen der Konflikt zwischen Individualismus – und dieser ist in einer erweiterten Sichtweise nicht nur auf ein einzelnes Individuum beschränkt – und so genannten „gemeinschaftlichen Werten" entbrennen kann. Was in den Ausführungen zu den Grenzen der Forschungsperspektive kritisch angemerkt wurde, nämlich die Frage der Generalisierbarkeit, wird in dieser Kategorie durch die Akteure selbst vollzogen: die Loslösung vom Thema der gleichgeschlechtlichen Ehe. Insofern orientiert sich die auf diese Kategorie bezogene Generalisierbarkeit der Ergebnisse der Datenanalyse auch an den Generalisierungen, die die Akteure selbst vollziehen.

6.1 Bausteine der Diskursrekonstruktion: Der Weg durch die Daten

Bevor die Phänomenstrukturen des Diskurses dargelegt und erläutert werden, gilt es, die Schritte der Datenanalyse hin zur Fixierung der Begrifflichkeiten aufzuzeigen, die sich in den folgenden Kapitelüberschriften wiederfinden. Die Schwierigkeit dieses Anliegens äußert sich darin, dass – wie in Kapitel 5.2.3 angemerkt – der zurückgelegte Weg zwischen dem Lesen der Daten, dem Einfall, der mit der Benennung des ausgewählten Textabschnitts bzw. -ausschnitts in Form von Konzepten und daran anschließenden Kategorien verbunden ist, nicht aufgezeigt werden kann. Gerade der Moment des Einfalls, geleitet durch das vorliegende Datenmaterial, aber auch durch das Hintergrundwissen, das sich mit der Annäherung an das Thema angehäuft hat und im Prozess des Benennens der Phänomene nicht komplett ausgeblendet werden konnte, ist nur schwer rekonstruierbar. Mittels eines Forschungstagebuchs sind Ideen, Gliederungen, Probleme usw. im Verlauf der Datenanalyse, die nicht computergestützt durchgeführt wurde, jedoch schriftlich festgehalten worden.

Der in Kapitel 5.2 beschriebenen ersten Reduktion (1) folgte – Sender für Sender – das intensive Lesen der ausgewählten Daten (2), begleitet von dem Problem, die richtige Entscheidung bezüglich der Auswahl derjenigen Sätze oder Textabschnitte zu treffen, die sich begrifflich in ein Konzept fassen lassen. Mit der Auswahl von Textstellen und den dazugehörigen Konzepten zur Kategorisierung (3) war erneut ein Prozess der Reduktion der Daten verbunden, und zwar diesmal innerhalb eines einzeln vorliegenden Transkripts durch Kategorisierung einerseits und Ausschluss bzw. Nicht-Berücksichtigung eines Satzes oder Textabschnitts andererseits. Konzepte und Kodierungsnotizen wurden zum Teil schriftlich an den entsprechenden Textstellen festgehalten, immer aber auch unter Zuweisung einer Zitationsnummer auf separatem Arbeitsmaterial: dem Forschungstagebuch.[104]

Im Verlauf der Datenanalyse hat sich schnell gezeigt, dass die Arbeitsschritte der Konzeptbildung und des Kategorisierens parallel verlaufen. Eine solche Gleichzeitigkeit birgt prinzipiell die Gefahr, Konzepte aufgrund bereits gedanklich gebildeter Kategorien zu benennen oder aber an die Daten mit der Erwartung heranzugehen, eben diese Kategorien durch die passenden Textstellen oder Phrasen bestätigt zu finden. Nur ständiges Hinterfragen und Vergleichen, verbunden mit der gedanklichen Loslösung von dieser Art der Voreingenommenheit, können diese Gefahr zurückdrängen.[105] Der Parallelität der Arbeitsschritte zum Trotz erfolgte nach Abschluss der Benennung von Konzepten erneut ein Vergleichen und Hinterfragen, um die Vielzahl derjenigen Konzepte, denen eine bestimmte Ähnlichkeit und Zusammengehörigkeit bescheinigt werden konnte, auf der einen Seite unter dem Dach einer Kategorie zusammenzufassen und auf der anderen Seite die während der Datenanalyse vermeintlich „richtig" vorgenommene Zuordnung zu einer Kategorie zu überprüfen (4). Auf dieser Basis wurden die in Tabelle 1 dargestellten Kategorien gebildet:

---

104   Die erste Zahl jeder Zitation, wie sie im weiteren Verlauf der Arbeit Anwendung findet (z. B. 3.32.3), entspricht einer willkürlichen Zuordnung zu einem Sender: NBC = 1, CBS = 2, ABC = 3 und Fox News Channel = 4. Die zweite Zahl der Zitationsnummer bezieht sich auf die Seitenzahl, die nach der Reduktion des Datenmaterials von der ersten bis zur letzten Seite, jedoch immer senderbezogen, vergeben wurde. Die dritte Zahl der Zitationsnummer weist schließlich diejenige Textstelle oder auch diejenigen Textabschnitt aus, die bzw. der mit einem Konzept versehen wurde. Diese Nummerierung beginnt dabei auf jeder einzelnen Seite erneut mit „eins". Die Vergabe dieser dritten Zahl ist nicht akteursbezogen, sondern entspricht lediglich der Reihenfolge der Vergabe von Konzepten. Im Anhang der Arbeit erfolgt – soweit nicht bereits im Text erwähnt – die Zuordnung der Zitationsnummern zu Akteuren im exakten Wortlaut des Datenmaterials. In Ergänzung dazu werden Sender sowie Sendung, die dem Transkript zugeordnete Headline sowie das Datum der Ausstrahlung genannt. Das bedeutet auch: Eine Zitationsnummer kann sich auf verschiedene Zitate beziehen, auch wenn diese aus einem Textabschnitt stammen.

105   Zurückdrängen lässt sich nicht mit Ausschließen gleichsetzen. In dieser Art des Forschungsprozesses lassen sich Vorwissen, Vorannahmen sowie im Verlauf der Analyse entwickelte Gedankenkonstrukte, die zur perspektivengeleiteten weiteren Auseinandersetzung mit dem Datenmaterial verleiten, nie völlig ausblenden. Die Bewusstmachung dieser Gefahr kann jedoch dazu beitragen, ein gewisses Maß an „bewusster Orientierungslosigkeit" beizubehalten.

Bausteine der Diskursre-konstruktion	Phänomenstrukturen			
	Legitimation über das politisch-demokratische Selbstverständnis	Legitimation über ein kulturelles, traditionsge-bundenes Selbst-verständnis		
Kategorien	Bürgerrechte	religiöse Grundsätze	Herstellung von Normalität	Individua-lismus vs. „community values"
	Verfassung	Funktionalisierung		
	Politisierung des Privaten	Naturargument		
	Mobilisierung	Zerfallskontext		
	Trennung von Politik und Religion	Legitimität von Homosexualität		
	Verfassungszusatz	Zivilisations-geschichte		
	Föderalismus	kulturelle Selbst-verständlichkeit		
	sozialer Wandel			

Tabelle 1: Bausteine der Diskursrekonstruktion: Kategorien und Phänomenstrukturen

In Tabelle 1 wird ein weiterer Schritt sichtbar, der über die Benennung der Ka-tegorien hinausgeht: Es wird bereits eine erste Zuordnung zu dem vorgenom-men, was in den Begriff der Phänomenstruktur gefasst wurde (5). Dieser fünfte Schritt basiert auf einem Vergleich der Kategorien, in dessen Verlauf deutlich wurde, dass die argumentativen Positionen der Akteure in der Identifikation, aber auch der Benennung der Phänomenstrukturen nicht außer Acht gelassen werden können. Die Bezeichnungen sowohl von Konzepten als auch von Kate-gorien stützen sich dabei zum Teil auf Begrifflichkeiten, die sich aus dem analy-sierten Datenmaterial und somit aus dem Gesagten ergeben (sog. „In-vivo-

Kodes", vgl. Strauss/Corbin 1996: 50). Die in der Tabelle genannten Überschriften der Phänomenstrukturen lassen sich daher durchaus als „beschreibende Zusammenfassung" der Positionen verstehen, die bereits im Vorfeld als die der Befürworter und Gegner der gleichgeschlechtlichen Ehe ausgemacht wurden. Wie angedeutet, fallen zwei Überschriften aus der in der Tabelle idealtypisch vorgenommenen Zuordnung zu den Phänomenstrukturen heraus: die „Herstellung von Normalität" sowie „Individualismus vs. ‚community values'". Zwar finden sich inhaltliche Anschlüsse an die beiden Legitimationsebenen, dennoch nehmen sie eine Sonderstellung ein, die nicht durch den zwanghaften Versuch der Ein- bzw. Unterordnung aufgehoben werden soll. In der Art und Weise, wie die den Phänomenstrukturen zugeordneten Kategorien als charakteristische und durch unterschiedliche Ausprägungen charakterisierte Dimensionen des Diskurses verstanden werden, wird also auch mit den Kategorien „Herstellung von Normalität" sowie „Individualismus vs. ‚community values'" verfahren. Dass die Anwendung der Kodiertechniken nach Strauss und Corbin in Form einer *Anlehnung* an die Grounded Theory erfolgt, zeigt sich beim Schritt der schriftlichen Fixierung der Ergebnisse der Datenanalyse. Der Prozess des axialen Kodierens (6) wird nicht auf eine einzelne Kategorie angewendet, sondern übergeordnet und bezogen auf die verschiedenen Kategorien, die der jeweiligen Phänomenstruktur zugeordnet sind. Mit anderen Worten: Die verschiedenen Kategorien werden über die Anwendung des paradigmatischen Modells geordnet. Auf dieser Neuordnung, zum Teil auch unter Einbeziehung von Fachliteratur, die die Einbettung unterschiedlicher Aspekte des Diskurses auf anderen Ebenen hervorhebt, basiert schließlich die Darlegung der Phänomenstrukturen in Textform (7), wie sie in den sich nun anschließenden Kapiteln nachzulesen ist.

6.2 Gleichgeschlechtliche Ehe als Recht? Zur Perspektive eines rational-konstitutionellen Legitimationsverständnisses

Das schärfste Argument der Befürworter der gleichgeschlechtlichen Ehe ist die Verfassung der Vereinigten Staaten von Amerika, die man vor diesem Hintergrund auch als Grundlage vielfältiger gesellschaftlicher Konflikte betrachten kann. In diesem Licht sehen die Akteure ihr Ansinnen und räumen der Auseinandersetzung mit der gleichgeschlechtlichen Ehe einen so zentralen Stellenwert ein, wie er – aus historischer Perspektive betrachtet – der Frage der Bürgerrechte für Afroamerikaner in den USA des 20. Jahrhunderts eingeräumt wird. Die Analyse der Daten hat vielfältige Zusammenhänge der US-amerikanischen Verfassung im Kontext des Diskurses ans Tageslicht gebracht: Sie wird nicht nur als Bezugspunkt zur Durchsetzung von Bürgerrechten betrachtet. Aus ihr wird auch die Verpflichtung zum Handeln abgeleitet, wie beispielsweise aus der Argumentation des Bürgermeisters von San Francisco hervorgeht. Als Handlungskomponente zeigt sich die Option der Ratifizierung eines Verfassungszusatzes, mit dem Rechte und Freiheiten jedoch durchaus Einschränkungen erfahren können – je nach historisch-politischer Situiertheit.[106]

6.2.1 Gleichgeschlechtliche Ehe: „civil rights" und „civil liberties"

Die Orientierung der Befürworter der gleichgeschlechtlichen Ehe an der Verfassung erfolgt über „civil rights" und „civil liberties". Historisch betrachtet erwachsen in den USA „civil rights" aus dem verfassungsmäßig garantierten Grundrecht der Gleichheit („equality"). Sie sollen als so genannte „participatory rights" die Teilnahme am gesellschaftlichen Leben „on equal footing with others" ermöglichen (vgl. Stephenson u. a. 1988: 126). In der ursprünglichen Version der Verfassung und der Bill of Rights finden sich nur wenige Ausführungen zum Thema Gleichheit. Erst mit der Ratifizierung des 13. (1863), 14. (1868) und 15. (1870) Verfassungszusatzes ist das entstanden, was heute als „civil rights" bekannt und durch höchstrichterliche Entscheidungen durchgesetzt wurde und wird.[107] „Civil liberties" sind auf der einen Seite fundamentale Freiheiten, die verfassungsrechtlichen und gerichtlichen Schutz genießen. Auf der anderen Seite sind sie unbenannt und nicht-fundamentaler Art und können nach Ermessen durch den Gesetzgeber reguliert werden (vgl. Brugger 2002: 212). Das Recht auf Privatheit, wie es aus der „Bill of Rights" interpretiert wird, umfasst als Paradebeispiel das Recht auf Abtreibung, das aus dem 14. Verfassungszusatz abgeleitet wurde (vgl. ebd.: 101 f.):

„This right of privacy, whether it be founded in the Fourteenth Amendment's concept of personal liberty and restrictions upon state action, as we feel it is, or, as the District Court determined, in the Ninth Amendment's reservation of rights to the

---

106 Eine Flexibilität, die sich besonders im 18. und 21. Verfassungszusatz zeigt. Während beispielsweise mit dem 18. Verfassungszusatz (1919) die Prohibition in Kraft trat, wurde sie mit dem 21. Verfassungszusatz (1933) wieder außer Kraft gesetzt.

107 Mit dem 13. Verfassungszusatz wurde die Sklaverei abgeschafft, mit dem 14. Verfassungszusatz wurde den Einzelstaaten verboten, ihren Bürgern die „equal protection of the laws" abzuerkennen – auch bekannt unter dem Namen „Equal Protection Clause" – (vgl. Stephenson u. a. 1988: 126 ff.), und mit dem 15. Verfassungszusatz wurde die Einschränkung des Wahlrechts aufgrund von Rasse und Hautfarbe aufgehoben. Bekanntestes Beispiel der richterlichen Umsetzung ist die Aufhebung der „separate-but-equal"-Doktrin mit der Brown-Entscheidung im Jahr 1954.

people, is broad enough to encompass a woman's decision whether or not to terminate her pregnancy."[108]

In diesem Sinne äußert sich auch Mary Bonauto, Anwältin der Massachusetts-Kläger, nach der Entscheidung des Supreme Judicial Court vom 18. November 2003, nämlich dass ihre Mandanten „finally have the chance to be treated equally and fairly by their government and have the right to join in civil marriage" (1.1.1). Der ehemalige Präsidentschaftskandidat John Kerry spricht von „equal protection under the law" (1.10.1), und für den Demokraten Barney Frank, Mitglied des US-Repräsentantenhauses und bekanntester homosexueller amerikanischer Politiker, gilt, dass „people's sexual orientation should not be a basis for treating them as less than full citizens" (2.5.1).

Die Legitimation der gleichgeschlechtlichen Ehe über den Verweis auf Bürgerrechte ergibt sich aus Benachteiligungen auf unterschiedlichen gesellschaftlichen Ebenen, die mit „civil union" und „domestic partnership" als vermeintliche Alternativen zur Ehe verbunden sind. Diese Benachteiligungen treten insbesondere auf drei Ebenen auf: der rechtlichen, der finanziellen und der sozialen. Die Art der Benachteiligung wird deutlich, wenn man sich vor Augen hält, dass die in Vermont und Connecticut eingeführten „civil unions" den gleichgeschlechtlichen Partnern zwar die gleichen Rechte einräumen wie den Partnern der traditionellen Ehe, diese Rechte aber nur auf einzelstaatlicher Ebene Gültigkeit besitzen. Zwar obliegt die rechtliche Regelung der Ehe den Einzelstaaten. Doch Ehepaare bzw. -partner können auch Leistungen auf Bundesebene in Anspruch nehmen. Zu den wichtigsten Leistungen zählt die mit dem Social Security Act von 1935 verbundene Rentenversicherung („social security"), die im Todesfall an den hinterbliebenen Ehepartner in Form von „survivors benefits" gezahlt wird. Hinterbliebenen gleichgeschlechtlicher Partnerschaften stehen diese Leistungen nicht zu – ein häufig genannter Kritikpunkt, der sich in den Ausführungen von Cheryl Jacques, Präsidentin der Human Rights Campaign, zusammenfassen lässt:

„Civil unions does [sic] not provide the benefits to gay families and their children that marriage does. There are over 1,000 Federal benefits like Social Security survivor benefits that I pay, for example, in my paycheck each week but my children and my partner will not receive if I die. (...) The basic things that keep families strong, that help protect children" (3.31.3).

---

108 http://caselaw.lp.findlaw.com/scripts/getcase.pl?court=US&vol=410&invol=113 (Datum des Zugriffs: 17. Oktober 2006).

Die Forderung nach finanzieller Gleichberechtigung konkretisiert sich auch in steuerlichen Fragen, beispielsweise der gemeinschaftlichen Steuererklärung und Erbrechten. Gleichberechtigung wird auch verlangt, wenn es um Besuchsrechte im Krankenhaus geht.[109] Auf nationaler Ebene fußt die Forderung nach finanzieller Gleichstellung aber nicht nur auf dem Argument der verfassungsrechtlich garantierten Gleichheit, sondern auch auf einem Argument, das die Befürworter der traditionellen Ehe anbringen: dem Ruf nach einer starken, stabilen Familie. In vielen Aussagen vorzufinden und bereits mit Cheryl Jacques zitiert ist in diesem Zusammenhang der Verweis auf Kinder, so sie denn Teil der gleichgeschlechtlichen Partnerschaft sind.[110] Während die Befürworter der traditionellen Ehe auf die Bedeutung einer stabilen Familie für das Aufwachsen der Kinder verweisen, spielt dieses Argument für die Befürworter der gleichgeschlechtlichen Ehe vor allem in finanzieller Hinsicht eine wichtige Rolle, denn im Todesfall erhalten nämlich auch die Kinder Leistungen aus der Rentenversicherung. Und so wird auch auf der Internetseite der Social Security Administration damit geworben, dass „(I)n fact, 98 of every 100 children could get benefits if a working parent dies. And Social Security pays more benefits to children than any other federal program".[111] Diese Art der Stärkung der Familie durch die finanziellen Vorteile für Kinder erfährt jedoch Kritik durch Gegner wie Genevieve Wood (Family Research Council), die betonen: „The reason we regulate marriage is not about the sets of benefits we give. It's about where the majority of children are raised" (1.97.1).

Ihre Forderung nach Egalitarismus sehen die Verfechter der gleichgeschlechtlichen Ehe in einen historischen Kontext eingebettet, der nicht nur die Entscheidung des California Supreme Court aus dem Jahre 1948 zur Anerkennung der Ehe zwischen Afroamerikanern und Weißen umfasst.[112] An vorderster Stelle dieser historisch orientierten Legitimation steht die Überwindung eines verfassungsmäßig legitimierten Rassismus im 20. Jahrhundert. Die Aufhebung der „separate-but-equal"-Doktrin, die das Ergebnis der Entscheidung des Obersten Gerichtshofs der USA im Fall Plessy vs. Ferguson aus dem Jahr 1896 war, wurde mit der Brown-Entscheidung aus dem Jahr 1954 besiegelt und in den Folgejahren zum Symbol des gesellschaftlichen Umbruchs in den Verei-

---

109 So dürfen ausschließlich Familienmitglieder einen Patienten besuchen, der auf der Intensivstation liegt.

110 Laut Schätzungen im „Special Report" zum Census 2000 leben 33 % der lesbischen Paare und 22 % der schwulen Paare mit Kindern unter 18 Jahren im Haushalt (vgl. http://www.census.gov/prod/2003pubs/censr-5.pdf [Datum des Zugriffs: 21. Oktober 2006]).

111 http://ssa-custhelp.ssa.gov/pubs/10084.html (Datum des Zugriffs: 07. Oktober 2006).

112 Wie bereits an anderer Stelle erwähnt, wurde erst mit der Entscheidung des U.S. Supreme Court im Fall Loving vs. Virginia die Kriminalisierung von so genannten „interracial marriages" aufgehoben.

nigten Staaten. Der Vergleich eingeschränkter Rechte gleichgeschlechtlicher Paare mit der Doktrin erfährt jedoch eine Zurückweisung: „I resent the fact that homosexuals are trying to piggyback on the civil rights struggle of the '60s" (3.81.1). „I was born black. I was born male. Homosexuals are not born, they're made. And so, they don't qualify" (3.81.2), wie Bishop Gilbert Thompson (The Black Ministerial Alliance) argumentiert. Ob etwas als Bürgerrecht gelten darf oder nicht, bezieht sich nach den Aussagen der zitierten Akteure also auf die Infragestellung der „Natürlichkeit" von Homosexualität, d. h. darauf, ob Homosexualität angeboren ist oder nicht und damit auch auf die Frage, ob Homosexualität nicht vielmehr gewählt wird und als Lebensstil bezeichnet werden kann. Welche Bedeutung die Frage der Natürlichkeit von Homosexualität hat, wird in folgendem Zitat von Michael Warner deutlich:

> „This is one reason why so many gay people are now desperately hoping that a gay gene can be found. They think they would be more justified if they could show that they had no choice, that neither they nor gay culture in general played any role in shaping their desires" (Warner 1999: 9).

Die Forderung nach Gleichheit bildet somit die Basis und Legitimation von Unterschieden. Oder anders formuliert: Während Unterschiede das Fehlen von Gleichheit vor allem auf der Basis von Plausibilitätsstrukturen, die ihren Ursprung in religiösen und überweltlichen Instanzen finden, rechtfertigten, ist es nun die Gleichheit, die Unterschiede legitimiert.

Bei näherem Hinsehen rückt auch die Problematik der Freiheitskonzeption in der Verfassung in den Mittelpunkt. Dabei geht es um die Frage, welcher Freiheit der Stellenwert des *fundamentalen* Rechts in Abgrenzung zum *nicht-fundamentalen* Recht einzuräumen ist. Die Bedeutung dieser Unterscheidung lässt sich mit Winfried Brugger am Beispiel der Legalisierung der Abtreibung in den USA erläutern. Die Kategorisierung der Freiheiten in fundamental und nicht-fundamental entscheidet danach über die „Verfassungsmäßigkeit oder Verfassungswidrigkeit einer gesetzlichen Beschränkung individueller Handlungsvollmacht", so Brugger (2002: 213), der vier grundlegende Kriterien nennt, die in der Rechtsprechung des Obersten Gerichtshofs der USA Anwendung finden: Der fundamentalen Freiheit werden erstens die Bereiche Ehe, Familie und Erziehung zugeordnet. Deren Fundamentalität wird – auch wenn die Bereiche in der Verfassung keine Erwähnung finden – aus ihrer Verankerung in der amerikanischen Kultur und Tradition sowie ihrer im Gemeinwesen angelegten Wertschätzung abgeleitet. Zweitens gilt die Vereinigungs- und Informationsfreiheit als fundamental, die nach der Rechtsprechung „‚Emanationen' der textlich verankerten Rede- und Pressefreiheit" bilden. Als drittes fundamentales Freiheitsrecht sieht der Supreme Court „manchmal diejenigen Interessen an, die, ohne in der Verfassung ausdrücklich genannt zu sein, eine Voraussetzung der Ausübung aller im Verfassungstext angesprochenen Grundrechte darstellen" (ebd.), wie beispielsweise gleiches Wahlrecht für die Bürger. Fundamental ist viertens der Schutz von Freiheitsrechten „leicht erkennbarer und sozial isolierter" Minderheiten (vgl. ebd.), weil sie im politischen Prozess aufgrund der ihnen entgegengebrachten Vorurteile ihre Interessen weniger leicht durchsetzen können. Abtreibung, so Brugger, fällt unter keine der genannten Kategorien. Vielmehr kommt ein anderes Konzept fundamentaler Freiheit ins Spiel, das er mit Verweis auf eine weitere Supreme Court-Entscheidung in Sachen Abtreibung definiert: der bevorzugte Lebensstil.

In Doe vs. Bolton (410 U.S. 179 [1973]) argumentierte der U.S. Supreme Court, dass eine Schwangerschaft einen so starken Einfluss auf den bevorzugten Lebensstil einer Frau ausübt, dass ihr eine radikal andere und gegebenenfalls unerwünschte Zukunft aufgezwungen wird: „Elaborate argument is hardly necessary to demonstrate that childbirth may deprive a woman of her preferred lifestyle and force upon her a radically different and undesired future".[113] Lebensstil wird in dieser Entscheidung des U.S. Supreme Court als fundamentales Freiheitsrecht anerkannt. Ein solches Verständnis hätte jedoch zur Folge, dass die verfassungsrechtliche Freiheitskonzeption „einer Maximierungsstrategie individueller Wahl" unterläge und die „libertinistische Freiheitskonzeption zu einer weitgehenden Konstitutionalisierung aller Aspekte von individueller Persönlichkeitsentwicklung" führen würde (ebd.: 214). Zwar verweisen die Gegner der gleichgeschlechtlichen Ehe nicht auf den Unterschied zwischen fundamentalen und nicht-fundamentalen Freiheiten. Dennoch spiegelt sich in ihrer Argumentation das wider, was in eine Art Beliebigkeit als „anything goes" münden könnte, wie Jerry Falwell deutlich macht:

„And I -- what I'm saying is that if we're going to approve gay marriage, what about polygamy? And that's being raised in Utah right now in a court out there. What -- what about bestiality, what about incest, etc., etc." (2.34.2)?

Ähnlich argumentiert auch James Dobson von der Organisation Focus on the Family:

„If two men and two women can be said to have a marriage that's guaranteed by the Constitution, there is no way on Earth that another court, maybe the US Supreme Court, will not say that three men and two women or five and one. You reopen the

---

113 http://caselaw.lp.findlaw.com/scripts/getcase.pl?court=US&vol=410&invol=179 (Datum des Zugriffs: 17. Oktober 2006).

polygamy debate, and from there it goes to whatever anybody thinks it is"
(2.45.1).[114]

Will man den Begriff des expressiven Individualismus an dieser Stelle einfügen,
lässt sich dieser auch auf andere Bereiche ausdehnen, wie das folgende Zitat von
Arnold Schwarzenegger, Gouverneur von Kalifornien, in einer Reaktion auf die
Entscheidung des Bürgermeisters von San Francisco zur Ausstellung von
„marriage licenses" im Frühjahr 2004 deutlich macht: „Maybe the next thing is
another city that hands out licenses for assault weapons. And someone else
hands out licenses for selling drugs" (1.45.1). Für Tony Perkins (Family Research Council) gilt: „What the court is about to do is unleash chaos on our
society" (3.21.1). Metaphern wie diese erhöhen den Handlungsdruck für die
Akteure.

6.2.2 Die amerikanische Verfassung als Symbol und Instrument

> „Every tribe needs its totem and its
> fetish, and the Constitution is ours"
> (Lerner 1937: 1294).

Die Auseinandersetzung mit der amerikanischen Verfassung hebt in besonderer
Weise die unterschiedlichen Dimensionen hervor, die im Verständnis über die
Institutionen zu Tage treten und die sich in den Aussagen sowohl der Befürworter als auch der Gegner der gleichgeschlechtlichen Ehe herauskristallisieren.
Dabei geht es um die Frage nach Freiheit und Gleichheit, die Funktion der Verfassung und – letztlich daran anschließend – um die sie auslegende Instanz. Ein
moralisch brisantes Thema wird also über diejenigen Institutionen diskutiert, die
nicht nur die Grundlage der Argumentation, sondern auch den Kontext der rich-

---

114 Die Gedankenspiele „Polygamie" und „whatever anybody thinks it is" (2.45.1) erinnern an
den Begriff der „moral panics", wie Stanley Cohen (1980) ihn in seiner klassischen soziologischen Studie über Mods (englischer Begriff, der sich auf Motorroller fahrende Jugendliche in
den 1960er Jahren bezieht) und Rocker als „Abweichler" geprägt hat. Zum Thema „moral
panics" vgl. insbesondere Goode/Ben-Yahuda (1994), im Zusammenhang mit moralischer
Regulierung Hier (2002), in Gegenüberstellung zur Risikogesellschaft Ungar (2001) und
Hier (2003), als moralische Sprache in den Medien Hunt (1997). Von besonderem Interesse ist prinzipiell die Frage, inwieweit „moral panics" dazu beitragen, Angst unter den
Menschen zu schüren – und das gerade vor dem Hintergrund der zu diesem Zeitpunkt noch
bevorstehenden Präsidentschaftswahlen. Denn wie Lerner – zwar hinsichtlich der Bedeutung
von Verfassung und Supreme Court – feststellt, ist es „the terrible fear of change and the
unknown, which is to so many people more powerful even than the felt needs and pressures of
the day. For it is fear and not will that underlies a good part of our politics (…)" (Lerner 1937:
1316).

terlichen Entscheidungsfindung bilden. Die Legitimität von Verfassung und Supreme Court markiert so einen Nebenschauplatz dieser Diskursdimension.

Die amerikanische Verfassung sorgt durch die Darlegung der Organisation der Staatsgewalt und die Beantwortung zentraler Fragen nach der Herrschaftsform für „klare Verhältnisse", auch wenn nicht alle strukturellen Fragen des politischen Systems (z. B. Parteien) im Detail geklärt werden (Brugger 2002: 80). Die Verfassung überträgt und verleiht Macht, z. B. an den Kongress der Vereinigten Staaten. Auf der anderen Seite schränkt die Verfassung diese Macht ein und fungiert über die „Bill of Rights" als Hauptstütze der Bürgerrechte (vgl. Stephenson u. a. 1988: 20). Sie ist die älteste schriftliche Verfassung mit Gültigkeit, die auch revolutionäre Brüche überdauert hat. Bei der Gründung der Staatsnation USA hat sie eine Funktion übernommen, die ansonsten nur Sprache, Kultur, Religion oder historisches Schicksal ausgeübt haben (vgl. Wasser 2000: 36).

Die Bedeutung der Verfassung geht jedoch über den ordnenden Charakter hinaus: Alle Verfassungen „have an existence in men's imagination and men's emotions quite apart from their actual use in ordering men's affairs. This function has been called 'constitutionalism'" (Lerner 1937: 1294). Sie wird mit den Idealen in Verbindung gebracht, für die während der amerikanischen Revolution gekämpft wurde (vgl. ebd.: 1300). Als säkulares Dokument bricht die amerikanische Verfassung mit der europäischen Tradition der göttlichen Bestimmung der Staatsgewalt, denn sie ist kein Vertrag mehr zwischen Herrschenden und dem Allmächtigen. In der integrativen Funktion und der damit verbundenen Verkörperung der Einheit der Staatsnation zeigt sich ihr besonderer Symbolcharakter (Wasser 2000: 36). Ihre Verehrung ist bei den Amerikanern so stark ausgeprägt wie bei keinem anderen Volk, was nicht ohne Auswirkung auf politische Debatten bleibt. So wird nicht nach guter oder schlechter Politik gefragt, sondern vielmehr, ob die Politik „constitutional" ist (vgl. Stephenson u. a. 1988: 21). Stephenson u. a. machen in diesem Zusammenhang auf einen Aspekt aufmerksam, der sich zweifelsohne auch in der Diskussion über die gleichgeschlechtliche Ehe zeigt: Das amerikanische Volk greift nicht auf eine gemeinsame Ideologie zurück. Vielmehr herrscht ein unterschiedliches Verständnis über die Werte vor, die durch die Verfassung geschützt werden sollen. Moralische Konflikte werden somit auch zu konstitutionellen Konflikten, „conflicts about what the Constitution of the United States forbids – and resolved as such" (Perry 1998: 99). Die amerikanische Verfassung ist die Grundlage von Interpretationen, die als Resultat der liberalen Besetzung des Obersten Gerichtshofs von den 1950er bis 1970er Jahren in einen Methodenstreit der Verfassungsinterpretation gemündet sind. Gegenwärtig äußert sich der Konflikt über die Interpretation der Verfassung zwar weniger militant, doch stößt „das Gericht an die Gren-

zen seiner Fähigkeit, Integration zu fördern" (Brugger 2002: 103), wenn es um
Fragen geht, in denen das Volk moralisch gespalten ist. Der ambivalente Cha-
rakter der Verfassung als Symbol und Instrument wird bereits bei Edward S.
Corwin in einem Zitat aus dem Jahr 1936 deutlich:

> „While, therefore, the constitutional instrument exists to energize and canalize *pub-*
> *lic power*, it is the function of the constitutional symbol to protect and tranquilize
> *private interest or advantage against public power*, which is envisaged as inher-
> ently suspect, however necessary it may be" (Corwin 1936: 1072, Hervorh. im
> Orig., d. V.).

Die Verfassung ist für Corwin ein Symbol, weil sie vergangenheitsorientiert ist
und „links hands with conceptions which long antedate the rise of science and
its belief in a predictable, manageable causation" (ebd.). Das Wort Instrument
verweist dabei auf einen dynamischen, zukunftsorientierten Charakter:

> „It assumes that man is the master of his fate, able to impart a desired shape to
> things and events. And regarded from this point of view a constitution is *an instru-*
> *ment of popular power – sovereignty*, if you will – for the achievement of progress"
> (ebd., Hervorh. im Orig., d. V.).

Im vorliegenden Diskurs wird die besondere Bedeutung der amerikanischen
Verfassung auf zweifache Weise deutlich: Auf der einen Seite unterstreichen
Entscheidungsträger wie Gavin Newsom, Bürgermeister von San Francisco, und
Jason West, Bürgermeister von New Paltz im US-Bundesstaat New York, die
Verpflichtung, die sie gegenüber der Verfassung empfinden, die sie aus ihr
interpretieren und aus der heraus sie handeln: „The Constitution sets forth rights
and has been used to expand our freedoms and has been used to fight discrimination", so Gavin Newsom (2.75.1). Und mit dem Schwur auf die Verfassung
bei Amtsantritt sieht er auch eine Verpflichtung gegenüber den Bürgern gegeben: „Oath of office says crystal clear, and we took an oath not to discriminate"
(1.43.2), „I felt 100 percent compelled and 100 percent secure in my believes
that I had to be consistent with the oath of office, to begin to provide marriage
licenses in a nondiscriminatory manner here in San Francisco" (2.84.3). Die
Gleichsetzung der Verfassung mit Freiheit und Gleichheit und das Verständnis
von Verfassungszusätzen als Erweiterung dieser Rechte werden hier ebenfalls
deutlich: „17 times it's been amended. 17 times to protect people. This would be
the only time an amendment has been added to restrict people's rights" (3.74.1),
so die amerikanische Entertainerin Rosie O'Donnell. Mit einer „rhetorischen
Mehrheit" wird die Skepsis gegenüber einem Verfassungszusatz untermauert:
„Fifty-eight percent of Americans today do not support it. They're not dumb.

They recognize that constitutional amendments are designed to liberate people, not to strike them down and minimize and marginalize them" (4.91.1).

Der instrumentelle Charakter verweist sowohl auf die Dynamik als auch auf die Handlungskomponente, die mit der Verfassung verbunden und aus der heraus sie verstanden wird. Auf der anderen Seite wird die Verfassung ihrem symbolischen Charakter im Sinne Corwins gerecht, wenn sie – wie in diesem Fall durch einen von den Verfechtern der traditionellen Ehe befürworteten Verfassungszusatz – dazu dienen soll, traditionelle Sichtweisen und eingelebte Gewohnheiten zu sichern. Für Jerry Falwell wird dieses Verständnis neben einer ablehnenden Wertung gleichgeschlechtlicher Partnerschaften offensichtlich: „--I don't want the state being on record as granting constitutional protection for immoral behavior" (2.10.3), „I think the only real cure is what we are doing and that's a--a federal marriage amendment" (2.10.5). Der dynamische und instrumentelle Charakter der Verfassung wird dann akzeptiert, wenn durch einen Verfassungszusatz bisher gültige Normen und Werte gefestigt werden. Es lässt sich somit ein Spannungsverhältnis zwischen der Verfassung als Instrument und der Verfassung als Symbol ausmachen. Die Option der Ratifizierung eines Verfassungszusatzes wird von den Befürwortern der gleichgeschlechtlichen Ehe jedoch kritisch betrachtet. Aber nicht nur, weil sie in dieser Option eine Beschneidung ihrer Rechte und Freiheiten sehen, sondern weil das Antasten der Verfassung an sich schon als falscher Schachzug begriffen wird:

> „And that's when politicians start messing with the Constitution, trying to change this very beautiful and simple document that says we're all equal under the law. (…) And that's why we shouldn't mess with the Massachusetts constitution. And that's why we shouldn't mess with the Federal Constitution" (3.31.1).

Doch so idealtypisch die Trennung zwischen Instrument und Symbol und die Zuordnung zu Gegnern und Befürwortern der gleichgeschlechtlichen Ehe zunächst scheint, so verschwommen ist sie in der Realität. Denn auch von Gegnern der gleichgeschlechtlichen Ehe wird ein Zusatz zur Verfassung kritisch gesehen:

> „I consider the constitution of the United States of America to be the most profound and important document ever penned by the hand of man. And I think we ought to tread very, very carefully before we start using it as an affirmative tool to dictate social policy in this country" (3.71.1),

so der ehemalige Kongressabgeordnete und Republikaner Bob Barr. Die Schnittstelle zwischen der Ablehnung der gleichgeschlechtlichen Ehe und der Ablehnung der Ratifizierung eines Verfassungszusatzes macht daher auch deutlich, dass die Verfassung ein einzigartiges Symbol darstellt, dessen Veränderung selbst dann abgelehnt wird, wenn damit ein anderes Symbol, nämlich die Institution Ehe, „gerettet" werden kann. Da nützt es scheinbar auch nichts, Mehrheiten hinter der Ablehnung der gleichgeschlechtlichen Ehe aufzubauen. Der Vorstellung, dass die Mehrheit im Staate herrschen könne, stößt somit an Grenzen.[115] Die verfassungsrechtlichen Hürden zur Ratifizierung eines Verfassungszusatzes sind zudem hoch. Mit Rubenfeld könnte man auch sagen, dass die amerikanische Verfassung sich jederzeit über einen mehrheitlichen Willen des Volkes hinwegsetzen kann:

> „American constitutionalism affirms that there are limits *legitimately and rightfully* imposed on majority will by virtue of a certain kind of democratically enacted text until that text is amended through appropriate (onerous, supermajoritarian) procedures" (vgl. Rubenfeld 1998: 196, Hervorh. im Orig., d. V.).

Rubenfeld führt in diesem Zusammenhang weiter aus, dass – wäre die amerikanische Verfassung konform mit dem Willen der Mehrheit – ihre Legitimität hier an Grenzen stoßen würde. Mit anderen Worten: Hängt die Legitimität der Verfassung nur von einem Mehrheitswillen ab, ist der Preis zur Erreichung dieser Legitimität „constitutionalism itself" (ebd.: 197). Auch die latente Hürde der psychologischen Hemmschwelle, das zentrale Symbol der amerikanischen Gesellschaft – „its totem and its fetish", wie Lerner (1937: 1294) es formuliert – zu verändern, verweist auf ihre einzigartige Bedeutung. Die Verfassung fungiert somit als Handlungsgrenze, als „Heiligtum", das auch in Fragen zentraler kultureller Bedeutung nicht ohne weiteres angetastet werden und dem Willen einer Mehrheit ausgeliefert sein soll.

An dieser Stelle erfolgt die Anknüpfung zum U.S. Supreme Court, und man kann den Ausführungen Lerners folgen, der beide Institutionen, Verfassung und Supreme Court, als miteinander verwobene Symbole betrachtet. Die Richter des Supreme Court sind nicht nur die Interpreten der Verfassung. Der Supreme Court ist „exercising a guardianship over the Constitution" (Lerner 1937: 1293). Im Rahmen des „judicial review" können die Richter die Verfassungsmäßigkeit von Bundesgesetzen überprüfen und für nichtig erklären. Sie folgen in ihren Entscheidungen dann nicht unbedingt dem Willen einer Mehrheit in der Bevölkerung, sondern „gegenwartsbezogenen Legitimitätserwägungen" (Brugger

---

115 Tocqueville diagnostiziert weiter: „Die moralische Herrschaft der Mehrheit fußt ferner auf dem Grundsatz, die Interessen der größeren Zahl hätten denen der kleineren vorzugehen" (Tocqueville 1994: 141).

2002: 102).[116] Natürlich ist bei gerichtlichen Entscheidungen dieser Art die Tatsache der Ernennung der Richter und die damit verbundene Nähe zu den politischen Verhältnissen der Zeit keine Unbekannte. Doch die politischen Verhältnisse können sich ändern, während die auf Lebenszeit berufenen Richter bleiben. Ein Graben kann sich also öffnen zwischen dem Interpretivismus der Richter und dem demokratisch-prozessualen, politischen Volkswillen (vgl. Shell 1998: 259; Brugger 2002: 131 ff.), wie im Fall Roe vs. Wade durch den U.S. Supreme Court oder in der Goodridge-Entscheidung durch den Obersten Gerichtshof von Massachussets geschehen. Der Wille einer (vermeintlichen) Mehrheit ist für die Richter kein Anhaltspunkt, denn: *„(t)he symbol of the many becomes the instrument of the few, and all the better instrument for being such symbol"* (Corwin 1936: 1080, Hervorh. im Orig., d. V.).

6.2.3 Politisierung des Privaten: Gleichgeschlechtliche Ehe als Mobilisierungsfaktor

Von Bedeutung für das Verständnis des Diskurses ist die Tatsache, dass der für die Analyse ausgewählte Zeitabschnitt in den Wahlkampf um das Präsidentenamt in den USA im Jahr 2004 fällt. Der Wahlkampf ist daher nicht nur Kontextwissen, sondern auch Teil des Diskurses, der von den Beteiligten als solcher auch formuliert („This whole issue, now that the Massachusetts court has ruled, will become the major domestic issue in the upcoming election cycle", 3.3.2) und durch die öffentliche Diskussion über die gleichgeschlechtliche Ehe wiederum beeinflusst wird. Es steht jedoch außer Frage, dass in dieser Arbeit nicht dargestellt werden kann, wie der Diskurs anders hätte verlaufen können, wenn kein Wahlkampf stattgefunden hätte. Das ist nicht nur eine Frage der Machbarkeit, sondern vor allem eine der Messbarkeit. Auf der anderen Seite wird in den USA ein Wahlkampf durchaus dann eingeläutet, wenn ein Thema brisant ist – mehr oder weniger unabhängig davon, wie viel Zeit zwischen prägendem Ereignis und Wahlkampf liegt.

Die Besetzung dieser Dimension mit unterschiedlichen Einzelthemen hebt die Komplexität des Diskurses hervor, denn es geht auch um die Profilschärfung der beiden großen politischen Parteien und ihrer zu diesem Zeitpunkt für die Präsidentschaftswahl nominierten Kandidaten George W. Bush und John F. Kerry über das „social issue" gleichgeschlechtliche Ehe, die Festigung der Positionen und Meinungen über öffentliche Mehrheitsverhältnisse, die Unterstüt-

---

116 Der dynamische Charakter der amerikanischen Verfassung spiegelt sich unter anderem in der *„elasticity* in the language of the Constitution" (Stephenson u. a. 1988: 43, Hervorh. im Orig., d. V.) wider.

zung konservativer und religiöser Gruppierungen und die Mobilisierung der
Gesellschaft, aber auch um die Frage nach der Rechtmäßigkeit der Diskussion
von Privatem im politischen Kampf. Im Vorfeld der in dieser Arbeit themati-
sierten Gegenüberstellung „Individualismus vs. ‚community values'" zeigt sich
zudem die Forderung der Zurückstellung persönlicher Meinungen zugunsten
einer politischen Zugehörigkeit.

Die Profilschärfung erfolgt jedoch weniger über klare Positionen der Vertreter beider Parteien als vielmehr über diejenigen Organisationen und deren
Vertreter, die mit einer der Parteien sympathisieren, und – wie beispielsweise
James Dobson – auf die „striking difference between the parties" (2.46.5) hinweisen. Am deutlichsten artikuliert wird dies von den konservativen und vielfach religiösen Organisationen als Bekenntnis für George W. Bush und die
Partei der Republikaner, die in diesem Zusammenhang auch eine Verpflichtung
des Präsidenten George W. Bush sehen, zu diesem Thema grundsätzlich Stellung zu beziehen, wie in der Aussage von Gary Bauer (Preservation of American Values) deutlich wird:

> „Well, he ran as a conservative. It would've been bizarre for this President to stand
> by while four judges in Massachusetts and an out of control mayor in San Francisco
> redefined marriage for the nation. I mean, this idea that the great majority of the
> country and a conservative President are supposed to be silent in the face of this
> attack on marriage, is just absurd" (3.68.1).

Ebenso sieht Gary Bauer die Mehrheit des amerikanischen Volkes hinter dem
amtierenden Präsidenten: „There's no other issue on the president's agenda
where he's got 65 percent approval" (1.60.2). Nicht nur Bauers Aussage ist
beispielhaft für die Unterstützung des US-Präsidenten durch religiöskonservative Gruppierungen und Organisationen. Auch Randy Tate, ehemals
führender Kopf der Christian Coalition, bezeichnet in einem Interview zum
Thema gleichgeschlechtliche Ehe diese als „hot topic" im Wahlkampf. „I mean,
I think overwhelmingly, the American people, in poll after poll, have show [sic]
that they believe marriages provides [sic] stability to society" (4.9.1). Die
„Mehrheitskomponente" in diesen Zitaten lässt an Alexis de Tocqueville denken, der als ein Ergebnis seiner Reise durch die USA festhielt, dass

> „(s)chon die ersten Einwohner der Vereinigten Staaten die Vorstellung dorthin mit
> (brachten), die Mehrheit habe vermöge ihrer Einsicht das Recht, im Staate zu herr-
> schen. Diese Vorstellung (…) ist heute in die Sitten eingegangen, und man kann sie

bis in die kleinsten Lebensgewohnheiten hinein verfolgen" (Tocqueville 1994: 141 f.).[117]

Doch die politische Zuordnung von Gegnern und Befürwortern der gleichgeschlechtlichen Ehe zu einer der beiden großen Parteien lässt sich auch hier nicht so idealtypisch vornehmen, wie das zunächst zu vermuten ist. Denn auch unter konservativen Vertretern und republikanischen Politikern und Abgeordneten gibt es solche, die keine heterosexuelle Partnerschaft pflegen und sich offen zu ihrer Homosexualität bekennen, wie das bei den Log Cabin Republicans der Fall ist. Zugleich wird auf der konservativen Seite betont, dass die Frage der gleichgeschlechtlichen Ehe keine parteipolitische, sondern eine gesellschaftliche ist, die parteiübergreifend entschieden wird, ein „issue that transcends normal party boundary lines" (3.64.1).

Die Massachusetts-Entscheidung erweist sich gerade für religiöskonservative Gegner der gleichgeschlechtlichen Ehe als mobilisierender Faktor für den bevorstehenden Wahlkampf: „They have, in many ways, awakened a sleeping giant here" (2.3.2). Mobilisiert wird über den Verweis auf Mehrheiten zur Untermauerung und Legitimierung der eigenen Perspektive, aber auch über Hinweise auf eine vermeintlich bereits mobilisierte Bevölkerung, verbunden mit der Aufforderung, sich dieser (Mehrheit) anzuschließen: „In fact, we are already seeing unity like we've never seen before" (1.5.1) – eine Einheit, die sich auch als strategische Allianz begreifen lässt: „And groups like ours, the Alliance Defense Fund, will be fighting the efforts to export these marriages from Massachusetts" (1.117.3). Die gleichgeschlechtliche Ehe wird aber auch für den Durchschnittsamerikaner als wahlentscheidendes Thema angesehen: „but the fact is, this is a winning issue with your typical soccer mom and your NASCAR dad" (4.167.1), so Lori Waters von der Organisation Eagle Forum.[118]

Als gesellschaftlich vereinigender Mobilisierungsfaktor wird die Ablehnung der gleichgeschlechtlichen Ehe für die Entscheidung des Kongresses über das „Federal Marriage Amendment" im Spätsommer 2004 angesehen:

„It's a bipartisan issue. We certainly have a bipartisan support out by the American people. You know, the Black Americans, the Hispanics, as well as Asian families

---

117 Die Mehrheit, von der auf konservativer Seite die Rede ist, lässt sich nicht leugnen. Im Februar 2004 lehnen 63 % der Amerikaner die gleichgeschlechtliche Ehe ab (The Pew Research Center 2006: 1). Die hohe Ablehnungsrate hat sich bis zum Ende des Präsidentschaftswahlkampfes gehalten und ist dann auf 51 % im März 2006 gefallen.

118 Das Eagle Forum wurde 1972 gegründet und bezeichnet sich selbst als „Leading pro-family movement", das vor allem die Institution der Ehe und die Rolle des „fulltime homemaker" ehrt (http://www.eagleforum.org/misc/descript.html [Datum des Zugriffs: 18. November 2006]).

all agree that we need to maintain the idea of a traditional family. It's real popular with them. And plus, the support of the Republicans throughout the country, I think, we've got a good movement going" (4.162.2).

In der Tat sind gleichgeschlechtliche Ehe und Homosexualität „populäre" Themen bei den genannten Mitgliedern der amerikanischen Gesellschaft, wie Kornegay (2004) und Lewis (2003) am Stichwort „black homophobia" verdeutlichen. Und folgt man der „Poll of Asian Pacific Islanders on the 2004 Presidential Election", dann befürworten nur 21 % der Befragten die gleichgeschlechtliche Ehe (vgl. New California Media 2004: o. S.).[119] Die Unterstützung, die Senator Wayne Allard (Republikaner, Colorado), Mitverfasser des „Federal Marriage Amendment", hier propagiert, bezieht sich somit auf Bevölkerungsteile, die tendenziell traditionelle Familienwerte befürworten.

Letztendlich wird aber mit dem Scheitern des FMA im Spätsommer 2004 deutlich, dass der Wunsch einer Mehrheit nicht unbedingt dem Wunsch der Entscheidungsträger entspricht, auch wenn Jerry Falwell in einem Interview vom 19. November 2003 noch auf die Millionen Unterstützer verweist: „I think the only real cure is what we are doing and that's a -- a federal marriage amendment ... a constitutional amendment to the US Constitution, and we have a Web site, onemanonewoman.com. Millions of people are now behind" (2.10.4). Lässt man unberücksichtigt, dass es die Konservativen (mit den genannten Ausnahmen wie den Log Cabin Republicans), also die Vertreter einer eher traditionellen Sichtweise, sind, die mit dem Argument der Mehrheiten kämpfen, tritt auf der Ebene der Befürworter der gleichgeschlechtlichen Ehe ebenfalls ein Aspekt der Mobilisierung in den Vordergrund – jedoch nicht thematisiert von den Befürwortern, sondern kritisiert durch die Gegner. Hierbei geht es auch um eine politische Zuordnung von potenziellen Wählern, jedoch im Zusammenhang mit den in den USA typischen Wahlkampfspenden. Argumentiert wird über politische Einflussnahme durch Finanzierung:

„10 percent of all the money that comes into the Democratic Party and Democratic candidates comes from gay activists. They have a group called the Gay and Lesbian Democratic Leadership Council. It has 300 members that give $ 10,000 a year. (...) they're responding to an activist agenda that's trying to push their issue" (4.10.4).

Im Schatten des Wahlkampfes und der Suche nach Mehrheiten für einen Verfassungszusatz kommt es auch zu einer Politisierung des Privaten. Kritisch sieht

---

119   Die „Poll of Asian Pacific Islanders on the 2004 Presidential Election" wurde rund zwei
      Monate vor den Wahlen im November 2004 veröffentlicht. Die Ergebnisse beziehen sich auf
      eine repräsentative Umfrage registrierter „Asian and Pacific Islander" (APIA)-Wähler.

der Bürgermeister von Nyack (US-Bundesstaat New York), John Shields, der selbst in einer gleichgeschlechtlichen Partnerschaft lebt, die Öffentlichmachung privater Beziehungsangelegenheiten:

> „It's very unfortunate the government thinks it can interfere in people's lives because I look upon relationships between people as something that people decide between themselves, and I think the government has no business interfering into it" (4.119.1).

Die Öffentlichmachung als Politisierung des Privaten zeigt sich in besonderer Weise in der Person des amerikanischen Vizepräsidenten, dessen Tochter lesbisch ist. Richard „Dick" Cheney vertritt eine von der des Präsidenten abweichende Meinung zu dem Thema: „My general view is that freedom means freedom for everyone. People ought to be free to enter into any kind of relationship they want to" (2.157.2). Jedoch wird eine Linie gezogen zwischen persönlicher Meinung und damit verbundenen Wertvorstellungen als Privatsache auf der einen und „gemeinschaftlichen Werten" im Falle einer Politisierung des Privaten auf der anderen Seite, die nicht miteinander im Einklang stehen müssen und sollen, wie aus der Aufforderung Perkins' hervorgeht: „The vice president is better at speaking about smart bombs than smart domestic policy" (2.151.1). Die Trennung dieser Sphären wird im amerikanischen Präsidentschaftswahlkampf 2004 zumindest *auf* der Bühne gepflegt: „Dick also said the President sets policy for the administration (...)" (2.158.1).

Hatte man zu Beginn der vorhergehenden Kapitel noch den Eindruck, die rational-konstitutionelle Legitimationsebene entspräche stärker dem kulturellen Selbstverständnis der Befürworter der gleichgeschlechtlichen Ehe, ist man im Verlauf der Datenanalyse eines Besseren belehrt worden. Der Versuch einer klaren Abgrenzung ist auch bei den im Folgenden dargestellten rational-konstitutionellen Handlungsoptionen und -folgen nicht möglich.

6.2.4 Rational-konstitutionelle Handlungsoptionen und -folgen

Die Handlungsoptionen tragen gedanklich zunächst an die Ausgangslage zurück und greifen Aspekte auf, die zum Teil bereits thematisiert wurden. Auf der rational-konstitutionellen Legitimationsebene kristallisieren sich drei Handlungsoptionen heraus:

1. die Vorstellung, die traditionelle Ehe durch die Ratifizierung eines Verfassungszusatzes retten zu können,

2. die Entscheidung über den Umgang mit der gleichgeschlechtlichen Ehe auf einzelstaatlicher Ebene zu belassen und

3. die Möglichkeit des „Aussitzens", verbunden mit der Hoffnung, die Mehrheit der Bevölkerung „mit der Zeit" auf die Minderheitenmeinung und *für* die gleichgeschlechtliche Ehe einzustimmen.

In einem ersten Anlauf ist der Verfassungszusatz FMA zwar gescheitert, in dem untersuchten Diskursausschnitt, der in vorliegender Arbeit zeitlich durch dieses Scheitern abgegrenzt wird, jedoch ein aktuelles Thema. Ein Zusatz zur Verfassung als „Federal Marriage Amendment" erweist sich als die zentrale Handlungsoption für die Verfechter einer traditionellen, politisch konservativen Sichtweise, um ihre „traditionelle Wirklichkeitsbestimmung" (Berger/Luckmann 1997: 131) zu stützen. Als „real cure" wurde die Möglichkeit eines Verfassungszusatzes bereits im Zitat von Jerry Falwell (2.10.4) bezeichnet, auch wenn der republikanische Senator Wayne Allard um die Schwierigkeit der Ratifizierung weiß: „We hope that eventually over the years, as we move this amendment forward to be able to get the Constitution amended" (4.162.1). Im demokratischen Staat erweisen sich also rational-konstitutionelle Handlungsoptionen auch für Akteure mit „traditionellen Sichtweisen" als Instrument, um die damit verbundene Wirklichkeitsbestimmung auf politischem Weg zu institutionalisieren. Das bedeutet auch: Rational-konstitutionelle Handlungsoptionen entsprechen nicht unbedingt rational-konstitutionellen Sichtweisen. Und auch hier wird deutlich, dass zwischen beiden Legitimationsebenen eine idealtypische Trennung gerade auf Handlungsebene nicht möglich ist, zumal das Handeln beider Seiten grundsätzlich an die vorgegebenen demokratischen Strukturen und die daraus erwachsenen Handlungsmöglichkeiten gebunden ist und die Akteure sich (meistens jedenfalls) auch innerhalb dieser Grenzen bewegen. Zu berücksichtigen ist zudem, dass gerade die Möglichkeit der Veränderung der amerikanischen Verfassung durch einen Zusatz aufgrund der entsprechenden Ausführungen in Artikel 5 selbst Thema der Verfassung ist und somit durch ein gewisses Maß an Ambivalenz gekennzeichnet ist. Ob und wie eine Veränderung der Verfassung motiviert ist – traditionell oder rational-konstitutionell (oder auch anders) –, und ob und wie die jeweiligen Vorstellungen durchgesetzt werden können oder vielleicht doch scheitern, das ist eine andere Frage. Dennoch: Die Verfassungsväter haben der Verfassung Dauerhaftigkeit durch die Möglichkeit des Wandels verliehen. Und wie gesehen, beruht dieser Wandel nicht ausschließlich auf ratifizierten Verfassungszusätzen, sondern ist vor allem ein Resultat von (Neu-)Interpretationen durch den Supreme Court der Vereinigten Staaten.

Das Argument der Befürworter (und manchmal auch der Gegner) der gleichgeschlechtlichen Ehe, die Entscheidung über den rechtlichen Umgang mit gleichgeschlechtlichen Partnerschaften auf einzelstaatlicher Ebene zu fällen, zeigt ein föderales Selbstverständnis auf, das sich in der konfliktreichen Beziehung zwischen den Einzelstaaten und dem Bund äußert. Die Befugnisse des Bundes sind in der Verfassung im 8. Abschnitt von Artikel 1 dargelegt, während der 10. Zusatzartikel die Rolle der Einzelstaaten dahingehend definiert, dass die „Machtbefugnisse, die von der Verfassung weder den Vereinigten Staaten übertragen noch den Einzelstaaten entzogen werden, (...) den Einzelstaaten oder dem Volke vorbehalten (bleiben)".[120] Die Trennung der Zuständigkeitsbereiche ist somit ein „integraler Bestandteil der politischen Kultur der USA" (Falke 1998: 264) und entspricht einem kulturellen Selbstverständnis, das auch im Diskurs zum Tragen kommt, wie in den (Wahlkampf-)Worten John F. Kerrys deutlich wird: „I think it is absolutely wrong to ask for a federal constitutional amendment when for 200 years the states have always had the right to take care of this" (1.67.1). Der demokratische Abgeordnete Barney Frank argumentiert ebenfalls über das historische Verhältnis zwischen Einzelstaaten und Bund:

> „The -- what's pending in Congress is an amendment that would for the first time in 220 years have the federal government say to a state, You're not in charge of marriage, we are. (...) Should the federal government step in and stop Massachusetts from doing something which is being done according to the Massachusetts rules?" (1.19.1).

Und mit Blick auf unterschiedliche Regelungen zu Heiratsalter und „interracial marriages" führt er weiter aus: „historically states have had different marriage patterns" (1.20.1). Patrick Guerriero von den Log Cabin Republicans sieht in der einzelstaatlichen Entscheidung sogar die Grundlage eines „guten Konservatismus": „Ultimately, as good conservatives, we should let the states make these choices" (4.2.1). Damit greift er einen zentralen Wert konservativer Politik auf, um den von konservativen Kritikern der gleichgeschlechtlichen Ehe unterstützten Verfassungszusatz zu kritisieren. Das Recht auf Interpretation der einzelstaatlichen Verfassung ist daher in den Kontext der Unabhängigkeit des Einzelstaats vom Bund eingebettet und wird als kulturelle Selbstverständlichkeit betrachtet:

> „The fact is that we are talking here about something that affects only the people involved and, by the way, only in Massachusetts. It won't go to the US Supreme

---

120 http://usa.usembassy.de/etexts/gov/gov-constitutiond.pdf (Datum des Zugriffs: 25. November 2006).

Court because what the Massachusetts court said was as they interpret the Massachusetts Constitution, which is their right under our system of government, they find this to be a right in the Massachusetts Constitution" (2.10.1).

Diese Argumentation wird aber auch in entgegengesetzter Richtung verwendet: „Marriage in New York is between a man and a woman, period. That's the law. It's been that way for 200 years" (1.73.1), so der republikanische Gouverneur von New York, George Pataki. Hier wird nicht nur die traditionelle Ehe als kulturelle Selbstverständlichkeit aufgefasst, sondern gleichzeitig darauf hingewiesen, dass diese als kulturelle Selbstverständlichkeit auch eine Entscheidung des Bundesstaates New York ist.

Als argumentative Schnittmenge zwischen einzelstaatlichen Heiratsregelungen und Eingreifen auf Bundesebene erweist sich die Geldfrage. Bereits in der Auseinandersetzung mit der Frage der Bürgerrechte ist darauf hingewiesen worden, dass nur die gleichgeschlechtliche Ehe, nicht aber die „civil union", gleichgeschlechtlichen Paaren finanzielle Leistungen auf staatlicher Ebene garantiert. Das sieht auch der zu dieser Zeit amtierende Gouverneur von Massachusetts, Mitt Romney:

> „But fundamentally, the decision's gonna have to be made at the Federal level. Because most of the benefits which gay couples are looking for are Federal benefits, taxation, and inheritance. These aren't decided by state courts. They're decided instead at the Federal level" (3.9.2).

Die Dimension der bundesstaatlichen Einmischung erstreckt sich jedoch auch auf konkrete einzelstaatliche finanzielle Leistungen: „This particular amendment is intended not only to deny marriage in all states for all times, but also to deny protections and health benefits at the state level to gay people and to unmarried heterosexuals" (2.31.1), so Evan Wolfson, Präsident von Freedom to Marry. Zwei Aspekte treten hier in den Vordergrund: erstens der konfliktreiche Charakter der Beziehung der Einzelstaaten zum Bund und zweitens der bereits angeschnittene „Federal Defense of Marriage Act" (DOMA) – eine Gesetzgebung, die es Einzelstaaten ermöglicht, die rechtliche Anerkennung einer in einem anderen Einzelstaat geschlossenen gleichgeschlechtlichen Ehe zu verweigern. Ob auf einzelstaatlicher Ebene nun für oder gegen die gleichgeschlechtliche Ehe entschieden wird: Der Verfassungszusatz, der den Einzelstaaten die Entscheidung über die Voraussetzungen zur Eheschließung aus der Hand nehmen könnte, wird gleichzeitig als eine Art „Entmündigung" betrachtet. Und trotz der Konfliktlinie, die sich aus der Frage der gegenseitigen einzelstaatlichen Anerkennung ergibt, wird auch im untersuchten Diskursausschnitt eine Trennlinie gezogen: „But I do think it's important to separate the two issues: Should the federal government say no state can make this decision for itself? That's a separate question from saying: States don't have to follow others" (4.26.4). Gegner der gleichgeschlechtlichen Ehe wie Jerry Falwell betrachten die Folgen eines Verfassungszusatzes jedoch als schwerwiegender: „I want to see our children and children's children guaranteed that a family forever is one man and one woman, period" (2.10.8). Hier zeigt sich, dass die Folgen eines möglichen Verfassungszusatzes – auch unabhängig vom Inhalt – in engem Zusammenhang zur Bedeutung der Verfassung als Symbol stehen.

Die dritte Handlungsoption, die hier als „Aussitzen" bezeichnet wird, entspricht eher einem Unterlassen und Dulden als Formen von Handlung. Diese Handlungsformen beziehen sich vorrangig auf die Nicht-Ratifizierung des FMA und die Befürwortung der Entscheidung durch die Einzelstaaten oder – wie in Massachusetts – die Institutionalisierung der gleichgeschlechtlichen Ehe durch die richterliche Entscheidung in einem Einzelstaat. Worum es hier aber unterschwellig auch geht, ist die Frage, wie sozialer Wandel möglich ist. Diese Frage mit all ihren Dimensionen lässt sich an dieser Stelle nicht in ausreichendem Maße ausführen. Aber es genügen auch Indikatoren des vorliegenden Diskursausschnitts, um eine Idee über die Komplexität des Phänomens zu vermitteln, die sich in unterschiedlichen Aussagen und Vergleichen der Akteure zeigt. Was die Protagonisten damit meinen, wird in der Aussage von Mary Bonauto deutlich: „I, I think this is very much like that 1948 decision in California where California became the first state supreme court ever to strike down a ban on interracial marriage" (3.7.2). Der Vergleich mit der Rassenthematik wird auch von Gavin Newsom aufgegriffen, indem er die Supreme Court Entscheidung Loving vs. Virginia aus dem Jahr 1967 thematisiert:

> „in 1958, there was [sic] polls showing as high as 96 percent of whites in this country were opposed to interracial marriages. It took 'til 1967, in Louving [sic] vs. Virginia to end that practice in 16 states, to allow blacks to marry whites, whites to marry Asians and the like. If we wait for the right time we'll never advance the cause for any discrimination in this country" (3.66.1).

Und in einem anderen Zusammenhang führt Newsom aus: „If we wait for the majority to determine what's right, then there will never be justice in this country" (3.86.1). Ähnlich sieht es Richard Goodstein, demokratischer Berater:

> „I don't think this is a question where majority rules is equal to right and wrong. A hundred years ago, people, most people didn't think blacks should marry whites.

Now you've got Clarence Thomas married to a white woman and Strom Thurmond fathering a black child" (4.11.3).[121]

Am Beispiel der Grundsatzentscheidungen des U.S. Supreme Court wird sichtbar, dass auch Minderheitenentscheidungen mit der „Zeit eine im Vordringen befindliche Meinung" stärken und zur vorherrschenden machen können (vgl. Brugger 2002: 102). Und gerade dies wird von Befürwortern der gleichgeschlechtlichen Ehe als Bestandteil des kulturellen Selbstverständnisses der USA aufgefasst, wie in der Aussage Molly McKays von der Organisation Marriage Equality deutlich wird: „And America has this wonderful history of writing past things wrong" (4.22.2).[122] Die Bedeutung des Mehrheitswillens wird in Frage gestellt, denn Wandel in der Gesellschaft muss aus dieser Sicht nicht unbedingt von Mehrheitsentscheidungen ausgehen. In dieser dritten Handlungsoption tritt auch die Vorstellung der Befürworter der gleichgeschlechtlichen Ehe hervor, dass (in den Daten nicht weiter definierte) „positive" Erfahrungen mit der gleichgeschlechtlichen Ehe die Akzeptanz derselben über die Zeit hinweg fördern. Ausgehend von einem in Massachusetts erwarteten Verfassungsreferendum glaubt Barney Frank, dass

> „after people have seen how little same-sex marriage affects people who aren't in them, and we are making same-sex marriage an option, it will nowhere be mandatory, once you've done that, I think we'll win the referendum" (3.68.2).

Akzeptanz und Normalität der gleichgeschlechtlichen Ehe werden somit als „Ergebnisse der Zeit" betrachtet:

> „a lot of traditions in our country have changed as we've learned more and as we've understood more. And we really believe that this is another tradition that when people understand how unfair it is to discriminate against us or to deprive us of our rights just because we happen to be lesbians, I think the attitudes will change" (1.98.1).

In Kapitel 6.6 wird diesem Punkt unter der Überschrift „Herstellung von Normalität" weitere Aufmerksamkeit zuteil.

---

121   Clarence Thomas ist Richter am U.S. Supreme Court. James Strom Thurmond, ehemals Senator von South Carolina (sowohl für die Demokraten als auch für die Republikaner) und bekennender Rassist, starb 2003 im Alter von 101 Jahren. In den 1920er Jahren hatte er eine Affäre mit einer afroamerikanischen Hausangestellten, die 1925 ein gemeinsames Kind zur Welt brachte.

122   Adams und Steinmetz formulieren diese Überlegung mit Blick auf die Familientheorie wie folgt: „Changes in theoretical perspectives result from new evidence as well as from ideological changes" (Adams/Steinmetz 1993: 75).

Im Ergebnis lassen sich die skizzierten Handlungsoptionen in ein Zitat von Peter L. Berger und Thomas Luckmann fassen. Ihrer Auffassung nach behindern „(t)raditionelle Wirklichkeitsbestimmungen (...) sozialen Wandel. Umgekehrt beschleunigt der Zusammenbruch des Gewißheitscharakters eines Monopols sozialen Wandel" (Berger/Luckmann 1997: 131). Zwar ruht der Fokus der vorliegenden Arbeit nicht auf den Akteuren, aber dennoch lässt sich an dieser Stelle ausmachen, dass die besagten traditionellen Wirklichkeitsbestimmungen auf politischer Ebene in der Ablehnung der gleichgeschlechtlichen Ehe durch konservative und religiöse Kräfte deutlich zum Ausdruck kommen, auch wenn die Argumentationslinie der rational-konstitutionellen bzw. traditionellen Legitimationsebene nicht idealtypisch verläuft. Denn wie in der Aussage von Patrick Guerriero gesehen, ist auch Konservatismus eine Frage der Definition, und nicht jeder Konservative ein Vertreter einer traditionellen Wirklichkeitsbestimmung. Von dieser Tendenz ausgehend kann man das Zitat Berger/Luckmanns fortführen:

> „Es sollte danach nicht mehr verwundern, daß zwischen Leuten, die ein Interesse an der Erhaltung etablierter Machtpositionen haben, und dem Personenkreis, der Monopoltraditionen einer Sinnwelt verwaltet, eine große Affinität besteht. Mit anderen Worten: konservative politische Kräfte neigen dazu, die Monopolansprüche der Sinnwelt zu unterstützen, während die Organisationsmonopolisten umgekehrt eine Tendenz zeigen, konservativ zu sein" (ebd.).

Setzt man diesen Gedanken fort und übersetzt dieses Verhältnis in Wähleridentifikation mit den beiden großen politischen Parteien in den USA, dann wird die Nähe zwischen Religiosität und politischem Konservatismus offenbar:

> „Americans who regularly attend worship services and hold traditional religious views increasingly vote Republican, while those who are less connected to religious institutions and more secular in their outlook tend to vote Democratic" (The Pew Research Center 2005: 26).

Darin kommt auch zum Vorschein, was James D. Hunter in den Begriff der „pragmatischen Allianzen" fasst:

> „the important political fault lines in the American religious landscape do not run along denominational lines, but cut across them. That is, they are defined by religious outlook rather than denominational levels. For instance, traditionalist Catho-

lics are closer to traditionalist Evangelicals than to modernist Catholics in their views (…)" (Hunter 1991: 28).[123]

6.3 Heterosexuelle Ehe als Norm? Zur Perspektive eines traditionellen Legitimationsverständnisses

Ebenso wie die Verfassung der Hauptbezugspunkt der Befürworter der gleich-geschlechtlichen Ehe ist, erweist sich die bisher gelebte (und vermeintlich hete-rosexuelle) Kultur und das damit verbundene kulturelle Selbstverständnis im Sinne eines „es war schon immer so" für die Gegner der gleichgeschlechtlichen Ehe als zentraler Eckpfeiler ihrer Argumentation. Und so, wie Dynamik und Instrumentalität den Symbolcharakter der amerikanischen Verfassung für die rational-konstitutionell orientierten Akteure ausmachen, ist die traditionelle Ehe das herausragende Symbol für die Verfechter eben dieser Konstellation der Ehe. Im Diskurs wird aber auch die Bedeutung und Exklusivität des sprachlichen Symbols „marriage", neben dem keine sprachliche und institutionelle Alternati-ve akzeptiert wird, in das Zentrum der Aufmerksamkeit gerückt. Dabei wird die Exklusivität der heterosexuellen Ehe vor allem über ihre Reproduktionsfunktion definiert.

6.3.1 Ehe und Heterosexualität als kulturelle Selbstverständlichkeit

„And it's always been a man and a woman, and that's the way it should be" (1.7.3). Die Worte eines Mitglieds der Holy Rosary Parish-Gemeinde aus Law-rence, Massachusetts, könnten den Kern der Argumentation der Gegner der gleichgeschlechtlichen Ehe nicht besser treffen. In der Tat hat es in den USA die gleichgeschlechtliche Ehe bis zu ihrer Legalisierung in Massachusetts nicht gegeben. Die Marschrichtung wird im zweiten Teil der Aussage vorgegeben: So, wie es bisher war, soll es auch bleiben.

Doch auch die Befürworter der gleichgeschlechtlichen Ehe betrachten die-ses daraus abgeleitete kulturelle Selbstverständnis als Basis *für* eine gleichge-schlechtliche Eheschließung. Unabhängig von finanziellen Aspekten und ande-

---

123 Das Pew Research Center unterscheidet drei so genannte „major faith groups": „Evangelical", „Mainline Protestant" und „Catholic" (The Pew Research Center 2005: 28). Wie wenig ideal-typisch – trotz deutlicher Tendenz – die politische Zuordnung ist, zeigt die Identifikation derjenigen Amerikaner mit den Demokraten, die „traditionalist religious views" (ebd.) vertre-ten. Afroamerikaner identifizieren sich demnach im Verhältnis sieben zu eins mit den Demo-kraten, in der Präsidentschaftswahl des Jahres 2004 unterstützten sie den demokratischen Kandidaten im Verhältnis neun zu eins (vgl. ebd.).

ren rechtlichen Gleichstellungen erweist sich dabei gesellschaftliche Anerkennung und Akzeptanz der Sexualbeziehung als Bezugspunkt: „It's really
about respect for our relationship and relationships of other gay people. And,
you know, marriage is the way relationships are respected in this culture"
(1.119.2), so Susan Shepherd, die mit ihrer Partnerin Marcia Harms zu den
ersten gleichgeschlechtlichen Ehepaaren in Massachusetts gehört. In anderen
Worten formuliert Julie Goodrich, ebenfalls Massachusetts-Klägerin, diese
Sichtweise: „Marriage is much more than just a good benefit package, it's a
huge social recognition of a relationship" (1.111.2). Die Ehe wird betrachtet als
„my center. (...) It's--it's the--it's the base that you turn back to" (2.86.1). Gavin Newsom spricht von der „ultimate affirmation of life" (2.85.1). Gesellschaftliche Anerkennung wird mit Aspekten der Funktion verbunden – Eigenschaften, die letztendlich einen Charakter der Normalität widerspiegeln (sollen),
weil sie denen entsprechen, mit denen die Gegner der gleichgeschlechtlichen
Ehe auch die traditionelle Ehe charakterisieren.

Die Vorstellung von der heterosexuellen Ehe als kulturelle Selbstverständlichkeit fußt auf unterschiedlichen Begründungen, die sich in erster Linie als „es
war schon immer so" zusammenfassen lassen, wobei auch über Religion im
Sinne eines „kosmologischen und anthropologischen Bezugssystem(s)" (Ber-
ger/Luckmann 1997: 104) argumentiert wird: „Always, in scripture, it talks
about husband and wife, bride and groom. And any other relationships are con-
sidered sinful and immoral" (3.100.1). Der konservative demokratische Abgeordnete Philip Travis führt diese Sichtweise so aus: „Every major religion in
the United States supports the premise that marriage is only the union between
one man and one woman" (3.28.2). Diese so beschriebene, verstandene und
„gelebte" Kultur der Heterosexualität hat sich nach Ansicht der Gegner der
gleichgeschlechtlichen Ehe in der amerikanischen Geschichte bewährt, „as we
have know [sic] and practiced it in this country for hundreds of years" (1.127.1).
Jordan Lawrence (Alliance Defense Fund) betrachtet die gleichgeschlechtliche
Ehe in diesem Sinne als „attack on something that is a consensus of world culture since the dawn of time, that societies are best ordered with marriage defined
as one man and one woman" (1.117.1). Dieser zeitliche Faktor wird über die
Geschichte der USA hinaus auf die der „Menschheit" übertragen, wie im Zitat
von Mitt Romney, der seine Ablehnung der gleichgeschlechtlichen Ehe mit der
Zustimmung zu „3,000 years of recorded history" (2.5.2) untermauert, deutlich
wird. Zeit gilt demnach als Garant und Bestätigung von Dauerhaftigkeit: „The
issue of marriage is simply a--a--a e--eternal one, that is, one man married to
one woman. That has been the basis for marriage for 6,000 years of recorded
human history" (2.33.2). Zeit, damit verbunden Geschichte, aber auch Religion
und der Fortbestand der Zivilisation sind Kategorien, die der Legitimierung der

traditionellen Ehe dienen. Sie bilden die Eckpfeiler auf der traditionellen Legitimationsebene.

Die heterosexuelle Ehe als kulturelle Selbstverständlichkeit erhält auf der Basis dieser Kategorien gewissermaßen einen normativen Charakter. In Anlehnung an Oswald, Blume und Marks (2005) lässt sich auch von einer *heteronormativen* Perspektive sprechen, wobei der normative Charakter dabei zunächst in einer Mehrheitsmeinung gründet. Heterosexualität wird in den Status eines moralischen Standards erhoben, der ein bestimmtes Werteverständnis widerspiegelt und mit einem idealisierten Familienbild in Verbindung gebracht wird. Diese „Moral" wird jedoch nicht klar definiert, vielmehr werden Forderungen erhoben wie die Jerrry Falwells, dass „America (…) must never go on the record as endorsing immorality" (2.35.1). Die Eheformel „one man one woman" beinhaltet jedoch nicht nur die verschiedenen Geschlechter, sondern auch die Anzahl der beteiligten Personen. Polygamie wird ebenso wie die gleichgeschlechtliche Ehe zurückgewiesen. Eine solche „eingelebte Gewohnheit" erfährt für James Dobson ihre Festigung im Recht: „it has been honored in the law" (2.46.3). Die Eheschließungen gleichgeschlechtlicher Paare in San Francisco im Jahr 2004 werden daher auch als Verstoß gegen geltendes Recht bezeichnet: „It doesn't matter about the laws. It doesn't matter about convention or about history or theology or anything else" (4.128.3).

Die Vorstellung von der kulturellen Selbstverständlichkeit auf der traditionellen Legitimationsebene unterscheidet sich deutlich von derjenigen der Akteure der rational-konstitutionellen Legitimationsebene und rückt einen intrakulturellen Gesellschaftskonflikt in den Fokus, denn: Das kulturelle Selbstverständnis, das auf der einen Seite die Grundlage der Neu-Objektivierung der Institution Ehe unter veränderten Voraussetzungen bildet, ist auf der anderen Seite die Grundlage der Re-Legitimation eines bisher geltenden Eheverständnisses.

6.3.2 Traditionalität durch Funktion: Das Naturargument als Basis von Zweigeschlechtlichkeit

Das Naturargument umfasst einerseits die Frage nach der „Natürlichkeit" von Homosexualität, wie sie in der Auseinandersetzung mit der rational-konstitutionellen Perspektive und der Frage nach Bürgerrechten thematisiert wurde. Darüber hinaus findet es seine Vollendung in dem Hinweis auf die Reproduktionsfunktion, die im Verständnis der Gegner der gleichgeschlechtlichen Ehe eine zentrale, wenn nicht *die* Funktion der Ehe und letztlich der Familie darstellt, wie sich in der Aussage von Maggie Gallagher (Institute for Marriage and Public Policy) zeigt: „I think there is something very centrally different between relationships between men and women. And one of them is that they can make children who have both a mother and a father" (3.32.1). In der Familiensoziologie der 1960er Jahre wird diese Ansicht beispielsweise von Goode vertreten: „Wir können mit dem Selbstverständlichen anfangen: Die gesuchte Institution muß wenigstens aus zwei Erwachsenen verschiedenen Geschlechts bestehen, und es muß eine sexuelle Verbindung zwischen den beiden bestehen, da sonst keine Fortpflanzung möglich wäre" (Goode 1960: 38).

Der diagnostizierte Funktionswiderspruch ist auch ein Grund für den ehemaligen US-Präsidentschaftskandidaten und konservativen Fernsehprediger Pat Robertson, die gleichgeschlechtliche Ehe abzulehnen: „Well, I'll tell you what, the first time two homosexual men are able to conceive a child, I'll change my point of view" (4.2.2). Das Naturargument der Reproduktion wird zu einem Wertmaßstab im Sinne eines „Sollens" (vgl. Goode 1960: 27) und erweist sich als Basis von Heteronormativität, die vom Anspruch der (von Gott geschaffenen) Natürlichkeit gestützt wird (vgl. Oswald/Blume/Marks: 144).[124] Die Vorstellung eines kulturellen Systems der Zweigeschlechtlichkeit (vgl. Hagemann-White 1984: 78) findet ihre Legitimation auch in der Reproduktionsfunktion. Und so stellt Randy Thomasson, Executive Director der Organisation Campaign for California Families, fest: „You need an egg and a sperm to make a baby" (4.58.4). Und er führt weiter aus: „As far as what should happen, nature says that a man and a woman were designed to fit naturally together. I don't think we need to have people take their clothes off to show that a man and a woman were made for each other" (4.59.3). Für Allan Keyes, ehemals republikanischer Präsidentschaftskandidat, können darum auch keine Gesetze verabschiedet werden, die dieser Naturgegebenheit widersprechen: „And you cannot, through the law, establish some understanding of marriage that contradicts the natural phenomenon that is the basis in fact for the belonging of parents to children and children to parents" (4.145.2). Die Befürworter der gleichgeschlechtlichen Ehe bedienen sich einer ähnlichen Rhetorik. In ihrer Rechtfertigung der gleichgeschlechtlichen Ehe greifen sie die finanzielle Benachteiligung von Kindern auf, die in dem fehlenden rechtlichen Status des Elternpaares im Vergleich zu verheirateten heterosexuellen Elternpaaren wurzelt. Es wird also auch versucht, Vorurteile und Differenzen über einen gemeinsamen Wert zu überwinden, in diesem Fall „via children" (Berger/Berger 1984: 184, Hervorh. im Orig., d. V.).

In der an Funktionen orientierten Argumentation der Verfechter der traditionellen Sichtweise wird an der „Natürlichkeit" der Heterosexualität des Elternpaares festgehalten. Die Vermittlung rollenspezifischer Pflichten innerhalb der Gesellschaft nimmt dabei einen besonderen Stellenwert ein: „Children learn

---

124 Zur Bedeutung des Naturarguments als Grundlage familienideologischer Diskussionen vgl. auch Bernardes (1985: 283 ff.).

different things from their mother than they do from their father and vice versa"
(3.112.1). Damit wird – wie das folgende Zitat von Genevieve Wood zeigt –
auch die rechtliche (und finanzielle) Bevorzugung heterosexueller Elternpaare
begründet:

> „The reason that the government gives social benefits to marriages between a man
> and a woman isn't because the government likes men and women couples better
> than others, but it's because they look at the union of a man and a woman in
> marriage as the best place to raise children" (1.96.5).

Aus dieser Sichtweise wird politischer Handlungsdruck abgeleitet: „The idea
that's at risk here is that children need mothers and fathers (...)" (2.7.2), denn
nicht nur werde den Kindern die geschlechtsbezogene Rollenspezifität nicht
vermittelt. Auch geltende Werte und Normen verlieren in den Augen Jerry Falwells ihre Gültigkeit. Die Ablehnung der gleichgeschlechtlichen Ehe wird dabei
mit einer generellen Ablehnung von Homosexualität gleichgesetzt: „I--it harms
because we're saying to the children, to young people, to everyone, that gay is
OK" (2.33.3). In den Worten von Randy Thomasson: „Children raised in a homosexual lifestyle catch on to that lifestyle and they are not experimenting like
you want them to" (4.60.1). Die Stigmatisierung von gleichgeschlechtlichen
Paaren und Homosexualität als „pathologisch" weicht unter dieser Überschrift
einer funktionsorientierten Sichtweise, die gleichzeitig eine quasiwissenschaftli-
che Fundierung erfährt: „And much of sociological evidence suggests (...)"
(4.88.3).[125]

Was hier als Naturargument zur Legitimation der traditionellen Ehe dem
In-Beziehung-Setzen von Mann und Frau dient, rückt auf einer latenten Ebene
das Begriffspaar Sex/Gender in den Mittelpunkt der Diskussion, denn an die
biologische und binär verstandene Kategorie „Geschlecht" wird die gesellschaftlich bedingte Kategorie „Gender" geknüpft. An die Vorstellung des natürlichen Charakters eines heterosexuellen Paares schließt sich die Formulierung
bestimmter geschlechtsspezifischer Eigenschaften an, die in der Argumentation
über Kinder auf Sozialisationsebene, aber auch auf der Ebene der Funktionen in
der Ehe aufgehen. Die unterstellten (natürlichen) geschlechtsspezifischen Eigenschaften entpuppen sich als gesellschaftliche Erwartungshaltungen, die
„zugleich auch nicht nur relative Bewertungen, sondern auch Erlaubnisse und
Verbote für unsere Bedürfnisse und deren Äußerungen" (Hagemann-White
1984: 80) beinhalten. So geht es im Rahmen der Sozialisationsargumente um

---

125 Biblarz und Stacey kommen in ihrer Arbeit jedoch zu dem Ergebnis, dass „parental genders
and sexual identities interact in complex ways to influence children's values, aspirations,
gender repertoires, and sexual interests" (Biblarz/Stacey 2005: 157 f.).

eine Verortung von Rollen und eine damit verbundene „Aneignung des kulturel-len Systems der Zweigeschlechtlichkeit" (vgl. ebd.: 83), als positionsbezogene Verortung aber besonders um die Frage, ob eine Frau eine Frau zum Ehepartner bzw. ein Mann einen Mann zum Ehepartner haben darf.

Auf der traditionellen Legitimationsebene findet sich somit auch die dis-kursive (Wieder-)Herstellung und Bestätigung der Zweigeschlechtlichkeit der (amerikanischen) Gesellschaft, an die sich eine (Re-)Konstruktion von Ge-schlecht anschließt. Aus Sicht der Vertreter der rational-konstitutionellen Legi-timationsebene sind das auf dem biologischen Geschlecht basierende Normen-system sowie die damit verbundenen positions- und rollenspezifischen Erwar-tungen dann nicht nur eine Frage von Interpretationen, sondern auch von De-Konstruktion als Form der Enttraditionalisierung. Gerade mit dem Aspekt der Zweigeschlechtlichkeit lässt sich ein Forschungsfeld betreten, das aus den histo-rischen Entwicklungen in der zweiten Hälfte des 20. Jahrhunderts, in besonde-rem Maße der Frauenbewegung und der „gay liberation", entstanden ist. Die Infragestellung sowohl traditioneller Geschlechterrollen als auch der „Diktatur der Heterosexualität" (Kraß 2003: 7) sind in den 1970er Jahren in feministische Theorien, Woman's Studies und Gender Studies sowie über die Politisierung der Schwulen- und Lesbenbewegung in den 1970er und 80er Jahren in die Queer Studies gemündet (vgl. ebd.: 8). Die Frage nach der diskursiven Konstruktion (und gewissermaßen Reproduktion) von Geschlecht stellt somit eine weitere potenzielle Lesart der Daten zur Verfügung.[126]

6.3.3 Die Exklusivität der Sprache

Die Diskussion über die gleichgeschlechtliche Ehe nimmt die Dimension eines Kampfes um Deutungshoheiten an, denn sie dreht sich für beide Seiten auch um die Exklusivität des Wortes „marriage". Die Meinung der Gegner reicht von einer Ablehnung des Begriffs für gleichgeschlechtliche Paare, wie bei Mitt Romney: „But we're not looking to have marriage or something which is the equivalent of marriage applied to people who are not part of a traditional marri-age between a man and a woman" (3.9.1), bis hin zu einer Zurückweisung von Begriffen, die nur annäherungsweise die Bedeutung von und die Erwartungen

---

126 Zu Konzepten von Geschlecht vgl. die Beiträge in Becker/Kortendiek (2004). Zur Ein-führung in das Thema Gender-Theorien vgl. Faulstich-Wieland (2006), Braun/Stephan (2000, 2005) und Steffen (2006). Forschungsansätze zur Konstruktion von Zweigeschlechtlichkeit stellt Bührmann (1995) vor. Vgl. hierzu auch Hirschauer (1994). Zum Thema Geschlecht und Diskurs vgl. hinführend Kapitel 3 in Villa (2006). Zur Einführung in die Queer Theory seien Jagose (2005) und Kraß (2003) empfohlen.

an „marriage" vermitteln, wie bei Ron Crews (Massachusetts Family Institute):
„I am personally opposed to the concept of civil unions because I call it 'marri-
age-lite', I call it marriage by another name" (3.27.1). Der Begriff „marriage"
transportiert Vorstellungen über gesellschaftliche Ordnung, wie sie in der Definition von Segal anklingen:

> „Our traditional family model of the married heterosexual couple with children –
> based on a sexual division of labour where the husband as breadwinner provides
> economic support for his dependent wife and children, while the wife cares for both
> husband and children – remains central to all family ideology" (Segal 1983: 11).

Die traditionelle Ehe beinhaltet Vorstellungen über Arbeitsteilung, Rollenspezifität, Erwartungen und Erfahrungen und vereint traditionelle kulturelle Selbstverständlichkeiten mit sozialer Funktion. Dieses „Verständnis der Wirklichkeit
der Alltagswelt" (Berger/Luckmann 1997: 39) ist in dem Begriff „marriage"
zusammengefasst, dem somit eine Ordnungsfunktion in der Alltagswelt vor
allem über rollenspezifische Differenzbildung als Basis von Zweigeschlechtlichkeit zugeschrieben werden kann, wie sich auch bei Jaber F. Gubrium und
Robert J. Lynott zeigt: „As rhetoric, the family is not as much conceived as an
objective thing to be described and explained as it is a way of socially ordering
everyday life, and, of course, influencing it at the same time" (Gubrium/Lynott
1985: 132). Der Begriff „marriage" ist somit ein sprachliches Vehikel, über das
die gesellschaftlich konstruierte Differenz und damit der binäre Charakter von
Geschlecht diskursiv erzeugt und bestätigt wird. Das Naturargument und die
Exklusivität der Sprache dienen in diesem Sinne der Re-Legitimation der traditionellen Ehe sowie der Bestätigung einer Kultur der Zweigeschlechtlichkeit.

Diese Diskursdimension ist erneut keine, die nur von den Gegnern der
gleichgeschlechtlichen Ehe verwendet wird. Für die Befürworter repräsentiert
der Begriff ebenfalls Erwartungshaltungen und Funktionen, allem voran die
Gewährleistung von Rechten:

> „Well, the word 'marriage' itself is actually an enormous protection because every-
> one understands that it means you have an automatic right to be by your partner's
> side no matter what the circumstances. (…) There's no substitute for marriage"
> (3.8.1).

In den Worten von Julie Goodridge: „Civil unions aren't the same. You know,
you need to use the M-word, and the M-word is marry" (2.91.1). Das Medium
des Diskurses und der Kommunikation – nämlich Sprache und ihre Funktion der
Bedeutungszuschreibung – wird auf diese Weise selbst zum Thema des Diskurses. Die Frage, wer welchen Begriff mit welchem Inhalt besetzen darf und kann,

mündet daher neben der Frage nach Deutungshoheit auch in die der Deutungs-
macht.

Während die amerikanische Verfassung auf der rational-konstitutionellen
Legitimationsebene den grundlegenden Bezugspunkt darstellt, ist dieser Bezugspunkt auf der traditionellen Legitimationsebene die heterosexuelle Ehe. Die
Befürworter der gleichgeschlechtlichen Ehe lehnen die Veränderung des Symbols (bzw. des Instruments) Verfassung in ähnlicher Weise ab wie die Gegner
der gleichgeschlechtlichen Ehe die Veränderung der Institution und des sprachlichen Symbols Ehe. Eigenschaften, Erwartungen und der Sinn des Subjektes,
die durch die Sprache vermittelt werden, gelten als festgeschrieben und nicht
veränderbar. Doch gerade mit dem Begriff „marriage" ist ein gewisser Anspruch
an Normalität im Sinne des Geregelten und des Routinierten sowie eine Normativität im Umfeld von Recht und Moral verbunden (vgl. Bohn 2003: 41), denn
die Befürworter der gleichgeschlechtlichen Ehe entwickeln kein von der vermeintlichen Normalität abweichendes Gegenmodell.

6.3.4 „Same-sex marriage": Folgen und Handlungsoptionen

Neben Folgen und Handlungsoptionen, die aus Sicht der Gegner der gleichgeschlechtlichen Ehe hauptsächlich auf der rational-konstitutionellen Legitimationsebene angesiedelt sind, lassen sich auch solche auf der traditionellen Legitimationsebene identifizieren. Die gleichgeschlechtliche Ehe wird als Angriff auf
die Familie bezeichnet. Unabhängig von der Frage, welche der Institutionen
(Ehe oder Familie) aus dieser Perspektive „zerstört" wird, lassen sich zwei Li-
nien einer (mehr oder minder deutlichen) Personalisierung und Verantwortungs-
zuschreibung unterscheiden, die sich auf die Verursacher der vermeintlichen
Zerstörung beziehen: die Richter von Massachusetts sowie gleichgeschlechtliche Paare. Die Entscheidung der Richter von Massachusetts gilt dabei als Nährboden der Krise:

> „We have a lot of very -we are in the middle of a marriage crisis. We have high
> rates of the divorce, high rates of unmarried children bearing. That's why I think
> it's a really not kind, not compassionate, and not wise idea of four judges in the
> state of Massachusetts to decide that we are going to mess around with marriage
> and redefine its -you know, its basic core meaning" (3.32.3).

James Dobson äußert, dass die gleichgeschlechtliche Ehe „will not strengthen
marriage. It will absolutely destroy it" (2.46.2). Die Einbettung von Ehe und
Familie in einen Zerstörungskontext kann von zwei Seiten betrachtet werden:
Auf der einen Seite wird sie – wie erwähnt – als direkte Konsequenz der Massa-

chusetts-Entscheidung gesehen. Auf der anderen Seite stellt sie jedoch auch die
(antizipierte) Folge der Handlungsstrategie des „Aussitzens" dar, wie sie auf der
rational-konstitutionellen Legitimationsebene identifiziert wurde. Offen bleibt
die Frage nach den tatsächlichen, bisher unterstellten Auswirkungen gleichgeschlechtlicher Ehen auf traditionelle Ehen und Familien. Im Gegensatz dazu ist
die Sicht der Befürworter eindeutig: Sie untermauern ihre Forderungen mit dem
Hinweis, dass die gleichgeschlechtliche Ehe nur für die daran Beteiligten von
Bedeutung und die traditionelle Ehe in keiner Weise gefährdet ist: „The fact is
that we are talking here about something that affects only the people involved
and, by the way, only in Massachusetts". Für Barney Frank gilt weiter: „I'm
rather confident, though, after they've seen that for two years, it has had no
negative effect on anybody" (2.10.1). Der Einsatz von Metaphern, mit denen die
vermeintlich zerstörerische Kraft der gleichgeschlechtlichen Ehe illustriert wird,
erhöht den Handlungsdruck: „And what is occurring now is a tsunami. I mean,
there is an attempt to stampede the country" (4.128.2). Maggie Gallagher spricht
von einem „death blow on that idea that four judges who are taking upon themselves to redefine marriage" (2.7.2), und Bill Frist, Mehrheitsführer im Senat,
spricht sogar von einem beginnenden „wildfire" (2.81.1). Unabhängig von der
Wahl der Metaphern wird konstatiert, dass die Familie durch die gleichgeschlechtliche Ehe zerstört, die Institution, vor allem aber der Glaube an bisherige Deutungsschemata trivialisiert wird:

> „Well, I think Americans instinctively believe in two things at the same time. One
> is the essential dignity of every human being, but also the benefit of the traditional
> marriage. And I think to call some other relationship, no matter what it is in prac-
> tice, trivializes what people have come to believe is a very important institution,
> which is marriage" (4.26.1).

Nicht nur wird ein Verfassungszusatz, sondern auch eine „Kultur der Ehe" ge-
fordert: „We need a -my believe is that we need a common culture of marriage"
(3.34.1), die Maggie Gallagher jedoch nicht weiter ausführt. Ob die Ratifizierung des FMA zu einer „gemeinsamen Kultur der Ehe" beiträgt, bleibt an dieser
Stelle offen. Doch auch die Arena des Diskurses, das Fernsehen, wird zum Thema:

> „I think I was shocked as most people were because this was now out of the closet
> and all over the TV screen. (…) And this was not just shocking, this angered and
> actually disgusted a lot of parents and grandparents who didn't want that being
> pushed into their living room every day" (2.84.1).

Als Folge dieses Informationsflusses erfahren gleichgeschlechtliche Liebe und Homosexualität eine Aufmerksamkeit, die einer Enttabuisierung von (Homo-) Sexualität dahingehend gleichkommt, dass in der Öffentlichkeit überhaupt darüber gesprochen wird. Eine solche mehr oder weniger erzwungene Auseinandersetzung mit gleichgeschlechtlicher Liebe über das Massenmedium Fernsehen wird somit auch als eine Folge der Massachusetts-Ereignisse erachtet.

6.4 Zwischenbilanz: Re-Legitimation und Neu-Objektivierung

Die Dimensionen beider Legitimationsebenen lassen sich im paradigmatischen Modell der Grounded Theory anordnen, in der der „direkte" und „indirekte" Bezug der Argumente vor allem im Hinblick auf die „doppelte Nutzung" sichtbar wird.

6.4.1 Die Legitimationsebenen im paradigmatischen Modell

Die Anwendung der Kodiertechniken zum Aufbrechen der Daten sowie das In-Beziehung-Setzen der einzelnen Daten-Puzzlestücke in Anlehnung an das paradigmatische Modell der Grounded Theory haben zu einem Bild des Diskurses geführt, das in den Kapiteln 6.2 und 6.3 in Form der rational-konstitutionellen und der traditionellen Legitimationsebene wiedergegeben wurde. Bereits der Einschnitt in die Ergebnisdarstellung mit dieser Zwischenbilanz zeigt, dass die Techniken und Prozessschritte der Grounded Theory nicht in vollem Umfang zur Anwendung kommen. Zudem lässt sich rückblickend – und auch vorwegnehmend – hinsichtlich der eingefügten Zitate feststellen, dass die Möglichkeit der Bildung von Konzepten und Kategorien keineswegs ausgereizt wurde. Von einer bereits vorab bewusst gesetzten Trennlinie hinsichtlich des Grades der Kodierung und der Kategorisierung kann jedoch keine Rede sein. Eine Trennlinie hat sich vielmehr in der Auseinandersetzung mit und durch die Daten aufgetan. Das paradigmatische Modell setzt sich nach Strauss und Corbin (1996: 78) aus den folgenden Komponenten zusammen:

---

ursächliche Bedingungen → Phänomen → Kontext → intervenierende Bedingungen → handlungs- und interaktionale Strategien → Konsequenzen

---

Wie sich die bisher vorliegenden Ergebnisse in das paradigmatische Modell einordnen lassen, wird in Abbildung 1 dargestellt.

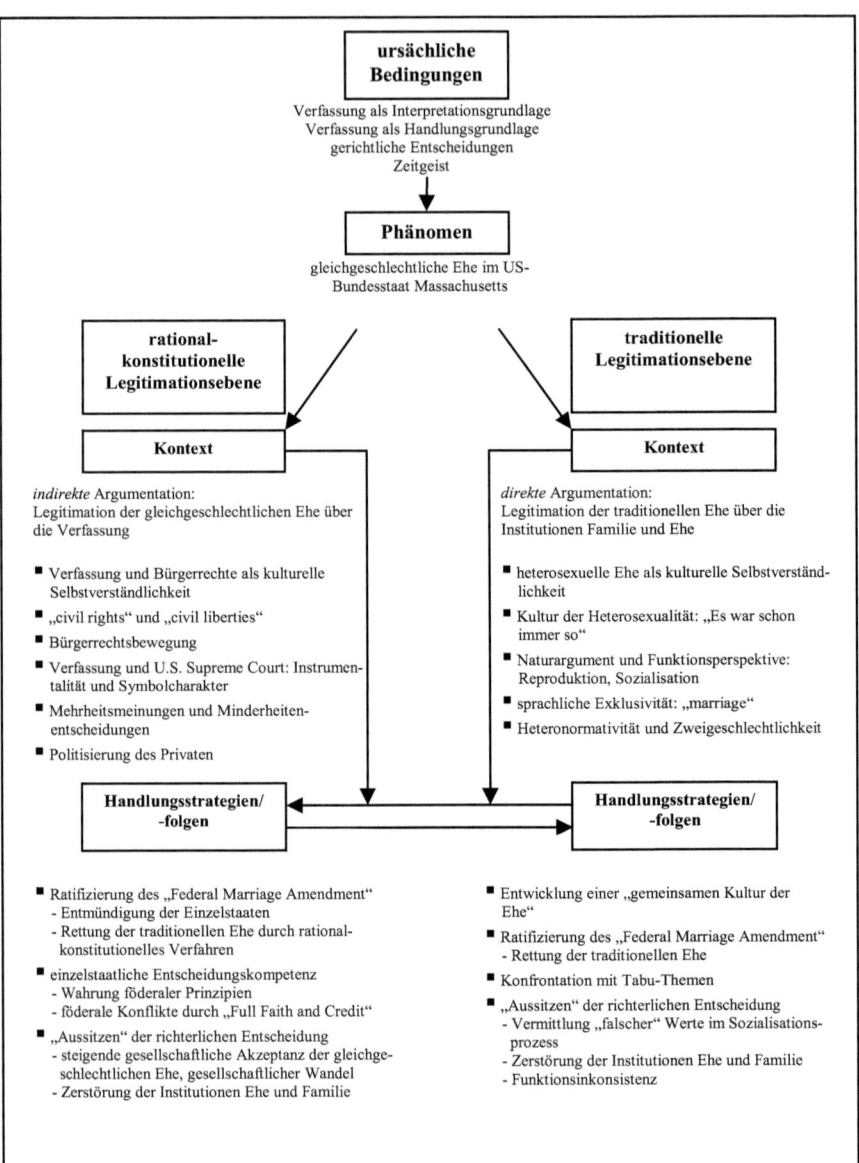

Abbildung 1:   Einordnung der Ergebnisse der Datenanalyse in das
                 paradigmatische Modell

Der Diskurs ist auf das Phänomen der gleichgeschlechtlichen Ehe gerichtet. Die ursächlichen Bedingungen, die vielfältiger Natur und nicht reduzierbar auf einige wenige oder einen einzelnen Aspekt sind (vgl. ebd.: 79), beziehen sich in der Abbildung weniger auf Konzepte und Kategorien des Datenmaterials als vielmehr auf das Kontextwissen, das dem Diskurs vorausgeht (und ihn auch „verursacht") und anhand unterschiedlicher gerichtlicher Entscheidungen vorgestellt wurde. Die Ergebnisse der Datenanalyse finden erst ab dem Kontext der Legitimationsebenen Berücksichtigung. Als Kontext der jeweiligen Legitimationsebenen werden diejenigen „Themen" verstanden, die sich im Prozess der Datenanalyse herauskristallisiert haben. Differenzierungen ergeben sich somit übergeordnet mit der Darstellung beider Legitimationsebenen, untergeordnet über Differenzierungen auf der jeweiligen Ebene.

Was beide Ebenen besonders charakterisiert, ist ihr Argumentationszusammenhang: Auf der rational-konstitutionellen Legitimationsebene erfolgt eine *indirekte* Argumentation über die Institution des *Rechts*, während auf der traditionellen Legitimationsebene *direkt* auf die Institutionen *Familie* und *Ehe* argumentativ Bezug genommen wird. Die im Diskurs genannten Folgen der gleichgeschlechtlichen Ehe sind in der Ergebnisdarstellung den unterschiedlichen Ebenen zugeordnet. Die unterschiedlichen Facetten der Phänomenstrukturen zeichnen sich vor allem dadurch aus, dass sie nicht idealtypisch einer bestimmten akteursbezogenen Argumentationslinie zugeordnet werden können. In der Darstellung der Positionen der Verfechter der traditionellen Ehe wurde darauf hingewiesen, dass diese in der Legalisierung der gleichgeschlechtlichen Ehe eine Zerstörung von Ehe und Familie sehen, während aus Sicht der Befürworter die einzige Folge die ist, dass mit der traditionellen Familie gar nichts passiert. In Abbildung 1 geht es aber vor allem um die Folgen, die sich aus den Handlungsoptionen ergeben. Als grundlegende Handlungsstrategien wurden die Ratifizierung des „Federal Marriage Amendment", die Entscheidung über die gleichgeschlechtliche Ehe auf der Ebene der Einzelstaaten und das „Aussitzen" der gleichgeschlechtlichen Ehe genannt. Auch wenn Handlungsstrategien und -folgen zunächst den jeweiligen Legitimationsebenen zugeordnet werden, deuten die Pfeile an, dass rational-konstitutionelle Prozesse auch für Verfechter der traditionellen Legitimationsebene ein Mittel zur Durchsetzung der eigenen Vorstellung darstellen können.

6.4.2   Die doppelte Nutzung der Argumente

Im Verlauf der Ergebnisdarstellung ist die doppelte Nutzung der Argumente bereits an unterschiedlichen Stellen thematisiert worden. In Tabelle 2 sind die wichtigsten Punkte im Hinblick auf argumentative Überschneidungen zusammengefasst. Besonders deutlich manifestiert sich die doppelte Nutzung der Argumente auf der traditionellen Legitimationsebene in der Feststellung, dass die Befürworter der gleichgeschlechtlichen Ehe kein anderes, von den traditionellen Vorstellungen abweichendes, Ehe- oder Familienmodell vorstellen.

Auf der traditionellen Legitimationsebene stehen die Institutionen Familie und Ehe *direkt* im Fokus, das heißt die heterosexuelle Ehe als Basis der Familie, ihre Funktionen und das Verständnis darüber, dass sie eine zivilisatorische Konstante darstellt. Im Diskurs erfahren die Institutionen Ehe und Familie ihre Legitimation sozusagen aus ihrer Existenz heraus. Betrachtet man die „Natürlichkeit" von Ehe und Familie neben der biologischen aus der Perspektive der kulturellen Selbstverständlichkeit, wird Letztere für beide Seiten zum legitimierenden Faktor. Dass die Ehe auch abweichend von ihrer traditionellen Form verstanden werden kann – nämlich als gleichgeschlechtliche Ehe, die den gleichen rechtlichen Status aufweist wie eine traditionelle Ehe auf heterosexueller Basis –, wird stellvertretend mit einer anderen Institution, nämlich der des Rechts und damit verbunden mit der Verfassung der Vereinigten Staaten, begründet. Das bedeutet: Die Institution Ehe verliert ihren Status als (vermeintlich) anthropologische Konstante und wird zum Produkt zeit- bzw. epochenbezogener Interpretationen der Verfassung. Greift man an dieser Stelle die Gedanken Hartmut Wassers auf, der den „Treibsatz der Moderne" in der Ablösung des traditionellen durch das rational-konstitutionelle Legitimitätsprinzip sieht (Wasser 2000: 32), dann ist die Legalisierung der gleichgeschlechtlichen Ehe in Massachusetts aus der Perspektive der Rechtsauslegung sowie der Rechtsprechung sicherlich beispielhaft für eine solche Entwicklung. Wasser bezieht diesen Treibsatz als Grundprinzip der amerikanischen Verfassung jedoch vornehmlich auf „Herrschaftsbestellungs- und Machtausübungsmuster" (vgl. ebd.). Bricht man dieses Prinzip auf das Alltagshandeln und das Alltagsverständnis herunter, verliert es seine Eindeutigkeit.

Die Differenz zwischen rational-konstitutionellem Handeln auf politischer Ebene und auf Traditionen und eingelebter Gewohnheit beruhendem Handeln und entsprechenden Sinnzusammenhängen auf der Alltagsebene manifestiert sich in der Ablehnung der gleichgeschlechtlichen Ehe durch große Teile der amerikanischen Bevölkerung.

	Befürworter der gleichgeschlechtlichen Ehe	Gegner der gleichgeschlechtlichen Ehe
Bürgerrechte, Verfassungszusatz, Verfassung als Symbol und Instrument (rational-konstitutionelle Legitimationsebene)	- die Verfassung als Symbol und Instrument zur Sicherung von Freiheit und Gleichheit - Ermöglichung der gleichgeschlechtlichen Ehe als aus der Verfassung abgeleitete Verpflichtung zum Handeln - Verfassungszusätze als Erweiterung von Bürgerrechten - Verfassungsinterpretationen als Basis gesellschaftlichen Wandels	- „Natürlichkeit" als Voraussetzung zur Inanspruchnahme von Bürgerrechten - Verfassungszusatz zur Sicherung der traditionellen Ehe (Verfassung als Instrument und kulturelle Selbstverständlichkeit) - Verfassung als Instrument zur Sicherung eingelebter, althergebrachter Gewohnheiten und traditioneller Vorstellungen
Heteronormativität, Verfassungszusatz, kulturelles System der Zweigeschlechtlichkeit (traditionelle Legitimationsebene)	- Ehe als kulturelle Selbstverständlichkeit (gesellschaftliche Anerkennung der Sexualbeziehung) - Stärke der Familie als Grundlage für die Stärke des Landes - Funktion: Ehe als Ort des Rückzugs; Stärkung der Kinder und der Familie durch die mit der Ehe verbundenen finanziellen Vorteile - „marriage" als Synonym für rechtliche Gleichstellung und gesellschaftliche Anerkennung	- traditionelle (heterosexuelle) Ehe als kulturelle Selbstverständlichkeit (Heteronormativität) - traditionelle Ehe und Familie als Baustein einer stabilen Gesellschaft - Funktion: Reproduktion; „richtige" Sozialisation der Kinder nur mit Vater und Mutter; Vermittlung von (geschlechtsspezifischen) Rollen und Werten - „marriage" als exklusives Sprachsymbol für die traditionelle Ehe

Tabelle 2:   Zur doppelten Nutzung der Argumente

Die doppelte Nutzung der Argumente macht deutlich, dass sich beide Legitimationsebenen nicht ausschließen, denn Inhalte beider dienen als Argumentationsgrundlage für die jeweiligen Akteure. Die Verwobenheit der Ebenen zeigt sich darüber hinaus in den Handlungsoptionen. Begreift man nun rational-konstitutionelle Legitimitätsprinzipien nicht nur als Prinzipien der Verfassung, sondern auch als Prinzipien der Moderne, dann wird deutlich, dass eine so verstandene Moderne nicht linear in einer Loslösung von Traditionen zu denken ist. Lenkt man den Blick auf Politikprozesse in der amerikanischen Vergangenheit, wird dies nirgendwo besser deutlich als in den unterschiedlichen (Re-) Interpretationen der Verfassung. Auch wenn die Obersten Bundesrichter den

Ruf politischer Neutralität genießen, sind sie es, die vom amerikanischen Präsidenten auf Lebenszeit in ihr Amt berufen werden, die Verfassung interpretieren
und deren Interpretationen (auch) Produkte des jeweils vorherrschenden Zeitgeistes darstellen. Die Richter können als Minderheit gegen eine vorherrschende
Meinung in der Bevölkerung und unter Umständen gegen Tradition, Gewohnheit und ein vermeintliches kulturelles Selbstverständnis entscheiden. Umgekehrt können sie auch traditionelle Sichtweisen und Gewohnheiten zur Grundlage ihrer Verfassungsinterpretation erheben. Mit Kay (1998: 33) könnte man in
diesem Zusammenhang auch von einer „historical legitimacy" sprechen.

6.5 Berger/Luckmann II: Re-Legitimation und Neu-Objektivierung im Diskurs

Auf Berger und Luckmann, deren Wissenssoziologie den theoretischen Rahmen
dieser Arbeit bildet, wurde in der Ergebnisdarstellung direkt oder indirekt bereits hingewiesen. Wollte man ihre „gesellschaftliche Konstruktion der Wirklichkeit" chronologisch in dieses Kapitel integrieren, dann ließe sich als Vorstu-
fe mit Helmuth Plessner beginnen, der bereits auf der zweiten Seite seiner Ausführungen zur deutschen Ausgabe das zitiert, was Berger und Luckmann wenige
Seiten später anführen: „Größte Vorsicht ist demnach im Hinblick auf alle Behauptungen über die angebliche ‚Logik' von Institutionen geboten. Die Logik
steckt nicht in den Institutionen und ihrer äußeren Funktionalität, sondern in der
Art, in der über sie reflektiert wird" (Plessner 1997: X; Berger/Luckmann 1997:
68 f.). Damit kann man das aufgreifen, was auf der traditionellen Legitimationsebene als Naturargument bezeichnet wurde. Geht man nun aber nicht chronologisch vor, dann muss zunächst nochmals mit einer Klärung angesetzt werden.

Ausgangspunkt ist der Gedanke, dass mit dem Begriff der Re-Legitimation
die Existenz einer Institution verbunden ist, während Neu-Objektivierung auf
eine Stufe im Institutionalisierungsprozess hinweist, hier also noch nicht von
Institution im Sinne von Berger und Luckmann gesprochen werden kann. Neu-
Objektivierung wird verstanden als Versuch der entsprechenden Akteure, die
bisherige Wissensstruktur über die Institution Ehe (und auch die der Familie) zu
erweitern und zu modifizieren, ohne jedoch die heterosexuelle (traditionelle)
Ehe an sich in Frage zu stellen.

6.5.1 Re-Legitimation auf der traditionellen Legitimationsebene

Wenn bisher im Rahmen der Ergebnisdarstellung von Legitimation gesprochen wurde, dann geschah dies in erster Linie unabhängig vom entsprechenden Kapitel in „Die gesellschaftliche Konstruktion der Wirklichkeit". Natürlich finden sich in den Daten Legitimationen als „simple, übliche Versicherungen" (vgl. Berger/Luckmann 1997: 101), wenn es beispielsweise heißt: „And it's always been a man and a woman, and that's the way it should be" (1.7.3). Auch wird die traditionelle Ehe über Religion legitimiert, wenn darauf verwiesen wird, dass „(a)lways, in scripture, it talks about husband and wife, bride and groom" (3.100.1). In diesem Sinne verstößt die gleichgeschlechtliche Ehe (in Anlehnung an das Inzest-Beispiel von Berger und Luckmann) „gegen die von Gott geschaffene Natur des Menschen" und erhält eine „negative Bewertung" (Berger/Luckmann 1997: 104).

Die Ergebnisse der Datenanalyse gehen jedoch über diese Zuordnung hinaus. An unterschiedlichen Stellen ist ein Aspekt aufgegriffen worden, der sich als zentral, wenn nicht sogar als typisch für den Kontext der Re-Legitimation auf der traditionellen Legitimationsebene erweist: Legitimation aus der Existenz der Institution(en) an sich heraus. Die Merkmale einer bestimmten Institution vor dem Hintergrund des Institutionalisierungsprozesses selbst werden zur Legitimation eben dieser Institution angeführt. Am deutlichsten zeigt sich das am *Naturargument* (1), in dessen Mittelpunkt die Reproduktionsfunktion steht. Die Ehe auf heterosexueller Basis wird als „Natur der Dinge" (ebd.: 55) betrachtet, und in dieser Konstellation wird ihr von den Verfechtern der traditionellen Ehe ein ontologischer Status zugeschrieben: das „Grundrezept" zur Verdinglichung von Institutionen, „unabhängig von menschlichem Sinnen und Trachten" (vgl. ebd.: 97). Die Ehe zwischen Mann und Frau wird als Faktum begriffen, über das für alle Betroffenen Gewissheit herrschen sollte. Dass institutionale Wirklichkeit als objektive Wirklichkeit erfahren wird, lässt sich hier in besonderem Maße ablesen. Nicht umsonst greifen Berger und Luckmann in ihrer Arbeit das Beispiel der Ehe auf: „Die Ehe beispielsweise kann verdinglicht werden als Imitation göttlicher Zeugung, als universales Gebot der Naturgesetze oder (…) auch als funktionaler Imperativ der Gesellschaftssysteme" (ebd.). Und mit ihnen lässt sich an dieser Stelle weiter ausführen:

> „Was alle diese Verdinglichungen verbindet, ist ihre Verkennung der Institution Ehe als fortgesetzter menschlicher Leistung. (…) Durch Verdinglichung scheinen die Institutionen mit der Natur zu verschmelzen; und die Welt der Institutionen wird Notwendigkeit und Schicksal, Glück oder Unglück" (ebd.).

Die Gegner der gleichgeschlechtlichen Ehe argumentieren noch über ein weiteres Merkmal bzw. zwei Voraussetzungen von Institutionen, die Berger und Luckmann nennen: *Historizität* und *Kontrolle* (2). Die Einordnung der heterosexuellen Ehe als gesellschaftliche Selbstverständlichkeit im Sinne eines „as we have know [sic] and practiced it in this country for hundreds of years" (1.127.1), aber auch zivilisationsübergreifend als „3,000 years of recorded history" (2.5.1) verweist auf das Überdauern von typisierten Handlungsmustern und damit auf die *Geschichte* der Institution. Der Aspekt der Kontrolle findet seine Basis in den Hinweisen auf das vorherrschende Rechtssystem mit den entsprechenden negativen Sanktionsmechanismen, denn: Gleichgeschlechtliche Ehen gab es in den USA faktisch bis zur Massachusetts-Entscheidung nicht. Berger und Luckmann sehen den Kontrollcharakter grundsätzlich auch in der „Tatsache des Vorhandenseins" einer Institution und den Verhaltensmustern, die sie aufstellt: „Institution postuliert, daß Handlungen des Typus X von Handelnden des Typus X ausgeführt werden" (Berger/Luckmann 1997: 58). Diese Verhaltensmuster lenken den Blick auf Rollen und die Verwirklichung der institutionalen Ordnung durch eben diese Rollen (auch auf geschlechtsspezifischer Ebene) (vgl. ebd.: 83). Auf der einen Seite tritt darin die von Berger und Luckmann konstatierte Dialektik der Gesellschaft zu Tage. Auf der anderen Seite, und damit für die traditionelle Legitimationsebene interessant, wird über *Rollen* und *Sozialisation* (3) ein weiteres Mal, und zwar über den Wechsel des Blickwinkels von der Ehe zur Familie, auf zentrale Komponenten und Stufen im Prozess der Objektivierung und Institutionalisierung hingewiesen. Die Argumentationslinie Rolle/Sozialisation zeigt dabei eine gewisse Verflochtenheit. Rollen repräsentieren nicht nur Institutionen, sie tragen auch zu ihrer Existenz bei, so Berger und Luckmann (ebd.: 79). *Wenn sie richtig besetzt sind*, möchte man an dieser Stelle ergänzen. Denn: Dass gleichgeschlechtliche Elternpaare im Sozialisationsprozess die „falschen Werte" an ihre Kinder vermitteln, steht aus der Sicht der Gegner der gleichgeschlechtlichen Ehe außer Frage. Die traditionelle, heterosexuelle Ehe wird also legitimiert über ihre (richtig besetzten) Rollen, die letztlich auch den Habitualisierungs- und Objektivationsvorgang durchlaufen haben.[127] Im Sinne Berger/Luckmanns haben die („richtig") besetzten Rollen dann nicht nur „ihren Teil an der Kontrollfunktion der Institutionalisierung" (ebd.). Sie dienen mit Blick auf die Ergebnisse der Datenanalyse auch der Legitimation der (traditionellen) Institution. Gleichzeitig hat man es hier aber mit *der* Institution zu tun, wenn es um die Weitergabe des Wissens von einer Generation an die nächste geht. Und gerade die Weitergabe des Wissens eben über diese Institution ist es, die einen Konfliktcharakter ins Licht rückt. Anders for-

---

127 Auf eine stärkere Differenzierung – beispielsweise im Hinblick auf die Legitimation des traditionellen Rollenverständnisses – wird hier verzichtet.

muliert und aus Sicht der Verfechter einer traditionellen Sichtweise gesprochen: Richtige Sozialisation funktioniert nur mit richtiger Rollenbesetzung.

Dass man die Re-Legitimation weniger an dem Legitimationskapitel in Berger/Luckmanns Wissenssoziologie als vielmehr auch an Stufen, Prozessen und Komponenten des Institutionalisierungsprozesses festmachen kann, wird nicht zuletzt an der Bedeutung von *Sprache* (4) in zweifacher Weise deutlich. Sprache ist das Medium des Diskurses und Hauptinstrument der Legitimation. Gleichzeitig fungiert sie als logisches Fundament der objektivierten sozialen Welt (vgl. ebd.: 69). Auf die Institutionen Ehe und Familie heruntergebrochen äußert sich diese fundamentale Logik aus der Sicht der Akteure der traditionellen Legitimationsebene in der Exklusivität des Begriffs „marriage". Mit Berger und Luckmann kann man im Fall dieses Begriffs auch von einem „Speicher angehäufter Erfahrungen und Bedeutungen" (ebd.: 39) sprechen, der zusammengefasst das beinhaltet, was auf der traditionellen Legitimationsebene über die zur Debatte stehende Institution gesagt wurde. Und eben weil der Begriff „marriage" mit spezifischen Erwartungen und Erfahrungen angereichert und durch die Sprache vergegenständlicht ist, lässt sich – erneut aus der Perspektive der Gegner der gleichgeschlechtlichen Ehe formuliert – weder die Institution verändern noch eine andere einführen, die sich von der traditionellen Ehe durch die veränderte Rollenbesetzung unterscheidet: „Sprache zwingt (…) in ihre vorgeprägten Muster" (ebd.: 40). Die Frage nach Veränderungen oder Modifikationen ist hier nicht relevant, weil sie von den Gegnern der gleichgeschlechtlichen Ehe erst gar nicht gestellt wird, da die Legitimation auf der Unveränderbarkeit der Dinge beruht und an dem ontologischen Status nicht gezweifelt wird.

6.5.2 Neu-Objektivierung auf der rational-konstitutionellen Legitimationsebene

Die Neu-Objektivierung auf der rational-konstitutionellen Legitimationsebene unterscheidet sich von der Re-Legitimation auf der traditionellen Legitimationsebene zunächst dadurch, dass nicht vornehmlich über Komponenten und Prozesse des Institutionalisierungs- und Objektivationsprozesses der Institution, um die es sich dreht, argumentiert wird.[128] Dennoch finden sich auf dieser Ebene der Legitimation Stufen und Prozesse der gesellschaftlichen Konstruktion von Wirklichkeit, die mit der Entstehung von Institutionen zu tun haben und von denen die Habitualisierung in den Mittelpunkt des Interesses rückt. Für die Befürworter geht es um die Erwartung, dass Erfahrungen, die zukünftig mit der

---

128 Zudem umfasst das Datenmaterial, das die Diskussion widerspiegelt, einen Zeitraum, der die Vermittlung des Wissens an eine Folgegeneration nicht umfassen kann.

gleichgeschlechtlichen Ehe gemacht werden, die Akzeptanz derselben über die Zeit hinweg fördern. Die gleichgeschlechtliche Ehe – so könnte man unterstellen – entwickelt sich dann zu einem Modell, „welches unter der Einsparung von Kraft reproduziert werden kann" (Berger/Luckmann 1997: 56). Habitualisierung bezieht sich dabei auch auf dazugehörige Rollen, wobei diese aus der Perspektive der Befürworter der gleichgeschlechtlichen Ehe – und in Abgrenzung zu der der Gegner – dann keineswegs falsch besetzt sind.

Neu-Objektivierung lässt sich aber auch als eine Form der Legitimierung dessen betrachten, was in *Subsinnwelten* bereits institutionalisiert ist: nämlich die gleichgeschlechtliche Partnerschaft.[129] Die gleichgeschlechtliche Partnerschaft (mit oder ohne Kinder) weist dann für die Träger dieser Subsinnwelt einen ebenso objektiven Wirklichkeitscharakter auf wie die heterosexuelle Ehe für die Gegner der gleichgeschlechtlichen Ehe. Neu-Objektivierung geht so einher mit der Legitimation der bisher bestehenden „Institution" der gleichgeschlechtlichen Partnerschaft. Anders als die Re-Legitimation erfolgt die Legitimation nicht über die Institution der bestehenden gleichgeschlechtlichen Partnerschaft, sondern über die Verfassung auf der einen Seite und in Form der doppelten Nutzung der Argumente – losgelöst vom explizit rational-konstitutionellen Bezug – auch über die Institution der heterosexuellen Ehe auf der anderen Seite. Unabhängig von der Frage, ob sich die Legitimation dann auf die generationsbezogene Weitergabe innerhalb der Subsinnwelt oder auf die Frage des Wandels einer bestehenden Institution bezieht, wird deutlich, dass sich die Orientierung an der amerikanischen Verfassung der dritten Legitimationsebene bei Berger und Luckmann zuordnen lässt. In der Argumentation über die Verfassung findet sich zudem ein Aspekt, auf den Berger und Luckmann eher beiläufig aufmerksam machen: „es kommt auch vor, daß gesellschaftliche Institutionen verändert werden, damit sie mit schon vorhandenen Theorien übereinstimmen und also ‚legitimer' werden" (ebd.: 137). Nicht umsonst sind die Symbolträchtigkeit der Verfassung, Vergangenheitsorientierung und Zukunftsperspektive, der instrumentelle Charakter und die damit verbundene Handlungskomponente zur Ermöglichung von Freiheit und Gleichheit hervorgehoben worden, die sich als „Theorie" sowie Sinn- und Deutungssystem für die Akteure beider Legitimationsebenen begreifen lassen. Die Veränderung der traditionellen Ehe über die rechtliche Gleichstellung gleichgeschlechtlicher

---

129 Dass es eine spezifische „gleichgeschlechtliche Sinnkonstruktion" gibt, lässt prinzipiell auf eine Subsinnwelt schließen. Nicht nur die Tatsache, dass die Rollenbesetzung bei Gegnern und Befürwortern unterschiedlich gesehen wird, macht deutlich, dass die Sinnhaftigkeit der jeweiligen Perspektiven von bestimmten „Gemeinschaften" im Sinne Berger/Luckmanns getragen wird. Berger und Luckmann (1997: 91) weisen darauf hin, dass mit dem Auftreten von Subsinnwelten „eine Vielfalt der Perspektiven, unter denen sich die Gesamtgesellschaft betrachten lässt", verbunden ist.

Partnerschaften lässt sich als eine Form des „Legitimermachens" begreifen. Und mit der historischen Legitimation über die Bürgerrechtsbewegung wird der Beweis für das Funktionieren der Veränderung von Institutionen direkt mitgeliefert. Gleichzeitig tritt auch hier die Bedeutung der mit der Institution verknüpften Rollen durch die von den Akteuren geäußerte Verpflichtung gegenüber der Verfassung hervor. So verstanden ist Neu-Objektivierung nicht unbedingt mit der Idee der Etablierung einer neuen Institution gleichzusetzen, sondern lässt sich auch aus dem Blickwinkel des Wandels einer bestehenden Institution begreifen.

Während bisher die Frage der Legitimation und Veränderung von Institutionen im Mittelpunkt des Interesses stand, wurde die Frage nach der Bedeutung von symbolischen Sinnwelten – und auch die Legitimation eben dieser Sinnwelten – vernachlässigt. Betrachtet man die rational-konstitutionelle und die traditionelle Legitimationsebene als symbolische Sinnwelten, dann kann man mit Berger und Luckmann nicht nur fragen, an welcher der beiden Wirklichkeitsbestimmungen die Gesellschaft hängenbleiben wird (vgl. ebd.: 117). Man kann auch nach der Legitimation eben dieser Sinnwelten fragen, dabei die gesellschaftlichen Akteure als deren Stütze ins Zentrum der Aufmerksamkeit rücken und „die Frage nach historisch greifbaren Wirklichkeitskonzeptionen zwangsläufig vom abstrakten ‚Was' zum soziologisch konkreten ‚Wer'" verschieben (ebd.: 125). Jedoch wird die akteursbezogene Perspektive in dieser Arbeit vernachlässigt, denn damit würde man sich auf das Terrain der konkreten individuellen Interessen, des subjektiven Sinns und der „Ehrlichkeit" der Beteiligten begeben – Aspekte, die keinesfalls aus den vorliegenden Daten, ebenso wenig wie die Frage nach der Stichhaltigkeit der Argumente auf beiden Ebenen, erschlossen werden können und sollen.

In der Identifikation der beiden Legitimationsebenen als Phänomenstrukturen des Diskurses kommt die Arbeitshypothese zum Vorschein, die auch die Einstiegsgrundlage zur Analyse der Daten lieferte: Es gibt Befürworter und Gegner der gleichgeschlechtlichen Ehe, und die Akteure beider Seiten vertreten ein spezifisches Ehe- und Familienbild. Man kann hier von der *ersten Ebene* des Diskurses sprechen. Im Mittelpunkt steht die Institution Ehe: auf der einen Seite traditionell, auf der anderen Seite „modifiziert", erweitert, gleichgeschlechtlich. Legitimation erfolgt auf der einen Seite direkt über die als traditionell verstandene, heterosexuelle Ehe, auf der anderen Seite durch die Orientierung an der amerikanischen Verfassung. Mit der im folgenden Kapitel betrachteten „Herstellung von Normalität" wird eine andere Art der Legitimation in den Mittelpunkt gerückt. Dabei geht es nicht um eine Legitimation zweiten Grades, wie man den Bezug zu den Institutionen Verfassung und (traditionelle) Ehe auch bezeichnen kann. Hier geht es gewissermaßen um eine Legitimation ersten Grades, d. h. um das Individuum selbst. Diese „Herstellung von Normalität" wird als *zweite Ebene* des Diskurses betrachtet.

6.6 Zur Herstellung von Normalität

> „Of course, people want individuality as well, but they want their individuality to be the normal kind" (Warner 1999: 53).

Spricht man von Normalität, dann besteht kaum Zweifel daran, dass das, was unter den Begriff „normal" gefasst wird, sich von etwas abgrenzen muss, das diesem Kriterium nicht entspricht und als abweichend markiert wird: „Was wir sehen, wenn wir Normalität beobachten, hängt davon ab, wovon wir es unterscheiden, davon also, was auf der anderen Seite der Differenz steht" (Bohn 2003: 40).[130] Folgt man der Argumentation Bohns weiter, dann wird deutlich, dass mit der *Art* der Differenzbildung auch entsprechende Bedeutungskontexte verbunden sind.[131] Um die Frage nach Normalität zu klären, trifft Emile Durkheim im dritten Kapitel der „Regeln der soziologischen Methode" die Unterscheidung des „Normalen" vom „Pathologischen":

> „Ein soziales Phänomen ist für einen bestimmten Typus in einer bestimmten Phase seiner Entwicklung normal, wenn es im Durchschnitt der Gesellschaften dieser Art in der entsprechenden Phase ihrer Evolution auftritt" (Durkheim 1984: 155).

Zum Pathologischen wird beispielsweise das Verbrechen dann, wenn ein plötzlicher Anstieg der Kriminalitätsrate zu verzeichnen ist. Dass nicht jedes Gesellschaftsmitglied zum Pathologischen neigt, führt Durkheim auf die Existenz eines moralischen Bewusstseins in der Gesellschaft zurück, das sich seiner Ansicht nach jedoch nicht uniformieren lässt,

> „denn die unmittelbare physische Umgebung, in die jeder von uns hineingestellt ist, die erblichen Vorbedingungen, die sozialen Einflüsse, von denen wir abhängen, schwanken von Individuum zu Individuum und gestalten dadurch jedes Bewusstsein anders. (…) Da es also keine Gesellschaft geben kann, in der die Individuen nicht mehr oder weniger vom kollektiven Typus abweichen, ist es unvermeidlich,

---

130 Die Wahl der Kapitelüberschrift entspricht einer Kategorie, die im Rahmen der Datenauswertung benannt wurde und bestimmte Konzepte unter ihrem Dach vereint. Das bedeutet aber nicht, dass sich dahinter eine persönliche Wertung hinsichtlich dessen, was in dem hier behandelten Kontext als normal und was als abweichend zu verstehen ist, verbirgt.

131 Vgl. zu den Differenzen und den entsprechenden Bezugssystemen Bohn (2003: 40 f.).

dass sich unter diesen Abweichungen auch solche befinden, die einen verbrecheri-schen Charakter tragen" (Durkheim 1974: 6).

Dem Charakter der Normalität wurde der heterosexuellen Ehe vor allem über das Argument des „es war schon immer so" Rechnung getragen. Und bereits an anderer Stelle ist die (vermeintliche) Normalität der traditionellen Ehe auch mit Normativität, basierend auf einem kulturellen System der Zweigeschlechtlich-keit, in Verbindung gebracht worden. Normalität im Sinne einer Normativität, in der das Recht als Bezugspunkt fungiert, untermauert jedoch gleichzeitig eine gegensätzliche Perspektive, denn geht man von der Rechtsprechung in Massa-chusetts nach der Entscheidung des Obersten Gerichtshofs aus, dann ist die gleichgeschlechtliche Ehe normal. Normalität ist also erstens von Trägern ge-sellschaftlicher Subsysteme und spezifischen Bezugshorizonten abhängig, zwei-tens erfahren Normalität und Normativität keine synonyme Nutzung.

Im Folgenden werden zwei Facetten von Normalität betrachtet, die aus der Datenanalyse hervorgehen. Auf der einen Seite handelt es sich um „Normalität als Gewohnheit", auf der anderen Seite um „individuelle Normalität". Bereits während des Kategorisierens hat sich gezeigt, dass gerade individuelle Normali-tät sich unabhängig von den Legitimationsebenen betrachten lässt, weil sie mehr oder weniger losgelöst von der Frage der Geschlechterkonstellation der im Mit-telpunkt stehenden Institution Ehe diskutiert wird. Die Frage, ob die gleichge-schlechtliche Ehe bzw. Partnerschaft oder aber die traditionelle Ehe „normal" ist, rückt dabei in den Hintergrund.

6.6.1 Normalität als Gewohnheit

Wenn hier von Normalität als Gewohnheit gesprochen wird, dann handelt es sich um den Versuch, entsprechende Argumente der Befürworter der gleichge-schlechtlichen Ehe in einen Begriff zu fassen, der auch zum Vokabular eben dieser Akteure zählt: „Well, I think we are really now sort of starting on a pro-cess, the fact that many of us will be getting married, and it becomes much more normal in people's eyes" (1.119.3). Die Zeitkomponente, die zur Rechtfertigung der traditionellen Ehe herangezogen und – wie gesehen – von den Verfechtern der traditionellen Ehe auch im Sinne einer Normativität ausgelegt wurde, findet sich nun in ähnlicher Form in der Argumentation über Normalität durch die Befürworter der gleichgeschlechtlichen Ehe. Dabei blicken die Befürworter der gleichgeschlechtlichen Ehe eher in die Zukunft, die Befürworter der traditionel-len Ehe in die Vergangenheit: „I am rather confident, though, after they've seen that for two years, it has had no negative effect on anybody" (2.10.2). Die

gleichgeschlechtliche Ehe kann dann vor dem Hintergrund des „Gesetze(s) der
Gewöhnung" (Berger/Luckmann 1997: 56) verstanden werden. Die Frage, wie
viel Zeit es denn braucht, damit aus subsinnweltlicher Normalität Normativität
wird, bleibt jedoch unbeantwortet. Und ob der Zeitfaktor in einer erfolgreichen
Gewöhnung resultiert, kann ebenfalls nicht erschlossen werden.

Doch auch unabhängig davon wird versucht, Homosexualität durch den
Hinweis auf Verbreitung und Häufigkeit einen gewissen Status von Normalität
zuzuschreiben: „There are millions of American families who, like the Cheneys,
have gay family members or gay friends and don't want to see the issue of gay
marriage put in the Constitution and see their family members and friends dis-
criminated against" (2.154.1), so Steven Fisher von der Organisation Human
Rights Campaign. Und auch Cheryl Jacques hebt hervor:

> „You know, Chris, gay and lesbian families live in every single corner of this coun-
> try. And there are over a million children being raised in gay households, including
> my own household" (3.32.2).

Zwar warten die Verfechter der gleichgeschlechtlichen Ehe nicht mit statistisch
untermauerten Zahlen auf, doch lässt sich aus ihrer Sicht die Vorstellung ableiten: Weil etwas häufig(er) vorkommt, ist es normal. Rechtliche und moralische
Gesichtspunkte spielen dabei erst einmal keine Rolle. Indirekt steht jedoch außer Frage, dass Homosexualität und das Zusammenleben gleichgeschlechtlicher
Paare nicht rechtswidrig ist und von unterschiedlichen Akteuren „lediglich" als
moralisch fragwürdig bzw. ablehnungswürdig erachtet wird. Während im Kontext der Gewöhnung Legitimation über antizipierte Historizität und Verbreitung
hergestellt werden soll, geht es auf einer weiteren Ebene des Normalitätskontex-
tes nicht mehr um sexuelle Präferenz. Vielmehr wird über die Herausstellung
des Individuums ein Legitimationsschirm aufgespannt, der mehr umfasst als nur
die Stichhaltigkeit der legitimatorischen Bezugspunkte: die *persönliche Legitimation*.

6.6.2 *Normalität personalisiert*

Normalität hat etwas mit Abgrenzung zu tun. Wie sehr Normalität nicht nur
über Differenzbildung, sondern auch über Differenzüberwindung und Vergleich
mit dem Durchschnitt hergestellt wird, zeigt sich an dem, was hier als Personalisierung des Diskurses verstanden wird. Es geht weniger um die Frage nach dem
richtigen Argument als vielmehr um die Legitimation des Individuums,
d. h. persönliche Legitimation. Dabei stehen amerikanische Werte im Mittel-

punkt – und nebenbei wird der idealisierte Typus des „Good American" gezeichnet.

Gerade hierin zeigt sich, was mit Lipsets Komponenten des „Americanism" in Verbindung gebracht werden kann: „Hard work, ambition, education, and ability have been regarded as more important for succeeding in life than social background" (Lipset 1996: 81). Einen zentralen Stellenwert nimmt die Selbstdarstellung als „hard working American" ein, und das sowohl im Hinblick auf die Familie als auch auf die Ausübung eines Berufes oder einer Tätigkeit. „We've worked so hard to build our families and commit into loving relationships" (3.30.1), so David Wilson, einer der Kläger von Massachusetts, oder auch „Kevin and I worked for many years. We pay a lot of taxes. We are, you know, no different than any other American" (3.47.1). Und Lynne Cheney, die Frau des amerikanischen Vizepräsidenten, sagt über ihre Tochter:

> „Mary thinks of herself as a private person, she's working behind the scenes very confidently to make sure the vice president's schedule is set, to make sure the events that he has are well-organized" (2.158.3).

In diesen Zitaten finden sich amerikanische „Wertkonfigurationen", die Robin M. Williams idealtypisch in „American Society. A Sociological Interpretation" definiert, wie beispielsweise „activity" und „work" (Williams 1968: 421), die auch den „hard working American" beinhalten. Nicht zuletzt in den Worten Mary Bonautos findet sich ein Hinweis auf bürgerliches Engagement, wenn sie von „basic citizens, people who are little league coaches and literacy volunteers and working in every community and raising kids" (3.8.2) spricht. „Efficiency" und „practicality" (Williams 1968: 428) zeigen sich in den Worten Lynne Cheneys, wenn sie auf die „souveräne und gut organisierte Arbeitsweise" ihrer Tochter im Sinne eines „getting things done" (ebd.) aufmerksam macht. In der Herstellung von Normalität ragt noch ein weiterer „Wert" heraus, nämlich „romantic love":

> „Americans feel that the only proper basis for marriage is romantic love. Songs, literature, mass media, and 'folk beliefs' all stress this value. They especially love the theme that love conquers all" (Henslin 2003: 54).

Der besondere Wert der Liebe und der Hingabe in der gleichgeschlechtlichen Beziehung wird auf verschiedene Weise geäußert: z. B. aus Sicht eines gleichgeschlechtlichen (Ehe-)Partners: „We love each other. We're committed to each other. We want to take care of each other as best as we can" (1.96.4), aus der Perspektive gleichgeschlechtlicher Eltern:

> „This is about many families, over a million children being raised by these families, like my two sons being raised by two loving committed parents who wake up in the morning worried about all the things as any other parent--a save community, good schools, a good future for the children", (2.34.3),

aber auch aus der Sicht der von einer gleichgeschlechtlichen Partnerschaft oder Elternschaft nicht „Betroffenen", aber dennoch die gleichgeschlechtliche Ehe befürwortend:

> „I'd love to invite the Governor to city hall and see the affirmation of marriage, to see the affirmation of family, to see people coming together after two or three decades. And to see their children and their parents and their grandchildren together in celebrating that unit and that bond" (3.58.1).

Und so äußert sich auch der homosexuelle demokratische Abgeordnete Mark Leno: „You would have been so impressed by the – the expression of joy and excitement, love, devotion, commitment, domesticity, that was expressed in that city hall" (4.57.1). Die Befürworter der gleichgeschlechtlichen Ehe – unabhängig von ihren eigenen sexuellen Präferenzen – zeichnen damit das Bild des (idealisierten) typischen Amerikaners, der in das amerikanische Wertraster eben durch *Erfüllung* der Werte passt, sowie der amerikanischen Familie, und zwar derart, dass sich selbst Popenoes „familialism", verstanden als „the belief in a strong sense of family identification and loyalty, mutual assistance among family members, and a concern for the perpetuation of the family unit" (Popenoe 1988: 282), in den Zitaten widerspiegelt. Diese Werte als Familienwerte umfassen Rollenerwartungen, die die Gesellschaft an „Amerikaner" und „Eltern" stellt und die – aus Sicht der Verfechter der gleichgeschlechtlichen Ehe – auch von gleichgeschlechtlichen Elternpaaren erfüllt werden. Denn die Sorge um die Kinder, eine gute Nachbarschaft, die Tatsache, dass man hart arbeitet und Steuern zahlt, das ehrenamtliche Engagement – diese Punkte bestimmen zumindest auf rhetorischer Ebene die Selbstauffassung der hier zu Wort kommenden Akteure. Normalität äußert sich in Anlehnung an Berger und Luckmann somit auch darin, dass

> „die vor sich gehende Handlung (...) für den Augenblick ihres Vollzuges die Selbstauffassung des Handelnden, und zwar in eben dem objektivierten Sinn, der ihr von der Gesellschaft zugeschrieben wird, (bestimmt), (...) sich der Handelnde in diesem einen Augenblick wesentlich identisch mit der gesellschaftlich objektivierten Handlung (fühlt)" (Berger/Luckmann 1997: 77).

Legitimiert wird über allgemeine Rollenerwartungen, denen die Akteure im Hinblick auf gesellschaftliche Typisierungen und vor dem Hintergrund eines objektivierten Wissensbestands ihrem Verständnis nach entsprechen. Die mit diesen „Werten" verbundenen Handlungsweisen sind institutionalisiert, sie sind sprachlich objektiviert und lassen sich „losgelöst von individueller Ausführung und von den veränderlichen subjektiven Vorstellungen, die sie begleiten, begreifen" (ebd.). Differenzüberwindung äußert sich dann in der Identifikation übereinstimmender Rollenverständnisse – trotz unterschiedlicher Rollenbesetzung.

6.6.3 Anschlussfähigkeit und Stigmamanagement

Wurde einige Zeilen zuvor noch auf Normalität in unterschiedlichen Subsinnwelten hingewiesen, so zeigt sich, dass es – um mit Herbert Willems zu sprechen – auch um „Normalität im Sinne von ‚Anschlussfähigkeit' *im Wechsel* zwischen den Teilsystemen bzw. teilsystemspezifischen Sinnzusammenhängen" (Willems 2003: 52, Hervorh. im Orig., d. V.) geht. Anschlussfähigkeit wird in diesem Prozess auf zweifache Weise demonstriert: einerseits über die Einbindung typisch amerikanischer Werte, die hier unabhängig von sexuellen Präferenzen oder Familie zu betrachten sind; andererseits greifen aber auch solche Werte, die den Familienbezug explizit aufweisen und die Personalisierung der Normalität somit stärker in den Kontext der Institution einbetten.

Sind die Subsinnwelten bisher über die Unterscheidung in Befürworter und Gegner der gleichgeschlechtlichen Ehe charakterisiert worden, so hat sich im Verlauf der Datenauswertung gezeigt, welche Rollenerwartungen von den Gegnern der gleichgeschlechtlichen Ehe entweder definiert oder – mit Blick auf gleichgeschlechtliche Elternpaare – angezweifelt wurden. Greift man an dieser Stelle den Begriff des „Normalen" von Erving Goffman auf, dann entsprechen diejenigen diesem Kriterium, „die von den jeweils in Frage stehenden Erwartungen nicht negativ abweichen" (Goffman 2003: 13). Zwar ist die Abweichung vom Normalen an keiner Stelle explizit definiert worden, doch hat sich in den Argumenten der traditionellen Legitimationsebene gezeigt, welche (Rollen-) Erwartungen mit der traditionellen amerikanischen Ehe und Familie in Verbindung gebracht werden. Daran lassen sich Goffmans Ausführungen zum Stigmamanagement anschließen. Goffman begreift Stigma als Diskrepanz zwischen virtualer und aktualer sozialer Identität (vgl. ebd.: 10 f.), d. h. als Diskrepanz zwischen Sollen und Sein. Über die Herstellung von Normalität betreiben die „Betroffenen" gleichgeschlechtlicher Ehen, Partner- und Elternschaften Stigmamanagement durch die sprachliche Beteuerung der Nicht-Abweichung von in Frage stehenden Erwartungen. Aus der Perspektive der Verfechter einer traditionellen Sichtweise beziehen sich diese Erwartungen auf die Funktionskomponente (vor allem die rollenspezifische Sozialisation), wenn Kinder Teil der gleichgeschlechtlichen Beziehung sind, aber auch auf die Abweichung von der vermeintlichen Natürlichkeit der heterosexuellen Ehe. Differenzüberwindung als Stigmamanagement lässt sich dann als Versuch der „indirekten Korrektur" begreifen: als das Meistern von Tätigkeitsbereichen, von denen angenommen wird, dass sie vom Stigmatisierten nicht geleistet werden können (vgl. ebd.: 19).[132] Nicht zuletzt äußert sich Differenzüberwindung dann darin, dass die Befürworter der gleichgeschlechtlichen Ehe in dem hier untersuchten Diskurs kein alternatives Familienbild formulieren und ihre Vorstellungen von Familie mit denen der Gegner gewissermaßen übereinstimmen.

Die Herstellung von Normalität erfolgt auf einer Ebene, die fast vergessen lässt, dass die vermeintliche Normalität der Familie nur als Ideal existiert. Und abgesehen von verstreuten Hinweisen auf den „Zerfall" der Familie wird von beiden Seiten – Gegnern und Befürwortern – ein überzeichnetes Bild abgegeben, in dem die „abweichende" (heterosexuelle) Familienrealität ausgeblendet wird: Teenagerschwangerschaften, allein erziehende Mütter oder Väter, Scheidungen, uneheliche Kinder, Eltern als schlechte Sozialisationsagenten, vernachlässigte Kinder usw. Das heißt, dass die Personalisierung der Normalität über amerikanische Werte, die sich unabhängig von einem Familienkontext betrachten lassen, eben über die Fixierung und Definition des Bezugspunktes der Normalität wieder zurück zur (idealisierten) Charakterisierung der Institution Familie führt, die den Grund der Differenzbildung bzw. Differenzüberwindung darstellt.

Das Stigmamanagement erinnert auch an das Konzept der Nihilierung bei Berger und Luckmann. Vom ursprünglichen Kontext hebt es sich dahingehend ab, dass nicht abweichende Wirklichkeitsbestimmungen nihiliert werden, sondern die Abweichler selbst die vermeintliche Abweichung nihilieren. Die Anwendung des Konzepts der Nihilierung setzt zwangsläufig die Unterscheidung zwischen Hütern einer Sinnwelt auf der einen und potenziellen Gefahren auf der anderen Seite voraus. Den bisherigen Ausführungen zur Herstellung von Normalität folgend wird auch hier unterstellt, dass die gleichgeschlechtliche Ehe als Abweichung betrachtet wird. Nicht eine Theorie der Abweichung kommt schließlich zur Anwendung, sondern eine *Theorie der Normalität*: Die aus der Perspektive der Gegner als solche verstandene, nicht aber explizit formulierte Sichtweise, dass die Wirklichkeitsbestimmungen der Verfechter der gleichgeschlechtlichen Ehe einer „Abweichung" gleichkommen, passt nicht in die (Sub-) Sinnwelt der Verfechter der gleichgeschlechtlichen Ehe. Die Verfechter der gleichgeschlechtlichen Ehe weisen diese als Abweichung erfahrene Wirklich-

---

132 Wobei Goffman gerade bei der indirekten Korrektur von „akzidentellen und physischen Gründen" ausgeht, die sich als Hindernis zur Meisterung definierter Tätigkeitsbereiche erweisen (vgl. Goffman 2003: 19).

keitsbestimmung der Gegner der gleichgeschlechtlichen Ehe jedoch nicht mit Begriffen ihrer eigenen Sinnwelt zurück, sondern mit denen der Gegner. Mit Berger und Luckmann ließe sich auch sagen: „Nihilierung leugnet die Wirklichkeit von Phänomenen (bzw. ihrer Interpretationen), die nicht in die betreffende Sinnwelt hineinpassen" (Berger/Luckmann 1997: 123). In diesem Fall nihilieren die Träger der „abweichenden" Wirklichkeitsbestimmung die Abweichung, und zwar über die vermeintlich bedrohte Sinnwelt selbst. Und die Begriffe, die Theorie(n), die die Grundlage der Nihilierung bilden, sind die der amerikanischen Wertegesellschaft.

Zwei forschungsleitende Gedankengänge sind der Auseinandersetzung mit den Daten vorausgegangen. Der erste, abgeleitet von der Wissenssoziologie Bergers und Luckmanns als einem theoretischem Baustein der wissenssoziologischen Diskursanalyse, bezog sich auf das Problem, wie eine in Frage stehende Institution Legitimation bzw. Re-Legitimation erfährt und – auf der anderen Seite – noch nicht institutionalisiertes Wissen sozusagen neu objektiviert wird. Dabei wurde analytisch und im Sinne einer Arbeitshypothese zwischen der bestehenden (und in diesem Fall rechtlich fixierten) Institution der heterosexuellen Ehe und der noch nicht im Sinne Berger/Luckmanns institutionalisierten gleichgeschlechtlichen Ehe unterschieden. Mit dem Fokus auf eine Re-Legitimation und Neu-Objektivierung war die Annahme verbunden, dass es sowohl Befürworter als auch Gegner der gleichgeschlechtlichen Ehe gibt und dass beide Seiten versuchen, ihre Sicht der Dinge zu untermauern. Das Resultat der durch die Wissenssoziologie von Berger und Luckmann geleiteten und durch die Daten gelenkten Aufmerksamkeit ist in die Darstellung dreier Phänomenstrukturen gemündet: erstens der rational-konstitutionellen Legitimationsebene, zweitens der traditionellen Legitimationsebene und drittens der Herstellung von Normalität. Dabei hat sich gezeigt, dass die bisher betrachteten Phänomenstrukturen des Diskurses, d. h. die *erste Ebene* (die Legitimationsebenen) wie auch die *zweite Ebene* (die Herstellung von Normalität), die Grundsatzfrage des Verhältnisses von Individuum und Gesellschaft berühren. Im folgenden Kapitel wird eine weitere Phänomenstruktur des Diskurses vorgestellt, in der es weniger um Legitimation als vielmehr um den konflikthaften Charakter dieser Beziehung geht: die *dritte Ebene* des Diskurses.

7 Konfliktebenen des Individualismus: Der amerikanische Kulturkampf

Der Begriff „Individualismus" fällt in den Daten nicht, dennoch geht es im Diskurs über die gleichgeschlechtliche Ehe um das Streben nach Selbstverwirklichung und Selbstbestimmung. In diesem Streben sehen Kritiker und Gegner der gleichgeschlechtlichen Ehe Folgewirkungen verankert, die in weitere Dimensionen „individualistischen Handelns" münden könnten. Ein in den Daten genanntes Beispiel ist die polygame Ehe, und Kaliforniens Gouverneur Arnold Schwarzenegger befürchtet, dass auf die Ehelizenzen in San Francisco Lizenzen zum Drogen- und Waffenverkauf folgen (vgl. 1.45.1): sozusagen „staatlich unterstützter" Individualismus im Sinne eines „anything goes".

Auf der einen Seite geht es also um Dimensionen und Ausprägungen des Individualismus, auf der anderen Seite um die Frage, wer auf welchen Ebenen die Grenzen individueller Selbstbestimmung und Selbstverwirklichung definieren, festlegen, öffnen oder einschränken kann. Mit dieser Fragestellung rücken unterschiedliche Konfliktdimensionen ins Blickfeld, die im Verlauf dieses Kapitels identifiziert und erläutert werden. Zunächst erfolgt jedoch eine Verortung des „amerikanischen Individualismus".

7.1 Ausprägungen des amerikanischen Individualismus

Der Begriff „expressiver Individualismus", der in dieser Arbeit Anwendung findet, entstammt dem Buch „Gewohnheiten des Herzens" von Bellah u. a. (1987: 56 ff.), die sich wiederum an Alexis de Tocqueville orientieren. Bellah u. a. stellen expressiven Individualismus einer utilitaristischen Form gegenüber und begreifen beide als unterschiedliche Ausformungen der amerikanischen kulturellen Tradition. Nach Ansicht der Autoren haben insbesondere Benjamin Franklins Vorstellungen vom individuellen Fortkommen zur Formulierung eines utilitaristischen Individualismus beigetragen, wonach individuelle Leistung und Eigeninitiative des Einzelnen zum Aufstieg in der amerikanischen Gesellschaft führen (vgl. ebd.). Expressiver Individualismus wird als Reaktion auf die dem gesellschaftlichen Wohl untergeordneten Interessen begriffen und mit dem Namen Walt Whitman (1819-1892) in Verbindung gebracht (vgl. ebd.: 58). Whitman betrachtete Individualismus als materiellen Erfolg, vor allem aber in einem gefühlsorientierten Kontext. Individualismus resultierte für ihn nicht im Wohl der Gemeinschaft, sondern in der Kultivierung und dem Ausdruck des Selbst sowie dessen Erforschung „in seiner ungeheuren und kosmischen Weite" (ebd.: 58 ff.).

7.1.1 Individualismus als Familialismus

Selbstverwirklichung, Selbstbestimmung, „self-reliance", Eigeninitiative, Leistungen des kapitalistischen Entrepreneurs und Unabhängigkeit von staatlicher Regulierung gelten als außerordentliche nationale Werte, die Tocqueville in seinem Bericht über die Demokratie in Amerika in den Begriff Individualismus fasst. Der Individualismus des amerikanischen Staatsbürgers zeichnet sich für ihn vor allem dadurch aus, „sich von der Masse zu isolieren und sich mit seiner Familie und seinen Freunden abseits zu halten; so überläßt er gern die große Gesellschaft sich selbst" (Tocqueville 1994: 238). Bei Seymour Martin Lipset charakterisiert Selbstbestimmung als Individualismus den „American creed", den er in fünf Begriffen zu fassen versucht: „liberty, egalitarianism, individualism, populism, and laissez-faire" (Lipset 1996: 19).[133] Doch auch er hebt die Verachtung der Amerikaner gegenüber Autorität und der Befolgung von Regeln hervor (vgl. ebd.).

Der Wunsch nach Unabhängigkeit von staatlicher Regulierung resultiert in einem Misstrauen gegenüber staatlichen Institutionen und Organisationen, das Popenoe als das am stärksten ausgeprägte Misstrauen in allen Gesellschaften ansieht: „(the) United States (is) one of the most antigovernment of all advanced societies" (Popenoe 1988: 185). Die Familie bildet für ihn die wichtigste Einheit in diesem Rahmen, weil sie mit den Eigenschaften Dauerhaftigkeit und Unerschütterlichkeit assoziiert wird (vgl. ebd.: 286). „Self-reliance" ist – wie Burkart in Anlehnung an David M. Potter (1973) hervorhebt – aber auch die Risikobereitschaft, die die Siedler aufbringen mussten, um in der Härte eines bisher unerschlossenen Westens im Sinne eines „frontier"-Individualismus überleben zu können (vgl. Burkart 1995: 402). In der amerikanischen Gesellschaft repräsentiert „frontier" als „Siedlungsbereich zwischen Wildnis und euro-amerikanischer

---

133   Zur Kritik an Lipsets Konzept des „American creed" vgl. Grabb/Baer/Curtis (1999). Zur Idee des Individualismus und der Selbstbestimmung vgl. auch die Ausführungen in Skolnick/Currie (1979: 238 ff.) oder die zusammenfassende Darstellung bei Wasser (2000: 43 ff.).

Zivilisation" (Nagler 1998: 46) auch heute noch einen zentralen Mythos in der amerikanischen Geschichte.

Auch in der Definition des Kulturwissenschaftlers und Organisationsanthropologen Geert Hofstede, der mit dem Begriff Individualismus Gesellschaften beschreibt, „in denen die Bindungen zwischen den Individuen locker sind", erwartet man von „jedem, dass er für sich selbst und seine unmittelbare Familie sorgt" (Hofstede 2001: 66). Mit der familialen Form von Unabhängigkeit und Individualismus werden vor allem die verbesserten Lebensbedingungen und der Boom der Eigenheime in den Vorstädten im Amerika der 1950er Jahre in Verbindung gebracht. Gerade das Eigenheim gilt als Ort der Privatsphäre und des Rückzugs vom Rest der Gesellschaft, als Ort der Emotionalität und Fürsorge, der dem Staat verschlossen bleibt. Dieses Verständnis des amerikanischen Individualismus äußert sich in den Vereinigten Staaten im Recht auf Privatheit, das eine besondere Stilisierung in der Familie erfährt, wie Cropsey zusammenfasst:

> „The intimacy of the family has made it the locus of that privacy that has been portrayed as drawing men's loyalties away from the larger societies, political or transpolitical. The family is the setting for the private calculations that promote the preservations of life. (…) And what do life, liberty, and the pursuit of happiness mean if not the freedom of private calculation of the means to preservation and, to be sure, other gratifications as well?" (Cropsey 1986: 169).

Das Recht auf Privatheit zeigt sich Popenoe zufolge auch darin, dass die Machtverhältnisse über die eigenen Familienmitglieder ausgeprägter sind als in allen anderen entwickelten Staaten. Die dunkle Seite dieser Rechte sieht er jedoch in der Beschneidung individueller Rechte von Frauen und Kindern bestätigt (Popenoe 1988: 286). Folgt man an dieser Stelle dem Gedankengang Shains (1994: 95), dann sind Familialismus und Individualismus jedoch nicht miteinander gleichzusetzen. Man kann vielmehr unterscheiden zwischen Individualismus als individuelle Selbstverwirklichung und Individualismus als Selbstbestimmung und Autonomie innerhalb der Grenzen der Familie – ein Aspekt, mit dem Shain auf den amerikanischen Partikularismus abzielt, der vor allem auf lokaler Ebene staatliche Autorität als Einmischung zurückweist.

7.1.2 Individualismus und Gleichheitsgedanke als „exceptionalism"

Alexis de Tocqueville sieht im Prinzip des Individualismus (in Abgrenzung zum „europäischen Egoismus") die Souveränität des Volkes gespiegelt:

„Alle Gewalt geht vom Volke aus; man begegnet kaum einem Menschen, der den Gedanken wagen oder gar aussprechen würde, die Gewalt sei anderswo zu suchen. (...) Das Volk beherrscht die politische Welt Amerikas wie Gott das Universum. Das Volk ist Anfang und Ende aller Dinge; alles geht vom Volke aus, alles in ihm auf" (Tocqueville 1994: 49).

Für Bellah u. a. ist im amerikanischen Individualismus das Recht verankert, „selbständig zu denken, selbständig zu urteilen, unsere eigenen Entscheidungen zu treffen, unser Leben zu leben, wie wir es für angemessen halten" (Bellah u. a. 1987: 174). Jedoch trennen sie Individualismus und Gemeinschaft nicht voneinander, wie sie am Beispiel der sozialen Typen des Cowboys und des Detektivs – beide jeweils in der Rolle des nach Gerechtigkeit strebenden gesellschaftlichen Retters – zu verdeutlichen suchen:

„Beide können für die Gesellschaft nur wertvoll sein, weil sie vollkommen autonome Individuen sind, die außerhalb stehen. Um der Gesellschaft zu dienen, muß man die Fähigkeit besitzen, allein zu sein, andere weder zu brauchen, noch von ihrem Urteil abzuhängen oder sich ihren Wünschen zu unterwerfen. Dennoch ist dieser Individualismus nicht selbstsüchtig, sondern eigentlich eine Art heroische Selbstlosigkeit. Der Held akzeptiert sein Alleinsein, um den Werten der Gruppe zu dienen" (ebd.: 178).

Und auch bei Tocqueville wird Individualismus durch die Lehre vom wohlverstandenen Interesse überwunden (vgl. Tocqueville 1994: 254), da „die Amerikaner ihr eigenes Wohlergehen mit dem ihrer Mitbürger fast immer zu vereinigen wußten" (ebd.). Individualismus ohne jegliche Berücksichtigung des Gemeinschaftsgedankens ist für Shain jedoch eine europäische Sichtweise, die seiner Ansicht nach den *Mythos* ausmacht:

„There is good reason to believe that America's highly localist communalism (religious, social, political) must have appeared in the late 18th and early 19th centuries as bordering on anarchical or atomistic when compared to centrally administered European religious establishments and nation-states. Many of the most prominent commentators, those who initially labeled America individualistic, where Europeans. In other words, America's powerful localism probably fostered illusions that came to be described, largely pejoratively, as individualistic. Bereft of an appropriate vocabulary to describe that which was little understood and was usually disapproved of for being localistic, irrational, particularistic, or peasantlike, foreign observers in the early 19th century described American local communalism as individualistic" (Shain 1994: 84).[134]

---

134 Shain (1994: 23) definiert den Begriff „communalism" für das 18. Jahrhundert wie folgt: „communalism (as opposed to both collectivism and individualism), is a commitment to a

Die Eigenart des amerikanischen Individualismus wird in eigentümlicher Weise durch die Einbindung des Gleichheitsprinzips sichtbar, wie Tocqueville in der Einleitung zu seinem ersten Band über die Demokratie in Amerika schreibt:

> „Von all dem Neuen, das während meines Aufenthaltes in den Vereinigten Staaten meine Aufmerksamkeit auf sich zog, hat mich nichts so lebhaft beeindruckt wie die Gleichheit der gesellschaftlichen Bedingungen. (…) So sah ich, je mehr ich mich mit der amerikanischen Gesellschaft beschäftigte, in der Gleichheit der gesell-schaftlichen Bedingungen immer deutlicher das schöpferische Prinzip, das allen Einzelstaaten zugrunde zu liegen schien, und ich stieß immer wieder auf diese Gleichheit als auf einen zentralen Punkt, in den alle meine Beobachtungen einmün-deten" (Tocqueville 1994: 15).

Egalitarismus als Grundlage der neuen freien Gesellschaft tritt in der Gleichheit vorfindbarer Bedingungen und der daran anschließenden Umsetzung von Mög-lichkeiten durch Eigenverantwortlichkeit und Leistungsbereitschaft hervor, um die individuelle Selbstentfaltung als „pursuit of happiness" voranzutreiben. Das erklärt auch das Fehlen einer sozialistischen Partei in den USA, wie Lipset – in Anlehnung an Werner Sombart, dessen Begriff des „American Exceptionalism" er aufgreift und weiter ausbaut – zusammenfasst. Die Besonderheit Amerikas in Abgrenzung zu Europa zeigt sich gerade darin, dass das feudale System mit seinen Klassenstrukturen und den dazugehörigen Traditionen den frühen Ein-wanderern zwar nicht unbekannt war, doch die Prinzipien eben auf dem Gleich-heitsgedanken und dem Streben nach Leistung aufbauten. Die feudale Vergan-genheit als Grundlage eines sich im Marx'schen Sinne entwickelnden Klassen-bewusstseins fehle. In den USA hingegen finde man Mobilität über die Klassen hinweg. Grundlage dafür seien die persönlichen Leistungen sowie Investitionen in Bildung für die breite Masse (vgl. Lipset 1996: 21). Lipset spricht von „poli-tical exceptionalism" (ebd.: 84). Und so rief auch Werner Sombart mit Blick auf die USA als „Land ohne Sozialismus trotz höchster kapitalistischer Entwick-lung" aus: „Die Lehre von der unvermeidlichen sozialistischen Zukunft durch die Tatsachen widerlegt!" (Sombart 1969: 25).

Hinter diesen Bedingungen verbirgt sich jedoch auch eine Rechtfertigung für soziale Ungleichheiten und die Ablehnung staatlicher Eingriffe. Denn das amerikanische Bekenntnis zur Chancengleichheit bedeutet nicht nur, dass Leis-tung persönliche Fähigkeiten und somit auch unterschiedliche Einkommen

---

particular moral vision wherein human flourishing is to be pursued through familial and communal shaping of the individual. This sanctioned formation of the individual by interme-diate social institutions is guided by an underlying moral, usually religious, conception of a good human life. (Such institutions might include the family, the neighborhood, a religious congregation, fraternal organizations, and locally controlled schools and governments)".

rechtfertigt. Es beinhaltet auch die Zurückweisung der Vorstellung, man müsse Spitzenverdiener höher besteuern, um die Lage Benachteiligter zu verbessern (vgl. Lipset 1996: 72).

7.1.3   Individualismus vs. Wohlfahrtsstaat

Historisch betrachtet lässt sich das erste Fundament staatlicher Interventionspolitik als Folge der „Great Depression" Anfang des 20. Jahrhunderts begreifen. Bekannt wurde dieses Unterfangen unter dem Namen „New Deal", das Lipset als „moderate 'Europeanization' of American politics" (Lipset 1996: 38) bezeichnet. Mit der Verabschiedung des „Social Security Act", verbunden mit Arbeitslosenversicherung und Altersrente im Jahr 1935, unternahm Präsident Franklin D. Roosevelt sozialstaatliche Schritte, um Armut und Elend als Folge der Weltwirtschaftskrise zu bekämpfen.[135]

Als Lyndon B. Johnson nach dem Kennedy-Attentat 1963 die Präsidentschaft übernahm, folgte er in seiner Vorstellung über die „Great Society" seinem Vorbild Roosevelt und dessen Reformprogrammen. Bereits im Alter von 27 Jahren war Johnson Direktor der National Youth Administration (NYA) in Texas, einer von Roosevelt 1935 ins Leben gerufenen Organisation, die auf der Ebene der einzelnen Bundesstaaten dafür sorgen sollte, „to rescue young people from ignorance, unemployment, and enduring hardship" (Milkis 2005: 3). Johnson glaubte an eine starke Präsidentenrolle als Voraussetzung, um einen Wandel in der amerikanischen Gesellschaft herbeizuführen. In einer Rede an der University of Michigan im Mai 1964 legte er seine Vorstellungen über die „Great Society" dar, die fünf Monate später in einem Beitrag für das Wochenmagazin „The Saturday Evening Post" veröffentlicht wurden:

> „The Great Society rests on abundance and liberty for all. It demands an end to poverty and racial injustice. But that is just the beginning. The Great Society is a place where every child can find knowledge to enrich his mind and to enlarge his talents. It is a place where leisure is a welcome change to build and reflect, not a feared cause of boredom and restlessness. It is a place where the city of man serves not only the needs of the body and the demands of commerce, but the desire for beauty and the hunger for community. It is a place where man can renew contact with nature. It is a place which honors creation for its own sake and for what it adds to the understanding of the race. It is a place where men are more concerned with the quality of their goals than the quantity of their goods. But most of all, the Great Society is not a safe harbor, a resting place, a final objective, a finished work. It is a

---

135 Ob der „New Deal" ein Erfolg war, gehört – so Junker (1998: 129) – zu den Schwierigkeiten historischer Urteilsbildung.

challenge constantly renewed, beckoning us toward a destiny where the meaning of our lives matches the marvelous products of our labor" (Johnson 1964: 30).[136]

Ausgangspunkte der erneuerten Gesellschaft, die sich vor allem durch Reichtum und Freiheit sowie die Überwindung von Armut und Rassentrennung auszeichnen soll, sind die Stadt, das Land und die Bildungseinrichtungen. Für Johnson repräsentieren Städte als „frontier" das Neuland für Ideenreichtum und Innovation (vgl. ebd.: 30). Die Naturlandschaft als zweite Säule gilt es zu schützen, weil die Schönheit der Natur, aber auch die aus ihr hervorgehenden Lebensgrundlagen gefährdet sind. Die dritte Säule ist das Bildungswesen und insbesondere die Schule: „There our children's lives will be shaped: Our society will not be great until every young mind is set free to scan the farthest reaches of thought and imagination" (ebd.: 31). Bildung dürfe nicht an Armut scheitern, so Johnson, sondern müsse einen Ausweg aus der Armut bieten. Den Befürchtungen der Kritiker, die Regierung könne zu einer Bedrohung der individuellen Freiheit werden, tritt er entgegen. Die Vorstellung, die Regierung unterlaufe die Freiheit durch ein Sozialsystem, das die Menschen vor Elend schütze, wenn sie nicht mehr arbeiten können, sie untergrabe die Freiheit, indem sie die Bauernhöfe mit Elektrizität versorge und Überschwemmungen kontrolliere, weist er zurück. Seine Kritiker konfrontiert er vielmehr mit der Frage, ob die Freiheit des Einzelnen durch die Bereitstellung von Mahlzeiten in Schulen wirklich beeinträchtigt werde: „The truth is – far from crushing the individual, government at its best liberates him from enslaving forces of his environment" (ebd.). Er widerspricht den Befürchtungen der Kritiker vor allem deshalb, weil er mit der Regierung das Volk verbindet. Diese Sichtweise wird auch als Wechsel von einer quantitativen hin zu einer qualitativen Auseinandersetzung mit dem Leben in Amerika bezeichnet (vgl. Milkis 2005: 8), denn im Programm der „Great Society" geht es nicht nur um die Verbesserung wirtschaftlicher Grundlagen, sondern vor allem um Schutz und Erhalt der natürlichen Lebensvoraussetzungen. Der „Child Health Improvement Act", der „Economic Opportunity Act" sowie „Medicare" und „Medicaid" als staatlicher Beitrag zur Unterstützung der medizinischen Versorgung von Älteren und Bedürftigen gehören zu den wichtigsten Gesetzgebungen der Ära Johnson (vgl. Abbott/Wallace 1992: 32; Berg 1998: 161; Mintz/Kellog 1988: 214).[137] In Zahlen zusammengefasst konnte Johnson am Ende seiner Amtszeit auf die Einführung von 435 Sozialprogrammen zurückblicken – im Vergleich zu 61 am Ende der Eisenhower-

---

136 Der Moynihan-Report stellte eine wichtige Grundlage für Johnsons Diagnose über Armut und Rassismus in der amerikanischen Gesellschaft dar (vgl. Mintz/Kellog 1988: 213).

137 Zur Übersicht über die Entwicklung von Programmen zur sozialen Sicherung seit den 1960er Jahren vgl. Mintz/Kellog (1988: 203 ff.), aber auch Murswieck (1998: 680 ff.).

Präsidentschaft. Zudem waren die Ausgaben für staatliche Wohlfahrtsprogramme von 9,9 Milliarden US-Dollar im Jahr 1960 auf 25,6 Milliarden im Jahr 1968 gestiegen. Der Kampf Johnsons gegen die Armut war dahingehend erfolgreich, dass die Anzahl der in Armut lebenden Amerikaner von ca. 40 Millionen im Jahr 1960 auf 24 Millionen im Jahr 1969 gesenkt werden konnte. In dieser Bevölkerungsgruppe ging auch durch die Erweiterung von medizinischen und Ernährungsprogrammen die Rate der Kindersterblichkeit um ein Drittel zurück (vgl. Mintz/Kellog 1988: 213 ff.).[138]

Die wohlfahrtsorientierte Politik der Johnson-Ära hat beachtliche politische Kontroversen verursacht. Und das nicht nur deshalb, weil diese Form der staatlichen Intervention nach Ansicht ihrer Kritiker das amerikanische Gut der Eigenleistung und Eigenverantwortung untergraben hat, sondern auch, weil – obwohl empirisch nicht nachweisbar – ein direkter Zusammenhang zwischen einer rapide steigenden Anzahl an von Frauen geführten Einelternfamilien sowie außerehelichen Geburten unter der armen Bevölkerung in den USA hergestellt wurde (vgl. Mintz/Kellog 1988: 215).[139] In den Augen der Kritiker des Wohlfahrtsstaates verschwinden Anreizstrukturen zugunsten der Möglichkeit, sich in die Hände des Staates zu begeben. „Welfare" ermuntere Frauen, ein Leben als Alleinerziehende zu führen, da sie nicht mehr auf die finanzielle Unterstützung eines Ehemannes angewiesen seien. Die Kritik richtet sich aber auch an Männer, die sich ihrer Verantwortung als Familienernährer entziehen, weil sie um die finanzielle staatliche Unterstützung der allein gelassenen Mütter wissen. Die vaterlose Familie werde so zu einer „viable option" (Giele 2003: 58). Staatliche Einmischung wird zudem als Einmischung in die Privatsphäre betrachtet, indem beispielsweise durch die Ermöglichung von „equal opportunity" den Männern zunehmend die Kontrolle über ihre Ehefrauen verwehrt (!) wird, Verhütungsmittel und Abtreibung für schwangere Frauen zur Option werden und vereinfachte Scheidungsrechte die Zweielternfamilie hinfällig werden lassen. Die Kritik am Wohlfahrtsstaat beinhaltet somit eine moralische und eine ökonomische Komponente. Ökonomisch deshalb, weil wohlfahrtsstaatliche Programme auf Kosten der Steuerzahler finanziert werden.[140] Diese Kritikpunkte sind es auch, die sich als zentrale Einflussfaktoren für die Ideologiefront der Neuen Rechten bestimmen lassen: eine Mischung aus Konservatismus als Herausstel-

---

138 Zu den unterschiedlichen Facetten der „Great Society" vgl. Milkis/Mileur (2005). Die politische Perspektive beleuchten Piven/Cloward (2005).

139 Ein Aspekt, auf den auch im „Report to Congress on Out-of-Wedlock Childbearing" hingewiesen wird. Doch auch hier kommt man zu der Einschätzung, dass „(I)n sum, the evidence linking welfare benefits with rising nonmarital fertility is not consistent and does not suggest that welfare represents an important factor in recent increases in childbearing outside of marriage" (National Center for Health Statistics 1995: xiv).

140 Zur Kritik am „welfare state" vgl. Abbott/Wallace (1992).

lung von Tradition und Hierarchie sowie liberalen Wirtschaftsvorstellungen als „laissez faire" (vgl. Abbott/Wallace 1992: 19). Die Argumente der Befürworter, wohlfahrtsstaatliche Programme würden Familien die Möglichkeit eröffnen, sich auf ihre Kernaufgaben zu konzentrieren, sind in der politischen Diskussion dieser Zeit auf einen wenig fruchtbaren Boden gefallen.

Bedenkt man, dass christlich-fundamentalistische Akteure mit der Bildung einer politischen Neuen Rechten erst ab Mitte der 1970er Jahre die Bühne der Politik betraten, kann man (ohne die nach Johnson folgenden Präsidentschaften ausblenden zu wollen) sagen, dass sich die Wahl des kalifornischen Gouverneurs Ronald Reagan zum Präsidenten der Vereinigten Staaten im Jahr 1980 als Wendepunkt und Abschluss einer eher liberal-orientierten amerikanischen Politik begreifen lässt. Die Rolle der Regierung, d. h. die Rolle des Staates zur Lösung der Probleme in der amerikanischen Gesellschaft, die für Johnson noch außer Frage stand, wurde in der Antrittsrede Reagans mit den Worten „In this present crisis, government is not the solution to our problem; government is the problem"[141] und einer daran anschließenden „conservative revolution" (Béland 2004: 249) erst einmal – zumindest auf rhetorischer Ebene – vom Tisch gewischt. Dezentralisierung, verstanden als „federal government downsizing" (ebd.: 250), und die Abkehr von einem Washingtoner Zentralstaat (vgl. Vorländer 1998: 296) wurden zum (vermeintlichen) Allheilmittel erhoben. Die Vorstellung einer Dezentralisierung mündete schließlich in eine „Logik des Einsparens" (vgl. Béland 2004: 250). Und so stellt auch Lipset fest: „The United States continues to be exceptional among developed nations in the low level of support it provides for the poor through welfare, housing, and medical care politics" (Lipset 1996: 75).

Auch wenn an dieser Stelle die Sichtweise der Kritiker des Wohlfahrtsstaates nur ansatzweise dargelegt werden kann, wird deutlich, dass sich in der Einstellung gegenüber dem Staat ein Schisma zeigt (vgl. Vorländer 1998: 296): Es wird die enorme Skepsis gegenüber einem „big government" deutlich, und das vor allem in der Ablehnung sozialpolitischer Programme. Eingriffe in die Wirtschaft, auch in die wirtschaftliche Tätigkeit des Einzelnen, werden zurückgewiesen. Roosevelts „New Deal" konnte nur deshalb auf fruchtbaren Boden fallen, weil dieser Boden durch die Weltwirtschaftskrise aufnahmefähig war. Johnsons Idee einer „Great Society" und seine sozialpolitischen Programme hingegen fielen in eine Zeit der wirtschaftlichen Prosperität.

Die Einmischung staatlicher Instanzen stößt auch auf anderer Ebene auf Ablehnung, nämlich dann, wenn sie als Eingriff in die Privatsphäre empfunden wird, oder aber Privatsphäre prinzipiell zwar stärkt, diese Stärkung aber nicht in

---

141 http://www.americanrhetoric.com/speeches/rreagandfirstinaugural.htm (Datum des Zugriffs: 28. Februar 2006).

Einklang steht mit bestimmten Moral- und Wertvorstellungen in der Gesellschaft, wie das bei den Supreme Court-Entscheidungen zur Abtreibung oder zur
Nutzung von Verhütungsmitteln der Fall ist. Das Konfliktpotenzial zeigt sich
hier besonders in der Frage, wo die Grenzen des Individualismus gesteckt werden können. Individualismus wird – so scheint es – akzeptiert, aber nur innerhalb der Grenzen gemeinschaftlicher Vorstellungen und Erwartungen. Und
diese Vorstellungen der Gemeinschaft sollen zur Not mit Hilfe des ansonsten so
skeptisch beäugten Gesetzgebers durchgesetzt werden. Mit anderen Worten: Zu
viel staatliche Einmischung und Ermöglichung individueller Lebensweisen soll
durch staatliche Einmischung unterbunden werden. „Wirtschaftsliberalismus
hier und Moralkonservatismus dort" (ebd.: 296).

7.2 Individualismus zwischen Tradition und Konstitution

Aus den beiden Legitimationsebenen lassen sich zwei miteinander konkurrierende „Grenzen" des Individualismus ablesen: Tradition, Religion und ein damit
verbundenes kulturelles Selbstverständnis auf der einen Seite, die Verfassung,
ebenfalls in den Kontext eines kulturellen Selbstverständnisses eingebettet, auf
der anderen Seite. Während auf der traditionellen Legitimationsebene die Grenze auch als solche definiert und im Sinne von Bellah u. a. „individuelle Autonomie in den Zusammenhang moralischer und religiöser Verpflichtung" (Bellah
u. a. 1987: 174) gerückt wird, stellt sich die Situation auf der rational-
konstitutionellen Legitimationsebene anders dar. Wie in der Analyse der Daten
gesehen, dienen „civil rights" und „civil liberties" als Ankerpunkte zur Legitimation der persönlichen Entfaltung. Es ist zwar die Verfassung, die verbindliche
Grenzen aufzeigt, aber eben auch *öffnet*, deren Ausprägungen in den Regelungen der Einzelstaaten verankert sind und deren Überschreitungen negative Sanktionen nach sich ziehen können.
    Der Blick in die Geschichte zeigt jedoch, dass zwischen schriftlicher Fixie-
rung von Bürgerrechten und der Umsetzung derselben eine deutliche zeitliche
Diskrepanz bestehen kann. So haben die Afroamerikaner erst ab Mitte des 20.
Jahrhunderts das Freiheits- und Gleichheitsprinzip für sich in Anspruch nehmen
können – und das zunächst auch nur auf dem Papier und nicht im täglichen
Leben. Der Kampf um Bürgerrechte und die damit verbundenen Grundsatzentscheidungen des U.S. Supreme Court sind beispielhaft für die Auslegung der
Bürgerrechte als Interpretationen der Verfassung. Der historische Blick hat
darüber hinaus gezeigt, dass Richter sich in ihren Interpretationen – sozusagen
dem jeweiligen Zeitgeist unterworfen – auch auf traditionelle oder religiöse
Wertvorstellungen berufen haben. An eine Trennung der „Grenz-Sphären" Tra-

dition und Konstitution ist daher nicht zu denken. Ursprünge von Verfassungs-änderungen bzw. Änderungen des politischen Regelwerks, durch die eine persönliche Entfaltung ermöglicht werden kann, lassen sich somit auch aus der Veränderung des Zeitgeistes, und das heißt auch: durch Veränderung von Wertvorstellungen, erklären. Sind Änderungen und Modifikationen eben nicht auf diese Richtung des Wandels zurückzuführen, kann das eintreten, was William F. Ogburn in den Begriff des „cultural lag" mit Blick auf die immateriellen Komponenten der Kultur (soziale Organisation, Gebräuche und Gewohnheiten) gefasst hat, die dem raschen Wandel der materiellen Kultur (vor allem auf technischer Ebene) hinterherhinken (vgl. Ogburn 1969: 246). Die Analyse des Diskurses über die gleichgeschlechtliche Ehe offenbart eine ähnliche Diskrepanz: Gebräuche und Gewohnheiten, das traditionelle kulturelle Selbstverständnis über eine Institution, hinken den Veränderungen, die auf verfassungsrechtlicher Ebene – d. h. in diesem Fall über die Entscheidung des Massachusetts Supreme Judicial Court – getroffen wurden, hinterher. Damit besteht eine Diskrepanz zwischen rechtlichen Vorgaben und traditionellen kulturellen „Selbstverständlichkeiten". Aus der Verwobenheit der Ursprünge gesellschaftlicher Veränderungen hinsichtlich der Ausprägungen und Möglichkeiten individualismusorientierten Handelns lässt sich nicht nur ein dynamischer Charakter ablesen, sondern auch die Dimension der Bedeutung von Akteuren bzw. Interpreten, die den Grad des individuellen Handlungsspielraumes auf der für alle verbindlichen Seite des Rechts bestimmen können. Der Fokus verschiebt sich dann in der Tat von der „Was-Frage" hin zu der „Wer-Frage".

7.2.1 „Gemeinschaftliche" und „gesellschaftliche" Grenzen des Individualismus

Was in der Kapitelüberschrift als „Individualismus zwischen Tradition und Konstitution" beschrieben wird, soll im Folgenden in das Begriffspaar „Gemeinschaft und Gesellschaft" gefasst werden. Beide Begriffe sind bereits gefallen, ohne sie aus der klassisch-soziologischen, d. h. in erster Linie der Tönnies'schen Perspektive zu kommentieren. Die Gefahr der Nutzung dieser Begriffe besteht darin, den Kontext, in den sie eingebettet sind, auf die typischerweise als Gegensatz verwendeten Kategorien Tradition und Moderne zu reduzieren. Und nicht selten haftet insbesondere dem Begriff Gemeinschaft eine eher negative Wertung an. Geht man von Ferdinand Tönnies aus, so ordnet er in „Gemeinschaft und Gesellschaft" (1991) beiden Begriffen bestimmte Formen des Zusammenlebens und der menschlichen Verbundenheit (bzw. der Nicht-Verbundenheit), des Willens (Wesenwille oder Kürwille), der Gleichheit oder

Verschiedenheit usw. zu, die auch Auskunft über die Möglichkeit individueller Entfaltung in Gemeinschaft und Gesellschaft geben. Er geht jedoch nicht von einer Ablösung der Gemeinschaft durch die Gesellschaft aus. Vielmehr betont er „das Auftreten gemeinschaftlicher und gesellschaftlicher Elemente im zwischenmenschlichen Geschehen" (Bellebaum 1976: 239).

Um beide Begriffe für den untersuchten Diskursausschnitt und die Diskussion über Grenzen des amerikanischen Individualismus auf analytischer Ebene handhabbar zu machen, soll unter Zuhilfenahme eines rollensoziologischen Blickwinkels unterschieden werden zwischen Grenzen, auf die Individualismus auf gemeinschaftlicher Ebene stößt, und Grenzen, die dem Individualismus auf gesellschaftlicher Ebene begegnen. Die *gemeinschaftlichen* Grenzen sind nicht bindend, nicht rechtlich sanktionierbar und können als Kann-Normen betrachtet werden. *Gesellschaftliche* Grenzen dagegen sind rechtliche Grundlagen, Gesetze, d. h. Muss-Normen. Beide „Grenzen" können ihre Legitimation durchaus auf unterschiedliche Art und Weise in traditionellen, religiösen oder ethischen Wertvorstellungen finden, unterscheiden sich jedoch hinsichtlich ihrer negativen Sanktionen bei Überschreitung – und damit in ihrer Verbindlichkeit.

Die Grenzen des amerikanischen Individualismus lassen sich *zwischen* Gemeinschaft und Gesellschaft einordnen. Sie spiegeln sich einerseits – je nach „Grad" der Ausprägung – (im „Normalfall") im vorherrschenden Recht wider und können durch negative Sanktionen auf rechtlicher Basis ins Bewusstsein gerufen werden. Andererseits lassen sich Grenzen definieren, deren Überschreitung zwar negative Sanktionen nach sich ziehen kann, diese aber auf der rechtlichen Ebene keine Auswirkungen hat. In diesem Fall kann man von den Grenzen der Gemeinschaft sprechen, die in erster Linie auf Traditionen oder Gewohnheit beruhen. Persönliche Entfaltung, die sich beispielsweise darin äußert, als Teenager nicht zu der von den Eltern gewünschten Zeit zu Hause sein zu wollen, wird anders sanktioniert als der Genuss von Alkohol in einem US-Bundesstaat, in dem die Altersgrenze für den Konsum von Alkohol höher liegt als das Alter des ausbleibenden Teenagers. Muss-Normen, die rechtlich verankert sind, stellen dann in Abgrenzung zu den mit den wünschenswerten Vorstellungen verbundenen Kann-Normen, deren Nicht-Einhaltung bzw. Überschreitung eben nicht durch rechtsbezogene Instanzen sozialer Kontrolle sanktioniert wird, die Trennlinie zwischen den hier verwendeten Begriffen Gemeinschaft und Gesellschaft dar.

Es sind dann die gesellschaftlichen Grenzen im vorliegend definierten Sinne, die den Individualismus prinzipiell in die Schranken weisen (Abbildung 2).

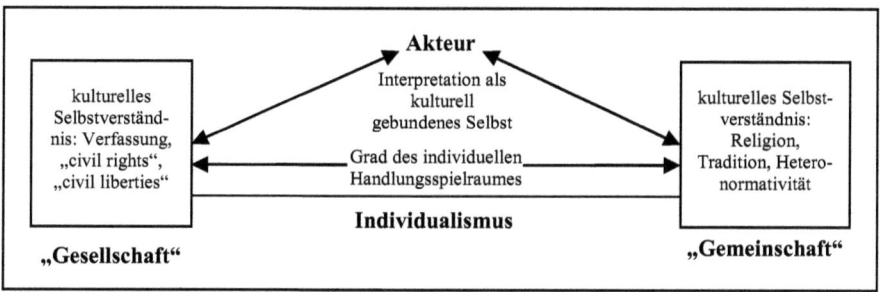

Abbildung 2:   (Bestimmung der) Grenzen des amerikanischen
                  Individualismus: Zwischen Gesellschaft und Gemeinschaft

Natürlich handeln die Interpreten, die aus den hier angesprochenen Positionen heraus Grenzen des Individualismus in der amerikanischen Gesellschaft definieren, rollenspezifisch. Gleichzeitig handeln sie – handlungstheoretisch gesprochen – als Akteure und Mitglieder eines kulturellen Systems, die bestimmte Wertvorstellungen als Grundprinzipien der Handlungsorientierung sowie Imperative des Handelns internalisiert haben und gleichzeitig durch die Pluralität von Wertvorstellungen (in welchem Maße auch immer) beeinflusst werden – eine Rückkoppelung, die sich durchaus als Basis sozialen Wandels erweisen kann.

7.2.2 Expressiver Individualismus und „community values"

Bei Lipset (1996) kommt Individualismus als „exceptionalism" im „American creed" zum Tragen. Individualismus wurde aber auch als Selbstverwirklichung, als Misstrauen gegenüber einem starken Staat und als familialer Individualismus definiert. Bei Bellah u. a. (1987: 174) ist „Individualismus (…) der wirkliche Kern der amerikanischen Kultur":

> „Wir glauben an die Würde, das eigentliche Heiligtum des Individualismus. Jede Verletzung des Rechts, selbständig zu denken, selbständig zu urteilen, unsere eigenen Entscheidungen zu treffen, unser Leben zu leben, wie wir es für angemessen halten, ist nicht nur moralisch falsch, sie ist frevelhaft."

Vor diesem Hintergrund skizzieren sie den amerikanischen Individualismus in unterschiedlichen Facetten: als biblischen und bürgerlichen, als utilitaristischen und als expressiven Individualismus. Klassischer Republikanismus sowie das protestantische Christentum haben ihrer Ansicht nach nicht nur als Hilfsmittel in der Herausbildung des modernen Individualismus fungiert (vgl. Bellah 1987: 174), sie lassen sich auch als gesellschaftliche Grenzpfeiler des Individualismus begreifen:

> „Der klassische Republikanismus beschwor die Vorstellung eines aktiven Bürgers, der zum öffentlichen Wohl beitrug, und das protestantische Christentum entwarf in seinen puritanischen wie sektiererischen Glaubensrichtungen eine Regierungsform, die auf der freiwilligen Teilnahme des einzelnen beruhte" (ebd.).

Ein so definierter Individualismus ist weit entfernt von Vorstellungen der Beliebigkeit. Stattdessen überwiegen moralische und religiöse Verpflichtung. Das mehr oder weniger ausgewogene Nebeneinander von modernem Individualismus, klassischem Republikanismus und biblischer Religion hat sich jedoch im Verlauf der amerikanischen Geschichte verschoben. Das wird besonders deutlich in der Zurückweisung bestimmter Prinzipien des biblischen und republikanischen Verständnisses, durch die einst die ungleiche Verteilung von Rechten und Pflichten und daraus entstehende soziale Ungleichheiten legitimiert wurden. Der Kampf um individuelle Rechte – Bürgerrechte, Frauenrechte usw. – ist beispielhaft für diese Verschiebung, wenn auch „Zurückweisung" nicht mit „Überwindung" gleichzusetzen ist. In dieser Ausprägung entspricht moderner Individualismus vielmehr dem Anspruch an die Würde des Einzelnen, der damit eine Rückkehr zu den älteren Traditionen, die sich eben auch durch Intoleranz und Unterdrückung auszeichnen, für Bellah u. a. ausschließt (vgl. ebd.: 176).

Die Herausstellung der Würde des Menschen als Maßstab von Individualismus erinnert an Durkheims Vorstellungen über moralischen Individualismus, die er im Verlauf seiner Schaffensperiode in Auseinandersetzung mit der Frage sozialen Wandels entwickelt hat. Durkheim interessiert vor allem die Frage nach dem Grad der Integration bzw. Desintegration in arbeitsteiligen Gesellschaften. So geht er zunächst davon aus, dass sich primitive Gesellschaften durch ein geringes Maß an Differenzierung und ein hohes Maß an Konformität und eine darauf basierende Integration auszeichnen. Dabei dient vor allem die „Gesamtheit der religiösen Überzeugungen und Gefühle" als Grundlage eines starken Kollektivbewusstseins (vgl. Durkheim 1992: 128), durch das Individualisierung – im Rahmen einer solchen mechanischen Solidarität – kaum möglich ist. Durch zunehmende Arbeitsteilung entstehen jedoch funktionale Abhängigkeiten, die zu einer neuen Form der Verbundenheit führen: der organischen Solidarität.[142]

---

142   Dass Arbeitsteilung unter bestimmten Umständen auch zur Desintegration führen kann, legt Durkheim anhand der anomischen und erzwungenen Arbeitsteilung dar. Abhängig vom Grad der Integration unterscheidet er in weiteren Arbeiten auch unterschiedliche Formen des Selbstmords.

Zwar ist die gesellschaftliche Integration nicht mehr abhängig von einem gemeinsamen Glauben, dennoch führt die arbeitsteilige Gesellschaft nicht zu einem völligen Verlust des Kollektivbewusstseins. Dieses nimmt vielmehr die Form einer Verehrung des Individuums an, die Durkheim als „Kult" bezeichnet (vgl. ebd.: 227). Der Unterschied zum Kollektivbewusstsein segmentärer Gesellschaften kommt für Durkheim darin zum Ausdruck, dass der kollektive Wille zwar auf ein gleiches Ziel gerichtet, das Ziel jedoch kein soziales ist (vgl. ebd.: 227 f.): So zieht der gemeinsame Glaube „zwar seine Kraft aus der Gesellschaft, aber er bindet uns nicht an sie, sondern an uns selbst" (ebd.: 228). In späteren Arbeiten entwickelt Durkheim den Gedanken vom Kult des Individuums weiter.[143] Der Kult bezieht sich dabei auf die menschliche Person „an sich" und ist nicht am Individuum als einzelnem Wesen ausgerichtet (vgl. Durkheim 1986: 59). Gesellschaftliche Integration in der arbeitsteiligen Gesellschaft wird durch eine Art „Gemeinschaft der Gedanken" erzeugt (vgl. ebd.: 60), in deren Mittelpunkt Individualismus nicht als „Glorifizierung des Ichs" steht, sondern das Individuum im Allgemeinen: „Seine Triebfeder ist nicht der Egoismus, sondern die Sympathie für alles, was Mensch ist", so Durkheim (ebd.: 60). Die Moral dieser Form des Individualismus findet ihren Ursprung in dem Anspruch, den (kollektiven) normativen Erwartungen entsprechend zu handeln. Durkheims Vorstellungen über Moralität schlagen sich in der Bedeutung der Würde des Menschen und nicht in den Interessen des Einzelnen nieder. Damit greift er auf Gedankengut zurück, das seinen Ursprung sowohl in der Zeit der Aufklärung als auch in den Schlagworten der Französischen Revolution hat: Freiheit, Gleichheit, Brüderlichkeit (vgl. u. a. Giddens 1971: 213; Mitchell 1976: 264).[144]

Durkheims Darlegungen zum Individualismus als Basis eines Kollektivbewusstseins in der arbeitsteiligen Gesellschaft beinhalten einen Gedankengang, der sich auch auf die „amerikanischen Verhältnisse" übertragen lässt. Individualismus kann in Anlehnung an Durkheim ein gemeinschaftsbildender Charakter zugesprochen werden. Ergänzt man das Beispiel der gleichgeschlechtlichen Ehe, dann tritt genau das ein, worauf wenige Zeilen zuvor aufmerksam gemacht wurde: Der kollektive Wille mag an sich zwar auf das gleiche Ziel gerichtet sein, nämlich Individualismus als grundlegender amerikanischer Wert, doch das

---

143 Zur Genese des Individualismus-Begriffs bei Durkheim vgl. Marske (1987).

144 Nicht nur spricht Durkheim in seiner Auseinandersetzung mit Individualismus und Intellektuellen von der „Religion des Individuums" (Durkheim 1986: 65). Auch wird gerade in dieser Abhandlung der besondere Stellenwert deutlich, den Durkheim Frankreich zuspricht, wenn er – im weiteren Verlauf auch kritisch – herausstellt, dass es sein Land sei, in dem Individualismus „wirklich eine Sache der Nation ist (...); denn es gibt kein anderes, das sein Schicksal so eng mit dem Schicksal dieser Ideen verknüpft hat" (ebd.: 65 f.). Zum Kult des Individuums vgl. auch Marske (1987).

(konkrete) Ziel ist nicht unbedingt ein gesellschaftlich geteiltes. Das hat die
Frage nach der „richtigen" Definition bzw. geschlechtlichen Konstellation von
Ehe gezeigt, die sich konfliktgeladen als Differenz zwischen individualistischer
Lebensführung und dem gemeinschaftsorientierten Individualismus bezeichnen
lässt, auch wenn Durkheim – die Frage nach dem „rechten Maß" berücksichti-
gend (Durkheim 1986: 64) – bemerkt, dass

> „der Individualist, der die Interessen des Individuums verteidigt, zugleich die vita-
> len Interessen der Gesellschaft (verteidigt); denn er verhindert, daß man sträflich
> diese letzte Reserve von Ideen und Gefühlen verarmen läßt, die die eigentliche See-
> le der Nation sind" (ebd.: 65).

Die Orientierung an Durkheim und Tönnies zeigt somit weitere Sichtweisen auf,
die der Einordnung der Ergebnisse der Datenanalyse dienen und sich auf das
Nicht-Ablösen von Gemeinschaft durch Gesellschaft (Tönnies) und die Existenz
sowie die Bedeutung eines Kollektivbewusstseins in der arbeitsteiligen Gesellschaft (Durkheim) beziehen. Hüllt man die Argumente der Akteure auf der
ersten Diskursebene in das rollensoziologische Gewand, dann lässt sich eine
Trennlinie zwischen den Kategorien ziehen, die einen normativen Charakter
aufweist und als Grenze zwischen Gemeinschaft und Gesellschaft auch als
Grenze des Individualismus verstanden werden kann. Abbildung 2, mit der
diese Grenze verdeutlicht werden soll, spiegelt dann die (ereignisbezogene)
Waagschale wider, deren Gleichgewicht dann gefährdet ist, wenn gemeinschaftliche Wertvorstellungen über Entwicklungen auf rechtlicher („gesellschaftlicher") Ebene in Frage gestellt werden. Dass darin das Konfliktpotenzial von
Wertewandel und sozialem (institutionellem) Wandel verborgen ist, hat die
vorliegende Analyse gezeigt.

Doch über die Frage nach der Richtigkeit und Rechtmäßigkeit der geschlechtlichen Konstellation der (amerikanischen) Ehe hinaus geht es auch um
die Legitimität der Entscheidungsträger, d. h.: die Interpreten der Verfassung
auf „gesellschaftlicher" Ebene. Als Träger des Konflikts lassen sich individuelle
und kollektive Akteure identifizieren, wobei die *Ebene* des Konflikts durch die
Art der Akteure und das Mehrheiten-Minderheiten-Argument bestimmt wird.
Anhand zweier Perspektiven, die zunächst aus dem Blickwinkel des jeweiligen
Lagers formuliert werden sollen, lassen sich diese Konfliktebenen verdeutlichen:

1. Gemeinschaftliche Werte werden durch Minderheitenentscheidungen un-
    tergraben.
2. Individualismus wird (potenziell) durch den Zwang der Mehrheit einge-
    schränkt.

In der ersten Perspektive zeigt sich ein innergesellschaftlicher Konflikt, der an Entscheidungsträgern und Interpreten orientiert ist. Mit der zweiten Perspektive wird ein (noch) inaktiver Konflikt mit „umgekehrten Vorzeichen" auf der gesellschaftlichen Ebene thematisiert.

7.2.3 Konfliktebenen des Individualismus

Mit der Entscheidung des Massachusetts Supreme Judicial Court Ende November 2003 ist die „Wer-Frage" nach den Entscheidungsträgern der Legalisierung der gleichgeschlechtlichen Ehe beantwortet: die Verfassungsrichter des US-Bundesstaates Massachusetts. Die von den Vertretern der traditionellen Legitimationsebene formulierte Kritik an der richterlichen Entscheidung wird dabei an die Entscheidung an sich, an die Personen und die Institution gerichtet: „There is a clear and present danger to marriage in our country today because of what four judges in Massachusetts did" (1.6.1), so die republikanische Kongressabgeordnete Marilyn Musgrave. Und Jordan Lawrence kritisiert: „Here we have it imposed by a court, by one justice majority of the Massachusetts Supreme Judicial Court" (1.117.1). In die gleiche Richtung gehen die Worte James Dobsons, der angesichts der Möglichkeit eines Verfassungszusatzes äußert:

> „And that is the only remedy that's opened to us because the imperious, arrogant, unelected, unaccountable courts now are determined to shove their views down the throats of the entire nation. And we call that judicial tyranny" (2.46.1).

Für Gary Bauer weist die richterliche Entscheidung zudem einen Zwangscharakter auf:

> „But I think that the American people are concerned about what's happening in our culture and they're particularly concerned about unelected judges forcing changes on deeply held values on the American people" (3.66.2).

Gleichzeitig sieht er die Freiheit des amerikanischen Volkes gefährdet: „Last time I looked, we're free people. We shouldn't have such a fundamental issue forced on us by judges that are clearly out of control" (2.65.2).

Aus den Daten ließen sich problemlos weitere Zitate herausnehmen, in denen es um die Infragestellung der richterlichen Entscheidung bei gleichzeitiger Betonung der ablehnenden Haltung der (vermeintlichen) Mehrheit der amerikanischen Bevölkerung geht, die eine traditionelle Sichtweise zu dem Thema vertritt. Und weder an der Mehrheit noch an der Legitimität der Entscheidungsfähigkeit dieser Mehrheit bestehen aus Sicht der Kritiker der gleichgeschlechtli-

chen Ehe Zweifel. Mit anderen Worten: Das Volk soll entscheiden: „We control
how this, intimate relationship like marriage ought to be defined. That is we the
people" (3.130.1). Der Kerngedanke dieser Zitate lässt sich in eine Formel übersetzen: Richter, rein rechnerisch in der *Minderheit* und nicht unbedingt vom
Volk gewählt, entscheiden gegen eine *Mehrheit* im amerikanischen Volk. Oder
in der Fragestellung Bruggers: „Wie ist es zu rechtfertigen, daß *demokratische
Mehrheiten durch Richter beschränkt* werden, die auf Lebenszeit ernannt worden sind?" (Brugger 2002: 183, Hervorh. im Orig., d. V.). Brugger bezieht sich
damit zwar auf die Richter des U.S. Supreme Court, doch lässt sich diese Frage
auch stellen, wenn es um Oberste Gerichtshöfe in Einzelstaaten wie Massachusetts geht – auch wenn die Richter von Massachusetts vom Gouverneur des
Staates ernannt werden.[145] Die Kritik an der richterlichen Entscheidung ist jedoch mehr als nur eine Gegenüberstellung der Kategorien Minderheit vs. Mehrheit. In ihr deutet sich indirekt auch eine Infragestellung des demokratischen
Systems, der Verfahrensweisen und letztlich der Verfassung an, oder wie Jeb
Rubenfeld es formuliert: „If the Constitution's purchase on legitimacy depends
on its conformity with present majority will, the price for attaining this legitimacy would be constitutionalism itself" (Rubenfeld 1998: 197). Nicht mehr von
einer „Tyrannei der Mehrheit" in Anlehnung an Tocqueville wäre dann die
Rede, sondern – wie bei James Dobson – von einer Tyrannei der Justiz. Über
die Frage, ob gleichgeschlechtliche Ehen in den USA moralisch vertretbar,
legitim und deshalb der traditionellen Ehe gleichzustellen sind, geht es somit
auch um die Legitimität von Interpretationen und Interpreten (vgl. Rubenfeld
1998: 197).[146]

Interpretationen sind nicht nur eine Sache von Richtern, sondern auch eine
kommunaler Entscheidungsträger, wie der Fall der Bürgermeister von San Fran-

---

145 Die Wahl der Richter der Obersten Gerichtshöfe der Einzelstaaten erfolgt nicht einheitlich. In
     den meisten US-Bundesstaaten werden die Richter gewählt, zum Teil auf der Grundlage von
     Wahlkämpfen, die denen der Wahl in anderen politischen Ämtern gleichen (sog. „partisan
     elections"). Die Ernennung zum höchsten Richter eines Einzelstaates kann auch auf der
     Grundlage des „Missouri Plan" erfolgen, d. h. auf der Grundlage personeller Vorschlä-
     ge, die von einem Gremium aus Juristen und auch Bürgern erarbeitet werden. Der Verbleib
     der Richter in ihrem Amt ist nicht nur abhängig von Altersgrenzen, sondern auch von so
     genannten „periodic retention votes" (vgl. Stephenson u. a. 1988: 459 f.). In Massachusetts
     müssen die Richter des Obersten Gerichtshofs ihr Amt spätestens mit Erreichen des 70.
     Lebensjahres aufgeben.
146 Eine erste Grundlage für die Auseinandersetzung mit dieser Fragestellung kann der Sammel-
     band von Larry Alexander (1998) sein. Es hat sich gezeigt, dass die Infragestellung der
     Legitimität von richterlichen Interpretationen und den damit verbundenen Entscheidungen,
     insbesondere wenn es um Entscheidungen des U.S. Supreme Court geht, auch über die Zeit
     hin abebben kann. In diesem Zusammenhang sei an Entscheidungen wie im Falle Brown vs.
     Board of Education of Topeka (Kansas) erinnert, die zum damaligen Zeitpunkt dem Willen
     der Mehrheit widersprachen, nun aber außer Frage stehen.

cisco und New Paltz gezeigt hat. Hier eröffnet sich eine weitere Konfliktdimension. In der amerikanischen Verfassung ist von Kommunalrecht ebenso wenig die Rede wie von Städten, sieht man einmal vom Hinweis auf Washington, D.C. als Zentrum der Macht ab. Sowohl kommunalrechtliche Organisationen als auch deren Strukturen sind Konstrukte der Einzelstaaten und unterliegen damit einzelstaatlichen Reglements (vgl. Stephenson u. a. 1988: 68). Zwar werden Entscheidungen von Bürgermeistern überregional, manchmal sogar national diskutiert, dennoch findet der direkte Konflikt auf einzelstaatlicher Ebene statt, wie im folgenden Zitat des Gouverneurs von Kalifornien deutlich wird: „It's time for the city of San Francisco to start respecting state law" (1.43.1). Robert Tyler, Anwalt des Alliance Defense Fund, spricht angesichts der Entscheidung des Bürgermeisters sogar von „municipal anarchy" (4.50.1). Der Bürgermeister von San Francisco legitimiert jedoch mit seinem Schwur auf die Verfassung seine von der „state law" abweichende Meinung und Handlung. So verteidigt Gavin Newsom seine Abgrenzung von „mehrheitlichen Meinungen": „I won't wait for a public opinion on this" (3.58.1). Diese „persönliche Legitimation" nimmt auch der Bürgermeister von New Paltz in Anspruch: „I swore an oath of office last June to uphold our state constitution and its equal rights clause" (1.90.1). Das Verhältnis zwischen Kommunalpolitik und der Politik des dazugehörigen Einzelstaates, das Stephenson u. a. als „frequently stormy" (Stephenson u. a. 1988: 69) beschreiben, spiegelt hier im Kleinen und sozusagen als innergesellschaftlicher Konflikt das wider, was eine Ebene darüber einen dem amerikanischen Föderalismus inhärenten Konflikt ausmacht: Aus „Stadt vs. Staat" wird „Einzelstaat vs. Bund".

Im Rahmen der dritten (jedoch inaktiven) Konfliktdimension, Einzelstaat vs. Bund, lässt sich der Konflikt über eine Umkehrung der Vorzeichen (Mehrheit vs. Minderheit statt Minderheit vs. Mehrheit) andeuten. Im Zentrum der Aufmerksamkeit steht das „Federal Marriage Amendment". Die Konfliktdimension, die die föderale Struktur betrifft, lässt sich in den Worten Jerry Falwells folgendermaßen formulieren: „This--this is th--the state acknowledging what civilized societies have never acknowledged in history and--and today, in this country, for example, something the American people don't want" (2.9.1). Aus Sicht der Gegner hat Massachusetts mit der Legalisierung der gleichgeschlechtlichen Ehe eine „negative Vorreiterrolle" eingenommen. Dass es sich dabei um eine richterliche Entscheidung handelt, die vom Gouverneur des Staates nicht befürwortet, aber dennoch umgesetzt werden muss, spielt hier keine Rolle. Ebenso wenig sollen Vorgaben und Regelungen, wie eine in Massachusetts geschlossene gleichgeschlechtliche Ehe (gerade vor dem Hintergrund von „Full Faith and Credit" und DOMA) auf Ablehnung oder Anerkennung in anderen Einzelstaaten stößt, für diese Konfliktebene berücksichtigt werden. Grundlegend

ist vielmehr, dass in Massachusetts eine rechtliche Ausgangslage für etwas geschaffen wurde, das in anderen Einzelstaaten und laut Gegnern der gleichgeschlechtlichen Ehe auch bei der Mehrheit der Amerikaner auf Ablehnung stößt.
Führt man an dieser Stelle das Zitat von Jordan Lawrence aus Kapitel 6.2.3
weiter, dann wird dieser Umstand auch als Zwang dargestellt, der auf die Mehrheit der amerikanischen Bevölkerung ausgeübt wird: „And groups like ours, the
Alliance Defense Fund, will be fighting the efforts to export these marriages
from Massachusetts and get judges and other states to force these on an unwil-
ling population" (1.117.3). Mit dem angestrebten Verfassungszusatz FMA wird
nun das Vorzeichen umgedreht und der (potenzielle) Zwang, den eine Mehrheit
auf eine Minderheit ausübt, in den Fokus gerückt. Bezugspunkt für die Umkehrung der Vorzeichen ist die Selbstbestimmung der Einzelstaaten, die als kulturelle Selbstverständlichkeit betrachtet und so auch definiert wird. Bezugspunkt
des Zwangs ist die Möglichkeit der Einzelstaaten, im Kongress eine Mehrheit
für die Ratifizierung eines Verfassungszusatzes zu bilden. Der Konflikt
entzündet sich dann am „Übergehen" des föderalistischen Prinzips, Angelegenheiten wie die Ehe auf einzelstaatlicher Ebene zu regeln: „I think it is absolutely
wrong to ask for a federal constitutional amendment when for 200 years the
states have always had the right to take care of this" (1.67.1), so John Kerry, und
in den Worten Barney Franks: „The -- what's pending in Congress is an
amendment that would for the first time in 220 years have the federal government say to a state, you're not in charge of marriage, we are" (1.19.1). Sollte
sich nach Durchlaufen aller Verfahrensschritte dann die notwendige Mehrheit
der Einzelstaaten im Kongress für die Ratifizierung des FMA entscheiden, so
bleiben die Vorstellungen derjenigen Einzelstaaten und ihrer Bürger unberücksichtigt, die gegen einen solchen Verfassungszusatz stimmen. Die Frage, welche
Mehrheit nun *legitimerweise* entscheiden darf, kommt dann auf, wenn die
Mehrheit der Bürger von Massachusetts in einem möglichen Verfassungsreferendum für die gleichgeschlechtliche Ehe votiert, während die *Mehrheit der
einzelstaatlichen Vertreter* im Kongress für die Verabschiedung des FMA
stimmt: „What he's [der amerikanische Präsident, d. V.] now advocating is an
amendment to the US Constitution that says no matter what the people of Massachusetts decide in the--in a few years, we're not going to allow it" (2.10.7).
Auf diese Weise prallen unterschiedlich definierte Mehrheiten aufeinander.
Auch wenn im Diskurs ein solches Aufeinanderprallen nur hypothetisch betrachtet wird, lässt sich daraus deutlich ablesen, wie der Konflikt über die
gleichgeschlechtliche Ehe in der föderalen Struktur der USA zu Tage treten
kann. Unabhängig davon, ob sich die gleichgeschlechtliche Ehe nun in anderen
Bundesstaaten etabliert oder diese Entwicklung durch einen Verfassungszusatz
unterbunden wird: Im Diskurs tritt die Grundsatzfrage des Zusammenspiels von

Einzelstaat und Bundesebene hervor – zunächst latent, doch dann manifestiert in der Darstellung des kulturellen einzelstaatlichen Selbstverständnisses, verallgemeinerbar und schließlich losgelöst vom konkreten Thema der gleichgeschlechtlichen Ehe. Das Verhältnis zwischen Kommunalpolitik und Einzelstaat lässt sich in den Worten von Stephenson u. a. im Konflikt zwischen Einzelstaaten und Bund dann als „ongoing struggle between the relative importance of the values of unity and diversity" (Stephenson 1988: 75) konkretisieren.

Losgelöst vom Kontext Gemeinschaft vs. Gesellschaft lässt sich eine vierte Konfliktebene angeben, die die Erwartungshaltung betrifft, individuelle Wünsche und Meinungen hinter den Wertvorstellungen der Gemeinschaft zurückzustellen. Hier geht es um Richard (Dick) Cheney und seine lesbische Tochter Mary. Cheney hatte die Entscheidung über die rechtliche Gleichstellung gleichgeschlechtlicher Ehen dem Aufgabenrepertoire der Einzelstaaten zugesprochen und sich öffentlich von Präsident Bushs Forderung nach einem Verfassungszusatz distanziert: „My general view is that freedom means freedom for everyone. People ought to be free to enter into any kind of relationship they want to" (2.157.2). Dem *Vater* Dick Cheney wird eine solche Meinung zugesprochen. Der *Vizepräsident* Dick Cheney hat sich jedoch der Bush-Administration unterzuordnen: „Personal consideration should not impact your position on public policy. The greater good for the community and society should do that" (2.153.1), so Tony Perkins – eine Erwartungshaltung, die in gewissem Maße auch von den Cheneys geteilt wird, berücksichtigt man Lynne Cheneys Hinweis, dass „the president sets policy for the administration" (2.158.1). Dass eine solche Haltung wie die der Cheneys zu gleichgeschlechtlichen Partnerschaften bei gleichzeitiger „Unterordnung" unter die Politik des amerikanischen Präsidenten hinter der Bühne der Öffentlichkeit einen Interrollenkonflikt offenbart, ist anzunehmen, jedoch ein anderes Thema.

7.3 Kulturkampf als amerikanische Tradition

Im vorliegenden, für die Datenanalyse zeitlich begrenzten und auf eine ausgewählte Arena bezogenen Diskurs wird Individualismus auf verschiedenen Ebenen betrachtet. Gleichgeschlechtliche Ehe, hier in den Begriff des expressiven Individualismus gefasst, wird auf der rational-konstitutionellen Legitimationsebene vor allen Dingen über Freiheit und (ökonomische) Gleichheit begründet. Anders sieht es auf der traditionellen Legitimationsebene aus. Über die Re-Legitimation als Verteidigung der traditionellen Ehe (und Familie) werden die Grenzen des expressiven Individualismus durch die Gemeinschaft abgesteckt. Damit erfolgt gleichzeitig eine Definition der jeweils handlungsleitenden Orientierungssysteme, die sich für die Beteiligten als unterschiedliche Sinnrahmen mit unterschiedlichen Wertbezügen darstellen. Löst man die Ergebnisse vom konkreten Kontext der gleichgeschlechtlichen Ehe, hebt sie auf eine übergeordnete Ebene und generalisiert sie, dann zeigt sich ein Konflikt, der – frei von seinem ursprünglichen, in der deutschen Geschichte verankerten Kontext – mit James D. Hunter als *Kulturkampf* bezeichnet werden kann. Der analysierte Einzelfall lässt sich damit als Spiegelbild eines übergreifenden Diskurses betrachten, der sich in unterschiedlichen Ausprägungen präsentiert und als Kulturkampf in den USA keineswegs neu ist. Vielmehr nimmt er in der amerikanischen Tradition einen festen Platz ein und lässt sich im Konflikt über die Frage, welche Werte sich als grundlegende normative Basis einer Gesellschaft formulieren lassen, auf einen Nenner bringen – so auch in der Definition von Kulturkampf bei Tamney, Johnson und Burton: „A cultural conflict as such is one in which values are of primary importance, and their origin is not explained in class terms" (Tamney/Johnson/Burton 1992: 32). Das Ergebnis der Datenanalyse bestätigt über die Identifikation der rational-konstitutionellen und der traditionellen Legitimationsebene den Konflikt, der an der Frage des „wahren", des „richtigen" Bezugspunkts menschlichen Handelns entbrennt.

7.3.1 *Zwischen Konservatismus und Liberalismus ...*

Deutlich vereinfacht kann man diesen Nenner auf das Begriffspaar Konservatismus/Liberalismus reduzieren.[147] Auf der traditionellen Legitimationsebene wird der Fokus auf traditionelle Werte und etablierte Praktiken als Bezugspunkt gesellschaftlichen Handelns gelegt. Für die Verteidigung der traditionellen Ehe lässt sich daher folgende Kurzformel anwenden: „Der Konservatismus will das Bestehende, soweit es überkommen ist, bewahren" (Göhler/Klein 2000: 317). Darin enthalten ist ein Aspekt, den Göhler und Klein nicht nur als eines von vier charakteristischen Merkmalen konservativen Denkens herausstellen, sondern

147 In den USA werden Konservatismus und Liberalismus zunächst nicht im Kontext der politischen, sondern der persönlichen Handlungsebene betrachtet. Um die Abgrenzung zu verdeutlichen, sei auf Beispiele unterschiedlicher Auffassungen und somit auch des Wandels des politischen (amerikanischen) Liberalismus der Ära Jefferson/Jackson, den im späten 19. Jahrhundert unter dem Begriff Populismus bekannt gewordenen Liberalismus, aber auch auf den Liberalismus des „welfare state" verwiesen. Beispielhaft für den frühen amerikanischen Konservatismus sind die Vorstellungen John Adams' und Alexander Hamiltons, der Laissez-faire-Konservatismus Ende des 19. Jahrhunderts, der die staatlichen Eingriffe im „welfare state" ablehnende Konservatismus der 1970er und 1980er Jahre, aber auch der Neokonservatismus, der mit Beginn der Reagan-Ära einsetzte. Eine kurze, aber übersichtliche Darstellung zu der Entwicklung dieser politischen Ideologien in den USA liefern Stephenson u. a. (1988: 162 ff.).

der auch einen wichtigen Stellenwert im Prozess der Re-Legitimation von Ehe und Familie im wissenssoziologischen Kontext von Berger und Luckmann einnimmt: Historizität (vgl. ebd.: 318). Betonen Berger und Luckmann die generationenübergreifende Weitergabe von Wissen als Basis von Historizität, so wird dieser Punkt in der Charakterisierung konservativen Denkens in die Vorstellung über sinnvoll anerkannte, langfristige Entwicklungen gefasst. Weitere Merkmale konservativen Denkens werden in den Argumenten der traditionellen Legitimationsebene sichtbar, wenn beispielsweise hervorgehoben wird, dass der Mensch in organischen Zusammenhängen steht, „die sich aus den natürlichen Unterschieden und der Art seiner Tätigkeit in der Gesellschaft ergeben" und nicht das „Individuum in der Verallgemeinerung der ihm zukommenden Rechte" (ebd.) den Maßstab bildet. Individuelle Entfaltung, so wird in dieser Beschreibung konservativen Denkens ergänzt, ist vielmehr eingebettet in eine vorgegebene „Ordnung des Ganzen". Das „natürliche Argument" der Reproduktionsfunktion findet in dieser Beschreibung eine Anknüpfung. Im Verweis auf die Bibel zur Legitimierung der traditionellen Ehe kommt schließlich auch die religiöse Komponente als Kennzeichen konservativen Denkens zum Vorschein.

Dagegen ist die Entfaltung des Individuums ein Kerngedanke liberalen Denkens (vgl. Göhler/Klein 2000: 362). Auch wenn es im Begriffskontext Konservatismus/Liberalismus zunächst mehr um individuelle als um politische Handlungsmöglichkeiten geht, wird deutlich, dass individuelle Entfaltung als liberaler Wert abhängig ist von einem konstitutionell gebundenen Rechtsstaat, der diese Entfaltung über die Garantie einklagbarer bürgerlicher Grundrechte überhaupt erst ermöglicht (vgl. ebd.: 365 f.). Göhler und Klein sprechen in diesem Zusammenhang von Wertvorstellungen für eine „vernunftgemäße Gestaltung des öffentlichen wie des privaten Lebens: Öffentlichkeit muß garantiert, Privatheit ermöglicht sein" (ebd.: 366). Das heißt: Während auf der traditionellen Legitimationsebene zwar auch der Staat aufgefordert wird, die gelebte Tradition durch einen entsprechenden Verfassungszusatz zu sichern, so werden doch stärker grundlegende Wertvorstellungen, die aus der traditionellen Ehe bzw. Familie abgeleitet werden, formuliert, die (zumindest aus der Sicht dieser Akteure) mit normativen Verhaltenserwartungen verbunden und an die Mitmenschen gerichtet sind. Anders verhält es sich auf der rational-konstitutionellen Legitimationsebene. Hier geht es weniger um einen Werteappell mit Vorgabe zur geschlechtlichen Konstellation der Ehe. Vielmehr wird der Staat in die Pflicht genommen, auf der Basis von Freiheit und Gleichheit die Voraussetzungen zur Selbstverwirklichung zu schaffen. Was in Kapitel 6.4.2 zur doppelten Nutzung der Argumente als indirekte Auseinandersetzung mit der Institution Familie dargestellt wurde, spiegelt sich auf dieser Ebene in der Einbettung der rational-konstitutionellen Legitimationsebene in einen liberalen Kontext also durch die Adressierung des Staates und weniger der Mitmenschen wider. Den Werten, die auf der traditionellen Legitimationsebene eine Rolle spielen, wird ein anderer Wert gegenübergestellt, nämlich die Verfassung und die daraus zu interpretierenden Bürgerrechte: der Wert der liberalen Gesellschaft.

7.3.2   ... sowie Orthodoxie und Progressivismus

Eine „Zweiteilung", wie sie über die Datenanalyse identifiziert wurde, sieht auch James D. Hunter. In seinem Buch „Culture Wars. The Struggle to Define America" (1991) geht er explizit auf die Konfliktlinien des amerikanischen Kulturkampfes ein. Der amerikanische Kulturkampf, dessen Wurzeln er in unterschiedlichen Systemen moralischen Verstehens ansiedelt, spiegelt sich seiner Ansicht nach in politischen und sozialen Auseinandersetzungen über die Vorherrschaft eines kulturellen und sozialen Ethos in den USA wider. Die Prinzipien und Ideen der konkurrierenden Systeme begreift er als grundlegende Verpflichtungen und Überzeugungen, die als Quelle von Identität, vor allem aber als Quelle des Zusammenlebens der Amerikaner fungieren und das Dach politischen Handelns bilden.

Nicht länger geht es für Hunter jedoch um die Frage nach vorherrschenden religiösen Praktiken oder Doktrinen, die den Kulturkampf in den USA in der Vergangenheit bestimmt haben, sondern um die Frage der Ordnung und Ausrichtung des eigenen Lebens sowie des Zusammenlebens mit anderen. Familie, Kunst, Erziehung, Recht und Politik stellen für ihn die Konfliktebenen in der amerikanischen Gesellschaft dar. Zwar prägen auch Themen wie Abtreibung, Homosexualität oder die Diskussion über Werte an Schulen das Bild des Kulturkampfes. Nach Hunter lässt sich der Begriff jedoch nicht als Oberbegriff für die Ansammlung dieser Konfliktherde reduzieren. In der politischen Diskussion manifestiert sich dieser Kulturkampf in der Frage nach moralischer Autorität zur Definition des Guten oder Schlechten, Richtigen oder Falschen (vgl. ebd.: 42 f.). Was im vorhergehenden Kapitel noch unter die Begriffe „konservativ" und „liberal" gefasst wurde, fasst Hunter in Tendenzen, weil die moralischen Visionen sich einer idealtypischen Zuordnung entziehen. Er spricht daher vom „*impulse towards orthodoxy*" und „*impulse towards progressivism*" (ebd.: 43, Hervorh. im Orig., d. V.), wobei er betont:

> „The terms are imperfect, but each aspires to describe in shorthand a particular locus and source of moral truth, the fundamental (though sometimes subconscious) moral allegiances of the actors involved in the culture war as well as their cultural and political dispositions" (ebd.).

Für Hunter reflektieren beide Begriffe die formalen Eigenschaften eines Glaubenssystems oder einer Weltansicht.[148] Für den nicht einer speziellen Religion zugeordneten Begriff Orthodoxie bedeutet das die Hingabe ihrer Anhänger an eine externe und transzendentale Autorität, die unveränderbare Werte, Ziele und Identität sowohl für das Individuum als auch für das Kollektiv definiert (vgl. ebd.: 44). Progressivismus, auf der anderen Seite, zeichnet sich dadurch aus, dass die moralische Autorität durch den „Geist des modernen Zeitalters", den Geist von Rationalität und Subjektivität geprägt ist. Damit zusammenhängende Weltansichten weisen einen dynamischen Charakter auf, indem sie eine Anpassung an die aktuellen Lebensumstände erfahren. In der Umsetzung heißt das, dass traditionelle Quellen moralischer Autorität – wie Religion – nicht länger als exklusiv bindende Macht das Leben des Einzelnen bestimmen. Hunter nimmt in diesem Zusammenhang eine Unterscheidung vor, die durchaus der Unterscheidung von Bühnen in dieser Arbeit entspricht, aber auch einen Fokus auf die Akteure legt, denn: Es ist eine Sache, wie diese konkurrierenden moralischen Visionen in verschiedenen Organisationen und vor allem in der öffentlichen Rhetorik institutionalisiert sind, aber eine andere Sache, wie der Durschnittsamerikaner sich dazu verhält (vgl. ebd.: 43). In Organisationen, die ein (Macht-)Interesse daran haben, eine bestimmte Position zu einem bestimmten Thema zu vertreten, zeichnen sich diese Tendenzen jedoch durch (vermeintliche) Klarheit und Eindeutigkeit aus: „It is they who, perhaps unwittingly, give voice to the competing moral visions" (ebd.). So tendenziös, wie Hunter die Begrifflichkeiten verwendet, nimmt er auch eine politische Zuordnung vor, die in Kategorien mündet, die auch den Ausgangspunkt dieses Kapitels gebildet haben: Der orthodoxe Impuls spiegelt dabei eher eine konservative, der progressive Impuls eher eine liberale Agenda wider (vgl. ebd.: 46).

Ausgetragen wird der Kulturkampf in der Arena der öffentlichen Kultur, die Hunter von der privaten Kultur über die Definition Ordnung stiftender Funktionen voneinander abgrenzt. Die Kultur beider Arenen, die er als Sphären „symbolischer Aktivität" (vgl. ebd.: 53) begreift, fungiert dabei als Ordnungsfaktor von Erfahrungen im privaten wie im öffentlichen Leben. Die Öffentlichkeit setzt sich aus Instrumentarien des Staates zusammen, d. h. Regeln und Normen, die das Handeln einzelner oder kollektiver Akteure in der Öffentlichkeit und letztendlich im Privaten ermöglichen oder aber eingrenzen. Hier sind für Hunter die Symbole nationaler Identität angesiedelt, die sich in der Bedeutung von Staatsangehörigkeit, Bürgerrechten, aber auch als Patriotismus manifestieren. Die öffentliche Kultur besteht aus geteiltem Gedankengut über Tugend und das allgemeine Ideal des öffentlichen Wohls. Sie ist der Ort, an dem

---

148 Zum „konservativen Dilemma" auf politischer Ebene vgl. Jerry Z. Muller (2000), der zwischen Konservatismus und Orthodoxie unterscheidet.

diejenigen Mythen, die Geschichte und Zukunft der Nation zum Thema haben, angesiedelt sind und die sich durch „selective interpretation of our national history, in which certain themes and events are emphasized and others played down" (ebd.: 55) auszeichnet. Gerade in diesen Ausführungen Hunters finden sich Parallelen zu den Ergebnissen der vorliegenden Datenanalyse: das jeweilige kulturelle Selbstverständnis und sich daraus ableitende Selbstverständlichkeiten. Öffentliche und private Kultur bedingen einander, wobei die öffentliche Kultur die Sphäre der privaten Kultur auf der einen Seite absteckt und ermöglicht, gleichzeitig aber auch die private Kultur die öffentliche bestimmt. Welches Ausmaß vermeintlich private Angelegenheiten auf die öffentliche Kultur haben können, zeigt die Abtreibungsfrage. Warum der Kulturkampf in der öffentlichen Kultur stattfindet, wird in diesen Beispielen, vor allem aber im Diskurs über die gleichgeschlechtliche Ehe deutlich. Denn nur hier, so Hunter, kann der Kampf um die Vorherrschaft moralischer Visionen stattfinden, die das Zusammenleben der Menschen und ihre Identität bedingen sollen. Die Medien bilden dabei nicht nur eine spezielle Bühne für den Kulturkampf, sondern tragen als Plattform auch zur Polarisierung und Verstärkung konkurrierender moralischer Visionen bei. Dabei erfährt der Kern der moralischen Visionen in den Kategorien Freiheit und Gerechtigkeit ein besonderes Verständnis: Die orthodoxe Vision baut auf einem religiösen Gründungsmythos der amerikanischen Nation auf. Das Recht wird als gottgegeben, Freiheit und Gerechtigkeit als eingebettet in einen christlichen Kontext verstanden. Freiheit wird vornehmlich als Freiheit der Gesellschaft betrachtet, sich selbst zu regieren. In Anlehnung an Charles Taylor spricht Hunter von bürgerlicher Freiheit („civic liberty") (ebd.: 110). Gleichzeitig spiegelt sich in dieser Freiheit wirtschaftliche Selbstbestimmung wider. Gerechtigkeit wird mit jüdisch-christlichen Standards moralischer Rechtschaffenheit gleichgesetzt. Anders die progressive Vision, deren Vertreter die Ursprünge der amerikanischen Nation nicht mit einem höheren Wesen und religiösen Grundlagen in Verbindung bringen. Das Recht wird vielmehr als Ausdruck höchster Rationalität betrachtet, der Verfassung mit der Option der Anpassung an gesellschaftliche Veränderungen ein dynamischer Charakter zugesprochen. Der Gründungsmythos fokussiert auf der Anstrengung der Gründerväter, Pluralität und Vielfalt zu etablieren (vgl. ebd.: 114). Freiheit wird mit politischen Rechten des Individuums gleichgesetzt, Gerechtigkeit als Gleichheit verstanden. Auch wenn politische Rechte Teil dieser Gleichstellung sind, wird diese Gleichheit fast ausnahmslos in ökonomische Kategorien eingebettet (vgl. ebd.: 115). Diese Gebundenheit der Kategorien Freiheit und Gleichheit ist in den Daten auf der rational-konstitutionellen Legitimationsebene in der Herausstellung der Bürgerrechte und dem für die Verfassung identifizierten Symbol- und Instrumentcharakter sichtbar geworden. Die rational-konstitutionelle und die traditionelle Legitimationsebene lassen sich dabei in Hunters Begriffe Orthodoxie und Progressivismus fassen. In der Auseinandersetzung mit höchstrichterlichen Entscheidungen hat sich darüber hinaus gezeigt, dass in Urteilsbegründungen der Gerichte gerade auch auf jüdisch-christliche Moralstandards zurückgegriffen wurde, wie das Beispiel des (konservativen) Vorsitzenden Richters Warren Earl Burger im Fall Bowers vs. Hardwick gezeigt hat.

7.3.3   Die Kommunitarismusdebatte

Während bei Hunter die Eliten bereits seit Jahrhunderten aktiv zunächst gegeneinander und mit Beginn des 20. Jahrhunderts durch die Bildung pragmatischer Allianzen zum Teil auch miteinander über die Frage streiten, welche moralischen Visionen in den USA die Oberhand gewinnen sollen, setzt das, was unter den Begriff Kommunitarismusdebatte gefasst und vorwiegend auf einer wissenschaftlichen Ebene diskutiert wird, erst in den 1970er Jahren ein. Ausgangspunkt ist das moralphilosophische, im Jahr 1971 von John Rawls verfasste Werk „A Theory of Justice". Der Kerngedanke der Rawls'schen Vertragstheorie lautet, dass „unter den modernen Bedingungen eines Wertepluralismus nur das allgemeine Prinzip gleicher Rechte, Freiheiten und Chancen als ein normativer Maßstab dienen kann, an dem sich die Gerechtigkeit eines Gemeinwesens bemessen darf" (Honneth 1993a: 8). Dieser Kerngedanke baut auf zwei Grundsätzen der Gerechtigkeit auf:

> „1. Jedermann soll gleiches Recht auf das umfangreichste System gleicher Grundfreiheiten haben, das mit dem gleichen System für alle anderen verträglich ist. 2. Soziale und wirtschaftliche Ungleichheiten sind so zu gestalten, daß (a) vernünftigerweise zu erwarten ist, daß sie zu jedermanns Vorteil dienen, und (b) sie mit Positionen und Ämtern verbunden sind, die jedem offen stehen" (Rawls 1979: 81).

Weniger diese Grundsätze als vielmehr die Voraussetzungen, die zu diesen Grundsätzen führen, haben die Kommunitarismusdebatte eröffnet. Rawls geht von einer fiktiven ursprünglichen Situation der Gleichheit aus. In diesem Urzustand ist die Position in der Gesellschaft für jeden Einzelnen unbekannt, keiner kennt „seine Klasse oder seinen Status, ebenso wenig sein Los bei der Verteilung natürlicher Gaben wie Intelligenz oder Körperkraft" (ebd.: 29). Genau hier setzt die Kritik ein, die Michael Sandel in den Begriff des „ungebundenen Selbst" (Sandel 1993: 18) fasst und die sich in dem Argument, dass das Selbst nicht ohne einen gesellschaftlichen Kontext gedacht werden kann, zusammenfassen lässt.[149] Mit den Modifikationen und Erweiterungen seiner Theorie, die Rawls im Laufe der Zeit vorgenommen hat, ist die Frage nach den anthropologischen Voraussetzungen jedoch zugunsten eines anderen Kritikpunktes in den Hintergrund getreten: Gerechtigkeit kann aus der Perspektive Rawls' nicht für das Wohl bzw. den Vorteil vieler geopfert werden (vgl. Rawls 1979: 19 f.). Die Rechtsbeziehung hat Vorrang vor gemeinschaftlichen Wertorientierungen. Die Kritik der Kommunitaristen orientiert sich dabei sowohl an der liberalen Theorie als auch – gegenwartsbezogen mit Blick auf die USA – an der liberalen Gesellschaft (vgl. Rössler 1992: 74). Selbstverwirklichung als das Verfolgen eigener Ziele führt nach Ansicht der Kommunitarismusvertreter in die gesellschaftliche Zerstörung, die sich in steigenden Scheidungsraten, Jugendkriminalität, der Auflösung der Familie und anderer gemeinschaftlicher Lebensformen äußert.[150] Der Wert des freiheitlichen amerikanischen Individualismus, der sich als Konsequenz aus einer liberalen Gesellschaftsauffassung ergibt, steht somit zur Disposition, zerstört er aus Sicht der Kommunitaristen doch die Grundlage seiner selbst. Kallscheuer spricht auch von der „ideologische(n) Verselbständigung eines der Grundpfeiler des American way of life" (Kallscheuer 1992a: 112). Und in den Worten Amitai Etzionis als „kommunitaristische These" formuliert: „die Amerikaner (leiden) (…) seit langem unter dem Zerfall privater und öffentlicher Moral, dem Niedergang der Familie, der hohen Kriminalität, der wachsenden Korruption in unserem Staat" (Etzioni 1998: 2).[151] Nur die Rückbesinnung auf gemeinschaftliche, vor allen Dingen aber geteilte Werte kann nach Auffassung der Kommunitaristen den gesellschaftlichen Verfall stoppen. Gerne wird den Kommunitaristen unterstellt, ihr Wunsch zur (Re-)Etablierung traditioneller, gemeinschaftlicher Werte führe die Gesellschaft in vergangene Zeiten zurück. Ein solcher Vorwurf lässt sich jedoch nicht ohne weiteres unterschreiben, weil nicht nur der Begriff, sondern auch die Realität der Gemeinschaft in den USA eine andere Tradition aufweist und mit der deutschen Konnotation des Begriffs nicht zu vergleichen ist.[152]

---

149 Die Liberalismus-Kritiker gehen also nicht im vertragstheoretischen Sinne von einem theoretischen Konstrukt aus, sondern betonen die Wirklichkeit als Ausgangspunkt. Vgl. zeitnäher an der Veröffentlichung von Rawls' Theorie Sandel (1982); in zusammenfassender Form Honneth (1993a). Da es an dieser Stelle nur um eine grobe Skizze der Kommunitarismusdebatte geht, wird sowohl auf eine detaillierte Auseinandersetzung mit Sandels Kritik an Rawls als auch auf die Kritik, die Sandel mit seinem Personenbegriff hervorgerufen hat, verzichtet.

150 Kritisch bezeichnet Joas diese Diagnosen der Kommunitaristen jedoch als „soziologisches Defizit", weil sie „arm (sind) an Datierungen, Lokalisierungen, Quantifizierungen der gemeinten Phänomene" (Joas 1992: 866).

151 Etzioni gehört ebenso wie William A. Galston und James Q. Wilson dem Research Advisory Board des „National Marriage Project" an.

152 Zur Bedeutung des Gemeinschaftsbegriffs in den USA vgl. Joas (1992). Aus kommunitaristischer Perspektive wird Gemeinschaft nicht im Tönnies'schen Sinne begriffen, wie Rössler

Den Kommunitaristen geht es darum, Lösungen zu finden für die Probleme, die sie der amerikanischen Gesellschaft attestieren und deren Ursache sie in einem übersteigerten Individualismus, basierend auf der Formel „Recht vor Gemeinschaft", sehen. Zwei Punkte sind daran anknüpfbar: Erstens lassen sich anhand der Frage, wie die Rückbesinnung erfolgen soll und wie die Werte genau auszusehen haben, auf die sich die Gemeinschaft berufen soll, unterschiedliche philosophisch-anthropologische, politische und auch soziologische Richtungen des Kommunitarismus identifizieren.[153] Zweitens entspricht die Suche nach Lösungen, die auf der wissenschaftlichen Ebene forciert wird, einer amerikanischen Tradition, wie sie bereits in der amerikanischen Soziologie der Chicago School, deren Grundsätze auf dem sozialreformerischen Pragmatismus beruhten, praktiziert wurde.

Der Kulturkampf wird auf unterschiedlichen Konfliktfeldern ausgetragen. Wie bei Hunter gesehen, jedoch in der vorliegenden Arbeit nicht im Einzelnen weiter ausgeführt, findet der Konflikt vor allem auf den Ebenen Kunst, Erziehung, Recht und Politik statt. Als Nährboden des Kulturkampfes gelten diejenigen Veränderungen in der Gesellschaft, die aus den verschiedenen nichtliberalen Perspektiven in erster Linie als negatives Resultat eines den Individualismus stärkenden „Ordnungs"-Prinzips verstanden werden, während vornehmlich liberale Vertreter die Rechtsbeziehung angesichts eines Wertepluralismus als einzig vernünftige, allgemein gültige Grundlage der Gesellschaft betrachten. Diese Art der Stärkung (oder Schwächung, je nach Blickwinkel) gesellschaftlicher Ordnung ist insbesondere ab dem 20. Jahrhundert zu verfolgen, wenn man die höchstrichterlichen Entscheidungen des U.S. Supreme Court als Messlatte heranzieht, mit denen die Bürgerrechte aus einer traditionellen Interpretation herausgelöst wurden. Die Krisenherde der fünfziger, sechziger und siebziger Jahre des 20. Jahrhunderts haben in nicht unwesentlichem Maße zu einer religiösen Politisierung beigetragen. Betrachtet man nun das Konfliktfeld Familie, ruht die Manifestation des zuvor eher latenten Konflikts auf dieser Ebene vor allem auf den Entscheidungen des U.S. Supreme Court. Fast immer mit diesen Eckdaten verbunden sind Wellen der Diskussion und der Manifestation des Kulturkampfes auch in der (medialen) Öffentlichkeit. Die Frage des Kultur-

---

betont. Gemeinschaft wird verstanden im Sinne geteilter Werte, die sie abgrenzbar machen von anderen Gemeinschaften, im Zusammenhang mit der Frage nach den von der Gemeinschaft geteilten Wertvorstellungen, aber auch als Verbindlichkeit von Beziehungen der Mitglieder vor dem Hintergrund der Gemeinschaftsidee (vgl. Rössler 1992: 77).

153   Vgl. als einführenden Überblick Reese-Schäfer (2001). In Honneth (1993b) kommen mit Michael Sandel, Alasdair MacIntyre, Charles Taylor oder auch Michael Walzer unterschiedliche Protagonisten der Debatte sowie John Rawls zu Wort. Kallscheuer (1992b) versorgt den Leser des von Christel Zahlmann herausgegebenen Bandes mit einem kommentierten Literaturüberblick „zum Weiterlesen", aus dem auch in der vorliegenden Arbeit geschöpft wurde.

kampfes hat mit der Kommunitarismusdebatte jedoch über die Suche nach Lösungen eine neue (alte) Dimension angenommen. Konkrete Vorschläge sollen
jenseits von links und rechts formuliert werden. Dieser dritte Weg wird sichtbar,
wenn man sich Amitai Etzionis Ausführungen zur Rekonstruktion der Moral
anschaut, die auf familialer Ebene beginnen soll – auch wenn die „Entdeckung
des Gemeinwesens", in der er die Möglichkeiten der moralischen Rekonstruktion in der Gesellschaft erläutert, mehr als eine Dekade vor der Massachusetts-
Entscheidung veröffentlicht wurde. Unabhängig von der zeitlichen Komponente
lassen sich jedoch auch Argumente aufzeigen, die im Rahmen der identifizierten
traditionellen Legitimationsebene eine Rolle spielen.

7.4 Die Verteidigung der traditionellen Familie

Diesmal – man könnte angesichts der Latenz des schwelenden Konflikts auf
anderen gesellschaftlichen Ebenen auch sagen: erneut – ist die Familie dem
Untergang geweiht. Ein Blick in die erste Hälfte der vorliegenden Arbeit ruft in
Erinnerung, aufgrund welcher Entwicklungen, Kontexte und Daten, verknüpft
mit den jeweiligen Jahreszahlen, Untergangsszenarien der Familie „identifiziert" und formuliert wurden. Was im Diskurs über die gleichgeschlechtliche
Ehe in der Phänomenstruktur der traditionellen Legitimationsebene als Re-
Legitimation der traditionellen Ehe (und auch der Familie) beschrieben wurde,
findet seinen Niederschlag auch in anderen Arenen, deren Aufzählung, vor allem aber deren inhaltliche Ausführung den Rahmen des Möglichen einer solchen Arbeit sprengen würde. Zu denken ist beispielsweise an die verschiedenen
Arenen des politischen Diskurses, der auf verschiedenen Ebenen (z. B. innerhalb oder zwischen den Parteien) stattfindet und dessen Ausläufer auch in den
Diskurs, wie er in der vorliegenden Arbeit untersucht wurde, durch unterschiedliche Akteure, vor allem aber durch die Thematik des Verfassungszusatzes hin-
einreicht. So bezieht das „Communitarian Network" auf seiner Internetseite
Stellung zu unterschiedlichen Fragestellungen, die im Rahmen der Familien-
thematik als relevant erachtet werden. Auch hier geht es um Elternschaft, die
Zukunft der Kinder, die Auswirkung von wilden Ehen auf Gesellschaft, Familie,
Ehe usw.[154]
　　Amitai Etzioni, Gründer und Direktor des Kommunitaristischen Netz-
werks, ordnet in seiner Arbeit „Die Entdeckung des Gemeinwesens" (1998) die
Infragestellung moralischer Traditionen und gesellschaftlicher Werte in die Zeit
der 1960er Jahre ein. Als Folge für die Gegenwart diagnostiziert er eine wach-

---

154 Vgl. http://www.gwu.edu/~ccps/papers_reports_family.html (Datum des Zugriffs: 09. Sep-
　　tember 2007).

sende moralische Verwirrung und soziale Anarchie. Verantwortlich für diese moralische Krise und den diagnostizierten Verlust der Gemeinschaft ist seines Erachtens jedoch nicht der dieser Zeit zugeschriebene „Wertesturz", sondern vielmehr das Vakuum, das durch einen Mangel an Alternativen entstanden ist (Etzioni 1998: 27). Im Rahmen der Wiederherstellung von Werten spricht er der Familie, die er als Grundbaustein der Gesellschaft betrachtet, eine besondere Funktion zu, denn wenn es darum geht, Moral und Werte in der Gesellschaft zu erneuern, kann das seiner Ansicht nach nur in der Gemeinschaft beginnen, in die das Individuum hineingeboren wird (vgl. ebd.: 35). Etzioni formuliert konkrete Vorschläge, die er jedoch nicht als Neopuritanismus oder Rückschritt in alte Zeiten verstanden haben will (vgl. ebd.: 47).

Der Blick auf die Kapitelüberschriften zur „kommunitären Familie" macht deutlich, wer zuerst im Zentrum der Aufmerksamkeit steht: Kinder. „Ein Kind zu zeugen ist ein kommunitärer Akt. Damit geht man nicht nur gegenüber dem Kind Pflichten ein, sondern auch gegenüber der Gemeinschaft" (ebd.: 63). Eltern werden in die Pflicht genommen, Kinder nach besten Kräften zu erziehen. Sie sollen ihr Engagement für den eigenen Nachwuchs deutlich erhöhen, Zeit und Aufmerksamkeit in ihre Kinder investieren (vgl. ebd.: 66). Etzioni propagiert die Zweielternfamilie, obwohl er einschränkend hinzufügt, dass Alleinerziehende mit dieser These nicht herabgesetzt werden sollen. Jedoch müssten Scheidungen erschwert und geplante Eheschließungen einer vorherigen Prüfung und genauen Vorbereitung unterzogen werden, denn die Kindererziehung funktioniert „am besten mit verteilten Rollen" (ebd.: 71) – ein Aspekt, der auch in den Daten über die Bedeutung der Vermittlung rollenspezifischer Pflichten zu Tage getreten ist: „Children learn different things from their mother than they do from their father and vice versa" (3.112.1): Etzioni unterscheidet unterschiedliche „Qualitäten" (z. B. Emotionalität vs. Leistungsorientierung), die Eltern in der Erziehung ihrer Kinder aufbringen. Seine Forderung nach Aufwertung der Kinder richtet sich dabei an Eltern und Gesellschaft gleichermaßen. Wirtschaftlicher Erfolg müsse gegenüber der Erziehung der Kinder zurückstecken. Greifbarer, und das vor allem in finanzieller Hinsicht, werden die Lösungsvorschläge durch seinen Appell an Staat und Wirtschaft, auch wenn sich diese Denkweise nicht unbedingt in das klassische Verständnis des amerikanischen Individualismus einpassen lässt: Eltern müssten in der Lage sein, zumindest einen Teil ihrer Arbeit vom Schreibtisch des eigenen Heims zu erledigen, um die Präsenzzeit mit ihren Kindern zu erhöhen. Von der Wirtschaft verlangt er die Zahlung eines sechsmonatigen Elterngeldes und die Möglichkeit weiterer 18 Monate unbezahlten Erziehungsurlaubs. Den Staat nimmt Etzioni in die Pflicht, wenn es um die Kosten für Kindertagesstätten geht. Die Arbeitskräfte in diesen Einrichtungen müssten höher qualifiziert und besser bezahlt sein. Der

Staat soll eingreifen, wenn Eltern nicht in der Lage sind, für die Kosten der Unterbringung ihrer Kinder in Tagesstätten aufzukommen. Das Gemeinwohl ist dieser Auffassung nach abhängig von unterschiedlichen Akteuren. Letztendlich sollen die gemeinschaftlichen Anstrengungen jedoch dazu führen, dass die Familie wieder zum Produzenten moralischer Werte wird (vgl. auch Berger/Berger 1984: 94).

Die Verteidigung der traditionellen Familie ist auch Peter L. und Brigitte Berger ein Anliegen. Folgt man ihrem Buch „The War over the Family", das im Deutschen „In Verteidigung der bürgerlichen Familie" heißt – der Titel, der die Vorlage für die Überschrift des aktuellen Kapitels bildet –, dann findet bei ihnen ebenso wie bei Etzioni die Legitimation des traditionellen Familientypus über Kinder statt. Und wie in der Ergebnisdarstellung gesehen, sind sich Befürworter und Gegner im untersuchten Diskursausschnitt bei diesem Thema auch mehr oder weniger einig. In ihrem Plädoyer verweist das Autoren(ehe)paar ebenfalls auf die grundlegenden Funktionen der Institution Familie und ihre Überzeugung, dass zur Familie keine Alternative für die Erziehung von Kindern existiert, da ihnen nur in diesem Umfeld die Chance gegeben werde, sich zu verantwortungsvollen und autonomen Individuen zu entwickeln (vgl. ebd.: 167). Dieses Umfeld stellt für sie den Ausgangspunkt politischer Demokratie dar: *„the necessary social context for the emergence of the autonomous individuals who are the empirical foundation of political democracy"* (ebd.: 172, Hervorh. im Orig., d. V.). Was immer die Individuen über Moral erfahren können, lernen sie in der Familie. Die Familie hat für Berger und Berger auch deshalb eine herausragende Bedeutung, weil sich an die mit dieser Institution verbundene Moralfrage die Frage nach Stabilität in der Gesellschaft anschließt. Gerade hier wird deutlich, wie stark ihre institutionenbezogene Sichtweise ist, da Berger und Berger die Funktion der Familie als Schnittstelle zwischen Individuum und Gesellschaft und die damit verbundene politische Bedeutung als Stifter sozialer Ordnung betonen (vgl. ebd.: 176 f.).

Wurde bisher davon gesprochen, dass Berger und Berger ein traditionelles Familienbild verteidigen, so muss ergänzt werden, dass es ihnen um die *bürgerliche* Familie geht. Dieser Hinweis ist deshalb relevant, weil die bürgerliche Familie keine so lange Geschichte aufweisen kann wie die Familie als *Produktionsstätte* im Rahmen einer Großfamilie, in der nicht nur mehrere Generationen unter einem Dach zusammenlebten, sondern auch Mägde und Knechte zur Hausgemeinschaft gehörten und Kinder als Arbeitskräfte betrachtet wurden. Der Mythos des Wandels von der erweiterten Familie hin zur Kernfamilie lässt sich somit ergänzen um das, was man als den *Mythos der traditionellen Familie* bezeichnen kann. Dieser ist jedoch weniger in Etzionis Vorstellungen einer kommunitären Familie als vielmehr in den Ausführungen der Gegner der gleichgeschlechtlichen Ehe eingebettet, wie sie in der Phänomenstruktur der traditionellen Legitimationsebene dargestellt wurden. Vergeblich ist hier ein Hinweis darauf zu finden, dass die Entstehung des im Diskurs idealisierten und propagierten Familienbildes in das 19. Jahrhundert fällt. Die Sorge um die Erziehung und das Wohl von Kindern lässt sich somit gerade nicht in das Bild einer kulturellen Selbstverständlichkeit einbetten, wie es von den Akteuren vertreten wird. Eine so verstandene traditionelle Familie war im 19. Jahrhundert vielmehr selbst eine *moderne* Erscheinung. Zugespitzt formuliert könnte man sagen: Auch die Tradition repräsentiert Modernität – es kommt nur darauf an, aus welcher zeitlichen Perspektive man eine solche Formulierung vornimmt. Die bürgerliche Familie, die einst selbst die Tradition sprengte, ist für Berger und Berger die bedeutendste Institution, die in einer durch Wertepluralismus geprägten, modernen Gesellschaft als Instanz zwischen dem Individuum und den Institutionen der Modernität vermittelt (vgl. ebd.: 182 f.). Berger und Berger formulieren in diesem Zusammenhang die Hypothese, dass die Kernfamilie nicht eine Folge der Modernisierung, sondern vielmehr als Voraussetzung der Modernisierung zu betrachten ist (vgl. ebd.: 86). Die Familie vermittelt aber nicht nur, sondern ist – wie einige Zeilen zuvor erwähnt – auch diejenige sozialisierende Institution, die zu einem bestimmten Zeitpunkt ein autonomes Individuum in diese moderne Gesellschaft entlässt: „This family type provided the social context for the formation of highly individuated persons. Put differently, it provided for the socialization of autonomous individuals" (ebd.: 109).

Individualismus ist ein Resultat der bürgerlichen Familie – so könnte man das Argument von Berger und Berger verkürzt formulieren. Die entscheidende Komponente einer solchen bürgerlichen Familie ist für sie jedoch die Balance zwischen Individualismus und sozialer Verantwortung, zwischen Befreiung („liberation") und starken gesellschaftlichen Bindungen, zwischen Habgier und Altruismus (vgl. ebd.: 117). Gerät diese Balance aus dem Gleichgewicht und verfolgen die Individuen auf biografischer Ebene also nunmehr die Durchsetzung eigener Interessen entgegen den Ansprüchen und Erwartungen anderer, kann das auf politischer Ebene einen ideologischen Charakter annehmen: „motivating campaigns for legal and social reforms that would protect the individual against all such claims". Berger und Berger sprechen in einer (negativen) Steigerung des Wortes Individualismus dann von „Hyperindividualismus" (vgl. ebd.: 120).

An dieser Stelle darf nicht aus den Augen verloren werden, dass mit Etzionis sowie Peter L. und Brigitte Bergers Ausführungen auf Erklärungszusammenhänge ausgewählter wissenschaftlicher Vertreter hingewiesen wurde, die nicht nur eine Zerstörung der traditionellen Familie diagnostizieren, sondern auch eine Verteidigung derselben formulieren. Mit Blick auf die vorliegenden

Daten nun zu behaupten, das Gleichgewicht zwischen Individualismus und sozialer Verantwortung bzw. gesellschaftlichen Bindungen sei zerstört worden, würde bedeuten, sich auf die Seite derjenigen zu schlagen, für die die Zerstörung der Familie bereits eine ausgemachte Tatsache darstellt. Eine solche Aussage lassen die Daten jedoch nicht zu. Was sich jedoch gerade aus der Phänomenstruktur der traditionellen Legitimationsebene ablesen lässt, ist das Verlangen nach der Berücksichtigung von „Mehrheiten". Das Verfolgen persönlicher Ziele, die den (Wert-)Vorstellungen von vermeintlichen und echten Mehrheiten widersprechen, lässt sich übersetzen in die Zurückweisung eines Individualismus, der die Grenzen der Billigung durch die Gemeinschaft überschreitet. Die Balance, wie Berger und Berger sie schildern, wird damit „zugunsten" eines liberalen Verständnisses von Gesellschaft aufgehoben. Das Ergebnis dieser Verschiebung bezeichnen Kritiker als Hyperindividualismus, expressiven Individualismus oder radikalen Individualismus (vgl. Etzioni 1994). Doch auch wenn die „Verherrlichung des Ego" (Etzioni 1998: 29 f.) in der amerikanischen Tradition verwurzelt ist, ist das für Etzioni kein Grund, dieser Tradition weiterhin zu folgen. Mit dem Bruch dieser Tradition geht für ihn die Erneuerung der Gesellschaft einher, in der nicht mehr „Ich", sondern „Wir" im Vordergrund steht (vgl. ebd.), oder wie Tocqueville es formuliert: die Vereinigung des eigenen Wohlergehens mit dem der Mitbürger (vgl. Tocqueville 1994: 254).

Wo liegen nun die Grenzen des amerikanischen Individualismus? Diese Frage lässt sich abschließend nicht beantworten. Eine Antwort könnte lauten: auf der „Waagschale" von Abbildung 2, pendelnd zwischen den (quasi-) normativen Bezugspunkten von Gemeinschaft und Gesellschaft. Der Umstand, dass Individualismus in den USA seinen Nährboden nicht nur in unterschiedlichen Traditionen findet, sondern auch angesichts der Heterogenität der amerikanischen Gesellschaft und eines damit verbundenen Wertepluralismus verschiedenartig definiert werden kann, macht es schwer, eine Grenze zu ziehen, die *nicht* auf Verfassung und Gesetzen basiert. Man wird zwangsläufig mit dem Problem konfrontiert, allgemein gültige Wertvorstellungen – wenn sie nicht sowieso schon latent durch Interpretationen und Veränderungen des Zeitgeistes in den schriftlich fixierten Rechtsgrundlagen integriert sind – vor dem Hintergrund konkurrierender „Wertsphären" (Weber 1992: 268) überhaupt in Begriffe zu fassen. Daraus folgt auch, dass Wertvorstellungen sich nicht in eine grundlegende hierarchische Ordnung bringen lassen.[155] Auch der Versuch, vom Wohl der Gemeinschaft und somit einer eher kommunitaristischen Perspektive auszugehen, ist nicht unbedingt erfolgreich. Denn wie schnell die Balance zwischen

---

155 Spätestens hier wird deutlich, dass man auch das soziologische Feld der Differenzierungstheorie betreten hat. Denn in den Vordergrund tritt deutlich das Rationalitätsprinzip, das auf den Vorrang sachlicher Verfahrensweisen in differenzierten Gesellschaften aufmerksam macht.

„expressivem" und „bürgerlichem" Individualismus außer Kraft gesetzt werden kann, haben Bellah u. a. in ihren Interviews der „Gewohnheiten des Herzens" gezeigt. Zu denken ist an ihre Schilderung der Errichtung von Wohnflächen für sozial Benachteiligte in einer amerikanischen Kleinstadt, die auf wenig Gegenliebe stieß, weil die Bewohner steigende Kriminalität und Verwahrlosung befürchteten. Die Orientierung am Gemeinwohl stößt also auch da an Grenzen, wo eine Einschränkung der persönlichen individuellen Entfaltung – und sei es beim abendlichen Spaziergang durch die eigene Stadt, der möglicherweise durch Bewohner von Sozialbauten „beeinträchtigt" wird – erwartet wird. Aus den Daten lässt sich ein ähnliches Phänomen ablesen. Das Argument der Orientierung am Gemeinwohl scheint auch dann keine Rolle zu spielen, wenn die Selbstverwirklichung eines Individuums trotz seines von dieser Selbstverwirklichung unabhängigen (positiven) Engagements für die Gemeinschaft, „basic citizens, people who are little league coaches and literacy volunteers and working in every community" (3.8.2), auf Ablehnung stößt. Die „basic citizens", von denen Mary Bonauto spricht, sind amerikanische Bürger, die gleichgeschlechtliche Partner haben und deren Vorstellungen über die geschlechtliche Konstellation der Ehe nicht mit den traditionellen oder religiösen Vorstellungen derjenigen übereinstimmen, die ein traditionelles Eheverständnis hegen. Auch der persönliche Beitrag zum Gemeinwohl kann dann eine von manchen Mitgliedern der Gesellschaft als abweichend betrachtete Selbstverwirklichung – und sei sie innerhalb der rechtlichen Grenzen verankert – nicht legitimieren und wird auch nicht als Beitrag für eine „Good Society" (Bellah u. a. 1991) gesehen. Die Frage, wer die Werte interpretiert, wer überhaupt definiert, was auf welche Art und Weise zum Wohl der (amerikanischen) Gemeinschaft und letztlich der (amerikanischen) Gesellschaft beiträgt, d. h. die Frage nach den Trägern der Deutungshoheit bleibt unbeantwortet. Beantwortet wird jedoch die Frage nach der Voraussetzung für eine kommunitäre Gesellschaft: die liberale Gesellschaft.

8 Modernität – Tradition – Persistenz

Wissen wurde in Kapitel 4 zur zentralen Kategorie dieser Arbeit erhoben. Jedoch sollte Wissen nicht im Kontext sozialstruktureller Bedingtheit betrachtet werden – eine Perspektive, die angesichts der Akteure, die es in die verschiedenen Fernsehsendungen geschafft haben, um den Zuschauern ihre Sicht der Dinge über die gleichgeschlechtliche Ehe darzulegen, zweifelsohne von Interesse wäre –, sondern vielmehr vor dem Hintergrund der kommunikativen, d. h. der sprachvermittelten und subjektgebundenen Konstruktion von Wirklichkeit. Die Identifikation der rational-konstitutionellen und der traditionellen Legitimationsebene als Phänomenstrukturen des Diskurses lassen sich somit nicht nur als Ebenen der Legitimation eines spezifischen (Wirklichkeits-)Verständnisses von Ehe und Familie betrachten, sondern auch als Wissensordnungen, die als Grundlage von Handeln fungieren (können). Die diskursanalytische Betrachtungsweise verleiht den Wissensordnungen Subjektgebundenheit: Wissensordnungen werden durch die Akteure versprachlicht und gleichzeitig durch die Anbindung an ein Thema bzw. ein gesellschaftliches Ereignis konkretisiert, auch wenn sie nicht vollkommen neu konstruiert werden. Auf diese Weise werden Ordnungsstrukturen ihrer Anonymität entkleidet und erhalten durch ihre Interpreten ein Gesicht. Gleichzeitig geht die Identifikation der Legitimationsebenen jedoch über das Verständnis der subjektgebundenen Konstruktion und Organisation von Wirklichkeit hinaus, indem sich die rational-konstitutionelle und die traditionelle Legitimationsebene in die verschiedenen Facetten des amerikanischen Kulturkampfes einbetten lassen, der mit der Familienthematik eines von mehreren Konfliktfeldern besetzt.

8.1 Zusammenfassung

Unter Berücksichtigung der Kategorien Machbarkeit und Reichweite sind in der vorliegenden Diskursanalyse unterschiedliche Dimensionen des Diskurses identifiziert worden:

- zwei Phänomenstrukturen, die sich als Spiegelbild eines bestehenden, manchmal latenten, manchmal manifesten amerikanischen Kulturkampfes

begreifen lassen: die rational-konstitutionelle und die traditionelle Legitimationsebene,

- eine Phänomenstruktur, die nicht getrennt von der rational-
konstitutionellen Legitimationsebene zu betrachten ist, sich ihr aber nicht
direkt zuordnen lässt: die Herstellung von Normalität, in der Legitimation
in erster Linie über das Individuum erfolgt,

- zudem als weitere Phänomenstruktur und somit Dimension des Diskurses
Konfliktebenen, die im Kontext gemeinschaftlicher und gesellschaftlicher
Grenzen des Individualismus betrachtet worden sind.

Wurden in Tabelle 1 (Kapitel 6.1) noch die Phänomenstrukturen des Diskurses
auf der Basis der Kategorien dargestellt, so lassen sich an dieser Stelle zusammenfassend die Ebenen des Diskurses aufzeigen:

Phänomenstrukturen			
rational-konstitutionelle Legitimationsebene	traditionelle Legitimationsebene	Herstellung von Normalität	Konfliktebenen des Individualismus: expressiver Individualismus vs. „community values"
erste Diskursebene		**zweite Diskursebene**	**dritte Diskursebene**

Abbildung 3:   Die Phänomenstrukturen als Ebenen des Diskurses

Die Zuordnung der vier Phänomenstrukturen als (äußere) Dimensionen des
Diskurses (im Gegensatz zu den inneren Dimensionen der einzelnen Phänomenstrukturen) zu den identifizierten Diskursebenen ist keineswegs hierarchisch. Sie
ergibt sich vielmehr aus der Strukturierung des Diskurses. Während die erste
Ebene das Thema des Diskurses, nämlich die Frage nach heterosexueller vs.
gleichgeschlechtlicher Ehe, trägt, lassen sich die beiden anderen Diskursebenen
als eher verdeckte (latente) Diskursdimensionen betrachten.

Die Phänomenstrukturen der ersten Diskursebene fungieren als handlungs-
leitende Orientierungssysteme, als Wissensordnungen und Plausibilitätsstrukturen, aus denen (zumindest aus Sicht der jeweiligen Akteure) hervorgeht, warum
etwas so ist, wie es ist, oder eben nicht ist. Gerade hier zeigt sich die Art der
Argumentation, d. h. die Legitimation und Rechtfertigung der unterschiedlichen
Vorstellungen über die Institution Familie und im Speziellen der Ehe. Die
Rechtfertigung der traditionellen Ehe in ihrer heterosexuellen Konstellation

erfolgt auf der traditionellen Legitimationsebene über die (heterosexuelle) Ehe
an sich, über die Tatsache, dass sie die Zeit überdauert hat (Historizität). Ihr
wird eine kulturelle und zivilisatorische Selbstverständlichkeit und damit verbunden eine Universalität zugesprochen, die als Grundlage gesellschaftlicher
Stabilität betrachtet wird. Untermauert wird dieses Argument mit der Reproduktionsfunktion, als deren Basis die „Natürlichkeit" der verschiedenen Geschlechter in der Ehe angesehen wird. Nicht zuletzt werden die Bedeutung des Soziali-
sationsprozesses und die Vermittlung rollenspezifischer Pflichten hervorgehoben, die durch die gleichgeschlechtliche Ehe aus Sicht der Gegner derselben
unterhöhlt werden. Die traditionelle Legitimationsebene steht somit auch für ein
bestimmtes Werte- und Normensystem, mit dem eine positions- und rollenspezifische Zuordnung der Frau in der (amerikanischen) Gesellschaft verbunden ist.
Die biologische Kategorie Geschlecht wird dabei nicht nur binär gedacht, sondern auch mit einem Werte- und Normensystem verknüpft, über das Rollen,
Positionen und – allgemein – Möglichkeiten definiert bzw. zuerkannt oder abgesprochen werden. Die Kompromisslosigkeit der Haltung der Gegner der gleichgeschlechtlichen Ehe zeigt sich auch in der Exklusivität der Sprache. Alternativen zur traditionellen Ehe werden nicht akzeptiert, dem Begriff „marriage" wird
der Charakter der Ausschließlichkeit zugesprochen. Der Begriff wird gleichgesetzt mit Arbeitsteilung, Rollenverhalten, Erwartungen und Erfahrungen. Mit
anderen Worten: Der Begriff vereint kulturelle Selbstverständlichkeiten mit
sozialen Funktionen, und als kleinster gemeinsamer Nenner verweist er auf
Eindeutigkeit, wenn es um die geschlechtsbezogene Konstellation von Ehe geht.
Gleichzeitig steht der Begriff „marriage", der auch für die Befürworter der
gleichgeschlechtlichen Ehe einen Ausschließlichkeitscharakter aufweist, für
gesellschaftliche Anerkennung. Sprache ist somit nicht nur das Medium, sondern auch Thema des Diskurses. Das (gesellschaftliche) Konstrukt der heterosexuellen Ehe erfährt vor allem über das Naturargument eine Art Ontologisierung,
durch die der Rahmenbruch, ausgelöst durch die Legalisierung der gleichgeschlechtlichen Ehe in Massachusetts, überwunden werden soll. Gleichzeitig
dient die Ontologisierung der Abgrenzung von einer Eheform, deren sexuelle
Konstellation aus Sicht ihrer Gegner ihre Basis zwar in einer richterlichen, nicht
jedoch einer gesellschaftlichen Mehrheit findet. In Abgrenzung zu dieser richterlichen Minderheitenentscheidung wird eine zentrale Legitimationsgrundlage
der traditionellen Ehe definiert: Ausschließlich einer Mehrheit, die ihre Basis in
der Bevölkerung findet, wird das Recht zugesprochen, Entscheidungen zu treffen und die Wirklichkeit zu setzen, während den Richtern des Obersten Gerichtshofs von Massachusetts als Minderheit diese Deutungshoheit abgesprochen wird. Das auf einem Mehrheitsverhältnis basierende Demokratieverständ-
nis, mit dem bereits Tocqueville konfrontiert wurde, hat in der amerikanischen

Gegenwart also keinesfalls an Aktualität verloren. Gleichzeitig ist es jedoch der Rechtsstaat, dessen rational-konstitutionelle Handlungsoptionen auch für die Gegner der gleichgeschlechtlichen Ehe Instrumente zur politischen Um- und Durchsetzung ihrer Sichtweisen bereithalten. Die Schritte, die zur Ratifizierung des Verfassungszusatzes unter dem Namen „Federal Marriage Amendment" eingeleitet wurden, sind beispielhaft dafür. Auf diese Weise lassen sich Kann-Normen, die über traditionelle, aber auch religiöse, soziale oder ethische Werte nicht nur im Hinblick auf die Ehe formuliert werden, aber keinerlei rechtliche, vor allem negative Sanktionierung zur Folge haben, in Muss-Normen transformieren.

Auf der rational-konstitutionellen Legitimationsebene ist der primäre Bezugspunkt der Argumentation ein anderer: Es geht um die amerikanische Verfassung und daraus abgeleitete Rechte und Freiheiten. Ausschlaggebend für die Forderung nach „civil rights" und „civil liberties" sind für die Akteure dieser Phänomenstruktur und Legitimationsebene Benachteiligungen auf rechtlicher und finanzieller Ebene, die über die Leistungen, die in einem Einzelstaat im Falle einer nur dort gültigen „civil union" als rechtliche Grundlage einer gleichgeschlechtlichen Partnerschaft gewährt werden, hinausgehen. Die Forderung nach Gleichberechtigung wird begleitet von einem Blick in die amerikanische Vergangenheit. Der Vergleich mit der Bürgerrechtsbewegung fungiert als historische Legitimation, durch die – wie in Anlehnung an die an einen „Lebensstil" gebundene Entscheidung zur Freiheit der Abtreibung – die Frage nach der Freiheitskonzeption in der Verfassung berührt wird. In diesem Kontext wird deutlich, dass ein auf einem unterschiedlichen Moralverständnis basierender gesellschaftlicher Konflikt in einen konstitutionellen Konflikt münden kann, der an der Frage entbrennt, welche Werte durch das Instrument der richterlichen Verfassungsinterpretation geschützt werden sollen. Gleichzeitig kann eine richterliche Entscheidung einen latent vorhandenen moralischen Konflikt manifestieren. Was sich aus der „traditionellen" Argumentation mit dem Verfassungszusatz prinzipiell als Handlungsoption zum Schutz der heterosexuellen Ehe erweist, wird auf der rational-konstitutionellen Legitimationsebene neben der Rechtfertigung der gleichgeschlechtlichen Ehe zur zentralen Dimension dieser Phänomenstruktur erhoben: die Verfassung. In ihr werden nicht nur die Zuständigkeiten einzelstaatlicher Entscheidungen geregelt, was für die Befürworter der gleichgeschlechtlichen Ehe ebenso eine kulturelle Selbstverständlichkeit darstellt wie die heterosexuelle Ehe für ihre Gegner. Die Befürworter begreifen die Verfassung vor allem als Instrument des Wandels. Und für sie ist gerade dieser Wandel bzw. die Möglichkeit des Wandels, der in der Verfassung angelegt und auch ein Produkt des jeweils vorherrschenden Zeitgeistes ist, Tradition. Im Ergebnis lassen sich beide Legitimationsebenen als Elemente eines permanenten Aushandlungsprozesses begreifen, der nicht nur die Institutionen betrifft und ihnen bereits auf diese Art und Weise einen dynamischen Charakter verleiht, sondern der auch das jeweilige kulturelle Selbstverständnis mit einbezieht.

Die Einbettung der Legitimationsebenen in das Theorieraster der Wissenssoziologie Bergers und Luckmanns hat gezeigt, welche Elemente ihrer Theorie auf den Diskurs übertragbar sind und sich von der Konstruktion von Wissen in der Alltagswelt auf die Konstruktion von Institutionen (bzw. „institutionellem Wissen") übertragen lassen. Die Argumente auf der traditionellen Legitimationsebene lassen sich dabei als sekundäre Objektivation begreifen, weil es darum geht, eine bereits bestehende Institution und die damit verbundene (bisher plausible) Ordnung zu rechtfertigen. Die rational-konstitutionelle Legitimationsebene ist einerseits (als Neu-Objektivierung) eingebunden in den Prozess der Institutionalisierung, da von der gleichgeschlechtlichen Ehe als Institution aus der wissenssoziologischen Perspektive von Berger und Luckmann noch keine Rede sein kann, andererseits dient sie für Akteure, für die eine gleichgeschlechtliche *Partnerschaft* bereits institutionellen Charakter aufweist, ebenfalls der Rechtfertigung der damit verbundenen „Ordnung". Die Frage, an welcher der konkurrierenden Wirklichkeitsbestimmungen die Gesellschaft hängenbleiben wird, suggeriert durchaus die Ablösung der einen Wirklichkeitsbestimmung durch die andere. Die doppelte Nutzung der Argumente hat jedoch gezeigt, welche Verflechtungen die Legitimationsebenen aufweisen, die dann nicht unbedingt in eine De-Institutionalisierung, sondern vielmehr in den Wandel von Institutionen münden können.

Der Kulturkampf, wie er über die Legitimationsebenen als konkurrierende Formen der Wirklichkeitsbestimmung auf der ersten Diskursebene identifiziert wurde, ist nicht neu, sondern lässt sich – das hat sowohl der Blick in die amerikanische Geschichte als auch in akademisch geführte Debatten deutlich gemacht – in unterschiedliche „Begriffspaare" bis hin zur Kommunitarismusdebatte fassen und prägt themen- sowie institutionenspezifisch zu bestimmten Zeiten die Debatten (auch) auf der öffentlichen Bühne. Die Analyse des Kulturkampfes anhand des Diskurses über die gleichgeschlechtliche Ehe hat einen Grundsatzkonflikt aufgezeigt, der an der Frage entbrennt, wo die Grenzen des Individualismus, der einen amerikanischen Grundwert und ein damit verbundenes Selbstverständnis repräsentiert, zu ziehen sind. Man kann festhalten, dass die Grenzen des Individualismus die der Gemeinschaft und der Gesellschaft gleichermaßen sind, d. h. Grenzen, die über negative Sanktionierung in Anlehnung an Kann- und Muss-Normen definiert werden können und die letztlich permanent (Neu- und Um-)Interpretationen unterworfen sind, über die aber auch gesellschaftlicher Wandel ablesbar ist. Der Blick in die Geschichte der Entscheidungen des U.S. Supreme Court ist beispielhaft für den Wandel der Grenzen auf „gesell-

schaftlicher" Ebene, der in vielen Fällen auch einen Wandel auf „gemeinschaftlicher" Ebene in Form eines Wertewandels nach sich gezogen hat. Welche Formen dieser Grundsatzkonflikt als Wertkonflikt auf politischer Ebene annehmen
kann, konnte auf der dritten Diskursebene durch die Fokussierung auf ausgewählte Entscheidungsträger (Richter, Bürgermeister) gezeigt werden. Der Föde-
ralismuskonflikt, der über die einzelstaatliche Entscheidungsfreiheit aufgegriffen wurde, setzt sich auf dieser Ebene anhand der Umkehrung der Mehrheiten-
Minderheiten-Perspektive, die mit der potenziellen Ratifizierung des FMA verbunden ist, fort.

Die Thematisierung der politischen Entscheidungsträger macht deutlich,
dass hier die Grenze der Nicht-Berücksichtigung von Akteuren deutlicher über-
schritten wurde, als das ansonsten (in erster Linie durch den Hinweis auf den
Träger des einen oder anderen, aus den Transkripten entnommenen Zitats) der
Fall war. Diese Grenzüberschreitung zeigt jedoch deutlich, dass sich hier ein
brachliegendes Feld eröffnet, das diskursanalytisch bearbeitet werden kann, um
beispielsweise die parteiorientierte Perspektive des Diskurses herauszuarbeiten.
Auf eine eigentümliche Art ist jedoch die Verschiebung von der Was-Frage hin
zur Wer-Frage auf der zweiten Diskursebene vorgenommen worden, die in
Kapitel 6.6 unter dem Titel „Zur Herstellung von Normalität" diskutiert wurde.
Während die Perspektive der Gewohnheit im Sinne eines sich entwickelnden
kulturellen Selbstverständnisses in Anlehnung an die Faktoren Zeit und Gewöhnung betrachtet wird, rückt mit dem Aspekt der persönlichen Legitimation die
Institution Ehe in den Hintergrund. Stattdessen wird über die Bestätigung geleb-
ter amerikanischer Werte eine Differenzüberwindung angestrebt, die ihren Ausdruck in der Hervorhebung übereinstimmender Rollenverständnisse und
-erwartungen findet. Gerade hier tritt die doppelte Nutzung der Argumente in
dem Versuch zu Tage, einen Anschluss zwischen teilsystemspezifischen Sinnzusammenhängen herzustellen. Dieser Anschlussversuch lässt sich vergleichen
mit einer Waagschale, die – um einen Zustand des Gleichgewichts zu erlangen –
auf einer der Seiten aufgefüllt wird mit allgemein geteilten und gelebten Werten, um die Last der „Abweichung" auf der anderen Seite auszugleichen. Dass
diese Strategie nicht unbedingt erfolgreich ist, hat die Analyse des Diskurses
gezeigt. Ob das „hohe Gut" der Orientierung am Wohl der amerikanischen Gemeinschaft und das Ausleben ansonsten geteilter amerikanischer Werte einen
Ausgleich bilden können, lässt sich auch nicht in Zahlen, Gewichten oder dem
vermeintlich besseren Argument messen.

Insbesondere diese zweite Ebene ist beispielhaft dafür, dass ein Diskurs
Dimensionen bzw. Phänomenstrukturen aufweisen kann, die unerwartet, ver-
deckt und mit Hilfe der Diskursanalyse aufgedeckt werden können. Was sich
jedoch auch gezeigt hat ist die Anschlussmöglichkeit an Aspekte und Fragestel-

lungen, die sich eröffnen, je intensiver die Auseinandersetzung mit dem Diskurs erfolgt. Auf die offenen Baustellen wurde in der Ergebnisdarstellung bereits hingewiesen. Das bedeutet, dass die vorliegende Diskursanalyse nicht als abgeschlossen betrachtet werden kann. Genügend Raum für weitere Arbeiten ist also gegeben.

8.2 Die Modernität der Tradition

Gerade wenn man den Diskurskontext betrachtet, der seinen Weg in die Darstellung der Phänomenstrukturen über die Einbeziehung von Fachliteratur gefunden hat, wird deutlich, dass und wie Wissensordnungen sich verändert haben. Das zeigt sich an der Darstellung höchstrichterlicher Entscheidungen auf der rational-konstitutionellen Legitimationsebene. Es lässt sich jedoch keine Aussage darüber treffen, ob eine richterliche Entscheidung das Ergebnis eines gesellschaftlichen Wandels einer Wissensordnung ist, die nun über höchstrichterliche Interpretationen auf rechtlicher Ebene manifestiert wird, oder ob eine Entscheidung von Obersten Richtern als Minderheitenentscheidung aufgrund „gegenwartsbezogener Legitimitätserwägungen" (Brugger 2002: 102) erfolgt und eine damit richterlich „erzwungene" Änderung einer Wissensordnung hervorruft, die erst noch auf Mehrheiten stoßen muss. Der Abtreibungsfall Roe vs. Wade ist beispielhaft dafür, dass diese Mehrheiten (noch) nicht gefunden worden sind.

Unabhängig davon, dass hier Verfassungsinterpretationen ins Zentrum des Interesses gerückt wurden, steht außer Frage, dass man sozialen Wandel nicht einbetten kann in konkrete, auf ausgewählte Daten oder Ereignisse bezogene, klar abgrenzbare Eckpfeiler. Sozialer Wandel ist vielschichtig, spielt sich auf der Makro- und Mikroebene gleichzeitig oder versetzt ab, kann Konflikte verursachen, das Resultat von Konflikten sein usw. Sozialer Wandel ist dauerhaft. Man kann auch sagen: Die Permanenz sozialen Wandels liegt in seiner Dynamik. Oder in den Worten Edward Shils': „A society is a 'trans-temporal' phenomenon" (Shils 1981: 327). Untersuchungen sozialen Wandels lassen sich vielmehr als Momentaufnahmen begreifen, durch die bestimmte Ereignisse aus einem gesellschaftlichen Fluss herausgerissen und analysiert werden. Die vorliegende Diskursanalyse ist eine solche Momentaufnahme. Mit ihr soll und kann sozialer Wandel bzw. der Wandel von Wissensordnungen und Institutionen auf der Basis des untersuchten Datenmaterials nicht erklärt werden. Der Wandel der Institutionen Ehe und Familie (aber auch der der Geschlechterverhältnisse) wird in der vorliegenden Arbeit vielmehr implizit durch die Anwendung der historischen Perspektive deutlich: von der Frau als (nicht-finanzielle) Versorgerin von

Mann, Kind und Hüterin des Hauses hin zur berufstätigen Ehefrau und Mutter, die Veränderung familialer Funktionen (z. B. Erziehung), Ehen zwischen Afroamerikanern und Weißen – um nur einige Stichworte zu nennen. Was das Datenmaterial jedoch liefert, ist ein Ausschnitt, der die Kommunikation, d. h. das Aus- und Verhandeln, den Kampf um Deutungshoheiten im Prozess gesellschaftlichen Wandels auf einer ausgewählten Bühne widerspiegelt. Der Diskursausschnitt repräsentiert somit einen Prozessausschnitt, der die Veränderung und Bestätigung von Wissensordnungen zum Ziel hat.

Die Identifikation der Legitimationsebenen auf der ersten Diskursebene hat gezeigt, dass in den Vereinigten Staaten von Amerika ein bestimmtes Kulturverständnis vorherrscht, das sich scheinbar immer wieder durchsetzt. Dieses Kulturverständnis basiert auf einem Kulturkampf, der üblicherweise mit dem Gegensatzpaar Tradition und Moderne in Verbindung gebracht wird und wonach die „Moderne" die „Tradition" ablöst. Bei Hartmut Wasser, auf dessen Begrifflichkeiten zur Benennung der Legitimationsebenen zurückgegriffen wurde, findet dieser Gedanke der Ablösung im Hinblick auf die Kategorien Macht und Herrschaft Anwendung. Setzt man das rational-konstitutionelle Legitimitätsprinzip mit dem Begriff der Moderne gleich, dann entspricht der „politikrevolutionierende Treibsatz der Moderne" eben der „Ersetzung des traditionellen durch das rational-konstitutionelle Legitimitätsprinzip" (vgl. Wasser 2000: 32). Mit dieser Auffassung folgt Wasser den Modernisierungstheorien der 1950er und 60er Jahre, die eine solche Ablösung postulieren. Lässt sich diese Ablösung zwar für die Kategorien Macht und Herrschaft aufzeigen, so zeigt die Identifikation der Legitimationsebenen jedoch, dass von einer solchen Ablösung im Rahmen politischer Entscheidungsprozesse keine Rede sein kann. Das bedeutet nicht, dass die so genannten Machtausübungsmuster ihre Legitimation in Tradition und geheiligten Herrschaftsbestellungsmustern finden (vgl. ebd.). Vielmehr geht es darum, dass ein rational-konstitutioneller, politischer Entscheidungsprozess die Verankerung von traditionellen Vorstellungen prinzipiell zulässt. Es gilt, worauf aus differenzierungstheoretischer Perspektive bereits hingewiesen wurde: Das Verfahren ist rational-konstitutionell, doch kann der Inhalt des Verfahrens durchaus traditioneller Art sein.

Tradition ist in der Moderne auf unterschiedliche Art und Weise präsent. An der amerikanischen Verfassung lässt sich das illustrieren. Als Dokument, das die Jahrhunderte von seiner Entstehung bis in die Gegenwart überdauert hat, steht es für *materielle Tradition*. Die Verfassung als ursprüngliches Schriftstück und Dokument entspricht einer physikalischen Tatsache, die (im Großen und Ganzen) noch so ist wie zum Zeitpunkt ihrer Entstehung, und ihre Zusätze ändern nichts an der Tatsache, dass die Urdokumente in ihrer materiellen Form auch heute noch existieren. Sie bildet die Grundlage einer dazugehörigen *ideel-*

len Dimension von Tradition, die sich in den Vorstellungen über Demokratie, Gerechtigkeit, Freiheit usw., d. h. in Werten, Normvorstellungen oder auch Symbolen äußert (vgl. Sztompka 1994: 57 ff.). Die Vernetzung der materiellen und der ideellen Charakteristiken von Tradition und ihr Stellenwert in der Gegenwart machen die besondere Dimension von Tradition in der amerikanischen Gesellschaft aus. Und in Anlehnung an Eric Hobsbawm lässt sich an dieser Stelle ergänzen: wenn die Tradition nicht konstruiert oder erfunden ist (vgl. Hobsbawm 1998). Denn eine Tradition kann auch eine erst in der Moderne erfundene Tradition darstellen, in der die Kontinuität mit der Vergangenheit ausschließlich fiktiv ist. Doch diese Komponenten allein reichen nicht aus: „Thus what is crucial in this understanding of tradition is the attitude, the orientation taken by contemporaries towards objects or ideas from the past" (Sztompka 1994: 60). Hier kommen die Akteure ins Spiel, die (möglicherweise ein idealisiertes Bild von Tradition vermittelnd) die mit der Tradition verbundenen Wissensordnungen als Handlungsanleitung verstehen, danach leben und diese nach außen propagieren. Bereits an dieser Stelle eröffnen sich zwei Sichtweisen von Tradition, die sich in den folgenden Fragen zusammenfassen lassen (wobei die Frage „Wie viel" nicht dem Versuch einer wie auch immer gearteten „Quantifizierung" von Tradition dient, sondern vielmehr als Sensibilisierung für das Ineinandergreifen von Tradition und Moderne zu verstehen ist):

1. Wie viel Tradition(en) *hat* eine Gesellschaft?
2. Wie viel Tradition(en) *braucht* eine Gesellschaft?

Die erste Frage verweist auf die materielle Tradition, an die sich der ideelle Charakter von Tradition, Wertvorstellungen, Symbole, Normen – die mit oder ohne dazugehörige materielle Umwelt existieren – anschließen kann. Über Konflikt und Auseinandersetzung über Tradition(en), ausgetragen von Akteuren bzw. Legitimatoren konfligierender Wirklichkeitsauffassungen, rückt die zweite Fragestellung in den Mittelpunkt der Aufmerksamkeit, die gleich mehrere Dimensionen beinhaltet. Doch die Trennung der Fragen ist analytischer Natur, denn letztendlich hat eine Gesellschaft Tradition auch, weil sie sie braucht, weil sie ohne sie nicht existieren kann, denn im institutionellen Kontext nimmt Tradition – wie gesehen – eine Entlastungsfunktion ein. Eine Gesellschaft braucht Tradition in Form von Institutionen, damit sie sich nicht permanent neu erfinden muss. Tradition lässt sich der Steigerungsfunktion, der Ordnungsfunktion und auch der Stabilisierungsfunktion, die bereits zu Beginn dieser Arbeit beschrieben wurden, zuordnen. Über die institutionelle Entlastungsfunktionen hinaus geht es auch um die Frage nach Identität. Eine Gesellschaft braucht Tradition, weil diese einen Pfeiler kollektiver Identität darstellt. So genannte traditionale

„Codes" kollektiver Identität ergeben sich durch die Vertrautheit mit „impliziten Regeln des Verhaltens" (Giesen 1999: 25), die sich in sozialen Routinen – habitualisiert und institutionalisiert – widerspiegeln. Nicht nur die „tatsächliche Kontinuität zwischen Vergangenheit, Gegenwart und Zukunft" ist dabei von Bedeutung, sondern auch die Begründung der eigenen Gegenwart durch die Einreihung in ein solches Kontinuitätsmuster (vgl. ebd.). Hier kommt zum Vorschein, was sich über die Datenanalyse gezeigt hat: Gründungsmythen als Erinnerungsritual, aus denen die Verwobenheit der Traditionstypen hervorgeht. Denn die Verfassung lässt sich – neben der Amerikanischen Revolution – als Kern des amerikanischen Gründungsmythos begreifen; die daraus abgeleitete ideelle Dimension von Tradition, d. h. Vorstellungen über Demokratie, Gerechtigkeit usw., als eine Basis kollektiver Identität beschreiben (vgl. Eisenstadt 2000: 54). Tradition im engeren Sinne ist somit als gesellschaftliches Stabilisierungsmoment eine gesellschaftliche Notwendigkeit. Der Bezug zur ideellen Dimensionen von Tradition erweist sich in der modernen Gesellschaft zudem als Option, die ein grundlegendes Merkmal der Vielfalt der Moderne in Eisenstadts Konzept der „multiple modernities" darstellt und gerne in den Begriff der Postmoderne gefasst wird. Damit ist man bei der dritten Frage angelangt:

3. Wie viel Tradition *ermöglicht* eine (moderne) Gesellschaft?

Die Moderne zeichnet sich durch sich ständig verändernde Lebensumstände und Wertesysteme des Menschen sowie den Glauben an die Beherrschung der Welt durch rationales Überlegen und Handeln aus. Angesichts selektiver Inkorporierung und Transformation der unterschiedlichen Prämissen der westlichen Moderne betrachtet Eisenstadt „die Entwicklung der Moderne (…) als ein(en) besonder(en) Kulturtyp mit seinen eigenen expansiven Möglichkeiten" (Eisenstadt 1998: 129). Die Entwicklung vom Schicksal zur Wahl, wie Peter L. Berger sie darstellt, wird jedoch nicht gleichermaßen als Befreiung aus vorgegebenen gesellschaftlichen Strukturen diagnostiziert und erfahren. Für den Philosophen Charles Taylor ist diese Entwicklung vielmehr ein Kennzeichen der „Unvollkommenheit der Moderne". Seiner Ansicht nach leidet die „zeitgenössische Gesellschaft (…) unter einem gewissen Unbehagen, das durch die Möglichkeit eines Zusammenbruchs bedingt ist" (Taylor 1994b: 73). Das Neue an den Ängsten der Gegenwart sieht Taylor in der besonderen Art und Weise des gesellschaftlichen Zusammenbruchs. Er spricht von „Hypertrophie", d. h. der Tatsache,

> „daß wir zu sehr das werden, was wir geworden sind. Diese Art von Angst ist vielleicht kennzeichnend für die Moderne: die Angst, daß genau die Dinge, die unseren

Bruch mit früheren, traditionalen Gesellschaften ausmachen – unter Betonung von Freiheit, Gleichheit, radikalem Neubeginn, Beherrschung der Natur, demokratischer Selbstverwaltung –, irgendwie über die Grenzen des Machbaren vorangetrieben werden und uns vernichten werden" (ebd.).

In der Überbewertung individueller Freiheit sowie dem Pochen auf politische Gleichheit sieht Taylor Zugehörigkeitsgefühle und Bindungen an größere Gemeinschaften zerstört. Das Individuum, gedacht als freies Subjekt, sieht sich einer totalen Leere gegenüber, in der nichts mehr einen Wert an sich hat. Folgt man Berger u. a. (1987: 139), dann lassen sich drei verschiedene Arten der ideologischen Reaktion auf diese Entwicklung unterscheiden: erstens die Modernisierung direkt bejahende oder legitimierende Ideologien, zweitens Ideologien als Widerstand zur Modernisierung und drittens Ideologien, durch die die Modernisierung im Rahmen von Werten kontrolliert und eingedämmt wird.

Insbesondere der Verweis auf (fehlende) Plausibilitätsstrukturen rückt eine Entwicklung als Reaktion auf Moderne in den Fokus, die als religiöse Revitalisierung bezeichnet wird und im religiösen Fundamentalismus als Vertreter der zweiten Reaktionsmöglichkeit ein Gesicht bekommen hat: vordergründig verstanden als Rückfall in „vormoderne Zeiten", in der alle Errungenschaften dessen, was als Moderne bezeichnet wird, zugunsten traditioneller Lebensweisen abgelehnt und bekämpft werden. Und auch religiöser Fundamentalismus stellt sich als eines von vielen Interpretations- und Handlungsmustern in der Moderne dar. Je nach Spielart wird dann jedoch nicht mehr von Option, sondern von Reaktion gesprochen. Eisenstadt sieht im Fundamentalismus aufgrund organisatorischer Eigenschaften mit zum Teil parteiähnlicher Disziplin sowie dem Einsatz moderner Massenkommunikationsmedien eine moderne Bewegung gegen die Moderne, auch wenn sie „antimoderne und antiaufklärerische Ideen verkünden" (Eisenstadt 2000: 182). In ihrer Ideologie, deren Kern sich durch Traditionalität auszeichnet, aber auch in ihren institutionellen Folgerungen wird seiner Ansicht nach die Modernität am sichtbarsten. Tradition fungiert dabei als ideologischer Bezugspunkt fundamentalistischer Argumentation. Man trifft damit auf eine *Parallelität* von Tradition und Moderne. Was in den Worten Robert A. Nisbets als historischer Konflikt zwischen Traditionalismus und Moderne in Form einer „modernist revolt against traditional values" (vgl. Nisbet 1968: 3 f.) begann, lässt sich im Kontext der Reaktion auf Moderne als „traditional revolt against modernist values" bezeichnen. Trotz der Umkehrung der „Revolten" bleibt der Kern des Konflikts, wie Nisbet ihn charakterisiert, gleich:

„The conflict is one between two sets of dialectically opposed values: on the one hand, hierarchy, community, tradition, authority, and the sacred sense of life; on the other hand, equalitarianism, individualism, secularism, positive rights, and rationalist modes of organization and power" (ebd.: 4).

Auf welchen Ebenen ein solcher Wertkonflikt ausgetragen werden kann, hat die vorliegende Arbeit gezeigt. Die Fragestellungen zeigen, dass sich das Verhältnis von Tradition und Moderne auf verschiedene Bereiche der gesellschaftlichen Struktur, des individuellen Handelns, des Glaubens oder der kulturellen Symbole erstreckt, wie auch anhand Eisenstadts Blick auf die mangelnde Klarheit in der Definition und Verwendung des Begriffs Tradition deutlich wird (vgl. Eisenstadt 1979: 147) – sieht man einmal davon ab, dass auch der Begriff der Moderne sich bei näherer Betrachtung als ein ebenso komplexes und schwammiges Gefüge darstellt wie der der Tradition und des Fundamentalismus. Immerhin bezeichnete der Begriff Moderne ursprünglich avantgardistische und künstlerische Strömungen in Kunst- und Literaturwissenschaft im Europa des 19. Jahrhunderts, bevor er von der Philosophie und den sich etablierenden Sozialwissenschaften übernommen wurde. Und gerade die Modernisierungstheorie steht ideologiekritisch dem Einwand gegenüber, euro- bzw. ethnozentrisch auf die Werte des Westens fixiert zu sein (Berger 1996: 11). Aufkommen und Entwicklung der Moderne im „europäischen Sinne" lassen sich jedoch nicht parallel in anderen Ländern und Gebieten verfolgen. Demnach darf man die gesellschaftsspezifischen Modernen nicht vernachlässigen: Die globale Ausbreitung der Moderne hat nicht nur *eine* Kultur oder *ein* Muster ideologischer und kultureller Reaktion hervorgerufen, sondern verschiedene Grundvarianten, deren historische Entwicklung zur Erklärung eben dieser Grundvarianten von besonderer Bedeutung ist (vgl. Eisenstadt 1998: 129 f.).

8.3 Persistenz durch Wandel und Protest

> „Mit der Vergangenheit zu brechen, ist Teil unserer Vergangenheit. Die Tradition zu überwinden, gehörte immer zu unserer Tradition" (Bellah u. a. 1987: 103).

Nimmt man die Grundvariante der amerikanischen Version von Moderne in den Blick, dann offenbart sich die Bedeutung des Gründungsmythos, der einerseits in der amerikanischen Verfassung verankert ist, andererseits gebunden ist an die historische Gegebenheit, dass die europäische Tradition in den USA nicht existierte. Eisenstadts Einschätzung der Bedeutung der amerikanischen Verfassung und der Besonderheit der demokratischen Ordnung hat sich in der vorliegenden Diskursanalyse durch den Stellenwert, den ihr sowohl Befürworter als auch

Gegner der gleichgeschlechtlichen Ehe einräumen, bestätigt. Und es ist auch deutlich geworden, was Eisenstadt in seiner Analyse der Vereinigten Staaten über die Prämissen der politischen Ordnung und der kollektiven Identität in den USA feststellt: Die Besonderheit der demokratischen Ordnung liegt „in der Verbindung der Verfassung mit den Prämissen des politischen Systems und den Charakteristika der kollektiven Identität" (Eisenstadt 2000: 51). Im Kern dieser Verbindung sind unterschiedliche, zum Teil spannungsgeladene Auffassungen über den amerikanischen Individualismus zu finden, die zwischen Rationalkonstitutionalität und Tradition pendeln und in deren Zwischenraum der amerikanische Wertepluralismus angesiedelt ist.

Bleibt man beim Beispiel des religiösen Fundamentalismus, dann zeigt der Blick in die jüngere amerikanische Geschichte des 20. Jahrhunderts deutlich die Wellenbewegungen der „traditional revolt against modernist values". Diese lassen sich nicht nur als Wellen der Diskussion, sondern auch als Manifestationen des Kulturkampfes bezeichnen. So identifiziert Clyde Wilcox „three waves of fundamentalist Christian Right" (Wilcox 1994: 245). Damit beschreibt er fundamentalistische Vorstöße als Reaktion auf die gesellschaftlichen Veränderungen. Die erste Welle dieser Art sieht er im Übergang vom 19. zum 20. Jahrhundert. Dieser ist gekennzeichnet durch die Liberalisierung an Schulen und Universitäten, die Evolutionstheorie Darwins, Einwanderungswellen aus Mittel- und Osteuropa, Wandel von der Agrar- zur Industriegesellschaft, Verstädterungsprozesse und soziales Elend, deutsche Kultur und katholische „Unterwanderung". Die damit verbundenen modernen Lebensweisen führten zu einer „Marginalisierung religiöser Traditionen" (Sivan 1998: 428 f.). Parallel dazu erfolgten erste Gegenreaktionen vom „Rest der Gläubigen", die von der „Niagara Bibel Conference" über die Veröffentlichung von religiösen Schriftenreihen hin zum Scopes-Prozess reichten.[156] In der Reaktion kam es zu einer Hervorhebung religiöser Lebensweisen durch die Formulierung von Grundsätzen zur Erhaltung des Glaubens und der Ablehnung des Fremden über Grenzziehungen zur Außenwelt, vor allem aber zur liberalen Theologie, die zum großen Feind religiöser Fundamentalisten stilisiert wurde. Die zweite aktivistische Welle setzte in den 1950er Jahren ein. Das Feindbild Evolutionstheorie wurde vom Feindbild Kommunismus abgelöst. Organisationen wie die Christian Anti-Communist Crusade predigten über die vom Kommunismus ausgehenden Gefahren. Die (liberalen) Entwicklungen der 1960er und 1970er Jahre führten zur dritten fundamentalistischen Welle, die religiös-politisch ihren Höhepunkt in der

---

156 Der Scopes-Prozess ist auch unter dem Begriff „Affenprozess" bekannt geworden und das Ergebnis der Ablehnung der Evolutionslehre Darwins in den USA in dieser Zeit. Der Biologielehrer John Scopes aus Dayton im US-Bundesstaat Tennessee hatte im Jahre 1925 trotz eines Verbots die schulische Auseinandersetzung mit der Lehre Darwins gewagt.

Gründung der Moral Majority unter Jerry Falwell erfuhr. Auch hier rückte die Familie ins Zentrum der Aufmerksamkeit. Ohne im Folgenden detaillierter auf die Entwicklungen, das Aufkommen, die Organisation oder das Abflauen dieser fundamentalistischen Bewegungen einzugehen, zeigt sich, dass auf bestimmte liberale Schübe reaktionäre Schübe folgen (können). Gerade die Wiederbelebung von Religion als Orientierungshilfe stellt die „Zwangsläufigkeit und Unumkehrbarkeit von Prozessen der Säkularisierung und institutionellen Differenzierung" (Riesebrodt 1990: 4) in Frage.

Die Entscheidung des Massachusetts Supreme Judicial Court ist ein liberaler Schub. Ob und wann die Reaktion auf diesen liberalen Schub in den Begriff des Fundamentalismus gepresst oder als politische Reform-, religiöse Erweckungs- oder einfach nur als konservative Bewegung bezeichnet wird, spielt letztendlich für die Identifikation der Parallelität von Tradition und Moderne in den USA eine untergeordnete Rolle. Die Reaktionen sind vielmehr ein Protest, die den „dauerhaften Bestandteil der amerikanischen politischen Szene" (Eisenstadt 2000: 47) ausmachen. Dieser Protest ist institutionalisiert. Das bedeutet, dass das Pendeln zwischen den Polen Tradition und Konstitution nicht als Suche nach der amerikanischen Identität verstanden werden muss. Das Pendeln ist vielmehr Teil der amerikanischen Identität. Im amerikanischen Kulturkampf wird also Tradition auf institutioneller Ebene verhandelt, und dieses Verhandeln sowie damit verbunden der amerikanische Kulturkampf an sich lassen sich als amerikanische Tradition und Spiegelbild der amerikanischen Identität begreifen. Und gerade darin zeigt sich die Beständigkeit der amerikanischen Kultur: „America achieves its continuity through an insistence on change, and its stability through the incorporation of conflict" (Pachter 1995: 33). Die „amerikanische Kontinuität" liegt somit in ihrem Wandel begründet, an dessen Basis der Protest steht. Der Protest ist ein inhärenter Bestandteil, Wandel die Permanenz der amerikanischen Kultur. Die liberale Gesellschaft hat sich dabei nicht nur als Ausgangspunkt für die Befreiung des Menschen aus vorgegebenen gesellschaftlichen (rollenspezifischen) Zwängen, als Basis der Individualisierung und damit als Grundlage für den Zerfall und die Zurückweisung von Traditionen erwiesen. Die liberale Gesellschaft liefert gleichzeitig das (vor allem verfahrenstechnische) Werkzeug dafür, einst zurückgewiesene oder im öffentlichen Leben eingeschränkte Traditionen und traditionelle Sichtweisen insbesondere dann, wenn sie die zentralen Bausteine der Gesellschaft betreffen, unter Berücksichtigung der rechtsstaatlichen Grenzen erneut zu institutionalisieren. Und die Familie ist – wie sich gezeigt hat – nur eines von vielen Konfliktfeldern im amerikanischen Kulturkampf.

Literatur

Abbott, Pamela/Wallace, Claire (1992): The Family and the New Right. London, Boulder: Pluto Press.

Abraham, Henry J. (2005): Justices and Justice. Reflections on the Warren Court's Legacy. In: Milkis/Mileur (Hrsg.) (2005): 351-362.

Adam, Barry D. (2003): The Defense of Marriage Act and American Exceptionalism. In: Journal of the History of Sexuality 12 (2), 259-276.

Adams, Bert N. (1995): The Family. A Sociological Interpretation. 5. Auflage. Fort Worth u. a.: Harcourt Brace College Publishers.

Adams, Bert N./Steinmetz, Suzanne K. (1993): Family Theory and Methods in the Classics. In: Boss (Hrsg.) (1993): 71-94.

Adams, Bert N./Weirath, Thomas (Hrsg.) (1971): Readings on the Sociology of the Family. Chicago: Markham.

Adams, Willi Paul/Lösche, Peter (Hrsg.) (1998): Länderbericht USA. Geschichte – Politik – Geographie – Wirtschaft – Gesellschaft – Kultur (Band 357 der Schriftenreihe der Bundeszentrale für politische Bildung). Bonn: Bundeszentrale für politische Bildung.

Albrecht, Günter u. a. (Hrsg.) (1999): Handbuch soziale Probleme. Wiesbaden: Westdeutscher Verlag.

Alexander, Larry (Hrsg.) (1998): Constitutionalism. Philosophical Foundations. Cambridge: Cambridge University Press.

Alexander, Sharon J. (1981): Implications of the White House Conference on Families for Family Life Education. In: Family Relations 30 (4), 643-650.

Ammerman, Nancy T. (1991): North American Protestant Fundamentalism. In: Marty/Appleby (Hrsg.) (1991): 1-65.

Assmann, Aleida/Friese, Heidrun (Hrsg.) (1998): Erinnerung – Geschichte – Identität 3. Frankfurt/M.: Suhrkamp.

Baldassare, Mark (Hrsg.) (1994): The Los Angeles Riots. Lessons for the Urban Future. Boulder u. a.: Westview Press.

Ball, Donald W. (1975): Privacy, Publicity, Deviance and Control. In: Pacific Sociological Review 18 (3), 259-278.

Becker, Howard S. (Hrsg.) (1966): Social Problems. A Modern Approach. New York u. a.: Wiley.

Becker, Howard S. (1966): Introduction. In: Becker (Hrsg.) (1966): 1-31.

Becker, Ruth/Kortendiek, Beate (Hrsg.) (2004): Handbuch Frauen- und Geschlechterforschung. Theorie, Methoden, Empirie. Wiesbaden: VS Verlag für Sozialwissenschaften.

Becker-Schmidt, Regina (1987): Die doppelte Vergesellschaftung – die doppelte Unterdrückung. Besonderheiten der Frauenforschung in den Sozialwissenschaften. In: Unterkircher/Wagner (Hrsg.) (1987): 10-25.

Becker-Schmidt, Regina (2004): Doppelte Vergesellschaftung von Frauen: Divergenzen und Brückenschläge zwischen Privat- und Erwerbsleben. In: Becker/Kortendiek (Hrsg.) (2004): 62-71.

Béland, Daniel (2004): Fighting „Big Government": Frames, Federalism, and Social Policy Reform in the United States. In: Canadian Journal of Sociology 29 (2), 241-264.

Bellah, Robert N. u. a. (1987): Gewohnheiten des Herzens. Individualismus und Gemeinsinn in der amerikanischen Gesellschaft. Köln: Bund-Verlag.

Bellah, Robert N. u. a. (1991): The Good Society. New York: Knopf.

Bellah, Robert N. u. a. (1996): Habits of the Heart: Individualism and Commitment in American Life. Berkeley u. a.: University of California Press.

Bellebaum, Alfred (1976): Ferdinand Tönnies. In: Käsler (Hrsg.) (1976): 232-266.

Bengston, Vern L. u. a. (Hrsg.) (2005): Sourcebook of Family Theory & Research. Thousand Oaks u. a.: Sage.

Benke, Gertraud (2000): Diskursanalyse als sozialwissenschaftliche Untersuchungsmethode. In: SWS-Rundschau 40 (2), 140-162.

Berg, Manfred (1998): Die innere Entwicklung. Vom Zweiten Weltkrieg bis zur Watergate-Krise 1974. In: Adams/Lösche (Hrsg.) (1998): 144-204.

Berger, Johannes (1996): Modernisierung und Modernisierungstheorie. In: Leviathan - Zeitschrift für Sozialwissenschaft 24 (1), 8-12.

Berger, Peter L. (1992): Der Zwang zur Häresie. Religion in der pluralistischen Gesellschaft. Freiburg/Br. u. a.: Herder.

Berger, Peter L./Berger, Brigitte (1984): The War Over the Family. Capturing the Middle Ground. Garden City, New York: Anchor Press.

Berger, Peter L./Luckmann, Thomas (1997): Die gesellschaftliche Konstruktion der Wirklichkeit. Eine Theorie der Wissenssoziologie. Frankfurt/M.: Fischer.

Berger, Peter L./Berger, Brigitte/Kellner, Hansfried (1987): Das Unbehagen in der Modernität. Frankfurt/M., New York: Campus.

Bernardes, Jon (1985): 'Family Ideology': Identification and Exploration. In: Sociological Review 33 (2), 275-297.

Bertram, Hans (Hrsg.) (1986): Gesellschaftlicher Zwang und moralische Autonomie. Frankfurt/M.: Suhrkamp.

Bertram, Hans (Hrsg.) (1995): Das Individuum und seine Familie. Lebensformen, Familienbeziehungen und Lebensereignisse im Erwachsenenalter. Opladen: Leske + Budrich.

Biblarz, Timothy J./Stacey, Judith (2005): Gay Marriage and Social Science. In: Bengston u. a. (Hrsg.) (2005): 157-160.

Blevins, John (2005): Broadening the Family of God: Debating Same-sex Marriage and Queer Families in America. In: Theology and Sexuality 12 (1), 63-80.

Bluestone, Gloria (2005): Going to the Chapel and We're Going to Get Married; But Will the State Recognize the Marriage? The Constitutionality of State Marriage Laws After Lawrence v. Texas. In: Texas Journal on Civil Liberties & Civil Rights 10 (2), 189-221.

Blumer, Herbert (1971): Social Problems as Collective Behavior. In: Social Problems 18 (3), 298-306.

Bohn, Cornelia (2003): Mediatisierte Normalität. In: Link/Loer/Neuendorff (Hrsg.) (2003): 39-50.

Bonell, Chris (2004): Why is Teenage Pregnancy Conceptualized as a Social Problem? A Review of Quantitative Research from the USA and the UK. In: Culture, Health & Society 6 (3), 255-272.

Bortz, Jürgen/Döring, Nicola (2003): Forschungsmethoden und Evaluation für Human- und Sozialwissenschaftler. 3. überarb. Auflage. Berlin: Springer.

Boss, Pauline G. (Hrsg.) (1993): Sourcebook of Family Theories and Methods. A Contextual Approach. New York, London: Plenum Press.

Braun, Christina von/Stephan, Inge (Hrsg.) (2000): Gender Studien – Eine Einführung. Stuttgart: Metzler.

Braun, Christina von/Stephan, Inge (Hrsg.) (2005): Gender@Wissen. Ein Handbuch der Gender-Theorien. Köln u. a.: Böhlau.

Brewer, Paul R./Wilcox, Clyde (2005): The Polls-Trends: Same-Sex Marriages and Civil Unions. In: Public Opinion Quarterly 69 (4), 599-616.

Brugger, Winfried (2002): Demokratie, Freiheit, Gleichheit. Studien zum Verfassungsrecht der USA. Berlin: Humblot.

Bublitz, Hannelore u. a. (Hrsg.) (1999): Das Wuchern der Diskurse. Perspektiven der Diskursanalyse Foucaults. Frankfurt, New York: Campus.

Bührmann, Andrea Dorothea (1995): Zwischen Skylla und Charybdis? Anmerkungen zur Diskussion über die soziale Konstruiertheit von Zweigeschlechtlichkeit. In: Kneer/Kraemer/Nassehi (Hrsg.) (1995): 31-48.

Burgess, Ernest W. (1923): The Interdependence of Sociology and Social Work. In: Journal of Social Forces 1 (4), 366-370.

Burkart, Günter (1995): Individualisierung und Familie in den USA. In: Bertram (Hrsg.) (1995): 399-428.

Bush, Barbara (1992): Family Values. The Country's Future is in Your Hands. In: Vital Speeches of the Day 58 (23), 718.

Carlson, Allan (1996): Divorce and Illegitimacy. In: Society 33 (5), 41-42.

Case, Clarence M. (1924): What is a Social Problem? In: Journal of Applied Sociology 8, 268-273.

Caplow, Theodore u. a. (1983): Middletown Families. Minneapolis: University of Minnesota Press.

Casper, Lynn M./Cohen, Philip N. (2000): How does POSSLQ Measure up? Historical Estimates of Cohabitation. In: Demography 37 (2), 237-245.

Cherlin, Andrew J. (2004): The Deinstitutionalization of American Marriage. In: Journal of Marriage and Family 66, 848-861.

Chilman, Catherine Street (1997): Hispanic Families in the United States. Research Perspectives. In: Skolnick/Skolnick (Hrsg.) (1997): 380-395.

Claessens, Dieter/Claessens, Karin (1992): Gesellschaft. Lexikon der Grundbe-griffe. Reinbek bei Hamburg: Rowohlt.

Cohen, Jean L. (2003): Privacy Without the Closet. In: Dissent 50 (4), 5-8.

Cohen, Stanley (1980): Folk Devils and Moral Panics. The Creation of the Mods and Rockers. New York: St. Martin's Press.

Collins, Patricia (1990): Black Feminist Thought. Knowledge, Consciousness, and the Politics of Empowerment. Boston: Unwin Hyman.

Collins, Randall/Coltrane, Scott (1995): Sociology of Marriage and the Family. Gender, Love, and Property. 4. Auflage. Chicago: Nelson Hall.

Coltrane, Scott/Adams, Michele (2003): Men's Family Work: Child-Centered Fathering and the Sharing of Domestic Labor. In: Skolnick/Skolnick (Hrsg.) (2003): 115-128.

Conrad, Christoph/Kessel, Martina (Hrsg.) (1998): Kultur und Geschichte. Neue Einblicke in alte Beziehungen. Stuttgart: Reclam.

Coontz, Stephanie (1994): Die Entstehung des Privaten: Amerikanisches Familienleben vom 17. bis zum ausgehenden 19. Jahrhundert. Münster: Verlag Westfälisches Dampfboot.

Coontz, Stephanie (2000): The Way we Never Were: American Families and the Nostalgia Trap. New York: Basic Books.

Cooperman, Alan (2004): Same-Sex Marriage Ban Beeing Retooled; Civil Unions Would be up to States. In: The Washington Post, 23. März 2004, A. 04.

Corwin, Edward S. (1936): The Constitution as Instrument and as Symbol. In: The American Political Science Review 30 (6), 1071-1085.

Cropsey, Joseph (1986): The United States as Regime and the Sources of the American Way of Life. In: Horwitz (Hrsg.) (1986): 165-180.

Davis, Kingsley (1936): Jealousy and Sexual Property. In: Social Forces 14, 395-405.

Dewe, Bernd (1991): Wissenssoziologie – Begriff und Entwicklung. In: Kerber/Schmieder (Hrsg.) (1991): 495-515.

Dixon, Ruth B./Weitzman, Leonore J. (1980): Evaluating the Impact of No-Fault Divorce in California. In: Family Relations 29 (3), 297-307.

Duncan, Dwight G. (2004): The Federal Marriage Amendment and Rule by Judges. In: Harvard Journal of Law & Public Policy 27 (2), 543-567.

Duran, Livie Isauro/Bernard, H. Russell (Hrsg.) (1973): Introduction to Chicano Studies. A Reader. New York: Macmillan.

Durkheim, Emile (1973): Der Selbstmord. Neuwied: Luchterhand.

Durkheim, Emile (1974): Kriminalität als normales Phänomen. In: Sack/König (Hrsg.) (1974): 3-8.

Durkheim, Emile (1984): Die Regeln der soziologischen Methode. Frankfurt/M.: Suhrkamp.

Durkheim, Emile (1986): Der Individualismus und die Intellektuellen. In: Bertram (Hrsg.) (1986): 54-70.

Durkheim, Emile (1992): Über soziale Arbeitsteilung. Studie über die Organisation höherer Gesellschaften. Erste Auflage. Frankfurt/M.: Suhrkamp.

Earle, Robert L./Wirth, John D. (Hrsg.) (1995): Identities in North America. Standford: Standford University Press.

Edelman, Murray (1976): Politik als Ritual. Die symbolische Funktion staatlicher Institutionen und politischen Handelns. Frankfurt/M., New York: Campus.

Eisenstadt, Shmuel N. (1979): Tradition, Wandel und Modernität. Frankfurt/M.: Suhrkamp.

Eisenstadt, Shmuel N. (1998): Die Antinomien der Moderne. Die jakobinischen Grundzüge der Moderne und des Fundamentalismus. Heterodoxien, Utopismus und Jakobinismus in der Konstitution fundamentalistischer Bewegungen. Frankfurt/M.: Suhrkamp.

Eisenstadt, Shmuel N. (2000): Die Vielfalt der Moderne. Weilerswist: Velbrück Wissenschaft.

Ember, Carol R./Ember, Melvin/Peregrine, Peter N. (2002): Anthropology. 10. Auflage. Upper Saddle River: Prentice Hall.

Etzioni, Amitai (1994): Jenseits des Egoismus-Prinzips. Ein neues Bild von Wirtschaft, Politik und Gesellschaft. Stuttgart: Schäffer-Poeschel.

Etzioni, Amitai (1998): Die Entdeckung des Gemeinwesens. Ansprüche, Verantwortlichkeiten und das Programm des Kommunitarismus. Frankfurt/M.: Fischer.

Falke, Andreas (1998): Föderalismus und Kommunalpolitik. In: Adams/Lösche (Hrsg.) (1998): 263-279.

Faris, Robert E. L. (1967): Chicago Sociology 1920-1932. Chicago: University of Chigaco Press.

Farley, Reynolds/Hermalin, Albert I. (1971): Family Stability: A Comparison of Trends Between Blacks and Whites. In: American Sociological Review 36 (1), 1-17.

Faulstich-Wieland, Hannelore (2006): Einführung in Genderstudien. 2., durchges. Auflage. Stuttgart: Metzler.

Feder, Don (2001): But Bush's Chief Domestic Policy Advisor Says, 'So What?' Meltdown of Nuclear Family Threatens Society. In: Human Events 57 (1), 9.

Fehrenbacher, Don E. (Hrsg.) (1973): History and American Society. Essays of David M. Potter. New York: Oxford University Press.

Fields, Jason (2003a): America's Families and Living Arrangements: 2003. Current Population Reports, P20-553. Washington, DC: U.S. Census Bureau.

Fields, Jason (2003b): Children's Living Arrangements and Characteristics: March 2002. Current Population Reports, P20-547. Washington, DC: U.S. Census Bureau.

Flick, Uwe (2005): Qualitative Sozialforschung. Eine Einführung. 3. Auflage. Reinbek bei Hamburg: Rowohlt.

Foucault, Michel (1974): Die Ordnung der Dinge. Frankfurt/M.: Suhrkamp.

Foucault, Michel (1981): Die Archäologie des Wissens. Frankfurt/M.: Suhrkamp.

Frazier, E. Franklin (1969): The Negro Family in the United States. Chicago: University Press.

Fuchs-Epstein, Cynthia (1988): Deceptive Distinctions: Sex, Gender, and the Social Order. New Haven: Yale University Press.

Fuller, Richard C./Myers, Richard R. (1941a): Some Aspects of a Theory of Social Problems. In: American Sociological Review 6 (February), 24-32.

Fuller, Richard C./Myers, Richard R. (1941b): The Natural History of a Social Problem. In: American Sociological Review 6 (June), 320-328.

Furth, Peter (1991): Soziale Rolle, Institution und Freiheit. In: Kerber/Schmieder (Hrsg.) (1991): 213-251.

Galanti, Geriann (2003): The Hispanic Family and Male-Female Relationships: An Overview. In: Journal of Transcultural Nursing 14 (3), 180-185.

Galston, William A. (1996): Divorce American Style. In: The Public Interest 124, 12-26.

Gamson, William A./Modigliani, Andre (1989): Media Discourse and Public Opinion on Nuclear Power: A Constructionist Approach. In: American Journal of Sociology 95 (1), 1-37.

Gamson, William A. u. a. (1992): Media Images and the Social Construction of Reality. In: American Review of Sociology 18, 373-393.

Gehlen, Arnold (1964): Urmensch und Spätkultur. Frankfurt/M., Bonn: Athenäum.

Geisenhanslüke, Achim (2001): Literatur und Diskursanalyse. In: Kleiner (Hrsg.) (2001): 60-71.

George, Robert P./Tubbs, David L. (2005): The Bad Decision that Started it All. Griswold at 40. In: National Review 57 (13), 39-40.

Gephart, Werner/Waldenfels, Hans (Hrsg.) (1999): Religion und Identität. Im Horizont des Pluralismus. Frankfurt/M.: Suhrkamp.

Gerhards, Jürgen (Hrsg.) (2000): Die Vermessung kultureller Unterschiede. Deutschland und USA im Vergleich. Opladen: Westdeutscher Verlag.

Gerhards, Jürgen/Rucht, Dieter (2000): Öffentlichkeit, Akteure und Deutungsmuster: Die Debatte über Abtreibungen in Deutschland und den USA. In: Gerhards (Hrsg.) (2000): 165-188.

Giddens, Anthony (1971): The 'Individual' in the Writings of Emile Durkheim. In: Archives Européennes de Sociologie 12, 210-228.

Giele, Janet Z. (2003): Decline of the Family: Conservative, Liberal, and Feminist Views. In: Skolnick/Skolnick (Hrsg.) (2003): 57-76.

Giesen, Bernhard (1999): Codes kollektiver Identität. In: Gephart/Waldenfels (Hrsg.) (1999): 13-43.

Gilbert, Dennis/Kahl, Joseph A. (1993): The American Class Structure. A New Synthesis. 4. Auflage. Belmont: Wadsworth.

Glass, David Victor/Eversley, David E. C. (Hrsg.) (1965): Essays in Historical Demography. London: Arnold.

Glenn, Norval D. (1997): Feedback: A Reconsideration of the Effect of No-Fault-Divorce on Divorce Rates. In: Journal of Marriage and the Family 59 (4), 1023-1025.

Göhler, Gerhard/Klein, Ansgar (2000): Politische Theorien des 19. Jahrhunderts. In: Lieber (Hrsg.) (2000): 259-656.

Goffman, Erving (1980): Rahmenanalyse. Ein Versuch über die Organisation von Alltagserfahrung. Frankfurt/M.: Suhrkamp.

Goffman, Erving (1981): Geschlecht und Werbung. Frankfurt/M.: Suhrkamp.

Goffman, Erving (2003): Stigma. Über Techniken der Bewältigung beschädigter Identität. Sonderausgabe. Frankfurt/M.: Suhrkamp.

Gold, Rachel Benson (2003): Lessons from Before Roe: Will Past be Prologue? In: The Guttmacher Report on Public Policy, March, 8-11.

Goldstein, Joshua R. (1999): The Leveling of Divorce in the United States. In: Demography 36 (3), 409-414.

Goode, Erich/Ben Yehuda, Nachman (1994): Moral Panics: Culture, Politics, and Social Construction. In: Annual Review of Sociology 20, 149-171.

Goode, William J. (1960): Die Struktur der Familie. Köln, Opladen: Westdeutscher Verlag.

Goode, William J. (1967): Soziologie der Familie. München: Juventa.

Goode, William J. (2003): Family Changes over the Long Term: A Sociological Commentary. In: Journal of Family History 28 (1), 15-30.

Gordon, Robert M. (1998): The Limits of Limits on Divorce. In: The Yale Law Journal 107 (5), 1435-1465.

Gouldner, Alvin (1974): Die westliche Soziologie in der Krise 1. Hamburg: Rowohlt.

Grabb, Edward/Baer, Douglas/Curtis, James (1999): The Origins of American Individualism: Reconsidering the Historical Evidence. In: Canadian Journal of Sociology 24 (4), 511-533.

Groenemeyer, Axel (1999): Soziale Probleme, soziologische Theorie und moderne Gesellschaften. In: Albrecht u. a. (Hrsg.) (1999): 11-72.

Gubrium, Jaber F./Lynott, Robert J. (1985): Family Rhetoric as Social Order. In: Journal of Family Issues 6 (1), 129-152.

Gupta, Anuj (2001): The Nation: Constitutional Marriage Proposal: Law: A Coalition Seeks a Federal Amendment Defining Wedlock as Between a Man and a Woman Only. In: Los Angeles Times, 13. Juli 2001, A. 18.

Hagemann-White, Carol (1984): Sozialisation: Weiblich – männlich? Opladen: Leske + Budrich.

Hahn, Alois (2003): Aufmerksamkeit und Normalität. In: Link/Loer/Neuendorff (Hrsg.) (2003): 23-37.

Hajnal, John (1965): European Marriage Patterns in Perspective. In: Glass/Eversley (Hrsg.) (1965): 101-145.

Haller, Michael (1994): Recherche und Nachrichtenproduktion als Konstruk-tionsprozesse. In: Merten u. a. (Hrsg.) (1994): 277-290.

Hamilton, Brady E. u. a. (2005): Births. Preliminary Data for 2004. National Vital Statistics Report 54 (8). Hyattsville, Maryland: National Center for Health Statistics.

Hammond, Phillip E./Shibley, Mark A./Solow, Peter M. (1994): Religion and Family Values in Presidential Voting. In: Sociology of Religion 55 (3), 277-290.

Hareven, Tamara K. (1997): „Blended Families": Die Entwicklung in den USA. In: Mitterauer/Ortmayr (Hrsg.) (1997): 53-64.

Hartman, Ann (1992): Editorial: Murphy Brown, Dan Quayle, and the American Family. In: Social Work 37 (5), 387-388.

Hayton, Bradley P. (1992): Homosexual Partners are Undermining the Family. In: Wagner/Swisher (Hrsg.) (1997): 63-70.

Hawes, Joseph M./Nybakken, Elizabeth I. (Hrsg.) (1991): American Families: A Research Guide and Historical Handbook. New York: Greenwood Press.

Heiskanen, Veronica Stolte (1971): The Myth of the Middle-Class Family in American Sociology. In: The American Sociologist 6, 14-18.

Henslin, James M. (2003): Sociology. A Down-to-Earth Approach. Boston u. a.: Allyn and Bacon.

Hettlage, Robert (1998): Familienreport. Eine Lebensform im Umbruch. 2. aktualisierte Auflage. München: Beck.

Hewitt, John P./Hall, Peter M. (1973): Social Problems, Problematic Situations, and Quasi-Theories. In: American Sociological Review 38, 367-374.

Hier, Sean P. (2002): Conceptualizing Moral Panic Through a Moral Economy of Harm. In: Critical Sociology 28 (3), 311-334.

Hier, Sean P. (2003): Risk and Panic in Late Modernity: Implications of the Converging Sites of Social Anxiety. In: British Journal of Sociology 54 (1), 3-20.

Hinkle, Roscoe/Hinkle, Gisela N. (1960): Die Entwicklung der amerikanischen Soziologie. Eine Geschichte ihrer Motive und Theorien. Wien: Verlag für Geschichte und Politik.

Hirschauer, Stefan (1994): Die soziale Konstruktion der Zweigeschlechtlichkeit. In: Kölner Zeitschrift für Soziologie und Sozialpsychologie 46, 668-692

Hitzler, Ronald/Honer, Anne (Hrsg.) (1997): Sozialwissenschaftliche Hermeneutik. Eine Einführung. Opladen: Leske + Budrich.

Hitzler, Ronald/Honer, Anne (1997): Einleitung. Hermeneutik in der deutschsprachigen Soziologie heute. In: Dies. (Hrsg.) (1997): 7-27.

Hobsbawm, Eric (1998): Das Erfinden von Traditionen. In: Conrad/Kessel (Hrsg.) (1998): 97-118.

Hochschild, Arlie Russel (1989): The Second Shift: Working Parents and the Revolution at Home. New York u. a.: Viking Press.

Hofstede, Geert (2001): Lokales Handeln, globales Denken. Interkulturelle Zusammenarbeit und globales Management. 2. Auflage. München: Deutscher Taschenbuch-Verlag.

Honneth, Axel (1993a): Einleitung. Ders. (Hrsg.) (1993b): 7-17.

Honneth, Axel (Hrsg.) (1993b): Kommunitarismus. Eine Debatte über die moralischen Grundlagen moderner Gesellschaft. Frankfurt/M.: Campus-Verlag.

Honneth, Axel (Hrsg.) (1994): Pathologien des Sozialen. Die Aufgaben der Sozialphilosophie. Frankfurt/M.: Fischer.

Honneth, Axel (2003): Foucault und die Humanwissenschaften. Zwischenbilanz einer Rezeption. In: Honneth/Saar (Hrsg.) (2003): 15-26.

Honneth, Axel/Saar, Martin (Hrsg.) (2003): Michel Foucault. Zwischenbilanz einer Rezeption. Frankfurter Foucault-Konferenz 2001. Frankfurt/M.: Suhrkamp.

Horwitz, Robert H. (Hrsg.) (1986): The Moral Foundations of the American Republic. 3. Auflage. Charlottesville: University Press of Virginia.

Hunt, Arnold (1997): 'Moral Panic' and Moral Language in the Media. In: British Journal of Sociology 48 (4), 629-648.

Hunter, James D. (1991): Culture Wars. The Struggle to Define America. New York: Basic Books.

Jäger, Siegfried (1999): Einen Königsweg gibt es nicht. Bemerkungen zur Durchführung von Diskursanalysen. In: Bublitz u. a. (Hrsg.) (1999): 136-147.

Jagose, Annamarie (2005): Queer Theory. Eine Einführung. 2. Auflage. Berlin: Querverlag.

Joas, Hans (1992): Gemeinschaft und Demokratie in den USA. Die vergessene Vorgeschichte der Kommunitarismus-Diskussion. In: Blätter für deutsche und internationale Politik 7, 859-869.

Johnson, Lyndon B. (1964): The Great Society. In: Saturday Evening Post 237 (38), 30-31.

Junker, Detlev (1998): Weltwirtschaftskrise, New Deal, Zweiter Weltkrieg. In: Adams/Lösche (Hrsg.) (1998): 121-143.

Kaase, Max/Schulz, Winfried (Hrsg.) (1989): Massenkommunikation. Theorien, Methoden, Befunde. Sonderheft 30 der Kölner Zeitschrift für Soziologie und Sozialpsychologie. Opladen: Westdeutscher Verlag.

Käsler, Dirk (Hrsg.) (1976): Klassiker des soziologischen Denkens. Erster Band. Von Comte bis Durkheim. München: Beck.

Kallscheuer, Otto (1992a): Gemeinsinn und Demokratie. In: Zahlmann (Hrsg.) (1992): 109-117.

Kallscheuer, Otto (1992b): „Kommunitarismus?" – Anregungen zum Weiterlesen. In: Zahlmann (Hrsg.) (1992): 124-151.

Karpf, Maurice J. (1928): Sociology and Social Work: A Retrospect. In: Social Forces 6 (4), 511-519.

Kaslow, Florence W. (1987): Marital and Family Therapy. In: Sussman/Steinmetz (Hrsg.) (1987): 835-859.

Kaufmann, Franz-Xaver (1988): Familie und Modernität. In: Lüscher/Schultheis/Wehrspaun (Hrsg.) (1988): 391-415.

Kay, Richard S. (1998): American Constitutionalism. In: Alexander (Hrsg.) (1998): 16-63.

Keller, Reiner (1998): Müll – Die gesellschaftliche Konstruktion des Wertvollen. Die öffentliche Diskussion über Abfall in Deutschland und Frankreich. Opladen, Wiesbaden: Westdeutscher Verlag.

Keller, Reiner (2001): Wissenssoziologische Diskursanalyse. In: Keller u. a. (Hrsg.) (2001b): 113-143.

Keller, Reiner (2004): Diskursforschung. Eine Einführung für SozialwissenschaftlerInnen. 2. Auflage. Wiesbaden: VS Verlag für Sozialwissenschaften.

Keller, Reiner (2005): Wissenssoziologische Diskursanalyse. Grundlegung eines Forschungsprogramms. Wiesbaden: VS Verlag für Sozialwissenschaften.

Keller, Reiner u. a. (2001a): Zur Aktualität sozialwissenschaftlicher Diskursanalyse – Eine Einführung. In: Keller u. a. (Hrsg.) (2001b): 7-27.

Keller, Reiner u. a. (Hrsg.) (2001b): Handbuch sozialwissenschaftliche Diskursanalyse. Band 1: Theorien und Methoden. Opladen: Leske + Budrich.

Keller, Reiner u. a. (2004): Handbuch sozialwissenschaftliche Diskursanalyse. Band 2: Forschungspraxis. 2. Auflage. Wiesbaden: VS Verlag für Sozialwissenschaften.

Kennedy, Devereaux (1979): Michel Foucault: The Archaeology and Sociology of Knowledge. In: Theory & Society 8 (2), 269-290.

Kerber, Harald/Schmieder, Arnold (Hrsg.) (1991): Soziologie. Arbeitsfelder, Theorien, Ausbildung. Ein Grundkurs. Reinbek bei Hamburg: Rowohlt.

Kepplinger, Hans M. (1989): Theorien der Nachrichtenauswahl als Theorien der Realität. In: Aus Politik und Zeitgeschichte B15/89, 3-16.

Kepplinger, Hans M. (1992): Ereignismanagement. Wirklichkeit und Massenmedien. Zürich: Ed. Interfrom.

Kießling, Bernd (1999): Wie Massenmedien Wirklichkeit machen. In: Universitas – Zeitschrift für interdisziplinäre Wissenschaft 54, 638-650.

Klein, Joe (1992): Whose Values? In: Newsweek, 8. Juni, 33-36.

Kleiner, Marcus S. (Hrsg.) (2001): Michel Foucault. Eine Einführung in sein Denken. Frankfurt/M., New York: Campus.

Kleinsteuber, Hans J. (1998): Medien und öffentliche Meinung. In: Adams/ Lösche (Hrsg.) (1998): 375-392.

Kleinsteuber, Hans J. (2000): Massenmedien in den USA. In: Wasser (Hrsg.) (2000): 305-335.

Klemm, Jana/Glasze, Georg (2005): Methodische Probleme Foucault-inspirierter Diskursanalysen in den Sozialwissenschaften. Tagungsbericht: „Praxis-Workshop Diskursanalyse" In: Forum Qualitative Sozialforschung/Forum: Qualitative Social Research (On-line Journal), 6 (2), Art. 24. Verfügbar über: http://www.qualitative-research.net/fqs-texte/2-05/05-2-24-d.htm (Datum des Zugriffs: 17. Mai 2006).

Kneer, Georg (1996): Rationalisierung, Disziplinierung und Differenzierung. Zum Zusammenhang von Sozialtheorie und Zeitdiagnose bei Jürgen Habermas, Michel Foucault und Niklas Luhmann. Opladen: Westdeutscher Verlag.

Kneer, Georg/Kraemer, Klaus/Nassehi, Armin (Hrsg.) (1995): Soziologie. Zugänge zur Gesellschaft. Band 2. Münster, Hamburg: Lit.

Knoblauch, Hubert (2005): Wissenssoziologie. Konstanz: UVK-Verlags-Gesellschaft.

König, René (1976): Emile Durkheim. Der Soziologe als Moralist. In: Käsler (Hrsg.) (1976): 312-364.

König, Eckart/Zedler, Peter (Hrsg.) (1995): Bilanz qualitativer Forschung, Bd. I: Grundlagen qualitativer Forschung. Weinheim: Deutscher Studien-Verlag.

Kohn, Melvin L. (1959): Social Class and Parental Values. In: American Journal of Sociology 64, 337-351.

Kohn, Melvin K. (1963): Social Class and Parent-Child Relationships. An Interpretation. In: American Journal of Sociology 68, 471-480.

Kohn, Melvin K. (1986): Social Stratification and the Transmission of Values in the Family: A Cross-National Assessment. In: Sociological Forum 1 (1), 73-102.

Kornegay, El jun. (2004): Queering Black Homophobia: Black Theology as a Sexual Discourse of Transformation. In: Theology and Sexuality 11 (1), 29-51.

Kramer, Larry (1997): Same-Sex Marriage, Conflict of Laws, and the Unconstitutional Public Policy Exception. In: The Yale Law Journal 106 (7), 1965-2008.

Kraß, Andreas (Hrsg.) (2003): Queer Studies – Eine Einführung. Frankfurt/M.: Suhrkamp.

Kreider, Rose M. (2005): Number, Timing, and Duration of Marriages and Divorces: 2001. Current Population Reports, P70-97. Washington, D.C.: U.S. Census Bureau.

Lange, Dietz (Hrsg.) (1996): Religionen – Fundamentalismus – Politik. Vorträge im Rahmen des Studium generale der Georg-August-Universität Göttingen im Wintersemester 1994/95. Frankfurt/M. u. a.: Lang.

Langman, Lauren (1987): Social Stratification. In: Sussman/Steinmetz (Hrsg.) (1987): 211-249.

Lasch, Christopher (1977): Haven in a Heartless World. The Family Besieged. New York: Basic Books.

Lasch, Christopher (1981): Geborgenheit. Die Bedrohung der Familie in der modernen Welt. München: Steinhausen.

Laslett, Peter (1977): Family Life and Illicit Love in Earlier Generations. Cambridge: Cambridge University Press.

Lerner, Max (1937): Constitution and Court as Symbols. In: The Yale Law Journal 46 (8), 1290-1319.

LeVine, Robert A. (1973): Culture, Behavior, and Personality. Chicago: Aldine.

Lévi-Strauss, Claude (1969): The Elementary Structures of Kinship. Boston: Beacon Press.

Lewis, Gregory B. (2003): Black-White Differences in Attitudes Towards Homosexuality and Gay Rights. In: Public Opinion Quarterly 67, 59-78.

Lewis, J. David/Smith, Richard L. (1980): American Sociology and Pragmatism. Mead, Chicago Sociology, and Symbolic Interaction. Chicago, London: University of Chicago Press.

Lieber, Hans J. (Hrsg.) (2000): Politische Theorien von der Antike bis zur Gegenwart. Wiesbaden: Fourier.

Lienert, Gustav A./Raatz, Ulrich (1998): Testaufbau und Testanalyse. 6. Auflage. Weinheim: Beltz.

Link, Jürgen/Link-Heer, Ulla (1990): Diskurs/Interdiskurs und Literaturanalyse. In: Zeitschrift für Linguistik und Literaturwissenschaft 77, 88-99.

Link, Jürgen/Loer, Thomas/Neuendorff, Hartmut (Hrsg.) (2003): „Normalität" im Diskursnetz soziologischer Begriffe. Heidelberg: Synchron Wissenschaftsverlag der Autoren.

Lipset, Seymour Martin (1996): American Exceptionalism. A Double-Edged Sword. New York, London: Norton.

Loseke, Donileen R. (2003): Thinking About Social Problems. 2. Auflage. New York: de Gruyter.

Lüders, Christian/Meuser, Michael (1997): Deutungsmusteranalyse. In: Hitzler/ Honer (Hrsg.) (1997): 57-108.

Lüders, Christian/Reichertz, Jo (1986): Wissenschaftliche Praxis ist, wenn alles funktioniert und keiner weiß warum – Bemerkungen zur Entwicklung qualitativer Sozialforschung. In: Sozialwissenschaftliche Literatur-Rundschau 12, 90-102.

Lüscher, Kurt/Schultheis, Franz/Wehrspaun, Michael (Hrsg.) (1988): Die „postmoderne" Familie. Familiale Strategien und Familienpolitik in einer Übergangszeit. Konstanz: Universitäts-Verlag.

Luster, Tom/Rhoades, Kelly/Haas, Bruce (1989): The Relation Between Parental Values and Parenting Behavior: A Test of the Kohn-Hypothesis. In: Journal of Marriage and the Family 51 (1), 139-147.

Machacek, David W./Fulco, Adrienne (2004): The Courts and Public Discourse: The Case of Gay Marriage. In: Church & State 46 (4), 767-785.

Marske, Charles E. (1987): Durkheim's 'Cult of the Individual' and Moral Reconstitution of Society. In: Sociological Theory 5 (1), 1-14.

Marty, Martin E./Appleby, R. Scott (Hrsg.) (1991): Fundamentalisms Observed. Chicago: The University of Chicago Press.

Marty, Martin E./Appleby, R. Scott (1996): Herausforderung Fundamentalismus. Radikale Christen, Moslems und Juden im Kampf gegen die Moderne. Frankfurt/M., New York: Campus.

Mead, Gerorge H. (1974): Mind, Self, and Society. From the Standpoint of a Social Behaviorist. Chicago: University of Chicago Press.

Mehren, Elizabeth (2004): Massachusetts Grants Gays Right to Marry; The Landmark Court Ruling Makes it the First State to Uphold Full Marriage Rights for Same-sex Couples, Not Civil Unions and Similar Separate Arrangements. In: Los Angeles Times, 05. Februar 2004, A. 1.

Mehren, Elizabeth (2006): Massachusetts Curb on Gay Marriage Upheld. The State's Highest Court Rules that Municipal Clerks Must Heed a 1913 Law that Prohibits the Issuing of Licenses to Out-of-state couples. In: Los Angeles Times, 31. März 2006, A. 4.

Merten, Klaus (1994): Wirkungen von Kommunikationen. In: Merten u. a. (Hrsg.) (1994): 291-328.

Merten, Klaus u. a. (1994): Die Wirklichkeit der Medien. Eine Einführung in die Kommunikationswissenschaft. Opladen: Westdeutscher Verlag.

Meyer, Thomas (1992): Die Inszenierung des Scheins. Voraussetzungen und Folgen symbolischer Politik. Frankfurt/M.: Suhrkamp.

Meyrowitz, Joshua (1987): Die Fernseh-Gesellschaft. Wirklichkeit und Identität im Medienzeitalter. Weinheim u. a.: Beltz.

Milkis, Sidney M. (2005): Lyndon Johnson, the Great Society and the Modern Presidency. In: Milkis/Mileur (Hrsg.) (2005): 1-49.

Milkis, Sidney M./Mileur, Jerome M. (Hrsg.) (2005): The Great Society and the High Tide of Liberalism. Amherst, Boston: University of Massachusetts Press.

Milkis, Sidney M./Mileur, Jerome M. (2005): Preface. In: Milkis/Mileur (Hrsg.) (2005): xi-xxi.

Mills, Charles W. (1940): Situated Actions and Vocabularies of Motives. In: American Sociological Review 6, 904-913.

Mindel, Charles H./Habenstein, Robert W./Wright Jr., Roosevelt (Hrsg.) (1998): Ethnic Families in America. Patterns and Variations. Upper Saddle River: Prentice Hall.

Mintz, Stephen/Kellog, Susan (1988): Domestic Revolutions. A Social History of American Family Life. New York: Free Press.

Mirandé, Alfredo (1977): The Chicano Family: A Reanalysis of Conflicting Views. In: Journal of Marriage and the Family 39 (4), 747-756.

Mirandé, Alfredo (1979): A Reinterpretation of Male Dominance in the Chicano Family. In: The Family Coordinator 28 (4), 473-479.

Mitchell, Mark (1976): The Individual and Individualism in Durkheim. In: Sociological Theory & Analysis 6, 257-277.

Mitterauer, Michael/Ortmayr, Norbert (Hrsg.) (1997): Familie im 20. Jahrhundert. Traditionen, Probleme, Perspektiven. Frankfurt/M.: Brandes & Apsel.

Mitterauer, Michael/Ortmayr, Norbert (1997): Einleitung. In: Dies. (Hrsg.), (1997): 9-12.

Morgan, Michael/Leggett, Susan (1999): Television and Family Value: Was Dan Quayle Right? In: Mass Communication & Society 2 (1/2), 47-63.

Moynihan, Daniel Patrick/Barton, Paul/Broderick, Ellen (1965): The Negro Family. The Case for National Action. Washington, D.C.: Office of Policy Planning.

Muller, Jerry Z. (2000): Dilemmas of Conservatism. In: Public Interest 139, 50-64.

Murswieck, Axel (1998): Gesellschaft und Kultur. In: Adams/Lösche (Hrsg.) (1998): 621-718.

Nagler, Jörg (1998): Territoriale Expansion, Sklavenfrage, Sezessionskrieg, Rekonstruktion, 1815 – 1877. In: Adams/Lösche (Hrsg.) (1998): 42-72.

Nakonezny, Paul A./Shull, Robert D./Rodgers, Joseph Lee (1995): The Effect of No-Fault Divorce Law on the Divorce Rate Across the 50 States and Its Relation to Income, Education, and Religiosity. In: Journal of Marriage and the Family 57 (2), 477-488.

National Center for Health Statistics (1995): Report to Congress on Out-of-Wedlock Childbearing. Hyattsville, Maryland: Department of Health and Human Services.

Nave-Herz, Rosemarie (2006): Ehe- und Familiensoziologie. Eine Einführung in Geschichte, theoretische Ansätze und empirische Befunde. 2. Auflage. Weinheim, München: Juventa.

New California Media (2004): Poll on Asian Pacific Islanders on the 2004 Presidential Election. o.O.

Ng, Franklin (Hrsg.) (1998): Asian American Family Life and Community. New York: Garland.

Nielsen Media Research (2005): Nielsen Reports Americans Watch TV at Record Levels. Pressemitteilung vom 29. September 2005. o.O.

Niewiadomski, Józef (Hrsg.) (1988): Eindeutige Antworten? Fundamentalistische Versuchung in Religion und Gesellschaft. 2. Auflage. Thaur: Österreichischer Kulturverlag.

Nisbet, Robert A. (1968): Tradition and Revolt. Historical and Sociological Essays. New York: Random House.

Nobles, Wade W. (1974): African Root and American Fruit: The Black Family. In: Journal of Social and Behavioral Sciences 20, 66-77.

Nobles, Wade W. (1978): Toward an Empirical and Theoretical Framework for Defining Black Families. In: Journal of Marriage and the Family 40 (4), 679-688.

Oboler, Suzanne/González, Deena J. (Hrsg.) (2005): The Oxford Encyclopedia of Latinos and Latinas in the United States. Oxford, New York: Oxford University Press.

Oevermann, Ulrich (1973): Zur Analyse der Struktur von sozialen Deutungsmustern. Ohne Ort. (http://publikationen.ub.uni-frankfurt.de/volltexte/2005/533/pdf/Struktur-von-Deutungsmuster-1973.pdf).

Ogburn, William F. (1969): Kultur und sozialer Wandel. Neuwied, Berlin: Luchterhand.

O'Reilly, Jane (1983): Families or 'The Family'? In: The Nation 237 (2), 51-54.

Oswald, Ramona Faith/Blume, Libby Balter/Marks, Stephen (2005): Decentering Heteronormativity. A Model for Family Studies. In: Bengston u. a. (Hrsg.) (1983): 143-165.

Pachter, Marc (1995): American Identity: A Political Compact. In: Earle/Wirth (Hrsg.) (1995): 29-39.

Palaver, Wolfgang (1988): Amerikanischer Fundamentalismus: Zur Problematik der Vermischung von Religion und Politik. In: Niewiadomski (Hrsg.) (1988): 41-62.

Parke, Ross D. (2004): Development in the Family. In: Annual Review of Psychology 55, 365-399.

Parsons, Talcott (1943): The Kinship System of the Contemporary United States. In: American Anthropologist, New Series 45 (1), 22-28.

Parsons, Talcott (1971): The Normal American Family. In: Adams/Weirath (Hrsg.) (1971): 53-66.

Parsons, Talcott/Bales, Robert F. (1960): Family, Socialization and Interaction Process. 3. Auflage. Glencoe: Free Press.

Perry, Michael J. (1998): What is 'The Constitution'? (and Other Fundamental Questions). In: Alexander (Hrsg.) (1998): 99-151.

Pieh, Eleonore (1998): „Fight like David - Run like Lincoln" - Die politischen Einwirkungen des protestantischen Fundamentalismus in den USA. Münster: Lit.

Piven, Frances Fox/Cloward, Richard A. (2005): The Politics of the Great Society. In: Milkis/Mileur (Hrsg.) (2005): 253-269.

Plessner, Helmuth (1997): Zur deutschen Ausgabe. In: Berger/Luckmann (1997): IX-XVI.

Plummer, Ken (1997): Introducing Chicago Sociology: The Foundations and Contributions of a Major Sociological Theory. In: Plummer (Hrsg.) (1997): 3-40.

Plummer, Ken (Hrsg.) (1997): The Chicago School. Critical Assessments. Volume I. London, New York: Routledge.

Popenoe, David (1988): Disturbing the Nest. Family Change and Decline in Modern Societies. New York: de Gruyter.

Popenoe, David (1992): The Family Is in Decline. In: Wagner/Swisher (Hrsg.) (1992): 17-24.

Popenoe, David (2007): The Future of Marriage in America. In: The National Marriage Project, The State of our Unions 2007. The Social Health of Marriage in America. o.O., 6.

Potter, David M. (1973): American Individualism in the Twentieth Century. In: Fehrenbacher (Hrsg.) (1973): 256-276.

Powe, Jr. Lucas A. (2000): The Warren Court and American Politics. Cambridge/Mass., London: Harvard University Press.

Rabb, Theodore K./Rothberg, Robert I. (Hrsg.) (1982): The New History: The 1980s and Beyond. Studies in Interdisciplinary History. Princeton: Princeton University Press.

Rawls, John (1979): Eine Theorie der Gerechtigkeit. Frankfurt/M.: Suhrkamp.

Reckwitz, Andreas (2000): Die Transformation der Kulturtheorien. Zur Entwicklung eines Theorieprogramms. Weilerswist: Velbrück Wissenschaft.

Reese-Schäfer, Walter (2001): Kommunitarismus. Frankfurt/M., New York: Campus.

Reichertz, Jo (2000): Zur Gültigkeit von Qualitativer Sozialforschung (76 Absätze). In: Forum Qualitative Sozialforschung/Forum: Qualitative Social Research (On-line Journal), 1 (2). Verfügbar über: http://www.qualitative-research.net/fqs-texte/2-00/2-00reichertz-d.htm (Datum des Zugriffs: 15. September 2006).

Riesebrodt, Martin (1990): Fundamentalismus als patriarchalische Protestbewegung: amerikanische Protestanten (1910-28) und iranische Schiiten (1961-79) im Vergleich. Tübingen: Mohr.

Riesebrodt, Martin (1997): Die alten Werte sind stets männlich. Auch christliche Fundamentalisten streiten gegen die Emanzipation der Frau. In: der überblick: Zeitschrift für ökumenische Begegnung und internationale Zusammenarbeit 33 (1), 16-19.

Rimmerman, Craig A./Wilcox, Clyde (Hrsg.) (2007): The Politics of Same-Sex Marriage. Chicago, London: The University of Chicago Press.

Rössler, Beate (1992): Gemeinschaft und Freiheit. Zum problematischen Verhältnis von Feminismus und Kommunitarismus. In: Zahlmann (Hrsg.) (1992): 74-85.

Rosier, Katherine Brown/Feld, Scott L. (2000): Covenant Marriage: A New Alternative for Traditional Families. In: Journal of Comparative Family Studies 31 (3), 385-394.

Rubenfeld, Jeb (1998): Legitimacy and Interpretation. In: Alexander (Hrsg.) (1998): 194-234.

Rubin, Lilian Breslow (1976): Worlds of Pain. Life in the Working-Class Family. New York: Basic Books.

Ruggles, Steven (1997): The Rise of Divorce and Separation in the United States, 1880-1990. In: Demography 34 (4), 455-466.

Sack, Emily J. (2005): The Retreat from DOMA: The Public Policy of Same-Sex Marriage and a Theory of Congressional Power under the Full Faith and Credit Clause. In: Creighton Law Review 38 (2), 507-532.

Sack, Fritz/König, René (Hrsg.) (1974): Kriminalsoziologie. Frankfurt/M.: Akademische Verlagsgesellschaft.

Sandel, Michael (1982): Liberalism and the Limits of Justice. Cambridge/Mass.: Cambridge University Press.

Sandel, Michael (1993): Die verfahrensrechtliche Republik und das ungebundene Selbst. In: Honneth (Hrsg.) (1993b): 18-35.

Sapir, Edward (1930): What is the Family Still Good for? In: American Mercury 19 (145), 145-151.

Sarcinelli, Ulrich (1987): Symbolische Politik. Zur Bedeutung symbolischen Handelns in der Wahlkampfkommunikation der Bundesrepublik Deutschland. Opladen: Westdeutscher Verlag.

Sarcinelli, Ulrich (1989): Symbolische Politik und politische Kultur. Das Kommunikationsritual als politische Wirklichkeit. In: Politische Vierteljahresschrift 30 (2), 292-309.

Scanzoni, John H. (1970): The Black Family in Modern Society. Boston: Allyn and Bacon.

Scanzoni, John H. (1978): Sex Roles, Women's Work, and Marital Conflict. A Study of Family Change. Lexington/Mass., Toronto: Lexington Books.

Schaff, Kory (2004): Equal Protection and Same-Sex Marriage. In: Journal of Social Philosophy 35 (1), 133-147.

Schneider, Werner (1999): „So tot wie nötig – so lebendig wie möglich!" – Sterben und Tod in der fortgeschrittenen Moderne: Eine Diskursanalyse der öffentlichen Diskussion um den Hirntod in Deutschland. Münster: Lit.

Schröer, Norbert (1994a): Einleitung: Umriß einer hermeneutischen Wissenssoziologie. In: Schröer (Hrsg.) (1994b): 9-25.

Schröer, Norbert (1994b): Interpretative Sozialforschung. Auf dem Weg zu einer hermeneutischen Wissenssoziologie. Opladen: Westdeutscher Verlag.

Schröer, Norbert (1997): Wissenssoziologische Hermeneutik. In: Hitzler/Honer (Hrsg.) (1997): 109-129.

Schütz, Alfred (1974): Der sinnhafte Aufbau der sozialen Welt. Eine Einleitung in die verstehende Soziologie. Frankfurt/M.: Suhrkamp.

Schütz, Alfred/Luckmann, Thomas (1979): Strukturen der Lebenswelt. Bd. 1. Frankfurt/M.: Suhrkamp.

Schulz, Winfried (1976): Die Konstruktion von Realität in den Nachrichtenmedien. 1. Auflage. Freiburg, München: Alber.

Schulz, Winfried (1989): Massenmedien und Realität. Die „ptolemäische" und die „kopernikanische" Auffassung. In: Kaase/Schulz (Hrsg.) (1989): 135-149.

Segal, Lynn (1983): What is to be Done About the Family? Harmondsworth: Penguin Books.

Sgritta, Giovanni B. (1988): Wege der Familienanalyse: Ein Überblick über das letzte Jahrzehnt. In: Lüscher/Schultheis/Wehrspaun (Hrsg.) (1988): 329-345.

Shain, Barry Alan (1994): The Myth of American Individualism. The Protestant Origin of American Political Thought. Princeton: Princeton University Press.

Shell, Kurt L. (1996): Der religiöse Fundamentalismus als Herausforderung an die amerikanische Politik. In: Lange (Hrsg.) (1996): 29-46.

Shell, Kurt L. (1998): Der Oberste Gerichtshof und das Rechtswesen. In: Adams/Lösche (Hrsg.) (1998): 249-262.

Shell, Susan M. (2004): The Liberal Case Against Gay Marriage. In: Public Interest 156, 3-16.

Shils, Edward (1981): Tradition. Chicago: University of Chicago Press.

Sivan, Emmanuel (1998): Kultur und Identität im Vergleich unterschiedlicher Ausprägungen des Fundamentalismus. In: Assmann/Friese (Hrsg.) (1998): 427-455.

Skolnick, Arlene S./Skolnick, Jerome H. (Hrsg.) (1997): Family in Transition. 9. Auflage. New York u. a.: Longman.

Skolnick, Arlene S./Skolnick, Jerome H. (Hrsg.) (2003): Family in Transition. 12. Auflage. Boston u. a.: Allyn and Bacon.

Skolnick, Jerome H./Currie, Elliott (1979): Crisis in American Institutions. 4. Auflage. Boston, Toronto: Little, Brown.

Smock, Pamela J. (2000): Cohabitation in the United States: An Appraisal of Research Themes, Findings, and Implications. In: Annual Review of Sociology 26, 1-20.

Soeffner, Hans-Georg (1991): Verstehende Soziologie und sozialwissenschaftliche Hermeneutik – Die Rekonstruktion der gesellschaftlichen Konstruktion der Wirklichkeit. In: Berliner Journal für Soziologie 2, 263-269.

Soeffner, Hans-Georg/Hitzler, Ronald (1994): Hermeneutik als Haltung und Handlung. In: Schröer (Hrsg.) (1994b): 28-54.

Sombart, Werner (1969): Warum gibt es in den Vereinigten Staaten keinen Sozialismus? Darmstadt: Wissenschaftliche Buchgesellschaft.

Spector, Malcolm/Kitsuse, John I. (2001): Constructing Social Problems. New Brunswick, London: Transaction Publishers.

Staver, Mathew D. (2004): Why We Need a Federal Marriage Amendment. In: USA Today Magazine 133 (2712), 56-57.

Steffen, Therese Frey (2006): Gender. Leipzig: Reclam.

Stephenson, D. Grier u. a. (1988): American Government. New York u. a.: Harper & Row.

Stone, Lawrence (1982): Family History in the 1980s. In: Rabb/Rothberg (Hrsg.) (1982): 51-87.

Strauss, Anselm/Corbin, Juliet (1996): Grounded Theory. Grundlagen qualitativer Sozialforschung. Weinheim: Beltz.

Sullivan, Andrew (1996): Hawaiian Aye. In: New Republic 215 (27), 15-16.

Sumner, William G. (1909): The Family and Social Change. In: The American Journal of Sociology XIV (5), 577-591.

Sussman, Marvin B. (1975): The Four F's of Variant Family Forms and Marriage Styles. In: Family Coordinator 24 (4), 563-576.

Sussman, Marvin B./Burchinal, Lee (1962a): Kin Family Network: Unheralded Structure in Current Conceptualizations of Family Functioning. In: Marriage And Family Living 24 (3), 231-240.

Sussman, Marvin B./Burchinal, Lee (1962b): Parental Aid to Married Children: Implications for Family Functioning. In: Marriage And Family Living 24 (4), 320-332.

Sussman, Marvin B./Steinmetz, Suzanne K. (Hrsg.) (1987): Handbook of Marriage and the Family. New York, London: Plenum Press.

Sztompka, Piotr (1994): The Sociology of Social Change. Oxford, Cambridge/Mass.: Blackwell.

Talmon, Yonina (1964): Mate Selection in Collective Settlements. In: American Sociological Review 29, 491-508.

Tamney, Joseph B./Johnson, Stephen D./Burton, Ronald (1992): The Abortion Controversy: Conflicting Believes and Values in American Society. In: Journal for the Scientific Study of Religion 31 (1), 32-46.

Taylor, Ronald L. (Hrsg.) (1994a): Minority Families in the United States. A Multicultural Perspective. Englewood Cliffs: Prentice Hall.

Taylor, Charles (1994b): Die Unvollkommenheit der Moderne. In: Honneth (Hrsg.) (1994): 73-106.

Teachman, Jay D./Polonko, Karen A./Scanzoni, John (1987): Demography of the Family. In: Sussman/Steinmetz (Hrsg.) (1987): 3-36.

Terhart, Ewald (1995): Kontrolle von Interpretationen: Validierungsprobleme. In: König/Zedler (Hrsg.) (1995): 373-397.

The Alan Guttmacher Institute (2005): Facts in Brief. Induced Abortions in the United States. New York, Washington, D.C.

The Alan Guttmacher Institute (2006): State Policies in Brief. An Overview of Abortion Laws. New York, Washington, D.C.

The National Marriage Project (2005): The State of our Unions 2005. The Social Health of Marriage in America. o.O.

The National Marriage Project (2007): The State of our Unions 2007. The Social Health of Marriage in America. o.O.

The Pew Research Center (2004): Online News Audience Larger, More Diverse. New Audiences Increasingly Politicized. Pew Research Center Biennial News Consumption Survey. Pressemitteilung vom 8. Juni 2004. Washington, D.C.

The Pew Research Center (2005): Trends 2005. Washington, DC.

The Pew Research Center (2006): Only 34 % Favor South Dakota Abortion Ban. Less Opposition To Gay Marriage, Adoption And Military Service. Pressemitteilung vom 22. März 2006. Washington, DC.

Thomas, Darwin L./Wilcox, Jean Edmondson (1987): The Rise of Family Theory. A Historical and Critical Analysis. In: Sussman/Steinmetz (Hrsg.) (1987): 81-102.

Thomas, William I./Znaniecki, Thomas (1927): The Polish Peasant in Europe and America. New York: Knopf.

Tocqueville, Alexis de (1994): Über die Demokratie in Amerika. Stuttgart: Reclam.

Tönnies, Ferdinand (1991): Gemeinschaft und Gesellschaft. Grundbegriffe der reinen Soziologie. Neudr. der 8. Auflage von 1935, 3., unveränd. Auflage. Darmstadt: Wissenschaftliche Buchgesellschaft.

Uhle, Reinhard (2002): Qualitative Sozialforschung und Hermeneutik. In: König/Zedler (Hrsg.) (2002): 99-122.

Ungar, Sheldon (2001): Moral Panic Versus the Risk Society: The Implications of the Changing Sites of Social Anxiety. In: British Journal of Sociology 52 (2), 271-291.

Unterkircher, Lilo/Wagner, Ina (Hrsg.) (1987): Die andere Hälfte der Gesellschaft. Österreichischer Soziologentag 1985. Wien: Verlag des Österreichischen Gewerkschaftsbundes.

Ventura, Stephanie J./Mathews, T. J./Hamilton, Brady E. (2001): Births to Teenagers in the United States, 1940-2000. National Vital Statistics Report 49 (10). Hyattsville, Maryland: Department of Health and Human Services.

Villa, Paula-Irene (2006): Sexy Bodies. Eine soziologische Reise durch den Geschlechtskörper. 3., aktualisierte Auflage. Wiesbaden: VS Verlag für Sozialwissenschaften.

Vorländer, Hans (1998): Politische Kultur. In: Adams/Lösche (Hrsg.) (1998): 280-304.

Wagner, Viqi/Swisher, Karin L. (Hrsg.) (1992): The Family in America. Opposing Viewpoints. San Diego: Greenhaven Press.

Waller, Willard (1936): Social Problems and the Mores. In: American Sociological Review 1, 922-933.

Warner, Michael (1999): The Trouble with Normal. Sex, Politics, and the Ethics of Queer Life. Cambridge/Mass.: Harvard University Press.

Wasser, Hartmut (2000): Von der Unabhängigkeitserklärung zur Verfassung. In: Wasser (Hrsg.) (2000): 19-38.

Wasser, Hartmut (Hrsg.) (2000): USA. Wirtschaft, Gesellschaft, Politik. 4., völlig überarbeitete und aktualisierte Auflage. Opladen: Leske + Budrich.

Weber, Max (1992): Soziologie. Universalgeschichtliche Analysen. Stuttgart: Kröner.

Weitzman, Leonore J. (1985): The Divorce Revolution. The Unexpected Social and Economic Consequences for Women and Children in America. New York u. a.: Free Press.

Whitehead, Barbara Dafoe (2007): Ohne Titel. In: The National Marriage Project. The State of our Unions 2007. The Social Health of Marriage in America. o.O., 4.

Whitman, Chris (2002): Looking Back on Planned Parenthood v. Casey. In: Michigan Law Review 100 (7), 1980-1996.

Wilcox, Clyde (1994): Premillennialists at the Millennium. Some Reflections on the Christian Right in the Twenty-first Century. In: Sociology of Religion 55 (3), 243-261.

Wilkinson, Doris (1987): Ethnicity. In: Sussman/Steinmetz (Hrsg.) (1987): 183-210.

Willems, Herbert (2003): Normalität, Normalisierung, Normalismus. In: Link/Loer/Neuendorff (Hrsg.) (2003): 51-83.

Williams, Robin M. (1968): American Society. A Sociological Interpretation. 2. Auflage. New York: Knopf.

Williams, Norma (1990): The Mexican American Family. Tradition and Change. Dix Hills: General Hall.

Wilson, James Q. (1993): The Family-Values Debate. In: Commentary 95 (4), 24-31.

Wilson, James Q. (1994): Das moralische Empfinden. Warum die Natur des Menschen besser ist als ihr Ruf. Hamburg: Kabel.

Wolfe, Arthur (1968): Adopt a Daughter-in-Law, Marry a Sister. In: American Anthropologist 70, 864-874.

Wright, Gerald C./Stetson, Dorothy M. (1978): The Impact of No-Fault Divorce Law Reform on Divorce in American States. In: Journal of Marriage and the Family 40 (3), 575-580.

Young, Iris Marion (1995): Mothers, Citizenship, and Independence: A Critique of Pure Family Values. In: Ethics 105, 535-556.

Zahlmann, Christel (Hrsg.) (1992): Kommunitarismus in der Diskussion. Berlin: Rotbuch Verlag.

Zapata, Jesse T./Jaramillo, Pat T. (1981): Research on the Mexican-American Family. In: Journal of Individual Psychology 37 (1), 72-85.

Zinnecker, Jürgen (1998): Die Tradierung kultureller Systeme zwischen den Generationen. Die Rolle der Familie bei der Vermittlung von Religion in der Moderne. In: Zeitschrift für Soziologie der Erziehung und Sozialisation 18 (4), 343-356.

Internet-Ressourcen

http://www.whitehouse.gov/news/releases /2004/01/print/20040120-7.html – The White House: State of the Union Address (Datum des Zugriffs: 11. August 2004).

http://www.commonwealthclub.org/archive/20thcentury/92-05quayle-speech.html – Commonwealth Club: The Vice President Speaks. (Datum des Zugriffs: 25. Juli 2005).

http://www.census.gov/population/www/cps/cpsdef.html – U.S. Census Bureau: Current Population Survey (CPS) - Definitions and Explanations (Datum des Zugriffs: 19. Februar 2006).

http://www.chroniclesmagazine.org/www/TRI/index.html – Chronicles Magazine: About the Rockford Institute. (Datum des Zugriffs: 19. Februar 2006).

http://www.americanrhetoric.com/speeches/ronaldreagandfirstinaugural.html – Ronald Reagon First Inaugural Address delivered 20 January 1980 (Datum des Zugriffs: 28. Februar 2006).

http://www.pbs.org/thinktank/show_303.html – PBS: Is Divorce Too Easy? Datum des Zugriffs: 12. März 2006.

http://www.masslaw.com/signup/opinion.cfm?page=ma/opin/sup/1017603.htm – Massachusetts Lawyers Weekly: Goodridge, et al. v. Department of Public Health, et al. (Datum des Zugriffs: 14. März 2006).

http://caselaw.lp.findlaw.com/scripts/getcase.pl?court=US&vol=478&invol=186 – FindLaw For Legal Professionals: U.S. Supreme Court BOWERS v. HARDWICK, 478 U.S. 186 (1986). (Datum des Zugriffs: 19. März 2006).

http://caselaw.lp.findlaw.com/scripts/getcase.pl?court=US&vol=000&invol=02-102#opinion1 – FindLaw For Legal Professionals: Lawrence et.al. v. Texas. (Datum des Zugriffs: 19. März 2006).

http://www.law.cornell.edu/supct/html/94-1039.ZS.html – Cornell University Supreme Court Collection: Romer, Governor of Colorado, et al. v. Evans et al. (94-1039), 517 U.S. 620 (1996). (Datum des Zugriffs: 22. März 2006/12. April 2008).

http://caselaw.lp.findlaw.com/scripts/getcase.pl?court=US&vol=388&invol=1 – FindLaw For Legal Professionals: U.S. Supreme Court LOVING v. VIRGINIA, 388 U.S. 1 (1967). (Datum des Zugriffs: 22. März 2006).

http://caselaw.lp.findlaw.com/data/constitution/articles.html – FindLaw For Legal Professionals: U.S. Constitution (Datum des Zugriffs: 22. März 2006).

http://www.allianceformarriage.org/site/PageServer?pagename=mac_coalition_statement – Alliance for Marriage: Introduction of the Federal Marriage Amendment in Congress. AFM Press Statement May 15, 2002. (Datum des Zugriffs: 30. März 2006).

http://www.traditionalvalues.org/defined.php – Traditional Values Coalition: Traditional Values Defined. (Datum des Zugriffs: 02. April 2006).

http://www.family.org/welcome/aboutfof/a0000078.cfm – Focus on the Family: Our Guiding Principles (Datum des Zugriffs: 02. April 2006).

http://www.fcc.gov/Bureaus/Mass_Media/Factsheets/factvchip.html – Federal Communications Commission: Fact Sheet (Datum des Zugriffs: 06. April 2006).

http://www.fcc.gov/ownership/ – FCC: 2006 Review of the Media Ownership Rules (Datum des Zugriffs: 23. April 2006).

http://www.museum.tv/archives/etv/M/htmlM/morningtelev/morningtelev.htm – The Museum of Broadcast Communications: Morning Television Programs (Datum des Zugriffs: 28. April 2006).

http://usa.usembassy.de/media-television.htm – U.S. Diplomatic Mission to Germany: The Media in the United States (Datum des Zugriffs: 29. April 2006).

http://www.lexisnexis.com/academic/universe/academic/features.asp – LexisNexis: LexisNexis ® Academic & Library Solutions: Web Services: LexisNexis ® Academic (Datum des Zugriffs: 01. Mai 2006).

http://www1.uni-hamburg.de/abu//Archiv/QualitativeMethoden/Kleining/umriss.htm#fn9 – Kleining, Gerhard: Umriß zu einer Methodologie qualitativer Sozialforschung (Datum des Zugriffs: 02. September 2006).

http://ssa-custhelp.ssa.gov/pubs/10084.html – Social Security Administration: Survivors Benefits (Datum des Zugriffs: 07. Oktober 2006).

http://caselaw.lp.findlaw.com/scripts/getcase.pl?court=US&vol=410&invol=179 – FindLaw For Legal Professionals: U.S. Supreme Court DOE v. BOLTON, 410 U.S. 179 (1973) (Datum des Zugriffs: 17. Oktober 2006).

http://caselaw.lp.findlaw.com/scripts/getcase.pl?court=US&vol=410&invol=113 – FindLaw For Legal Professionals: U.S. Supreme Court ROE v. WADE, 410 U.S. 113 (1973) (Datum des Zugriffs: 17. Oktober 2006).

http://www.census.gov/prod/2003pubs/censr-5.pdf – Census 2000 Special Reports: Married-Couple and Unmarried-Partner Households: 2000 (Datum des Zugriffs: 21. Oktober 2006).

http://www.eagleforum.org/misc/descript.html – Eagle Forum: Join Eagle Forum so you will have a voice at the U.S. Capitol and at State Capitols (Datum des Zugriffs: 18. November 2006).

http://usa.usembassy.de/etexts/gov/gov-constitutiond.pdf – U.S. Diplomatic Mission to Germany: Verfassung der Vereinigten Staaten (Datum des Zugriffs: 25. November 2006).

http://www.gwu.edu/~ccps/papers_reports_family.html – The Communitarian Network: Publications Catalogue: Position Papers Family (Datum des Zugriffs: 09. September 2007).

Anhang

Zit.-Nr.	Akteur	TV-Sendung	Headline	Datum
1.1.1	Mary Bonauto, Lawyer For Gay Couples	NBC Nightly News	Massachusetts State Supreme Court rules in favor of gay marriage	18.11.2003
1.5.1	Sandy Rios, Concerned Women of America	NBC Nightly News	Subject of gay marriage moves to forefront of hot-button issues in American politics after yesterday's Massachusetts court ruling	19.11.2004
1.6.1	Representative Marilyn Musgrave (R-Colorado)	NBC Nightly News	Subject of gay marriage moves to forefront of hot-button issues in American politics after yesterday's Massachusetts court ruling	19.11.2003
1.7.3	Bob Coviello, Parishoner	NBC Nightly News	Massachusetts Catholics against gay-marriage ruling	30.11.2003
1.10.1	Senator John Kerry, Democrat, Presidential Candidate	NBC Nightly News	Gay marriage moves to forefront of hot-button political issues in election year	21.01.2004
1.19.1	Representative Barney Frank, Democrat, Massachusetts	NBC Today	Pat Buchanan and Barney Frank discuss the Supreme Court statement on gay marriage	05.02.2004

1.20.1	Representative Barney Frank, Democrat, Massachusetts	NBC Today	Pat Buchanan and Barney Frank discuss the Supreme Court statement on gay marriage	05.02.2004
1.43.1	Arnold Schwarzenegger (R), Governor of California	NBC Nightly News	California Governor Arnold Schwarzenegger asks San Francisco to stop performing same-sex marriages	21.02.2004
1.43.2	Mayor Gavin Newsom, San Francisco	NBC Nightly News	California Governor Arnold Schwarzenegger asks San Francisco to stop performing same-sex marriages	21.02.2004
1.45.1	Arnold Schwarzenegger (R), Governor of California	NBC Nightly News	Governor Arnold Schwarzenegger discusses same-sex marriages taking place in San Francisco	22.02.2004
1.60.2	Gary Bauer, Conservative Activist	NBC Nightly News	President Bush supports constitutional amendment banning same-sex marriages	24.02.2004
1.67.1	Senator John Kerry, Democrat, Presidential Candidate	NBC Today	Senator John Kerry discusses differ-rences in his view of a constitutional amendment banning gay marriage and that of the president	25.02.2004
1.73.1	Governor George Pataki, Republican, New York	NBC Nightly News	Increase same-sex marriages nationwide	28.02.2004
1.90.1	Mayor Jason West, New Paltz, New York	NBC Today	New Paltz, New York, mayor Jason West, who is facing criminal charges for marrying gay couples, discusses the matter	03.03.2004

1.96.4	Gloria Bailey, Sued for Right of Same-Sex Marriage in Massachusetts	NBC Today	Lesbian couple, Linda Davies and Gloria Bailey, and Genevieve Wood of the Family Research Council discuss gay marriage	05.03.2004
1.96.5	Genevieve Wood, Family Reseach Council	NBC Today	Lesbian couple, Linda Davies and Gloria Bailey, and Genevieve Wood of the Family Research Council discuss gay marriage	05.03.2004
1.97.1	Genevieve Wood, Family Reseach Council	NBC Today	Lesbian couple, Linda Davies and Gloria Bailey, and Genevieve Wood of the Family Research Council discuss gay marriage	05.03.2004
1.98.1	Gloria Bailey, Sued for Right of Same-Sex Marriage in Massachusetts	NBC Today	Lesbian couple, Linda Davies and Gloria Bailey, and Genevieve Wood of the Family Research Council discuss gay marriage	05.03.2004
1.111.2.	Hillary Goodridge	NBC Nightly News	Massachusetts becomes first state to sanction same-sex marriage	16.05.2004
1.117.1	Jordan Lawrence, Alliance Defense Fund	NBC Today	Jordan Lawrence, Alliance Defense Fund, discusses why he opposes gay marriage	17.05.2004
1.117.3	Jordan Lawrence, Alliance Defense Fund	NBC Today	Jordan Lawrence, Alliance Defense Fund, discusses why he opposes gay marriage	17.05.2004

1.119.2	Susan Shepherd, First Couple to Obtain License for Same-Sex Marriage	NBC Today	Marcia Hams and her partner Susan Shepherd, first couple to obtain license for same-sex marriage, discuss what it means to them	17.05.2004
1.119.3	Marcia Hams, First Couple to Obtain Licence for Same Sex Marriage	NCB Today	Marcia Hams and her partner Susan Shepherd, first couple to obtain license for same-sex marriage, discuss what it means to them	17.05.2004
1.127.1	Senator Gordon Smith, Republican, Oregon	Sunday Today	Recap of NBC's Sunday Today Show News	11.07.2004
2.3.2	Tony Perkins, Family Research Council	CBS Evening News	President Bush and Democratic presidential candidates stake out their stands on issues of same-sex marriage	18.11.2003
2.5.1	Representative Barney Frank, Democrat, Massachusetts	CBS – The The Osgood File	Massachusetts court orders the Legislature to amend state laws to recognize same-sex marriage	19.11.2003
2.5.2	Governor Mitt Rom-ney, Republican, Massachusetts	CBS – The The Osgood File	Massachusetts court orders the Legislature to amend state laws to recognize same-sex marriage	19.11.2003
2.7.2	Maggie Gallagher, Institute for Marriage and Public Policy	CBS The Early Show	Controversy over court ruling says that a ban on gay marriage in that state is unconstitutional	19.11.2003

2.9.1	Reverend Jerry Falwell, Founder/Chancellor Liberty University	CBS The Early Show	Reverend Jerry Falwell and Representative Barney Frank discuss their opinions on the Massachusetts court ruling that says it's unconstitutional to ban same-sex unions	19.11.2003
2.10.1	Representative Barney Frank, Democrat, Massachusetts	CBS The Early Show	Reverend Jerry Falwell and Representative Barney Frank discuss their opinions on the Massachusetts court ruling that says it's unconstitutional to ban same-sex unions	19.11.2003
2.10.2	Representative Barney Frank, Democrat, Massachusetts	CBS The Early Show	Reverend Jerry Falwell and Representative Barney Frank discuss their opinions on the Massachusetts court ruling that says it's unconstitutional to ban same-sex unions	19.11.2003
2.10.3	Reverend Jerry Falwell, Founder/Chancellor Liberty University	CBS The Early Show	Reverend Jerry Falwell and Representative Barney Frank discuss their opinions on the Massachusetts court ruling that says it's unconstitutional to ban same-sex unions	19.11.2003
2.10.4	Reverend Jerry Falwell, Founder/Chancellor Liberty University	CBS The Early Show	Reverend Jerry Falwell and Representative Barney Frank discuss their opinions on the Massachusetts court ruling that says it's unconstitutional to ban same-sex unions	19.11.2003

2.10.5	Reverend Jerry Falwell, Founder/Chancellor Liberty University	CBS The Early Show	Reverend Jerry Falwell and Representative Barney Frank discuss their opinions on the Massachusetts court ruling that says it's unconstitutional to ban same-sex unions	19.11.2003
2.10.7	Republican Barney Frank (Democrat, Massachusetts)	CBS The Early Show	Reverend Jerry Falwell and Representative Barney Frank discuss their opinions on the Massachusetts court ruling that says it's unconstitutional to ban same-sex unions	19.11.2003
2.10.8	Reverend Jerry Falwell, Founder/Chancellor Liberty University	CBS The Early Show	Reverend Jerry Falwell and Representative Barney Frank discuss their opinions on the Massachusetts court ruling that says it's unconstitutional to ban same-sex unions	19.11.2003
2.31.1	Evan Wolfson, President, Freedom to Marry	CBS The Early Show	Growing debate over gay marriage	12.02.2004
2.33.2	Reverend Jerry Falwell, Founder/Chancellor Liberty University	CBS The Early Show	Cheryl Jacques of the Human Rights Campaign and Jerry Falwell discuss their positions on gay marriage	12.02.2004
2.33.3	Reverend Jerry Falwell, Founder/Chancellor Liberty University	CBS The Early Show	Cheryl Jacques of the Human Rights Campaign and Jerry Falwell discuss their positions on gay marriage	12.02.2004

2.34.2	Reverend Jerry Falwell, Foun-der/Chancellor Liberty University	CBS The Early Show	Cheryl Jacques of the Human Rights Campaign and Jerry Falwell discuss their positions on gay marriage	12.02.2004
2.34.3	Cheryl Jacques, President Human Rights Campaign	CBS The Early Show	Cheryl Jacques of the Human Rights Campaign and Jerry Falwell discuss their positions on gay marriage	12.02.2004
2.35.1	Reverend Jerry Falwell, Foun-der/Chancellor Liberty University	CBS The Early Show	Cheryl Jacques of the Human Rights Campaign and Jerry Falwell discuss their positions on gay marriage	12.02.2004
2.45.1	Dr. James Dobson, Focus on the Family	CBS Face the Nation	Dr. James Dobson of Focus on the Family discusses gay marriage, other conservative issues and President Bush	15.02.2004
2.46.1	Dr. James Dobson, Focus on the Family	CBS Face the Nation	Dr. James Dobson of Focus on the Family discusses gay marriage, other conservative issues and President Bush	15.02.2004
2.46.2	Dr. James Dobson, Focus on the Family	CBS Face the Nation	Dr. James Dobson of Focus on the Family discusses gay marriage, other conservative issues and President Bush	15.02.2004
2.46.3	Dr. James Dobson, Focus on the Family	CBS Face the Nation	Dr. James Dobson of Focus on the Family discusses gay marriage, other conservative issues and President Bush	15.02.2004

2.46.5	Dr. James Dobson, Focus on the Family	CBS Face the Nation	Dr. James Dobson of Focus on the Family discusses gay marriage, other conservative issues and President Bush	15.02.2004
2.65.2	Gary Bauer, President American Values	CBS Evening News	President Bush calls on Congress to amend the Constitution to ban gay marriage	24.02.2004
2.75.1	Mayor Gavin Newsom, San Francisco	CBS The Osgood File	Attitudes of Senator John Kerry and President George Bush on gay marriage	25.02.2004
2.81.1	Senator Bill Frist, Senate Majority Leader	CBS The Osgood File	Issue of same-sex marriage becoming politcal hot potatoe	04.03.2004
2.84.1	Randy Thomasson, Executive Director, Campaign For California Families	CBS 60 Minutes II	Marry Me! Same-sex marriage in controversy in San Francisco	10.03.2004
2.84.3	Mayor Gavin Newsom, San Francisco	CBS 60 Minutes II	Marry Me! Same-sex marriage in controversy in San Francisco	10.03.2004
2.85.1	Mayor Gavin Newsom, San Francisco	CBS 60 Minutes II	Marry Me! Same-sex marriage in controversy in San Francisco	10.03.2004
2.86.1	Carol Adair	CBS 60 Minutes II	Marry Me! Same-sex marriage in controversy in San Francisco	10.03.2004
2.91.1	Julie Goodridge, Plaintiff	CBS Morning News	California Court orders immediate halt to same-sex marriages in San Francisco	12.03.2004

2.151.1	Tony Perkins, Family Research Council	CBS Evening News	Vice President Cheney breaks publicly with President Bush on issue of same-sex marriage	25.08.2004
2.153.1	Tony Perkins, Family Research Council	CBS The Early Show	Tony Perkins of the Family Research Council and Steven Fisher of the Human Rights Campaign discuss Vice President Cheney's views on gay marriage and the Constitution	26.08.2004
2.154.1	Stephen Fisher, Human Rights Campaign	CBS The Early Show	Tony Perkins of the Family Research Council and Steven Fisher of the Human Rights Campaign discuss Vice President Cheney's views on gay marriage and the Constitution	26.08.2004
2.157.2	Vice President Dick Cheney	CBS The Early Show	Lynne Cheney, Vice President Dick Cheney's wife, and Elizabeth Cheney, the vice president's daughter, discuss the vice president's view and his family	01.09.2004
2.158.1	Lynne Cheney, Wife of Vice President Dick Cheney	CBS The Early Show	Lynne Cheney, Vice President Dick Cheney's wife, and Elizabeth Cheney, the vice president's daughter, discuss the vice president's view and his family	01.09.2004

2.158.3	Lynne Cheney, Wife of Vice President Dick Cheney	CBS The Early Show	Lynne Cheney, Vice President Dick Cheney's wife, and Elizabeth Cheney, the vice president's daughter, discuss the vice president's view and his family	01.09.2004
3.3.2	Tony Perkins, Family Research Council	ABC World News Tonight With Peter Jennings	Fallout for 2004 Same Sex Marriage Likely to Be the big Issue in Next Election	18.11.2003
3.7.2	Mary Bonauto, Won Massachusetts Gay Rights Law Suit	ABC Good Morning America	Landmark Decision Gay Marriage in Massachusetts	19.11.2003
3.8.1	Mary Bonauto, Won Massachusetts Gay Rights Law Suit	ABC Good Morning America	Landmark Decision Gay Marriage in Massachusetts	19.11.2003
3.8.2	Mary Bonauto, Won Massachusetts Gay Rights Law Suit	ABC Good Morning America	Landmark Decision Gay Marriage in Massachusetts	19.11.2003
3.9.1	Governor Mitt Romney, Republican, Massachusetts	ABC Good Morning America	Landmark Decision Gay Marriage in Massachusetts	19.11.2003
3.9.2	Governor Mitt Romney, Republican, Massachusetts	ABC Good Morning America	Landmark Decision Gay Marriage in Massachusetts	19.11.2003
3.21.1	Tony Perkins, Family Research Council	ABC World News Tonight Sunday	Opposing same-sex marriage protestors in Massachusetts	08.02.2004

3.27.1	Ron Crews, Massachusetts Family Institute	ABC Nightline	Nightline for better or for worse	11.02.2004
3.28.2	Philip Travis, Republican*, Massachusetts State Representative	ABC Nightline	Nightline for better or for worse	11.02.2004
3.30.1	David Wilson, Plaintiff	ABC Nightline	Nightline for better or for worse	11.02.2004
3.31.1	Cheryl Jacques, President Human Rights Campaign	ABC Nightline	Nightline for better or for worse	11.02.2004
3.31.3	Cheryl Jacques, President Human Rights Campaign	ABC Nightline	Nightline for better or for worse	11.02.2004
3.32.1	Maggie Gallagher, Institute for Marriage and Public Policy	ABC Nightline	Nightline for better or for worse	11.02.2004
3.32.2	Cheryl Jacques, President Human Rights Campaign	ABC Nightline	Nightline for better or for worse	11.02.2004
3.32.3	Maggie Gallagher, Institute for Marriage and Public Policy	ABC Nightline	Nightline for better or for worse	11.02.2004

---

*   Zwar wird Philip Travis im vorliegenden Trankript als Republikaner ausgewiesen, tatsächlich gehört er jedoch der Partei der Demokraten an und gilt hier als extrem konservativ.

3.34.1	Maggie Gallagher, Institute for Marriage and Public Policy	ABC Nightline	Nightline for better or for worse	11.02.2004
3.47.1	Jonathan Logan, Newlywed	ABC World News Tonight Saturday	Same Sex Marriages Couples Line Up for Weddings in San Francisco	14.02.2004
3.58.1	Mayor Gavin Newsom, San Francisco	ABC World News Tonight Sunday	Gay Marriage Conversation with San Francisco's Mayor	22.02.2004
3.64.1	Matt Daniels, Alliance for Marriage	ABC Nightline	Nightline Gay Marriage	24.02.2004
3.66.1	Mayor Gavin Newsom, San Francisco	ABC Nightline	Nightline Gay Marriage	24.02.2004
3.66.2	Gary Bauer, Preservation of American Values	ABC Nightline	Nightline Gay Marriage	24.02.2004
3.68.1	Gary Bauer, Preservation of American Values	ABC Nightline	Nightline Gay Marriage	24.02.2004
3.68.2	Barney Frank, Demokrat, Massachusetts	ABC Nightline	Nightline Gay Marriage	24.02.2004
3.71.1	Bob Barr, Former Republican Congressman	ABC World News Tonight With Peter Jennings	President Faces Opposition From Within his Own Party	25.02.2004

3.74.1	Rosie O'Donnell, Former Talk Show Host	ABC Good Morning America	Rosie O'Donnell Interview Discusses Her Plans to Wed in San Francisco	26.02.2004
3.81.1	Bishop Gilbert Thompson, The Black Ministerial Alliance, Boston	ABC World News Tonight With Peter Jennings	A closer look at same-sex marriage	11.03.2004
3.81.2	Bishop Gilbert Thompson, The Black Ministerial Alliance, Boston	ABC World News Tonight With Peter Jennings	A closer look at same-sex marriage	11.03.2004
3.86.1	Mayor Gavin Newsom, San Francisco	ABC Good Morning America	Gay marriages suspended in San Francisco Interview with Mayor Gavin Newsom	12.03.2004
3.100.1	Jan LaRue, Concerned Women of America	ABC 20/20	Give me a break gay marriage	12.03.2004
3.112.1	Genevieve Wood, Family Reseach Council	ABC World News Tonight Saturday	Same-Sex Marriages Many Couples Want to Be Parents	15.05.2004
3.130.1	Senator Jeff Sessions,Republican, Alabama	ABC World News Tonight With Peter Jennings	Same sex debate politicians tackle gay marriage	12.07.2004
4.2.1	Patrick Guerrierro*, Log Cabin Republicans	Fox News Network Big Story Weekend Edition	Interview With Matt Daniels, Patrick Guerrierro	24.01.2004

---

*   „Guerriero" wird richtigerweise mit drei „r" geschrieben.

4.2.2	Pat Robertson, Former Presidential Candidate	Fox News Network Big Story Weekend Edition	Interview with Pat Robertson	07.02.2004
4.9.1	Randy Tate, Former Head Christian Coalition	Fox News Network Fox Hannity & Colmes	Will Gay Marriage Be a Hot Topic on Elections?	09.02.2004
4.10.4	Randy Tate, Former Head Christian Coalition	Fox News Network Fox Hannity & Colmes	Will Gay Marriage Be a Hot Topic on Elections?	09.02.2004
4.11.3	Richard Goodstein, Democratic Consultant	Fox News Network Fox Hannity & Colmes	Will Gay Marriage Be a Hot Topic on Elections?	09.02.2004
4.22.2	Molly McKay	Fox News Network The Big Story with John Gibson	Interview with Marriage Equality's Molly Mc Kay; Judge in Martha Stewart Case Sends Jury Home; Interview with Music Critic Larry Nager	13.02.2004
4.26.1	Senator John Cornyn, (R) Texas	Fox News Network Fox News Sunday	Interview with John Cornyn, Barney Frank	15.02.2004
4.26.4	Representative Barney Frank, Democrat, Massachusetts	Fox News Network Fox News Sunday	Interview with John Cornyn, Barney Frank	15.02.2004

4.50.1	Robert Tyler, Lawyer, Alliance Defense Fund	Fox News Network The Big Story with John Gibson	San Francisco Says Gay Couple Can Keep Getting Married; Interview with Alliance Defense Fund's Robert Tyler	18.02.2004
4.57.1	Mark Leno, Democrat, California Assembly-man	Fox News Network Fox Hannity & Colmes	Gay Couples Getting Married in San Francisco Despite State Law	19.02.2004
4.58.4	Randy Thomasson, Executive Director, Campaign For California Families	Fox News Network Fox Hannity & Colmes	Gay Couples Getting Married in San Francisco Despite State Law	19.02.2004
4.59.3	Randy Thomasson, Executive Director, Campaign For California Families	Fox News Network Fox Hannity & Colmes	Gay Couples Getting Married in San Francisco Despite State Law	19.02.2004
4.60.1	Randy Thomasson, Executive Director, Campaign For California Families	Fox News Network Fox Hannity & Colmes	Gay Couples Getting Married in San Francisco Despite State Law	19.02.2004
4.88.3	Representative Mike Pence (R), Indiana	Fox News Network Fox Hannity & Colmes	Is a Constitutional Amendment Banning Gay Marriage Appropriate?	24.02.2004
4.91.1	Carole Midgen, California State Assemblywoman	Fox News Network The Big Story with John Gibson	Interview with Carole Midgen	24.02.2004

4.119.1	Mayor John Shields (D), Nyack, New York	Fox News Network Fox on the Record with Greta van Susteren	Interview with New York's Mayor John Shilds, John Shield's Partner Bob Streams	03.03.2004
4.128.2	Dr. James Dobson, Founder, Focus on the Family	Fox News Network Fox Hannity & Colmes	Were Critics Wrong About "The Passion"? Should Gay Marriage Be Legal?	04.03.2004
4.128.3	Dr. James Dobson, Founder, Focus on the Family	Fox News Network Fox Hannity & Colmes	Were Critics Wrong About "The Passion"? Should Gay Marriage Be Legal?	04.03.2004
4.145.2	Ambassador Alan, Keyes, Former Presidential Candidate	Fox News Network Fox Hannity & Colmes	Should Gay Couples have a right to wed?	22.04.2004
4.162.1	Senator Wayne Allard (R), Colorado	Fox News Special Report with Brit Hume	Gay Marriage Ban Divides Senate; Analysis with Wayne Allard	13.07.2004
4.162.2	Senator Wayne Allard (R), Colorado	Fox News Special Report with Brit Hume	Gay Marriage Ban Divides Senate; Analysis with Wayne Allard	13.07.2004
4.167.1	Lori Waters, Eagle Forum Executive Director	Fox News Network The Big Story with John Gibson	Interview with Christopher Barron and Lori Waters	14.07.2004